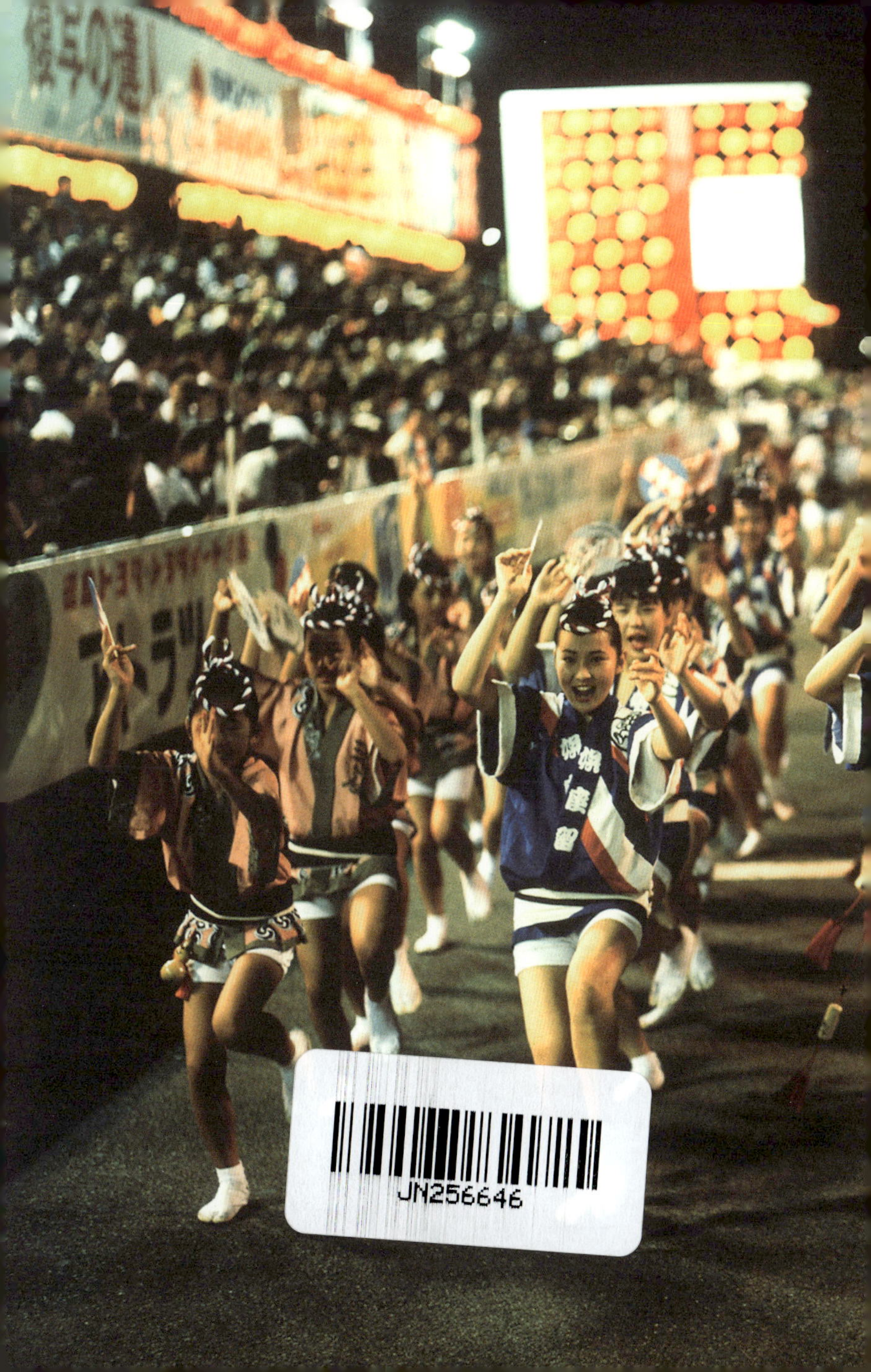

►縄文土器深鉢《ふかばち》(徳島市国《こく》府《ふ》町矢《や》野《の》遺跡出土)　後期初頭につくられたもので，縄文土器特有の，縁が大きく波打つ形をしたものがみられる。表面の装飾は，「磨《すり》消《け》し縄文《じょうもん》」とよばれる特徴的なモチーフである。

▼高地性《こうちせい》集落(三好《みよし》市三野《みの》町大谷尻《おおたにじり》遺跡)　吉野《よしの》川の河岸段丘上に築かれた，弥生《やよい》時代の大規模高地性集落。台地の縁辺に環濠《かんごう》がめぐる。遺跡の南半分が四国縦貫道の建設に伴って調査されたあと，消滅した。

►現在の阿波《あわ》おどり　「観光徳島」の代名詞ともなった阿波おどりは，高知県のよさこい鳴子《なるこ》踊りにみられるように，戦後，全国各地の観光イベントに影響をあたえた。

◄▲袈裟《けさ》襷文《だすきもん》銅鐸《どうたく》と埋納状態(徳島市名東《みょうどう》町名東遺跡出土)　銅鐸は土中に埋められたまま歴史から姿を消した。そのため偶然の発見によるものが多く，写真のように発掘調査によって出土することは珍しい。埋納時の基本姿勢がわかる。

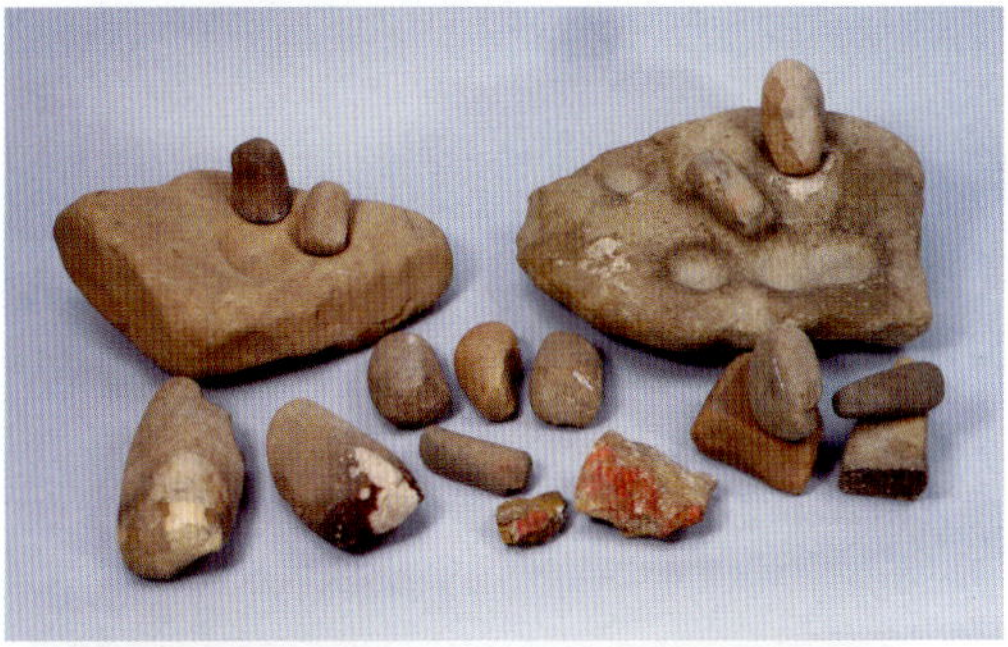

◄石臼《いしうす》・石杵《いしぎね》・水銀朱《すいぎんしゅ》原石(阿南《あなん》市水井《すいい》町若杉山《わかすぎやま》遺跡出土)　大きな皿状のものが石臼で，小型の棒状のものが石杵，手前の角張った石が水銀朱を含んだ原石である。石皿と石杵を用いて原石をすり潰し，水にさらして比重選鉱を行う。

発掘調査風景

▲▼前山《まえやま》1号墳(名西《みょうざい》郡石井《いしい》町)　全長17mの小規模な前方後円墳《ぜんぽうこうえんふん》であるが，墳丘《ふんきゅう》の造営には石が多用されており，積石塚《つみいしづか》に近い。後円部には，二重の箱式石棺《はこしきせっかん》状の石組みをもつ特異な埋葬施設が築かれていた。

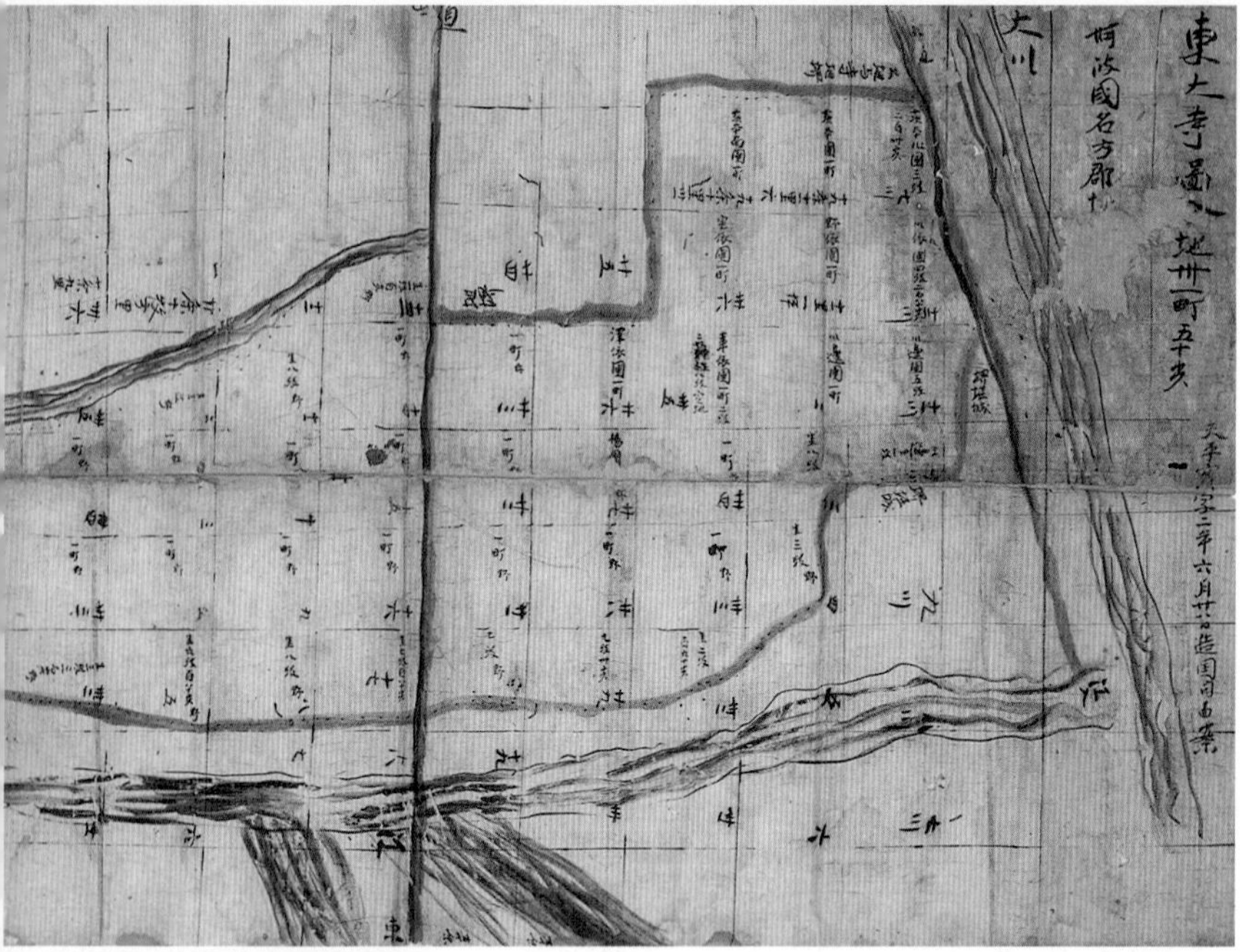

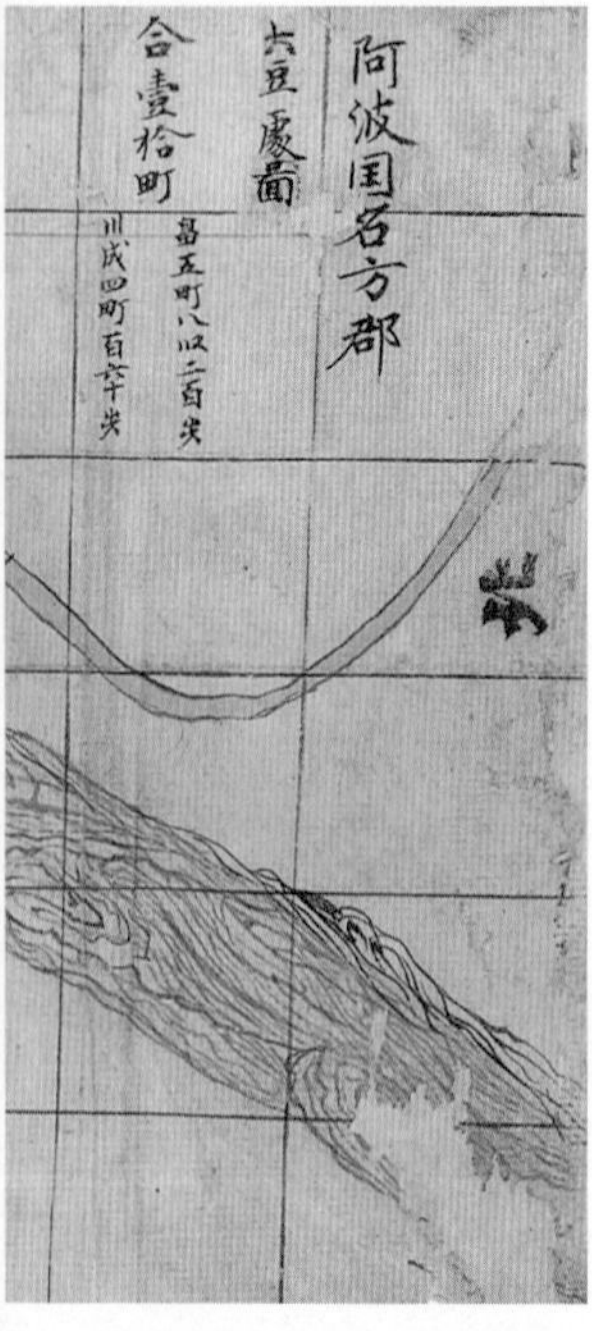

◀大《だい》豆《ず》処《どころ》地区絵図(東南院《とうなんいん》文書。正倉院宝物)　新島荘大豆処地区を描いた絵図である(制作年代不明)。この場所は，現在の第十堰《せき》付近であろうと推定されており，方格地割にもとづく整然とした耕地開発や，道路網の整備が行われたことがわかる。写真中央やや左寄りに「船津」とあり，この場所に吉野川を横断する渡し場が設けられたらしい。

►枚方《ひらかた》地区絵図(天平宝字《てんぴょうほうじ》2〈758〉年6月「造国司図案《ぞうこくしずあん》」東南院《とうなんいん》文書。正倉院宝物) 新島荘《にいじまのしょう》枚方地区を描く絵図で，日本最古の絵図のひとつとしても知られる。右上隅に「大川《おおかわ》」とあるのが吉野川，図の右側が北である。条里制《じょうりせい》に準じた方格地割《ほうかくちわり》にもとづいて耕地開発が進められた様子を示している。

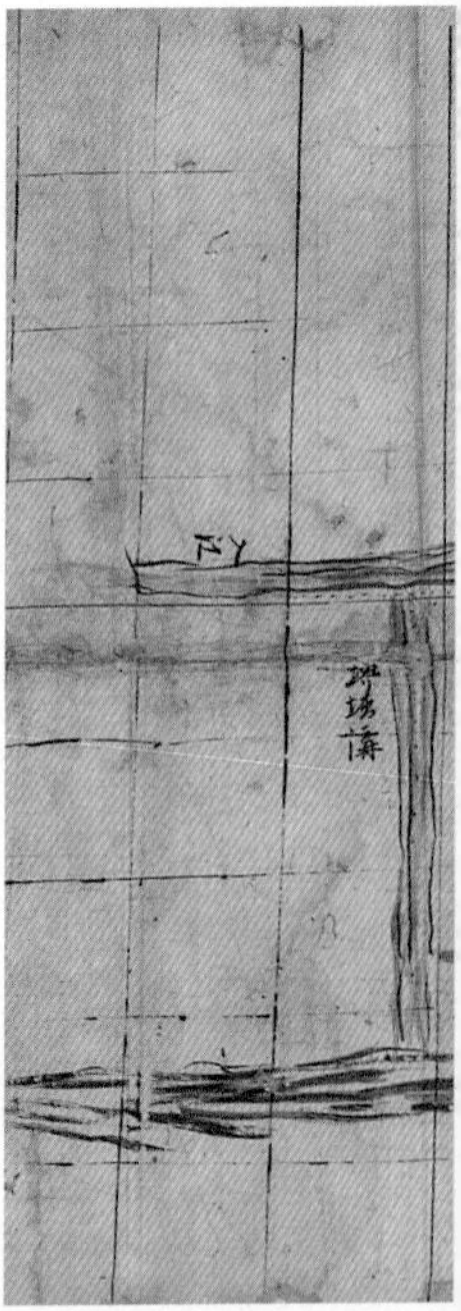

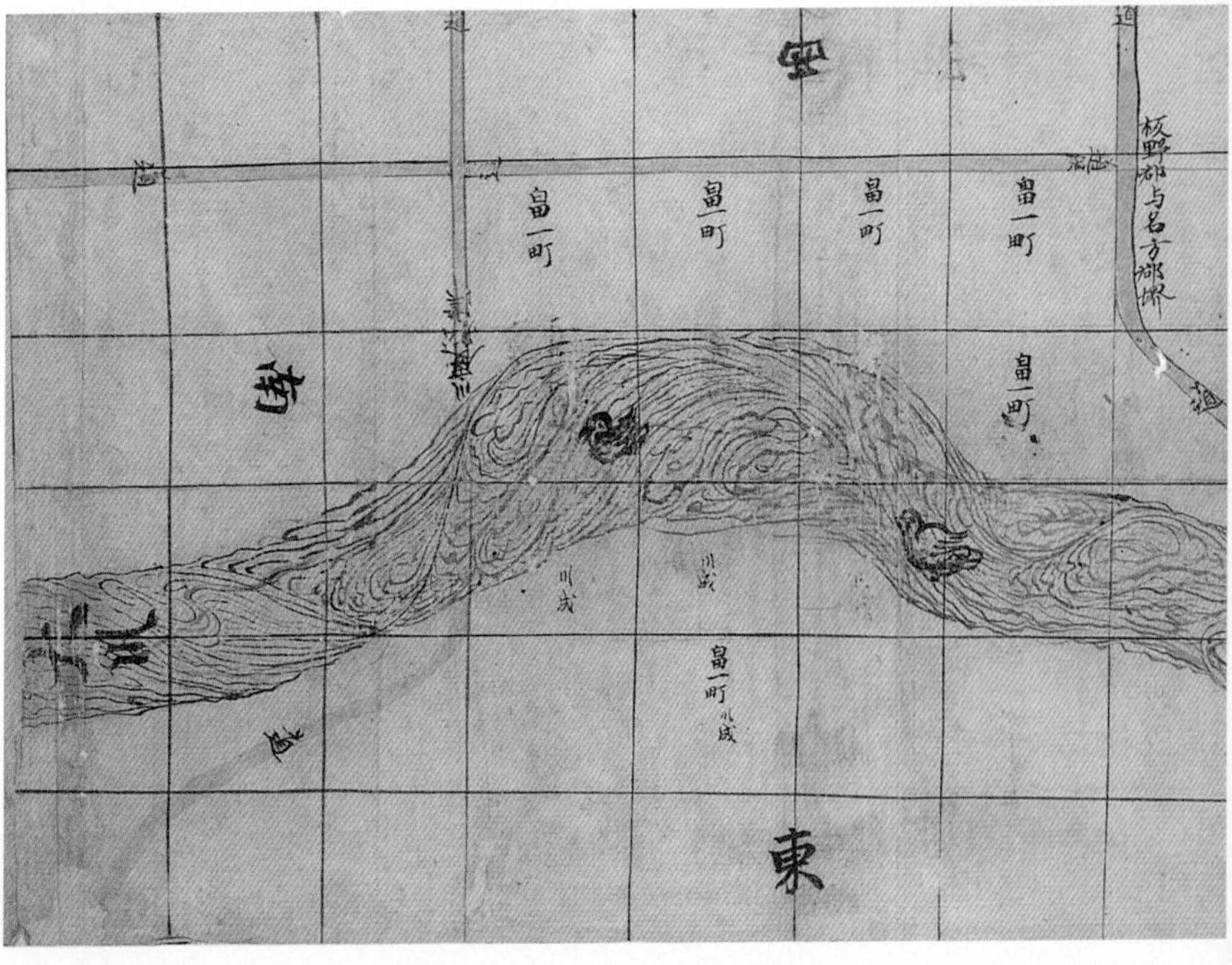

▲丈六寺三門《じょうろくじさんもん》(国重文。徳島市丈六町)　守《しゅ》護《ご》細川成之《しげゆき》が再興した丈六寺の三門で，室町時代末期の建築である。禅宗様《ぜんしゅうよう》を基調に，和様《わよう》を取り入れた二層入母屋《いりもや》造で，正面幅5m弱，側面幅3.6m強である。

►細川成之《しげゆき》像(国重文。徳島市丈六寺蔵)　絹《けん》本《ぽん》に彩色を施した画像で，上部の金岡用兼《きんこうようけん》の賛は傷みのため確認が難しい。細川成之は，阿波守護《あわしゅご》で管領《かんれい》細川勝元《かつもと》の幕政を補佐した。僧体の姿が，厳格な戦国武将を彷彿とさせる。

◄板碑《いたび》　名西《みょうざい》郡神山《かみやま》町峯長瀬《みねながせ》山中の板碑群のなかの線刻《せんこく》阿弥陀《あみだ》画像板碑である。「為過去大和尚教子敬白　応永七年庚辰十月日」の銘文があり，法量は全長111cm・横幅37cm・厚さ5cmで，石材は阿波産青石である。

▼勝瑞城館《しょうずいじょうかん》跡出土の遺物　珍重な交趾《コーチ》三彩《さんさい》桃形《ももがた》水滴《すいてき》，白磁《はくじ》などの中国陶磁器，朝鮮産の茶碗，瀬戸《せと》焼・備《び》前《ぜん》焼などの国産陶器，金箔を貼った儀式用かわらけ，硯石《すずりいし》，銅製の灰《はい》匙《さじ》など，16世紀三好氏の文化的で豊かな生活を伝える。

▲祖谷《いや》のかずら橋　西祖谷・善徳《ぜんとく》のかずら橋。祖谷は，標高1500 m前後の山々に囲まれた，四国山地奥深く散在する山里である。近世初期，蜂須賀氏の阿波入国とその支配に抗して祖谷山では広範な土豪一揆《どごういっき》が発生した。

▼盂蘭盆《うらぼん》組踊絵図(作者不詳)　近世後期，盂蘭盆に徳島市中で演じられた組踊りの盛況を活写したもの。市中各町から趣向をこらした組踊りが街頭に繰り出したが，やがて藩の規制によって下火となり，市中盆踊りの主役はぞめき踊りに移っていった。

▲阿波三盆糖《さんぼんとう》　近世阿波の特産物としては，藍・塩・砂糖などが知られる。砂糖は，吉野川中流域の阿讃《あさん》山麓部が主産地であり，この地方で産する砂糖は阿波三盆糖と称され，品質は讃岐のそれをしのぐといわれた。写真は，左より研槽《とぎぶね》(手前)と押槽《おしぶね》(奥)，白下糖《しろしたとう》を研槽で水を加えて研いでいるところ，しぼった糖汁《とうじる》を釜で炊《た》いているところ。

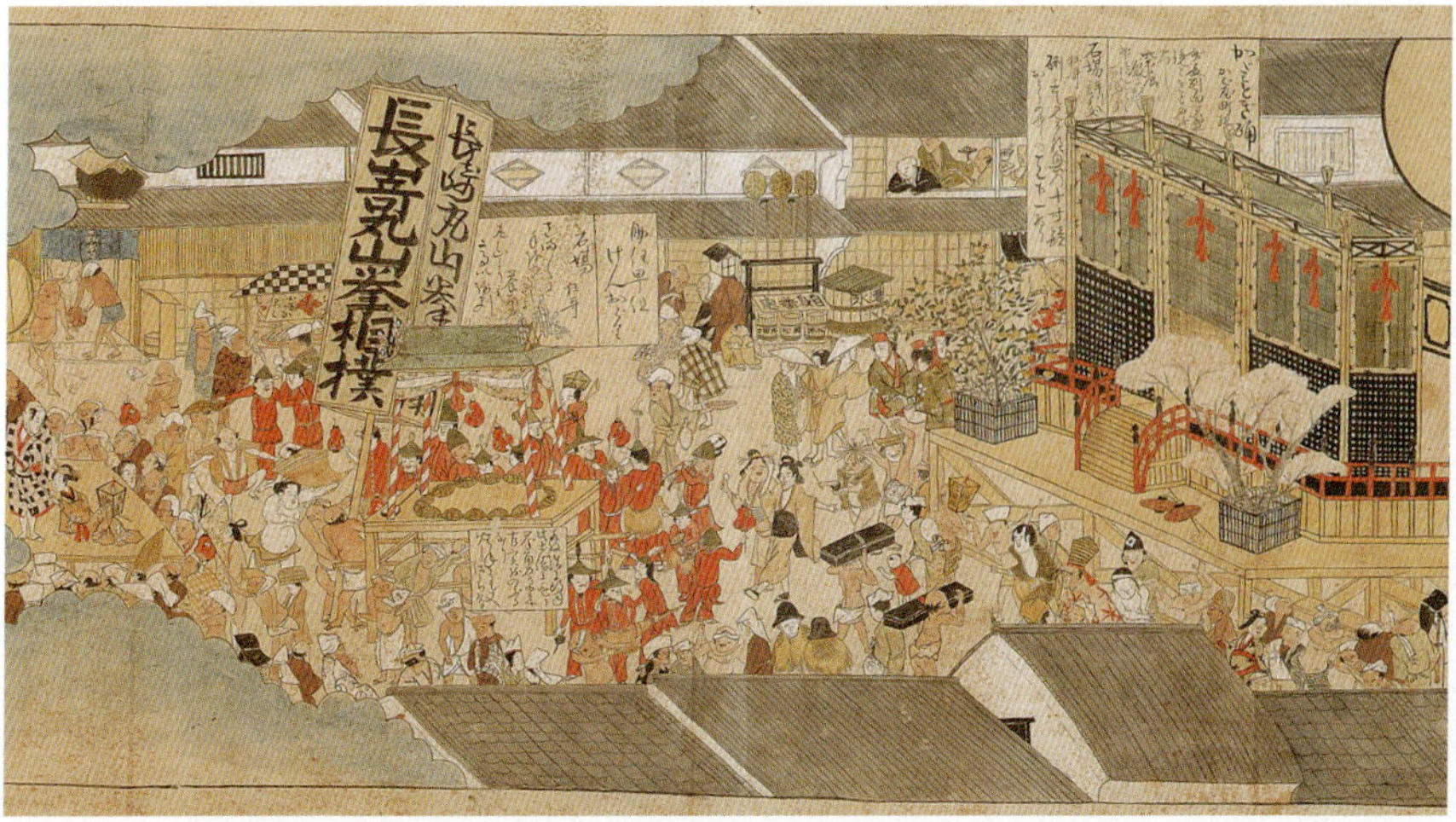

▲徳島県鳥瞰図《ちょうかんず》(昭和初期，吉田初三郎《はつさぶろう》による観光案内図)　大正末期から昭和初期にかけての航路や鉄道網の発達に伴い，観光化が積極的に推進されるようになった。その資源の中心として，眉《び》山《ざん》の公園化・阿波おどりのイベント化が図られた。

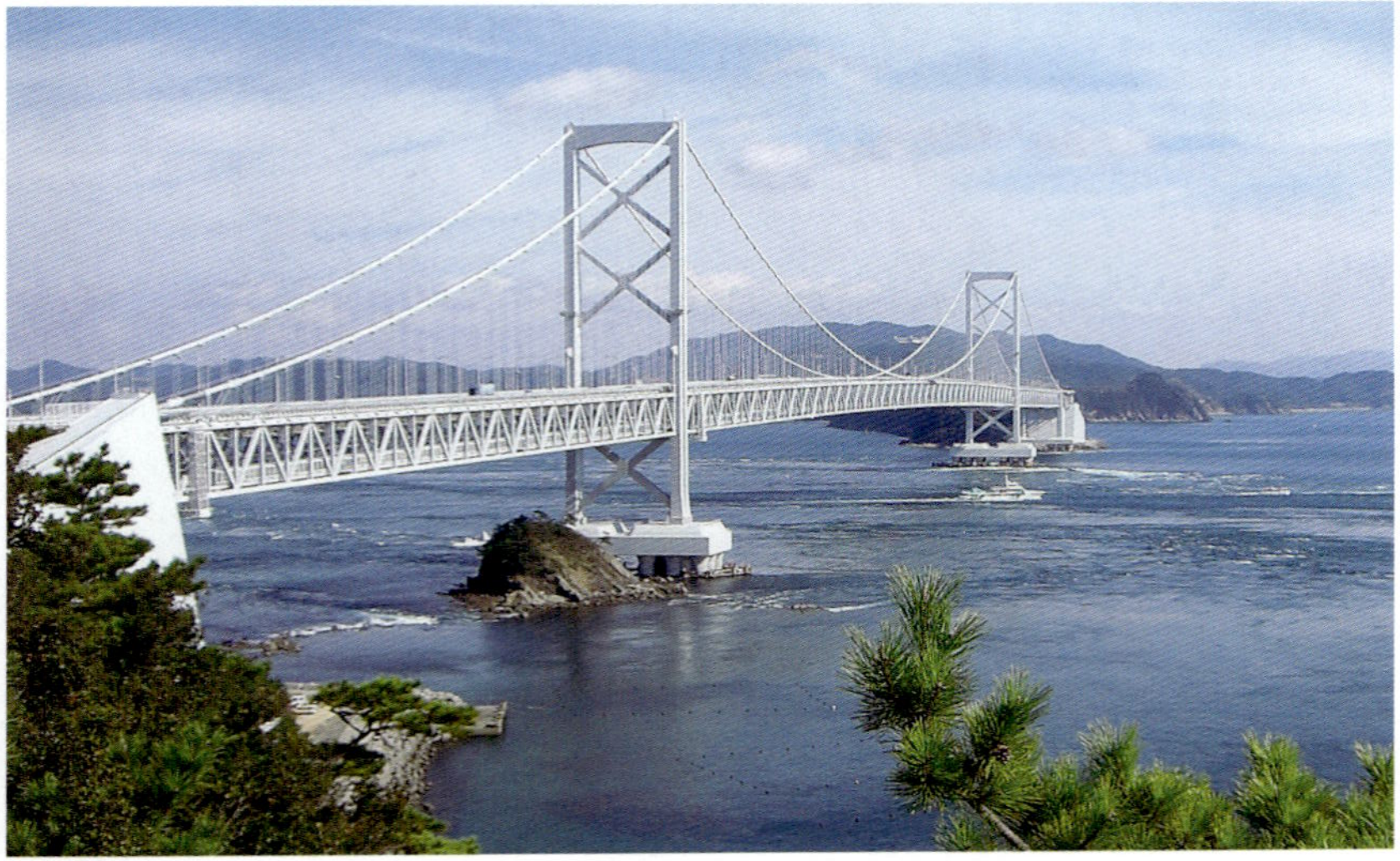

◀大鳴門橋《おおなるときょう》　昭和60(1985)年，鳴門海峡にかかった大鳴門橋により淡路島と徳島県が結ばれ，さらに平成10(1998)年の明石海峡大橋の開通で，自動車によって本州と直接行き来できるようになった。悲願であった京阪神との結びつきは，観光客の導引だけでなく，徳島県からの流出ももたらした。

地方史研究協議会名誉会長
学習院大学名誉教授
児玉幸多　監修

企画委員　熱田公─川添昭二─西垣晴次─渡辺信夫

徳島県の歴史 目次

石躍胤央─北條芳隆─大石雅章─高橋啓─生駒佳也

徳島県の歴史

風土と人間——藍すたれ、阿波には踊、いまスダチ

阿波の自然●

徳島県は四国の東部にあって、北は瀬戸内海播磨灘《はりまなだ》と讃岐山脈で香川県に、西から西南にかけては四国山地で愛媛県・高知県に接し、東は紀伊《きい》水道、東南は太平洋と海に面している。

眉《まゆ》のごと雲居《くもい》に見ゆる阿波《あわ》の山
　かけてこぐ舟泊まり知らずも
（『万葉集《まんようしゅう》』巻六、九九八）

万葉にうたわれた海からの阿波の山々、県都徳島の象徴でもある眉山《びざん》、海からのながめは美しい。

徳島県の面積は四一四四平方キロで、その大部分は山地で、平地は二割に達していない。それは讃岐山脈の南山麓を東西に走る中央構造線沿いに流れる吉野《よしの》川の下流域に広がる吉野川平野・徳島平野（東部太平洋沿岸）が主たるもので、このほかに四国山地内の那賀《なか》川流域や点在する山間の小盆地と南部太平洋沿岸とがあげられる。県内の地形は、吉野川をはじめ、勝浦《かつうら》川・那賀川・海部《かいふ》川は四国山地に発し、それぞれ峡谷・渓谷を形成して東流していることに端的に示されるように、西高東低で、海に向けて開けている。

また、四国山地によって、地域的に北方《きたがた》と南方《みなみかた》に分けられ、生業面でも、北方の主たるものが農業であるのに対して、南方は林業とされる。藩政《はんせい》期は、北方—吉野川中下流域で藩の財源確保政策のこともあって、藍《あい》栽培が盛んに行われ、稲作は南方—那賀川流域が主産地とされた。藍栽培は明治三十年代にピーク

を迎え、その後は輸入化学染料に押されて衰退するにともない、吉野川流域でも稲作が復活し、今日では野菜栽培の多様化もあわせて進んでいる。一方、南方の勝浦川・那賀川流域では柑橘《かんきつ》類の栽培に取り組んでいる。近時、特筆されることは、鳴門《なると》近郊での甘藷《かんしょ》栽培があげられる。鳴門金時《きんとき》と称され、海産物の和布《わかめ》とともに特産品となっている。

南海道の阿波とは

古代に設置された七道《しちどう》の一つである南海道《なんかいどう》に、阿波は組み込まれていた。瀬戸内海の北、陸路を西に向かう山陽《さんよう》道《どう》に対して、南の四国に位置することから南海道と命名され、紀伊・淡路《あわじ》・阿波・讃岐《さぬき》・伊予《いよ》・土佐《とさ》の六国が一行政区画を形成し、駅路《えきろ》として位置づけられた。

　阿波にとって、鳴門海峡を介しての淡路は、このとき同一行政区画として中央政府に掌握されているが、他の四国に比して、いちだんと密なる関係にあるものとして位置づけられていたと思われる。

　淡路は、「御食国《みけつくに》」と称され、天皇に食料を貢納する

眉山

国とされ、阿波は忌部氏《いんべうじ》が大嘗《だいじょう》の年に「麁妙《あらたえ》」を織って祭りのおりに奉仕していた。阿波は淡路とともに中央政府―古代天皇制との関係が密であったことが、地理的に近接であることとあわせて、後世にいたっても、阿波人のなかに、中央志向が強く残ることとなったといえる。

裏街道――地政学的には●

淡路島が瀬戸内海の東端にあって、北は明石《あかし》海峡で本州に、南は鳴門海峡で四国阿波にと、地政学的視点からすれば、あたかも、大阪湾の巨大な防潮堤であるかのごとく横たわっている。

中央政府の存在する畿内《きない》と西国・九州、さらには海を隔てた朝鮮半島との交通・交易は、主として本州の陸路―山陽道と船舶による瀬戸内海の海路とされている。平時であれば問題はないが、一度、争乱ともなれば、淡路島が海路を遮断するに恰好の場所に位置しているといえる。南、四国阿波に対する鳴門海峡はその潮流・渦潮《うずしお》の激しさが通時船舶の航行を困難にしているので、北、本州に面している明石海峡を掌握することによって軍事的には優勢を保持することが可能である。

畿内の中央政府にとって西国・瀬戸内・四国を統轄するうえで阿波は淡路と抱きあわせて戦略的にきわめて重要な役割を課せられていたことになる。

と同時に南海道はときには山陽道に対する裏街道《うらかいどう》的役割を担わされていたとも推測される。紀伊から淡路・阿波へと海路をとり、四国の北部を讃岐・伊予へと瀬戸内海沿いか、四国山地を尾根伝いに西へとり、豊後《ぶんご》水道をへて九州へと連絡する。源平争乱《げんぺいそうらん》時の源《みなもとの》義経《よしつね》の阿波小松島《こまつしま》上陸、阿讃山脈を大坂峠越えで、讃岐に達しての屋島《やしま》攻め。さらには南北朝《なんぼくちょう》動乱《どうらん》期に南朝方が吉野から九州の阿蘇菊池《あそきくち》氏と連絡をとったのは、平坦部が北朝方の細川《ほそかわ》氏の支配下にあったので、四国山地の尾根道であった。

近世の阿波●

室町《むろまち》から戦国期にかけて将軍家足利一門《あしかがいちもん》の細川氏が守護《しゅご》として、戦国末には三好《みよし》氏が主家にかわって阿波を支配するが、畿内での政争が主で領国《りょうごく》での一円支配の確立―戦国大名《だいみょう》化は実現しなかった。隣国土佐の長宗我部元親《ちょうそかべもとちか》に一時領有されるが、豊臣秀吉《とよとみひでよし》の四国平定後、阿波一国には蜂須賀家政《はちすかいえまさ》が封ぜられた。関《せき》ケ原《がはら》の役《えき》、大坂の両陣をへて徳川《とくがわ》政権が確立していく過程で、淡路一国が蜂須賀氏に加増され、ふたたび、阿波・淡路が一つの行政区画としてとらえられることとなった。

豊臣取立《とりたて》大名で、しかも豊臣政権下ではその中枢で活躍していた蜂須賀氏にさきにみたような地政学的に重要な淡路を託したことから、徳川政権＝幕府《ばくふ》の大名配置、外様《とざま》大名対策の最たるものがうかがわれる。淡路の北端明石海峡の向かいの明石には、家康《いえやす》の長男信康《のぶやす》の娘が嫁した小笠原《おがさわら》氏が配されていた。この小笠原氏の子女（家康曾孫・養女）が秀吉の没後、蜂須賀至鎮《よししげ》（正勝《まさかつ》孫）の室となっている。まさに、将軍家徳川の姻戚筋の大名が軍事的に重要視される瀬戸内海の東部に配置されていたことになる。こののち、寛永九（一六三二）年の大納言忠長《だいなごんただなが》事件で改易《かいえき》となった肥後《ひご》熊本の加藤氏のあとに、細川氏が移封《いほう》し、小笠原氏が九州小倉《こくら》に進出した。

人形浄瑠璃芝居と阿波おどり●

藩政期から近代の明治・大正期にかけて、庶民によって引き継がれ、隆盛をみたものに、人形浄瑠璃《にんぎょうじょうるり》芝居と阿波おどりとがある。昭和の戦時期には担い手である若者が軍隊にとられたため、一時衰退したが、戦後復活し今日に伝えられている。

人形浄瑠璃芝居は摂津国西宮夷社《せっつのくににしのみやえびすしゃ》付きの傀儡《くぐつ》回しが淡路に伝わり、上村源之丞《うえむらげんのじょう》座を中心にして、盛時には人形座は四〇を数えた。ついで、阿波へ進出し、人形の一人遣《づか》いから三人遣いになるにつれて、土着の人形座が生まれ、明治期に全盛期を迎えた。上演は小屋掛けが中心で、頭も大ぶりになり、天狗久《てんぐひさ》などの優れた人形細工師を輩出した。

南方の山村では、村人たちの素人芝居と人形浄瑠璃芝居とが併用できる農村舞台で上演された。今日、二百数十カ所の農村舞台が確認されている。近時、毎年文化の日に徳島郊外の犬飼《いぬかい》農村舞台で人形浄瑠璃芝居と「襖《ふすま》からくり」の公演が近在の有志によって取り組まれているので、往時に想いをはせることができる。

引きかえ、盆踊りとして全国的に知られている阿波おどりは、戦後の高度経済成長期を境に大きく様変わりしてしまった。県都徳島でも、その一昔前には町内ごとに「連《れん》」を組み、子どもを先頭に踊り歩く姿が普通だったが、今や昔語りとなり、みかけられなくなった。芸達者な好人たちの「連」の興行化が進み、あわせて有名タレントを宣伝にと招来する「企業連」とが登場する演舞場の桟敷《さじき》で、県外からの観光客と一緒に席料を払って見物するのが、お盆の阿波おどりとなっている。この辺りにも、後述する「智還《かえ》って仇《あだ》となる」が散見する。

『人国記』『新人国記』では●

戦国期の作とされる『人国記《じんこっき》』によると、

阿波の国の風俗、大体《たいてい》気健《すく》やかにして、智あり。……然りと雖も、智還って仇となるべし。

（『岩波文庫』による）

また、『新人国記』でも、

按《あん》ずるに、当国海浜東に向ひ、負山《うしろやま》深し、南海ゆゑ、最も暖気なり。東方の秀気を受ける故に、気健《すこ》やかに智あるなるべし。　（同前）

と阿波の風俗について記している。

「東方の秀気を受ける」とは、畿内先進地域の政治的・経済的動向を逸早く摂取するに好都合な地理的条件下にあること、そして、それゆえに「智あり」に連なる。

この記述は戦国末の三好氏の動向に、ひいては、藩政期の藍商の活躍ぶりを予見していたかと思われる。実質的には専売制である中期以降、藩権力と結合し、その庇護のもとにあって、藍玉を幕府の統轄下の大坂問屋をとおさず、城下の藍場浜で仲買人と直接取引するとともに、各地に設けた支店でも販売するまでに市場を拡張している。

では、「智還って仇となる」とはなにを示唆するのか。それは、維新《いしん》後の新政府の殖産興業《しょくさんこうぎょう》政策の対象の圏外に徳島県がおかれたこととの関わりにみることができる。藍生産は明治三十年代まで隆盛の一途をたどるが、藍商

一番札所霊山寺と「原爆の火」(鳴門市)

は藍玉の販売に終始するにとどまり、藍玉を使用し原料とする第二次産業に発展することがなかった。まさに、目先の利は追うが、手間暇かかる生産活動にはうとく、権力に寄生して地主化することに安易な活路を求め続けたが、化学染料の出現で衰退した。

近時ではアミコ・徳島そごう百貨店の誘致で地元の百貨店「丸新《まるしん》」を閉店に追い込み、周辺商店街にも波及することとなったのも一例といえようか。

時は移り、「フネ」から「クルマ」へと。鳴門・明石の両海峡に大橋がかけられ、徳島から淡路島を縦断し、本州へは一時間で行来することが可能になった。永年の夢の実現、または、古《いにしえ》の南海道の再現、四国の玄関としての阿波徳島。ともあれ、この利便性に附随する諸事、この解決策いかんが、徳島県にとっての今後の課題となる。

今日の政治苦、経済苦、そして生活苦の増すなかで、吉野川第十堰《ぜき》の可動堰化を阻止した住民運動のエネルギー源や、「原爆の火」の灯る一番札所《ふだしょ》竺和山《じくわざん》霊山寺《りょうぜんじ》に始まる癒しを求める「四国遍路《しこくへんろ》」、さらには、第一次世界大戦時の板東《ばんどう》俘虜《ふりょ》収容所での人道的な扱い、地域住民と自由な交流。これらについての歴史的背景を洞察することによって、マスコット「すだち君」の活躍に呼応できるのではなかろうか。

1章

徳島の黎明

弥生人の顔(高さ 16.8 cm の木偶,庄遺跡出土)

1　遊動生活を送った人びと

寒冷期にあらわれた人類の足跡●

現在の徳島県域一帯には、いつのころから人が住みはじめたのであろうか。彼ら彼女らはどのような環境のもとで生活を送っていたのだろうか。過去を追究する歴史学関連の諸学問分野のなかで、この問題に返答する責務をおっているのは考古学である。とはいえ、過去にさかのぼればさかのぼるだけ物的証拠は断片化し希薄になるために、きわめて曖昧な返事にならざるをえない。

ただし約二万年前ごろの氷河期《ひょうがき》には、この地にも人びとの往来があったらしいことがわかっている。この約二万年前という数値は、現在の鹿児島県南部にあった姶良火山《あいらかざん》の噴火によって吐きだされた大量の火山灰（姶良・丹沢《たんざわ》火山灰）が、日本列島の西半分に広く降り積もった年代の測定値である二万三〇〇〇年から二万七〇〇〇年前を基準とし、それより幾分かは現在に近い年代という意味である。

この火山灰は特徴的な火山ガラスを多量に含み黄色味が強いので比較的見分けやすく、広域に降り積もっているために、遠くはなれた遺跡《いせき》同士の地層の年代を比較するさいには「鍵層《かぎそう》」として利用できる。この火山灰の層がほんのわずかでも認められれば、そこが二万数千年前の堆積だと確定するからである。日本列島の西側一帯の旧石器《きゅうせっき》時代遺跡では、この姶良・丹沢火山灰をはさんだ上下の地層から、ともにナイフ形石器とよばれる槍先の形をした尖頭器《せんとうき》が発見されており、主として火山灰の上方からみつかるナイフ形石器のなかには、サヌカイトでつくられた国府《こう》型ナイフ形石器とよばれる一群の石器が認められた。

徳島県域では現在までのところ四九遺跡から、このナイフ形石器がみつかっている。それゆえ約二万年前ごろには、この地にも人びとの往来があった可能性が高いという返答が可能なのである。

約二万年前といえば最終氷河期の真っ最中にあたり、寒冷な気候のために海水準はもっとも低いときに現在より一〇〇メートルは低かったであろうといわれている。現在の本州島と四国島および九州島は陸続きで朝鮮半島まで続いていたし、日本海はいまだ日本海湖の時代、瀬戸内海や紀伊《きい》水道などは深い谷であったろうが、まだ海水で満たされてはおらず存在しなかった。この辺り一帯はチョウセンゴヨウやヒメバラモミを主体とする亜寒帯《あかんたい》の森林におおわれ、陸上にはヤベオオツノジカやナウマンゾウが生息していた。彼ら二万年前に生きた人びとは、このような現在からは遠くかけはなれた環境のもとにおかれていたのである。

しかし、彼らの進化段階は現世人類と同じ「新人」で、私たちと思考能力も運動能力もまったく差異がない。直接の祖先である。要するにこのような過酷な環境に適応するところから出

ナイフ形石器(日吉谷《ひよしだに》遺跡出土)

発した私たち人類は、いまだに「寒冷な旧石器時代に基本設計が定まった身心構造」を引きずっていることを意味する。つまりその後の気候の温暖化や急激な社会の変動、価値観の多様性などあらたに加わった周辺環境に対処するには、基本設計があまりに古いのではないかという現状認識が可能なのである。旧石器時代を現代において考える意義の一つは、おそらくこの辺りにあるのだろう。

遊動生活●

ところで、さきに述べた四九遺跡を数える旧石器時代遺跡の分布状態をみると、大多数が吉野《よしの》川の北岸一帯の河岸段丘上に点在する。現在の四国縦貫道にそった分布状態である。自動車道の建設工事が要因となって遺跡の発見密度が濃くなったにすぎないという意見もあるが、それだけでは説明がつかない。そのため、この一帯には本来遺跡の分布が濃密だったと考古学関係者はみている。石器の原材料となったサヌカイトは香川県域の国分台《こくぶだい》周辺にいかなければ採取できない。サヌカイトをここで採集し、讃岐《さぬき》山地の分水嶺を越えれば、おそらく当時も日照条件には比較的めぐまれていたであろう吉野川北岸域へとたどりつく。数人から多くても一〇人程度の構成メンバーによる遊動生活が基本であったと考えられる彼ら旧石器人は、このような地形を最大限に活用したのであろうとの推測である。サヌカイトの原産地からは三五～四〇キロ圏内にあって、狩り場を主体とした食料の入手可能な消費地遺跡群。それが旧石器時代の吉野川北岸一帯に対する現時点の評価である。

一方、徳島県域南部では阿南《あなん》市廿枝《はたえだ》遺跡などにおいて、ナイフ形石器に類似した尖頭器を、地元で産出するチャートで形づくったものがみつかっている。このことから南部一帯には、吉野川北岸とは別の生活圏をもつ人びとがいたらしいと推定することができる。

2 環境の温暖化と縄文文化の生成

四国島の誕生と縄文文化●

約一万二〇〇〇年前ごろになると気候は一気に温暖化へとむかった。温暖化はほどなく海水準の上昇を引きおこし、これによって朝鮮半島から南東側一帯は水没して日本海となり、大陸からは分断された形で日本列島ができあがるに至る。同時に瀬戸内海や紀伊水道も形成され、徳島県域は本州からも切りはなされて四国島の東端部に位置する格好となった。気候の温暖化と海水準の変動はその後も続き、約六〇〇〇年前の縄文《じょうもん》時代前期にはもっとも温暖化が進んだとされ、海水準もさらに上昇したらしい。いわゆる「縄文海進」とよばれる現象である。海水準に関する関東地方での推計値をそのままあてはめると、現在の吉野川下流域の大部分が海中に没する計算になる。ただしその後は若干の寒冷化と小規模な海退が生じ、微妙な変動を生じながらも、地形的な環境は現在の状況にしだいに近づいたといわれる。この気候の温暖化の過程で、オオツノジカやナウマンゾウは絶滅し、ニホンジカやイノシシ・タヌキなど、現在でもなじみ深い動物相へとおきかわった。植生も温帯《おんたい》の落葉広葉樹と常緑広葉樹の混合林へと移行した。

このような環境の変化と呼応するかのように、人びとは生活様式をかえ、あらたな道具をうみだした。弓矢《ゆみや》・丸木船《まるきぶね》・土器《どき》の発明と利用は、その代表格である。弓矢は旧石器時代の最末期に主流であったと思われる投げ槍にくらべると、各段に飛距離をのばしただけでなく、精度も向上させた効果的な狩猟道具であった。丸木船は海産物へと食料の枠を拡大するのにおおいに役だったし、海をつうじた遠隔地との交流を可能にした。土器は煮沸《しゃふつ》を容易にした点で、調理方法と摂取可能な栄養素の拡大をもたらした。このような多方面にわたる道具の変化を伴って形成された文化を縄文文化とよび、その時代を縄文時代とよぶ。生業形態の基本形は旧石器時代と同じ狩猟・採集であるが、より効率性を求めるとともに、収穫の不安定さを回避するために海の幸と山の幸を巧みに組み合わせた「多角的狩猟採集経済」であったと推測されている。

遺跡の移動と生業の変化●

徳島県域では、縄文時代の遺跡およびその候補地として、現在一二〇地点が知られている。この時代を草創期・早期・前期・中期・後期・晩期と六期に分けてよんでいるが、草創期の遺跡は一九カ所、早期の遺跡は二カ所、前期のそれは四カ所、中期は一一カ所と概して少なく、内容も二、三の岩陰《いわかげ》遺跡における発掘調査の成果以外ほとんどわかっていない。その一方、後期になると、遺跡数は急激に増加して三七カ所を数え、晩期には三一カ所という具合で、後期以降の遺跡数は一転して増加する。こうした状況を整理したうえで各時期ごとの遺跡の立地状況を検討した湯浅利彦氏によれば、遺跡数の変動は西日本一帯と共通した状況であり、後期以降の遺跡数の増加については、沖積平野部への進出として理解できるとのことである。また遺跡の立地についてみれば、早期から前期までは山麓ないし段丘上にいとなまれる遺跡と山間部の岩陰遺跡との組合わせが主流であり、それぞれの遺跡で一時的な滞留生活を行うといった、季節的に移動を繰り返す居住形態が推測できるという。引き続く中期についてはほとんどわからないが、中期以降の遺跡はしだいに沖積地へとくだりはじめ、後期以降はその傾向があきらかになっていくとも指摘する。このような遺跡立地の変化の背後には、生業の変化があった可能性が高いし、移動生活から定住生活への変化が伴ったのかもしれない。

生業の問題について付け加えると、縄文時代後期に集落遺跡の立地が沖積地へと移動するのは、農耕が開始された証ではないかとの意見が古くからある。最近では岡山県下の遺跡において、後期の土器に籾《もみ》を押しつけた圧痕《あっこん》の残る事例がみつかり、この時期に日本列島の各地で穀物栽培があったことは確実だと指摘されるようになってきた。徳島県域においても、さきに述べたような遺跡の立地に関する変化がみられるので、同様の考えは成り立つ可能性がある。

ただし本県域の場合、遺跡の沖積地への移動と、石器などの道具類にみる変化とは必ずしも連動しないようである。後期には、漁網錘《ぎょもうすい》を主体とした漁

旧石器・縄文時代の主要遺跡分布図

労具の出土がめだち、盛んに漁労を行っていたことがわかるのであるが、農耕に直接結びつくような道具類はみつかっていない。その一方、晩期になると今度は漁網錘が姿を消し、この時期になってはじめて土掘り具とみなされる打製石鍬《いしぐわ》や、収穫具とみられる石包丁《いしぼうちょう》状のスクレーパーが登場し、しかも数多くみつかるようになる。三好《みよし》郡東みよし町稲持《いなもち》遺跡出土の石器類（写真参照）は、その代表例である。魚網錘自体はのちの弥生《やよい》時代前期になるとふたたび姿をあらわすから、なぜ晩期にだけみつからないのか謎であるし、遺跡立地の変化と道具の変化とがずれをもつことの意味も不明であるが、晩期に登場してくる石器類がどのような機能を果たしたのかについて疑問の余地はない。この時期には確実に穀物の栽培すなわち農耕があったとみるのが自然である。

縄文時代の農耕をめぐって●

なお縄文時代社会が農耕をはじめていたという解釈には、とくに弥生時代研究者側からの根強い抵抗がある。「農耕革命」という用語が象徴するように、これまでの歴史学界では農耕の開始を歴史上の革命的大事件だと位置づけ、その後の急速な社会発展の原動力ともなり、出発点だと考えられてきた。同時にそれ以前の狩猟採集社会を発展のない停滞的社会とみなし、両者には明瞭な境界が引けると断じてきたし、日本列島の場合には境界線

石鍬(左)と収穫具(右，稲持遺跡出土)

を弥生時代の到来にあてはめてきた。それゆえ縄文時代晩期に農耕がはじまっていては困るのである。こうした抵抗や葛藤があるために「穀物栽培」とよんで農耕とは直接表現しないという当面の対処法も、研究者のあいだでは常套手段のように使われる。読者諸賢にとっても、解説書や博物館の展示において同様の用語法はなじみ深いのではあるまいか。本書でも右の段落では、こうした対処法の流行を意識して耳障りのない「穀物栽培」を使用した。

しかし、このような考え方の背後には、狩猟採集社会すなわち停滞社会、農耕社会イコール発展社会といった単純なレッテル主義ともいうべき固定観念や、弥生時代以降の日本列島史がいかに劇的な発展をとげたかをあざやかに描きたいとの強い動機づけが読みとれる。どちらも現実の発掘資料に即した理解をはばむ非科学的思考でしかないことはあきらかだ。「栽培」という用語法の流布にしてみても、課題解決の先送りにすぎない。とはいえ、多くの研究者もこの点は十分に承知しており、基礎的な部分からの再点検を開始している。つまり縄文時代の農耕を認めたうえで、ではそれと弥生時代以降の農耕とはどこがどう違うのか、弥生時代以降にも継続する狩猟採集と、縄文時代までの狩猟採集とのあいだにどのような差があるのかないのか、双方の文化の差異とは実質的になにを意味するのかなど、抜本的なところからの検討作業である。このような点検作業を通じてあらたな考え方の枠組みが模索されつつあり、現在はその途上である。なお、この点に関連し、さきにふれた籾の圧痕についても、その後再検証が行われ、籾ではないとの反論が提示されて、現在は論争になっていることも紹介しておかなければならない。

縄文人の精神世界●

後期初頭から前葉にかけての時期にいとなまれた徳島市矢野《やの》遺跡は、鮎喰《あくい》川流域の沖積地に立地する集落遺跡の代表例である。平成六（一九九四）年に発掘調査されたこの遺跡からは、多数の竪穴《たてあな》式住居状遺構、焼土痕や土壙《どこう》が発見されて関係者をおどろかせた。この調査が実施される以前は「地山」とみなされ、人びとの生活の痕跡はないと考えられてきた地中深い地層からの発見だったからである。またこの遺跡からは水銀朱《すいぎんしゅ》の精製用具やそれを塗布した土器類、さらには土製《どせい》仮面や亀形土製品などが出土して、当時の人びとの精神活動が思いのほか豊かな内容をもつものであったことをうかがわせた。

土製仮面ないし土面は、土偶《どぐう》と双壁をなす宗教的遺物であるが、とくに縄文時代後期から晩期にかけての日本列島各地で用いられたと考えられており、矢野遺跡の土製仮面は、そのなかでも最古の事例にあたる。磯前順一氏の研究によれば、これを用いて祖霊祭を行い、祭りの場面では死者（集落の祖先たち）との交歓を行ったのではないかという。

亀形土製品のほうは用途がはっきりしない。胴部中央を貫通する穴があけられているので、ここに紐をとおしペンダント状の装飾品として身体に吊りさげて使用したのかもしれない。現代ならば、さしずめ寿命万年ともいわれる亀の旺盛な生命力に期待した「不老長生」であろうが、矢野縄文人が亀に付託した観念上の意味が判明してくれば、この造形にあたって彼ら縄文人がそこになにを求めたのかがわかるであろう。

また水銀朱については、一部の地域では旧石器時代から使用されはじめた代表的な赤色顔料であり、縄文時代の後期から晩期にかけては、日本列島の各地で、この顔料を漆器《しっき》や土器に塗布する行為が認められる。矢野遺跡の発見例は後期における日本列島最古の事例にあたり、本地域での水銀朱の利用がこれまでの予想以上に長期的な歴史を有することが判明した。というのも、弥生時代の徳島県域といえば水銀朱がただちに連想されるし、銅鐸《どうたく》がそれにつぐといった具合で、本地域における弥生時代の文化要素としての代名詞的存在であるからだ。さらに矢野遺跡が鮎喰川流域であることも注目された。広く知られている水銀朱の鉱床は本県域南部の那賀《なか》川下流域、阿南市水井《すいい》周辺に限定されていたからである。矢野遺跡の発見によって、鮎喰川の上流域にも、現在は未確認ながら、那珂川流域とは別の水銀朱の鉱床が存在した可能性を想起させるところとなった。候補地はすでにあげられているようであるが、今後は縄文時代の採掘遺跡として認定可能かどうかが注目される。

なお弥生時代の水銀朱に関していえば、彼ら彼女らがそこに付託した意味合いは、古代中国の表現を借りれば「徳」といわれた生命力の源泉であったと推定されるし、こうした観念上の意味づけが成立する背後には古代中国の神仙《しんせん》思想からなんらかの影響があったと考えられるのであるが、縄文時代の水銀朱について同様の解釈があてはまるのかどうかについての成案はない。

縄文時代最終の晩期には、徳島市三谷《みたに》遺跡において、犬の

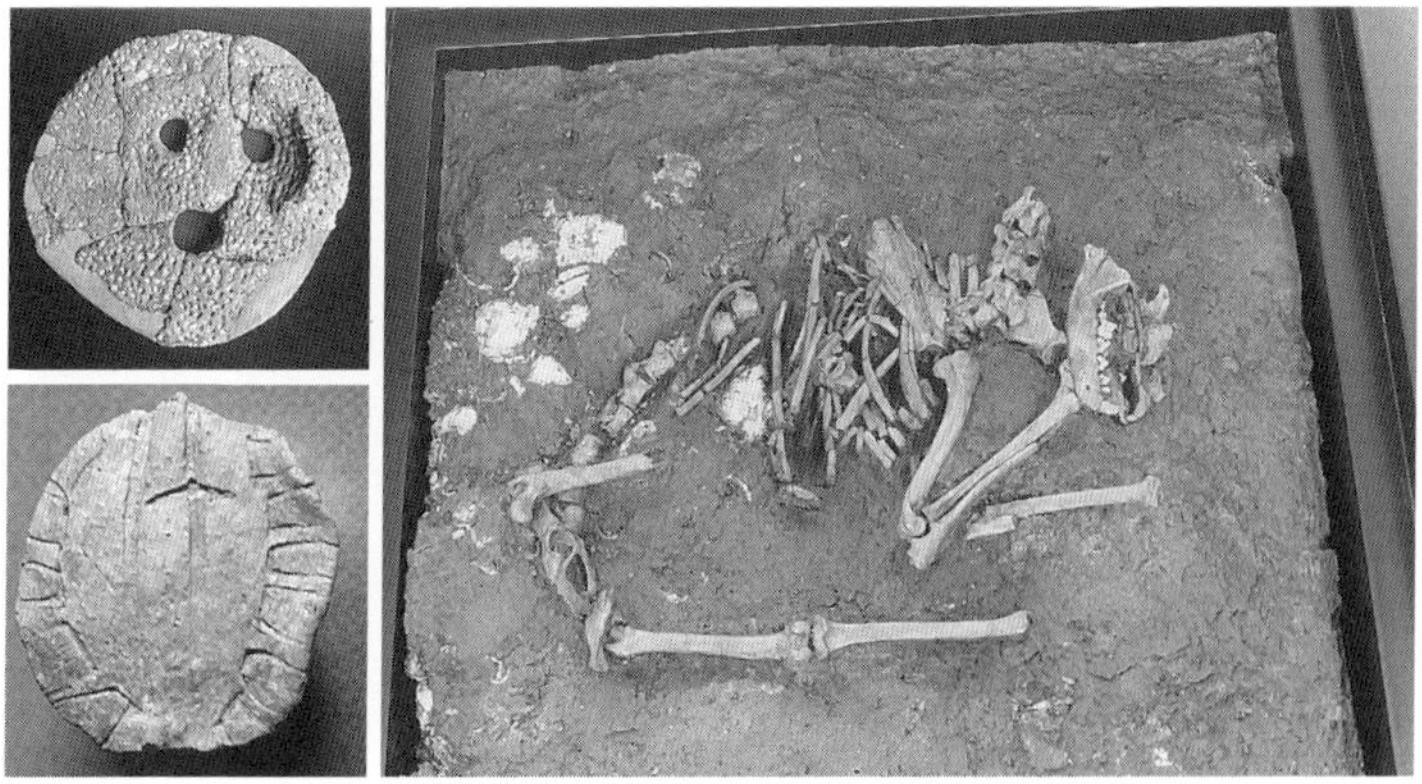

土製仮面(左上)・亀形土製品(左下，矢野遺跡出土)と犬の埋葬(右，三谷遺跡)

埋葬や、犬歯の加工品、石棒《せきぼう》など、精神生活や宗教儀礼の存在を示す豊富な遺物の発見が知られている。なかでも石棒は背後の眉山《びざん》山塊中から産出された結晶片岩《けっしょうへんがん》製のものであり、多数の未製品が含まれていたことは、この遺跡で集中的につくられたことをうかがわせる。キラキラと光る結晶片岩特有の発色が重視され、ここでつくられた石棒が西日本各地へと持ち運ばれたのではないかとの興味深い見解もだされている。

なお三谷遺跡は、縄文文化に属する遺跡としては最後のムラ跡である。時期的にはつぎの弥生文化の到来と重なっており、隣ムラはすでに弥生文化を謳歌していた、というような過渡期の微妙な段階にあたる。この点については節を改めて述べることとする。

3　弥生文化の到来

水稲農耕の導入●

吉野川流域における最初の稲作農耕民は、鮎喰川との合流点にほど近い下流域の眉山北麓、徳島市庄《しょう》遺跡を本拠地に選んだらしい。この遺跡では巨大な環濠《かんごう》集落や用水路、墓地跡がみつかっている。水田稲作の直接の証拠となる初期水田跡はまだ未発見であるが、徳島大学医学部付属病院東病棟地点の発掘調査では、水田に水を供給するために掘られた初期の人工用水路が発見されており、その規模の大きさや導水技術の巧妙さ、入念さから、彼ら庄弥生人が水田稲作に賭けた意気込みがいかに大きなものであったのかをうかがうことができた（次頁写真参照）。

眉山北麓一帯の、南から北へとゆるやかに下降する傾斜地を横切り、西側の鮎喰川周辺から東側の水田へと水を導く用水路には、幅四メートル、深さ一・五メートルの堂々たる規模を有する幹線水路と、そこから分岐し個別の水田区画へと水を導く枝水路からなる二形態があった。幹線水路は二条、枝水路は七条発見されており、埋没状態からの判断であるが、これらのいくつかは同時期に用水路として使用されていた可能性がある。南から北へと傾斜する地形を横切って東側一帯の水田へと水を導くためには、利水上も治水上も幹線水路からの分岐はつねに南側へと引くのが常道であるから、水田域が広域であれば、複数の幹線水路と枝水路を併走させる必要があったのではないかと推定された。また幹線水路から枝水路への分岐点よりやや上流には、幹線水路の中央部から枝水路の水口にむけて二列の板杭列が打ちこまれていた。この板杭列の上方には、おそらく木の枝や編み物などをはさんだのであろう。水流をここで一旦滞留させ、一部を枝水路へと振り分ける斜め堰としての役割を果たす施設であったと推定される。巧妙な灌漑《かんがい》技術である。幹線水路の床面からは鋤《すき》・鍬などの木製農具、石包丁などの収穫具、土器、炭化した稲籾の塊などがみつかった。

徳島市庄・蔵本《くらもと》遺跡の環濠集落(左)と人工用水路(右)

また地点は異なるが幹線水路の一角と推定される場所からは、おそらく原始機《げんしばた》に伴ったであろうと思われる腰掛けも発見された。

さきに述べた用水路網の南側には環濠集落があった。環濠は二重の堀となっており、外側の堀の直径は優に一〇〇メートルを超える。また内側の堀の縁にそって丸木杭が列状に打ちこまれていることが判明した。まるで砦《とりで》を連想させるかのような堅固な防御施設である。集落内部は一部しか発掘されていないが、これまでのところ竪穴式住居と思われる落込みが数棟分発見されている。

また集落の西側と北東側には墓地があり、西側では土壙墓・配石墓《はいせきぼ》二八基と箱式石棺《はこしきせっかん》状の石組みをもつ埋葬が二基、甕棺《かめかん》が一基発見されている。北東側の墓地でも箱式石棺墓一基、土壙墓が三基発見された。土壙墓の小口部には小型の壺をそえたものや、管玉《くだたま》類を副葬《ふくそう》するものもみられる。やや変わった事例としては、一つの墓壙《ぼこう》内から石鏃《せきぞく》七点が出土したというものがある。このうち何点かは先端を下にむけて直立した状態で出土したとのことであり、これらは遺骸に打ちこまれた矢の先であった可能性をもつ。箱式石棺や土壙墓の規模、副葬品が示すところは、朝鮮半島との密接な関係をうかがわせるものであったし、甕棺墓に使用された土器は松菊里《しょうきくり》式とよばれる朝鮮半島特有の土器からの影響が色濃く反映されたものであった。

庄遺跡における右にみたような状況、つまり巧妙な灌漑技術を伴った大規模用水路掘削、過剰防衛的とも思われる堅固な環濠集落、墓域における朝鮮半島一帯との強い親縁関係は、これらをいとなんだ彼ら彼女ら初期稲作農耕民が、この地で縄文文化を育んできた人びととは異質な存在として立ちあらわれた可能性を考えさせるものである。庄遺跡の東約一キロのところには、前節で紹介した縄文晩期の三谷遺跡があり、二つの遺跡は同時に存在した可能性が高い。隣ムラ同士がまったく異なる文化のもとに、それぞれの生活をいとなんでいたという状況である。もちろん相互の交流はあったに違いない。事実、三谷遺跡には庄遺跡でつくられた可能性の高い弥生土器がもちこまれているし、庄遺跡からも三谷遺跡で製作された石棒片がみつかる。しかし一方のムラでは貝塚を形成し、漁労を主たる生業としながら盛んに石棒を製作しているのに対し、もう一方のムラでは大規模な灌漑工事を伴う体系だった水田稲作をはじめているのである。

縄文ムラと弥生ムラ●

では、このような庄遺跡と三谷遺跡のあいだにみる異質さは、どのような経緯で生じたものなのか。類似した状況は四国の他の三県域でも同様に認められるようである。一部の拠点的な集落においてほとんど完成された姿で立ちあらわれ、近隣の縄文文化の集落とは異彩を放つ形での弥生文化の到来である。

こうした断絶的ともいえる新規文化の到来について、従来の考古学が行ってきた解釈の一つは、渡来系弥生人の移住・定着説であった。しかしそのような見方が成り立ちがたいことは、北部九州地域における支石墓《しせきぼ》内出土の埋葬人骨の分析によって最近あきらかとなった。この疑いようもないほどはっきりした朝鮮半島系の墓制のもとに埋葬されたのは、予想に反して縄文的形質をそなえた人物であった。つまり朝鮮半島からの渡来系文化を日本列島の最先端でうけとめた北部九州の人びとは、水稲耕作技術や灌漑技術を取りいれただけでなく、もっとも保守的だといわれる文化要素の墓制に至るまで、渡来系のものをほぼすべてといってよいほど多面的に身につけ、みずからを鞍替えしたと考えざるをえなくなってきたのである。

要するに彼ら彼女らは、朝鮮半島の人びととの交換や交流をきっかけに、水や土地などの自然と人間の関わり方から日常の価値観、時間の観念、ひいては死生観《しせいかん》を軸にすえた宇宙観に至るまで、縄文文化のそれを完全に脱ぎすて、みずからを水稲農耕民＝朝鮮半島系渡来人風に仕立てなおして再出発したのである。しかも朝鮮半島系の文化要素がごく初期の段階からそろって導入されていることをみれば、この再出発は集団規模で、おそらく一世代のあいだに、というような組織的かつ短時間で生じたとみる必要がある。現代人の感覚になぞらえて表現すれば、それは宗教上の集団改宗に近い状態だと理解すべきであろう。

はたしてそのような自己同一性や帰属意識にかかわる要素の取替えが短時間のあいだに、かつ組織的に可能であったのかと疑いたくなる。しかし世界各地の民族誌との比較をつうじてこの問題に取り組んでいる松本直子氏によれば、このような変化は十分にありえたことだという。水稲耕作や灌漑技術を導入するために不可欠なのは、集約的な労働形態への抜本的再編であり、土地や水に対する価値観念の変革であった。しかし、それは縄文文化のもとで育まれてきた労働編成や価値体系とは多くの部分であいいれなかったはずであり、タブーに抵触する場面が生じた可能性は濃厚である。したがって水稲農耕技術の導入にあたっては、帰属意識のうえでの縄文的社会や

一緒に使われた縄文土器と弥生土器(右端，三谷遺跡出土)

文化からの離脱と、朝鮮半島渡来の新規文化への帰依が是非とも必要だった。いいかえると縄文文化の要素を積極的にすてさり、同時に水稲農耕民としての文化要素を意識的に身にまとうことが、水稲耕作をはじめるうえでの必須条件ではなかったかというのである。

このような考え方を参考にすれば、庄遺跡をはじめとする四国各地の初期弥生集落が、なぜかくも相互に類似性をもち、どこでも完成された姿として立ちあらわれるのかについて説明がつきやすい。水稲稲作を選択することは単なる生業上の変化ではなく、帰属意識のうえに生じた一大転換を伴うものでもあった。したがってこの時期、庄遺跡の弥生人と三谷遺跡の縄文人のあいだにみる異質さは、おもに庄遺跡弥生人の側の積極的行動の結果によるものだと理解できるだろう。彼ら彼女らは縄文時代的社会からの離脱と、みずからが水稲農耕民であることを外部に対して表明し、自分たち自身をも納得させるべく、堅固な環濠集落を構築したし、朝鮮半島系類似の墓制までをも積極的に採用したのであろう。そうしたうえで灌漑用水路を掘り進め、水稲農耕を開始したと考えられるのである。

この時期、吉野川下流域には二つの異質な世界が併存する格好になった。しかし時代の流れは急速に庄遺跡側へとかたむき、三谷遺跡を最後として縄文文化は淘汰される。

水稲耕作技術の進展●

吉野川下流域へといち早く到達した弥生文化の波は、ほどなく上流域へも波及した。吉野川上流域への波は、単に下流域からの遡上というのではなく、北側に接する香川県域や西側の愛媛県域西部からの影響も強く認められており、複合的であった。そのことが、下流域とはまた異なった展開をうみだしたようである。

三好郡東みよし町大柿《おおがき》遺跡では、吉野川北岸の河岸段丘上のゆるやかな斜面にきずかれた棚田《たなだ》跡がみつかっている。棚田は五段ないし六段に造成されており、畦《あぜ》で囲まれた一つの区画は幅二メートルから四メートル、長さ一〇メートル程度の規模を有する、小区画水田の棚田である。この棚田跡は洪水砂でおおわれたために、耕作時の状態が完全にパックされ、往時の姿をよくとどめていた。水は北側の山塊から吉野川に流れくだる喜来谷《きらいだに》川から水田へと用水路で導かれており、棚田へと水を分けるさいには、まず最上段の区画全体を満たした後に、どこか一カ所で畦を低めにつくっておき、そこからあふれさせる形で下の段に水をくばるといった「畦越え」方式がとられている。導水がきわめて系統だった緻密さでなされており、このこと一つをとってみても、水の管理技術は非常に高かったことがわかる。時期は弥生前期末から中期初頭にあたる。

弥生時代の水田跡は、前期については庄遺跡などで断片的に確認されたにとどまり、中期・後期についても、

棚田（大柿遺跡）

三好郡東みよし町西原《にしはら》遺跡や、板野《いたの》郡板野町黒谷川宮《くろたにがわみや》ノ前《まえ》遺跡、名西《みょうざい》郡石井《いしい》町石井城《じょうの》ノ内《うち》遺跡、徳島市延命《えんめい》遺跡など数例を数えるにすぎない。作付けから収穫までの途中で洪水が生じ、水田域の広い範囲が砂で完全におおわれるなどといった、当時の人びとにとっては予期せぬ災害がおこった場合でないと遺跡として残りにくいからである。とはいえ弥生時代の水田のようすは、しだいにあきらかになりつつあり、今後の調査の進展が期待される。

武器の発達と戦いの役割●

初期水稲農耕民は、同時に武器を発達させたことでも知られる。この殺人用に特化した道具は、実際の戦闘や殺害に使用されたというよりは、武威《ぶい》の象徴としての祭祀に利用されるほうが多かったのではないかと思われる。しかし、さきにみた庄遺跡からは、この武器が使用された可能性のある痕跡がみつかっている。七点の石鏃を出土した墓に葬られた主人公は、矢を集中的に打ちこまれた可能性がある。またこれとは別に、弥生時代前期にあたる三点の石剣《せっけん》が発見された。手ににぎる短剣や槍先として使用された武器である。

このような武器や、石鏃がささったのではないかとも疑われる埋葬など、戦いや殺戮《さつりく》を連想させる遺物の発見頻度が高いことは注目すべきであろう。というのも、弥生文化の先進地帯であった北部九州地域において、やはり弥生時代前期の時点で処刑ないし犠牲の結果と思われる殺人の痕跡や、ときには集団間の戦闘の痕跡が増加する現象が認められるからである。水稲農耕を基軸にすえた人びとにとって、土地や水への執着は、縄文文化のそれとはくらべようもないほど高くなったに相違ない。また特定の水源や水稲耕作適合地に対する占有意識がこのころにすでに芽生えたとするならば、それは人びとのあいだに排他性を育む要因ともなった可能性がある。その結果、近隣在住の人びととのあいだに軋轢《あつれき》や確執を生じる場面も、当然増加したであろう。

なお、さきに述べたように、灌漑施設をそなえた水稲農耕を維持するためには、集約的な労働編成が不可欠な要件であった。そのような協業体制が生成されつつある情勢のもとでは、争いごともそれ以前とは異質な様相をおびたに違いない。さらにやっかいなことに、集団間の戦いは、しばしば双方にとって帰属意識の再確認に非常に役立つし、それを足がかりとしてあらたな秩序や権力構造の再編を可能にする。こうして弥生文化には戦いがつきものとなったし、武器の定着も促されたと思われる。また、とくに前期の段階で戦いの形跡が明瞭にみえるのは、水稲農耕社会への衣替えがあまりにも急速だったことと密接な関係をもつのであろう。急激な変化は、世情に不安定さをもたらす要因でもあった。

農耕社会の定着と変化●

水稲農耕の開始としてこの地に定着した弥生文化は、ときに戦闘の痕跡を残しながらも発展し、吉野川流域を中心に徳島県域の平野部全体に広がった。近藤玲氏の集計によると、中期後半には急激な遺跡数の増加がみられるという。直前の中期中ごろにくらべると遺跡数でみて五倍の増加、このうちあらたに登場する遺跡数でみると七倍強の増加となる。このような現象は、中期後半に弥生文化の最盛期を迎えたことと、水稲農耕を軸にすえた社会の安定化によって、人口の増加が促されたことを物語るのであろう。

こうした遺跡数の増加は、推定される人口の増加と密接な関係をもつ現象だと考えられるのであるが、この時期には大規模な集落遺跡が出現する。徳島市名東《みょうどう》遺跡はその代表格であり、吉野川下流域南岸から鮎喰川流域一帯を束ねる中核的拠点集落として、流通や政治のセンター的役割を果たしたのではないかと推定されている。現在までのところ、遺跡のごく一部が飛び飛びに発掘調査されているにすぎず、遺跡の全貌を把握するには至っていないが、方形周《ほうけいしゅう》溝《こう》墓《ぼ》群からなる広大な墓域や、水銀朱を調合して祭祀にそなえた場所でもあったと推定される住居址、銅鐸の埋納遺構などがみつかっている。広瀬和雄氏が最近積極的に提唱する「弥生都市」論を徳島県域で検討するならば、まずこの遺跡が筆頭の候補となる。

一方、名東遺跡のような平野部に立地する中核的集落とは別に、平野部から五〇メートル以上も高い丘陵上に大規模な高地性《こうちせい》集落が登場することも、この中期末から後期初頭にかけての特徴である。

三好《みよし》市大谷尻《おおたにじり》遺跡は、吉野川北岸の

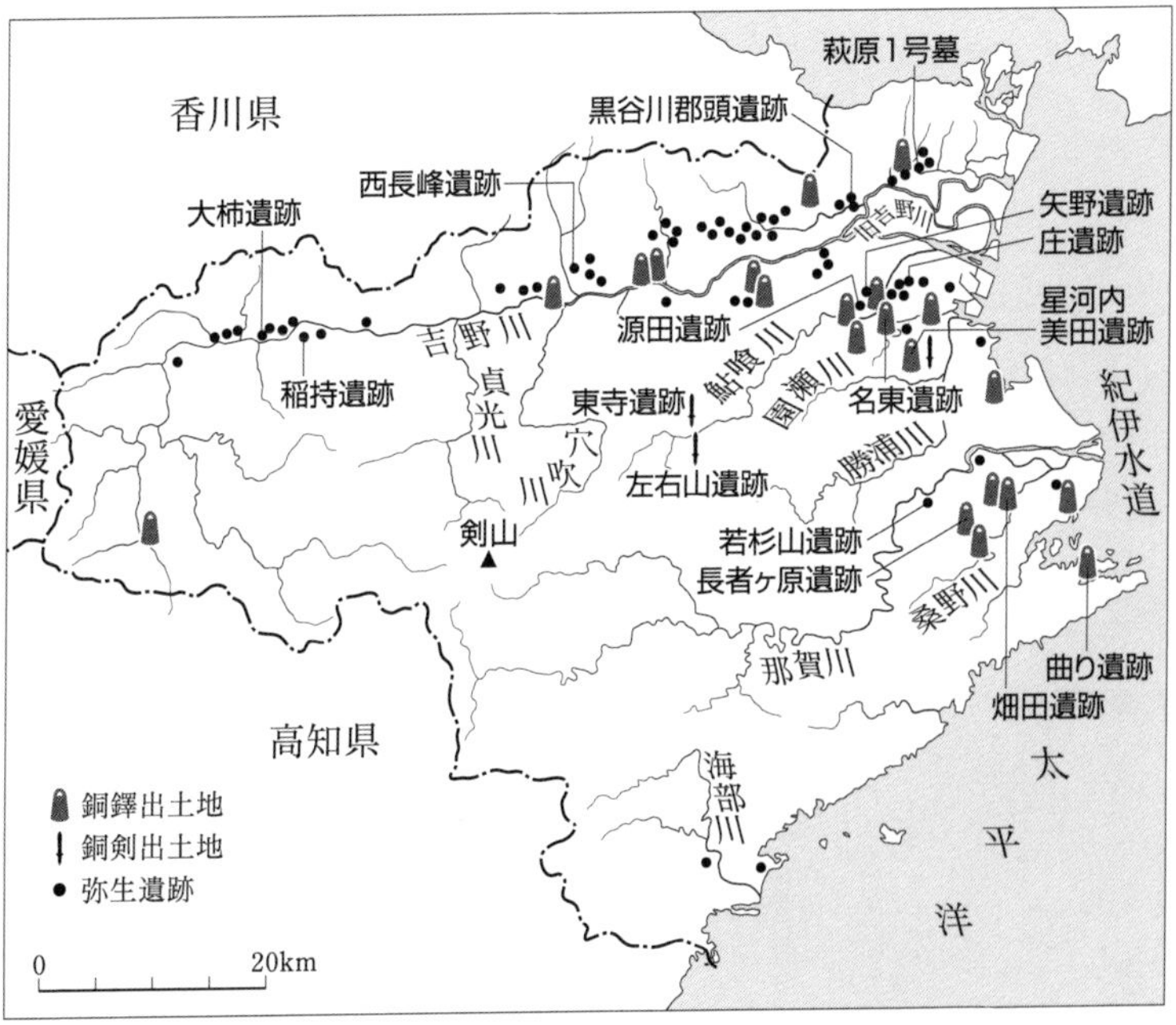

弥生時代の主要遺跡分布図

丘陵上にあって、中流域の両岸一帯をみわたす大規模高地性集落である。この遺跡は丘陵の頂部約一万平方メートルの平坦面全域を集落とするもので、周囲を環濠で取り囲んでおり、城塞《じょうさい》のような景観をもつ。発掘調査は集落の約半分だけにとどまったが、住居址一三軒のほか、貯蔵穴や焼土坑などが多数発見された（口絵参照）。

この大谷尻遺跡と同様の性格を有すると思われる高地性集落遺跡は、吉野川下流域でも最近になってみつかりはじめた。鳴門《なると》市檜《ひのき》はちまき遺跡とカネガ谷《たに》遺跡である。これら二遺跡はともに吉野川北岸丘陵上にあって、眼下に下流域から河口付近にかけての平野部一帯を一望することができる。このうちカネガ谷遺跡では、集落の外側を崖《がけ》状に切りだし、平野部からみれば城壁であるかのような視覚的効果をもたせた段状遺構が発見された。ただし内部には数棟の住居址がみつかり、恒常的な居住域であることもわかった。この遺跡でとくに注目されたのは、朝鮮半島製の内《ない》行花文放射線状文鏡《こうかもんほうしゃせんじょうもんきょう》や、鍛造《たんぞう》袋状鉄斧《てっぷ》、磨製《ませい》石鏃の出土であった。これらの遺物は、朝鮮半島との密接な交流をう

カネガ谷遺跡の段状遺構と出土の内行花文放射線状文鏡(右上)・袋状鉄斧

かがわせるものであり、カネガ谷遺跡が遠隔地との交流の拠点的役割をになっていたことが判明した。

これまでの通説にしたがえば、高地性集落は戦時臨戦態勢下で発生した一時的防御集落であったということになる。『魏志《ぎし》』倭人伝《わじんでん》中の記載「倭国大乱《わこくたいらん》」になぞらえて政治史上の現象として解釈されたこともあった。しかし徳島県域で発見されはじめた大規模高地性集落の調査結果をみれば、そのような側面だけでは理解しきれない、豊かな内容がそなわっていたことがわかる。平野部からはるかに高いところを選び、環濠や崖状の切りだしによって囲まれる集落は、有事のさいに防御集落としての機能をいかんなく発揮したであろうし、実際にそのような役割を期待されたに違いない。しかしこうした立地条件や防御施設のありようは、ちょうど武器が武威の象徴にもなったように、偉容を誇示するという意味での視覚的効果をあわせもつ。そこが都市的な機能を有する拠点集落であれば、政治的・経済的拠点のありかを視覚的に演出したとも考えられる。すなわち徳島県域の弥生時代中期末から後期初頭における大規模高地性集落の登場は、軍事的側面と、政治的・経済的側面との両方の意味合いをもっていたと理解するのが適当であろう。ときに戦いをも招きかねないといった近隣・遠隔地諸集団との緊張関係をつねに伴いながら、地域内部の政治的・経済的機能の集約の場として機能し、同時にこれら拠点集落を中継点として遠隔地との交流が活発化し、情報の交換も促進されたという弥生文化の到達点をここにみることができる。

弥生時代の信仰——銅鐸と朱●

徳島県域において弥生時代の人びとが信仰の対象としたもの、その代表格が銅鐸であり、水銀朱であった。

古代中国で馬鈴《ばれい》として使用された釣《つ》り鐘《がね》形を呈する青銅《せいどう》製の鈴は、朝鮮半島に波及して朝鮮式小銅鐸となり、さらに日本列島に伝わるなり肥大化の道を宿命づけられて銅鐸が成立する。この銅鐸の出土が二九遺跡、四二個体を数え、その出土数において全国で三番目となる徳島県域は、銅鐸の使用が盛んだった地域の一つである。

弥生時代前期の末ごろに登場し、中期中ごろから後半に最盛期を迎える銅鐸は、稲作の豊穣を願った祭《さい》器《き》であろうと解釈されてきた。しかし土中に埋納されることが常であり、その出土場所は平野と山間部との境界域であったり、岬の突端付近であったり、のちに述べる水銀朱の鉱脈を取り囲むかのような状態であったりといった、水田域とは無縁な場所からの出土状態をみれば、銅鐸が単に稲作とだけ関連する祭器だとは理解しがたいものがある。その祭祀《さいし》形態についても、銅鐸に稲の穀霊《こくれい》や地霊《ちれい》を憑依《ひょうい》させ、それに祈

矢野遺跡出土の銅鐸と埋納状態

念して豊穣を祈るという儀礼であったと考えられてきた。しかし水稲農耕との結びつきを直接物語る証拠は、一部の銅鐸にきざまれた絵画のモチーフを媒介にした間接的な解釈にとどまり、銅鐸全体の機能を類推するには説得力に欠ける。そのため、銅鐸の内部にやどると弥生人によって観念されたものが穀霊だけであったと考えるより、むしろより包括的にとらえ、銅鐸の内部にやどる万霊のエネルギーに期待して、稲作の豊穣祈念祭に利用することもあれば、彼ら彼女らを取りまく生活圏を邪悪なものからまもり、貴重な聖域を守護する役割を広く付託された祭器だとみるほうが自然である。そのようにとらえると、隣接の香川県域を中心に発達した平形銅剣《ひらがたどうけん》との共通性や整合性も合理的に理解できる。

なお銅鐸の機能や歴史的意味を考えるうえで重要な点は『古事記《こじき》』や『日本書紀《にほんしょき》』など、八世紀前半になって編纂された文字記録には、銅鐸やそれを用いた祭祀のありようなどがまったく記載されていないことである。古代の文化人にとって完全に忘却のかなたに過ぎ去った代物だというこの事実は、銅鐸が稲作の豊穣祈願祭というような普遍的な祭りに使われたとの解釈がいかにも苦しいことを示唆する。人びとの安全を祈念し、水稲農耕に軸足をおいた弥生的

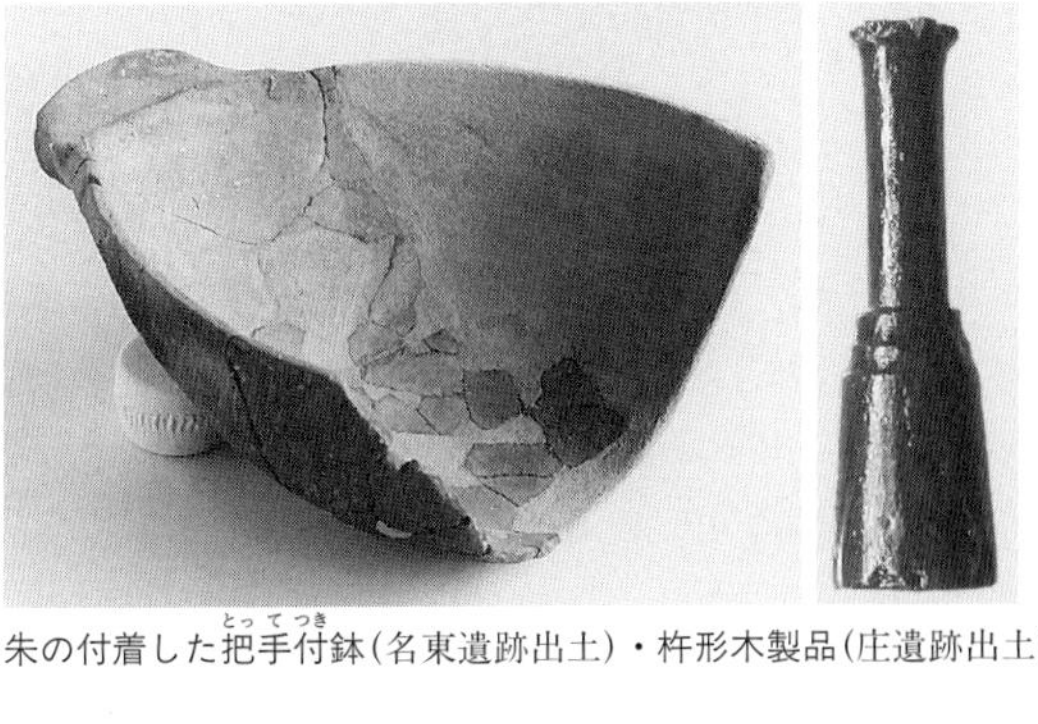

朱の付着した把手付鉢《とってつき》(名東遺跡出土)・杵形木製品(庄遺跡出土)

宇宙の秩序維持をはかる幻想の付託物として、列島の一部では定着したものの、担い手の滅亡ないし積極的な破棄と忘却が行われたがゆえに、のちの文字記録にはいっさい登場しないという特殊な状況が生じたのであろう。

もう一つ、徳島県域の弥生文化を語るさいに欠かせないのが水銀朱を用いた祭祀である。弥生中期末に登場し、後期前半にかけて盛んとなり、終末期にまで引きつがれるが、最初に集落内部での祭祀として登

若杉山遺跡

徳島県の二十一番札所《ふだしょ》、太龍寺《たいりゅうじ》の山裾谷あいを北側からのぼる参道沿いの斜面に若杉山《わかすぎやま》遺跡はある。水銀朱《すいぎんしゅ》（辰砂《しんしゃ》）の採掘遺跡としては全国唯一の事例である。徳島県博物館によって昭和五十九（一九八四）年から六十二（一九八七）年までに四次までの発掘調査が実施されており、採掘方法や採掘開始と終焉の時期の概要が判明した。発見された遺構としては石臼《いしうす》をすえた作業面と推定される平坦面と土坑《どこう》があり、出土した遺物には石臼、石杵《いしぎね》、各種の土器《どき》類、鉄製品、鹿角製の加工品、貝殻の加工品、貝殻や魚骨、獣骨などの食物残滓などと、やや変わったところでは勾玉《まがたま》があった。

調査によって解明された採掘方法の概要は、まず第一段階として水銀朱が筋状に貫入する母岩を大型のハンマー（石杵の一部）で叩き割り、第二段階と第三段階では、こうして割りとった石塊を石杵と石臼を用いて粉砕したのちに、第四段階として、それを水流にさらして母岩などの不純物を流し去り、比重の高い水銀朱を取りだすというものであった。水流にさらす方法は砂金や砂鉄を採取する方法と共通で、比重選鉱《ひじゅうせんこう》とよばれる。第四段階の作業を繰り返し行えば、それだけ純度の

❖コラム

高い水銀朱が精製されるという手はずである。

このような方法での水銀朱の採掘には、相当な労力を要したものと推定される。膨大な数の石杵や石臼が出土しているが、この方法が主体となる辰砂の採取は生産性が低く、それを維持しようとするなら、背後には強制労働が想定されてしかるべきであろう。もちろん、当初から比重選鉱主体の採掘形態であったとは考えがたい。採掘開始時には水銀朱の溜まりも厚く、もう少し良好な鉱脈であったものが、採掘の継続とともにしだいに生産性を減じ、最終的なありようが右に示したようなものへと変容したのではなかろうか。

若杉山遺跡での水銀朱の採掘は、弥生《やよい》時代終末にはおわったらしい。ただしこの時期以降、列島の各地で集中的多量消費がはじまる。急速に増加しつつあった需要とどう対峙したのか、今後の調査研究の進展に期待するところ大である。

若杉山遺跡の調査風景

場しながら、終末期にかけて、しだいに首長《しゅちょう》層とよばれる集団内部の上位階層者たちの埋葬祭へと収斂《しゅうれん》されていく。この水銀朱を用いた祭祀とは、片口鉢《かたくちばち》や、甕を縦に割ったような形態の特殊な鉢形土器のなかに、なんらかの溶媒《ようばい》にとかした朱の粉末をいれ、火にかけるという行為が伴い、しばしば石杵《いしぎね》とよばれる磨《す》り石を用いて細粉化する行為もあったらしい。さらにこのような行為のあとに、どこかに塗布《とふ》するか、飲用したかのいずれかであろうと思われる。そのさいには土器の破片をパレット状に使用した形跡もある。しかしこのような儀礼的行為がなにを意味したのかについては議論が分かれており、未解明である。古代中国における神仙思想からの影響を考えるというのが有力な見方であるが、この希少性の高い赤色顔料がはたして仙薬として利用されたのか、あざやかな発色のほうが重視され、そこに別の意味合いが託されたのかについての解明は、今後の調査研究にゆだねられる。

徳島県域において、これまでに判明している事実関係において朱を用いた祭祀を特徴づけるのは、初期には銅鐸に塗布する事例がみられることと、さきの大規模高地性集落の代表例としたカネガ谷遺跡においても登場し、以後急速に普遍化することとである。銅鐸に塗られた事実は、朱と最初に対面した弥生人が、彼ら彼女らがもっとも大切にしてきた祭器に塗ることを思いついたという消息を物語るものであろうし、カネガ谷遺跡でも朱を用いた祭祀の形跡が認められることは、本遺跡が遠隔地との交易拠点でもあったことと密接な関係を有するに違いない。朱を用いた集落内での祭祀が、かつての銅鐸がそうであったように、朝鮮半島からの影響をうけてこの地に導入された可能性を推測させる。

阿南市若杉山《わかすぎやま》遺跡は水銀朱の採掘遺跡として著名であるが、ここで実施された小規模な発掘調査によれば、採掘は弥生時代後期初頭にはじまり、終末期まで継続したようである。

さきに述べたように、朱を用いた祭祀は集落で実施される形態からしだいに墳墓祭祀での使用へと変化する。このような質的変化を傍証するのが、徳島市矢野遺跡出土銅鐸（三二頁参照）である。この銅鐸は銅鐸の歴史における最終段階の作品であり、高さ九八センチという徳島県下では最大の寸法をほこり、しかもきわめて精巧なつくりではあるが、もはや朱は塗布されていなかった。このことは弥生文化における銅鐸を用いた祭祀の相対的な価値の低下を示しており、祭祀の重点は有力者の埋葬祭へと急速に移行しつつあったことを物語る。弥生文化の終焉過程を如実に示す変化のありようとして興味深い。

4　前方後円墳の時代

前方後円墳の誕生●

弥生時代社会が育んだ現象の一つに、人びとのあいだに上下の格差がはっきりしてきた点があげられる。このことは遺骸の埋葬状況にみる副葬品の有無や丁寧さの度合いに、著しいかたよりが生じていることから推測されるのであるが、このような現象は、はやくも前期の初頭から認められる。その後中期には、方形周溝墓という、平面長方形の墳丘の外周に溝をめぐらした墓（墳丘墓《ふんきゅうぼ》）が登場し、集団の内部には方形周溝墓内に丁重に葬られる人びとと、そこから排除される人びととがでてきた。また後期から終末期にかけては、墳丘の周囲に石列をめぐらしたり、埋葬施設を石で囲いこんだりと、丁重さの度合いがいっそう高くなる。こうした埋葬にみる格差は、おそらく生前における支配者層と被支配者層の上下関係を反映したものであろうが、確証はない。またとりわけ丁寧な埋葬のみられる墳墓に対して考古学では「首長墓《しゅちょうぼ》」

とよぶこともあるが、どのような性格の「首長」なのかもはっきりしない。埋葬の比較をとおして指摘される格差以外の考古学的証拠がとぼしいためである。このような事情があるので、ここでは墳丘墓内に丁重に葬られた人びとをかりに上位階層者とよび、そうでない人びとを集団成員とよぶことにしたい。これから述べる前方後円墳《ぜんぽうこうえんふん》の時代は、弥生時代社会の延長上にあって、上位階層者たちのなかから集団を代表するような個人ないし二、三人がおそらく世代ごとに選抜され、彼ないし彼女の遺骸に特別丁寧な、しかも近畿地方を含む各地との共通の墳墓祭祀を行う時代の到来である。共通の祭祀を行うことは、政治的結びつきの表明でもあったから、それは近畿地方を中核とする政治的結びつきの誕生をも意味するものでもあった。

　弥生終末期とよばれる西暦三世紀の前半から半ばにかけて、吉野川流域にきずかれた墳丘墓には前方後円墳へと引き継がれる要素が登場する。その代表例が鳴門市萩原《はぎわら》墳墓群の様相である。この墳墓群では二基の墳丘墓ないしは古《こ》墳《ふん》が確認されているが、その墳丘は土を盛りあげて構築す

萩原1号墓の全景と副葬された画文帯神獣鏡　鏡は打ち割られて副葬された。

る通常のものとは異なり、石だけを積みあげる積石塚《つみいしづか》とよばれる形式である。

このうち発掘調査が実施された一号墓には、尾根筋の高いほうから墳丘に取りつく墓道状の突出部がつくられており、その上面観はまさに前方後円墳を連想させるものであった。円形を呈する墳丘の中心には、結晶片岩の板石積みによって幅約二メートル、長さ約三メートルの方形に区画された石組施設の痕跡が認められた。おそらくは内部に木棺をすえつける石槨《せっかく》構造であったと思われる。そこにおかれたはずの木棺はすでに朽ち果ててしまったので、どのような形態のものであったのかは不明であるが、副葬品の出土状態から、ここで執行された葬送儀礼の一端をうかがうことができる。遺骸を葬るにあたっては、玉の緒を切って遺骸のまわりに振りまき、画文帯神獣鏡《がもんたいしんじゅうきょう》一面を打ち割って副葬したらしい。出土した碧玉《へきぎょく》製の管玉はすべて縦に割れた状態で、鏡もバラバラであったことから、右のような推定が可能である。また埋葬がすべておわったあとには、埋葬施設の上面全体を白い円礫《えんれき》でおおってあった。円礫堆《たい》とよばれる弥生後期の墳丘墓独特の墓上施設と類似したありようであるが、きわめて手のこんだ埋葬方法である。いわゆる「厚葬《こうそう》の風」の誕生をここにみいだすことができよう。

さて、萩原一号墓でみた墳丘の構築法や埋葬の方式はどこからきたのであろうか。この問題をとく鍵は円礫堆の上におかれていた各種の土器にある。これらの土器は香川県域の高松平野の一部でつくられ、萩原一号墓の造営にあたってもちこまれたものだった。

この薄手で胴部上半部を型造りとする特徴的な手法の土器は、出現後まもなく吉野川下流域にも影響をあたえ、菅原康夫氏によって「東阿波《ひがしあわ》型土器」と名付けられた特徴的な土器群を成立させる。このことから、弥生終末期には香川県域の諸集団と吉野川下流域の諸集団とがきわめて緊密な関係で取り結ばれたことがわかる。両地域に割拠する上位階層者同士の政治的連携がはかられたのであろう。萩原一号墓に高松平野の土器がもちこまれたのは、こうした両地域の連携を背景にしたものであった。香川県域においてもこの時期には上位階層者の埋葬を特別丁寧に行う風習が成立しつつあり、萩原一号墓の誕生には、カネガ谷遺跡に朝鮮半島からもたらされた情報などが下地になったとともに、香川・徳島両県域でつちかわれつつあったアイデアが取りこまれたことは疑いない。

とはいえ、「厚葬の風」の震源地が香川・徳島両県域で独自に発達したとも考えがたい。震源地は瀬戸内海の対岸の吉備《きび》地域と、東側に隣接する西播磨《にしはりま》地域にあって、そこことの活発な交流を背景に、二次的な波及が香川・徳島両県域へおよんだものと推定される。これら震源地では、いち早く銅鐸の祭祀を破棄し、祭祀の主眼は上位階層者たちの埋葬を特別荘厳なものに仕立てあげることにむけられた。このことは、上位階層者たちによる社会の支配秩序がすでにととのいつつあり、銅鐸をまつることによって維持されてきた伝統的秩序とはあいいれない事態が到来したことを物語るのであろう。あるいは祭祀の対象を、銅鐸から選抜された遺骸へとおきかえながら、集団全体の参画によるものであることを強調することで、伝統的祭祀の発展的解消がはかられたかのような幻想を演出した、というのが実情かもしれない。この問題を系統的に追究する近藤義郎氏の言葉を借りれば、この段階で「稲作祭祀と祖霊《それい》祭祀との交錯」が生じたということになる。いずれにせよ、このような祭祀の変化が瀬戸内東部全体に波及し、震源地からの波及をうけてその後の展開を主導する一翼をになったのが香川県域と吉野川下流域とのあいだの政治的結びつきであったと考えられる。

そして見逃してはならない点は、この瀬戸内東部でおこった変化がその後、近畿地方を含む日本列島各地へとさらに波及し、前方後円墳の時代が到来するといった、本地域一帯の先駆性である。西暦三世紀という時代は、東部瀬戸内を含む各地で同様の政治的結びつきが生じるとともに、相互の交流も活発化し、弥生時代的な社会秩序や祭祀の形態は様変わりを余儀なくされた。その帰結が巨大前方後円墳の誕生であり、奈良盆地を中核とする倭王権《わおうけん》ないし畿内《きない》政権の成立であるが、ここに至る社会的変化を先導し、前方後円墳祭祀のいわば祖型を誕生させた点で、きわめて重要な位置を占める。

讃岐型前方後円墳の登場とその役割●

近畿地方において巨大前方後円墳が登場するころ、香川県域と徳島県域ではすでに独自の前方後円墳様式が確立しつつあった。それが讃岐型前方後円墳である。石清尾山《いわせおやま》古墳群を築造した政治的集団が中核となって、この祭式の形態はうみだされた。その特徴を簡単に述べると、細く長い前方部を構築することであり、墳丘の側面には必ず石垣状の葺石《ふきいし》をめぐらすか、とくに後円部については積石塚とすることもある点、また前方部を尾根筋の上側にむける点である。さらに埋葬施設に関しては板石を丁寧に積みあげる竪穴式石槨を基本とし、その主軸は厳密な東西方位にあわせ、遺骸の枕の向きは西向きとするものである。

なお徳島県域では、この讃岐型前方後円墳様式を採用する一方、前方後円墳以外にも円形墳や方形墳を同時に採用することで、墳丘形態の差異によって支配階層者のあいだの序列を表示する手法も取りいれられた。またもう一方では近畿地方から再波及してくる情報にもいち早く接する地理的・歴史的環境にあったせいであろう。讃岐型前方後円墳とは別の系譜に基づく「北枕の思想」や、讃岐型の典型的形態とはやや異なった形態を採用する有力者もいたようである。よく似た状況は吉備地域の一部や西播磨地域でも認められるようであり、とくに西播磨地域との類似性は高い。

こうして吉野川下流域には、讃岐型前方後円墳としての大枠でのまとまりをもちながら、地域独自の特徴をもそなえた古墳秩序が形成された。萩原一号墓に続く初期の代表例としては徳島市宮谷《みやだに》古墳（全長三六メートル）、同市八人塚《はちにんづか》古墳（全長六〇メートル）がある。本地域では極小規模の前方後円墳がきずかれたことも重要な特徴であり、前方後円墳を採用する上位階層者が裾野の広いメンバー構成であったことを物語る。その典型例が名西郡石井町前山《まえやま》一・二号墳である。前山一号墳は全長一八メートル（口絵参照）、二号墳は全長一七メートルと、注目すべき小ささをほこる。また中流域には讃岐型前方後円墳様式をよく踏襲する三好郡東みよし町丹田《たんだ》古墳（全長三〇メートル）がきずかれた。吉野川流域の古墳文化は、このようにきわめて内容豊かであり、日本列島の古墳時代史を考えるうえで重要な位置を占めている。

宮谷古墳の竪穴式石槨

なお通説では、奈良盆地に登場した桜井市《さくらい》箸墓《はしはか》古墳（全長二八六メートル）という最古の巨大前方後円墳の出現以降の墳墓を「前方後円墳」や「古墳」とよび、それ以前にきずかれた墳墓には「弥生墳丘墓」なる名称をあたえることで厳密に区別してきた。萩原一号墓についても、それを「萩原一号墳」とはよばずに「墓」の名称をつけているのは、弥生時代の終末期に属することから発掘調査の時点で弥生墳丘墓だと解釈されたことによる。しかし徳島・香川両県域では、讃岐型前方後円墳が弥生終末期からはじまって古墳時代前期へと、あいだに断絶をはさまずに継続するので、このような呼び分けは意味をもたない。したがって筆者は、讃岐型前方後円墳のような近畿地方に先駆けて登場した前方後円墳を第一群前方後円墳とよび、近畿地方の巨大前方後円墳にはじまる再編成を受けたものを第二群前方後円墳とよぶことにしている。

五世紀における巨大前方後円墳空白地帯●

上記のような特色を有する古墳の展開は、古墳時代中期とよばれる五世紀に変質をとげる。全長一〇〇メートルに達する徳島市渋野《しぶの》丸山《まるやま》古墳の築造を最後に徳島県域では前方後円墳の築造がおわるのである。四世紀代に各地で活発となった前方後円墳築造ブームが五世紀には急速に下火となり、そのかわりに比較的大きな前方後円墳が旧国ごとに一ないし二基だけきずかれるという変化は、日本列島全体でみても広く認められる現象であるが、本地域最大規模の前方後円墳の築造を終端として、以後六世紀代には続かないという事実は、単に前方後円墳の空白地帯が生じたというだけにとどまらない。この問題は五世紀代の徳島県域における社会情勢をうかがううえで興味深く、そもそも前方後円墳とはどのような性格の歴史的産物なのかについての示唆をあたえてくれる。

これまでの通説的解釈にしたがえば、前方後円墳の消滅は倭王権ないし畿内政権による政治支配の貫徹を意味するものとなる。しかし肝心の畿内周辺地帯の、よりいっそう中央政権による支配の貫徹が想定される場所において、六世紀後半まで大小さまざまな前方後円墳が築造され続ける事実をみれば、こうした解釈があてはまらないこともあきらかである。むしろ徳島県域固有の事情によって、前方後円墳の築造をもはや必要としない社会情勢が他地域にさきがけて生じたと考えるほうが実情に即している。多大な労働力の集中的投下による前方後円墳の造営は、そうしなければ社会の秩序を維持しえないという特異な社会背景を背負った産物でもあろう。浪費をいとわず、人び

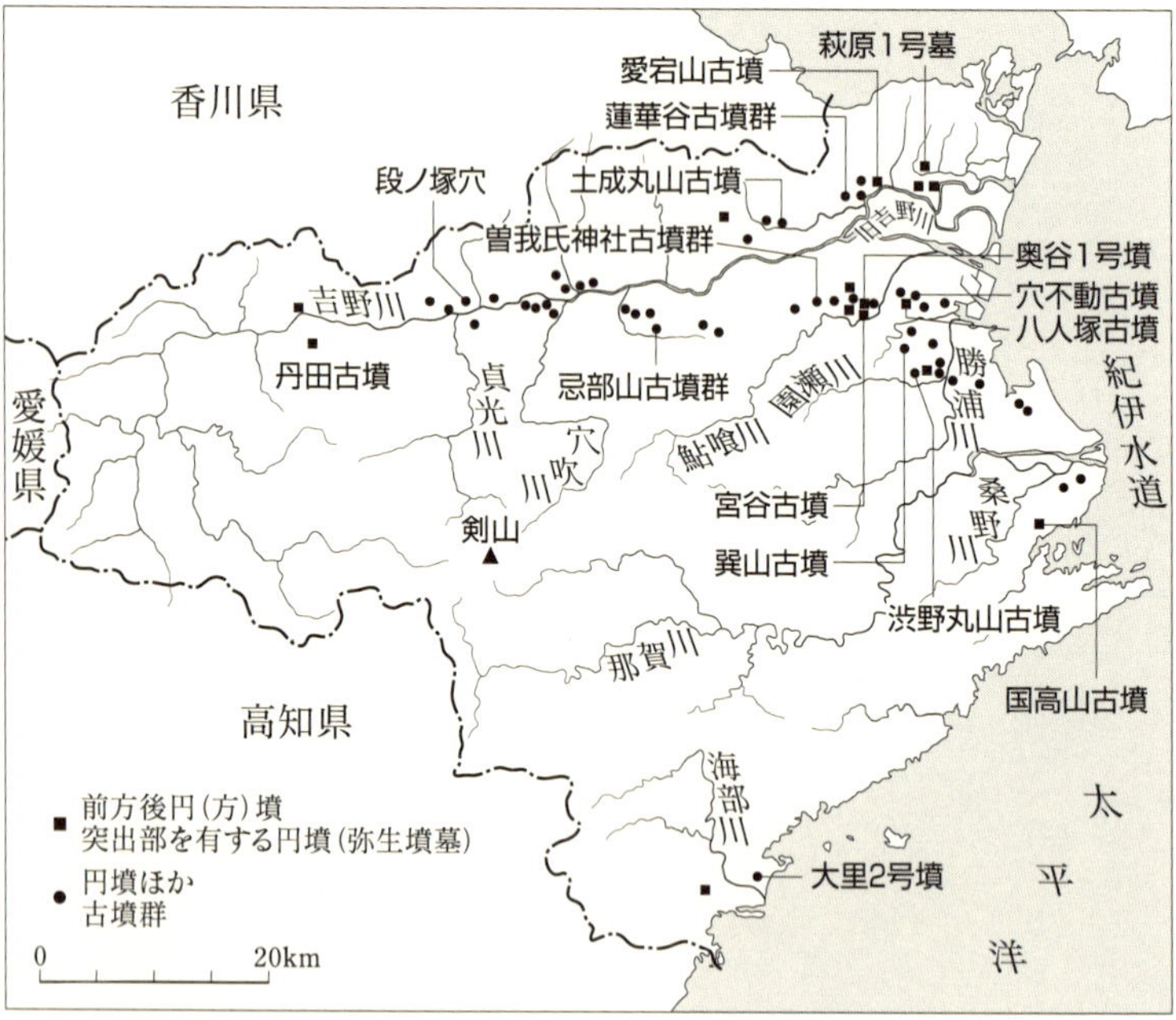

主要古墳分布図

との目にみえる形での大がかりな祭祀を執行することが先決事項であったというような、不安定な社会的情勢であったに違いない。したがってそれが築造されなくなるのは、多大な浪費を回避しうるだけの安定した社会情勢が到来したからだと解釈される余地を多分に残すのである。

なお最近の関東地方で示された研究成果によれば、大型前方後円墳の築造と新規の水田開墾《かいこん》事業とは一体のものであった可能性が指摘されはじめている。水田開墾には多数の人びとが周辺各地から動員され、開墾がおわればあらたな村とそこに居をかまえる新規の集団が誕生した。こうした耕地開発に伴う人びとの動員と、集団の再編成に伴って、新規開墾事業の記念碑として前方後円墳もきずかれはじめたし、おそらくは開墾を主導したリーダーを、彼ないし彼女の死後そこに葬ったのであろう。このような指摘である。いいかえると、開墾が一段落すれば、そこにあらたな前方後円墳をきずく必要もなくなる。このような研究成果を考慮すると、五世紀の徳島県域で渋野丸山古墳を最後に、なぜその後前方後円墳が築造されないのかについても、通説にかわるあらたな解釈が可能になろう。

この点に関連して興味深いのは、前方後円墳の消滅と相前後して特徴的な現象が指摘できることである。箱式《はこしき》石棺を埋葬施設とする円墳《えんぷん》の増加である。栗林誠治氏の研究によれば、箱式石棺墓の盛行は本地域独自の造墓秩序の成立だと理解されるとのことである。そしてこの埋葬形態は、ごく少数の上位階層者にかぎらず集団成員の多くに採用されるとともに、五世紀全般をつうじて安定した築造状態を示すことから、本地域全体の広汎な階層者による結束の表示としての意味をになったのではないかという。具体的にはこうした墳墓の数が四世紀より増加することと、墓域として選ばれる場所が細分化されるとともに分布域を広げることであるが、前方後円墳を頂点とした階層序列ではもはや表示しえない、均質的でいくつかに枝分かれした諸集団によって社会の秩序が安定的に維持される体制への変化がいち早く生じたことを物語る現象であろう。

このような意味で、かつて笠井新也氏によって「阿波式石棺」と命名された本地域における箱式石棺墓の展開は、積極的に再評価される必要がある。

古墳の変質●

しかし古墳時代後期とよばれる六世紀代の中ごろになると、前方後円墳の消滅という点に変化はみられないものの、古墳のつくられ方にはふたたび大きな変化が生じてくる。古墳の分布域がこれ以前の状況から一変するとともに、特徴的な形態の石室《せきしつ》が一定の範囲でまとまりをもちながら出現するのである。吉野川中流域の美馬《みま》郡つるぎ町域に段《だん》の塚穴《つかあな》古墳がきずかれ、この古墳を盟主墳として、現阿波市の旧阿波町西部から美馬郡つるぎ町の旧半田《はんだ》町域にかけての一帯には同一型式の横穴式石室《よこあなしき》が連綿と構築されるようになる。これら一群の横穴式石室は、天羽利夫氏によって「段の塚穴型石室」と命名された。この形態の横穴式石室は、香川県域によく似た事例がいくつか認められるし、玄室《げんしつ》の奥壁に石棚《いしだな》を設ける石室の分布状態からみて、吉備地域や北部九州地域からの強い影響があったと指摘する研究者もある。五世紀代にもまして遠隔地間との情報交換が、おそらくはさまざまな経路から交錯した格好で徳島県域に押しよせたことを示すのであろう。

またこの動きに触発されるかのように、やや下流域には「段の塚穴型石室」をいくぶん簡略化させた形態の「忌部山《いんべやま》型横穴式石室」が六世紀後半には登場し、現吉野川市（旧麻植《おえ》郡）一帯に別途急速な広がりをみせる。それぞれの形態の横穴式石室は、それを採用した人びとや集団成員がどちらの政治的まとまりに属するのかの表示でもあったと推定されるから、六世紀後半から末にかけての吉野川中流域には、二つの政治的集団が並列的に成立したとみることができる。さらに下流域には、さきに述べた二つの形態のいずれにも属さない、より近畿地方の石室との類似度が高い横穴式石室も登場する。その一方、徳島県域の南部沿岸地帯にも横穴式石室をもつ大型古墳が出現する。海部郡《かいふ》海陽町《かいよう》大里《おおさと》二号墳である。この石室は吉野川下流域の横穴式石室とのあいだに多くの要素で共通性があり、海路を媒介にした政治的結びつきを示すものとして興味深い。最後の形態の一群をあわせると、都合三つの政治的結びつきが徳島県域に誕生したと考えられる。

のちの古代阿波国における豪族《ごうぞく》層の母体は、このような形で成立し、五世紀以前までの地域秩序を刷新させたに違いない。こうした再編の遠因となったのが、この時点になって本格的な地域支配を開始するところとなった倭王権や、それをささえる畿内・吉備地域などの有力豪族層の動向であることは疑いのないところであろう。耕地開発が一段落し豪族層の母体が誕生しつつあった徳島県域には、この時点になって、はじめて列島中央政権からの系列化や地域支配が直接的・間接的におよぶところとなる。

2章

古代国家への胎動

阿波国分寺境内に残る塔心礎

1　律令体制下の阿波国

律令国家の成立●

西暦七世紀から八世紀にかけて、日本列島の政治秩序は大規模な構造改革を経た。古墳《こふん》時代までは温存されてきたと推定される地域ごとの政治秩序や支配構造は、この時期、段階的に改変を受けながら統一制度のもとに刷新される。そのさいにモデルとされたのは古代中国の律令制《りつりょうせい》であった。この体系的支配秩序が導入されたことによって、各地はたてまえ上どこでも同じ顔つきをもつ地方となり、列島の広い範囲は古代国家としての体裁をととのえていく。この間に生じた変化は、いわば分権的支配構造から集権的支配構造へのシフトだといってもよい。

なお、このような急激な変革が列島内の広い範囲で可能であったのは、朝鮮半島の権益をめぐって倭国《わこく》と百済《くだら》対唐《とう》・新羅《しらぎ》連合軍とのあいだで生じた軍事衝突、いわゆる白村江《はくそんこう》の戦い（天智二〈六六三〉年）の惨敗を背景にしたからだといわれる。この戦いで百済が滅び、倭国もまた外国からの侵攻をうける危険性が現実のものとなった。北部九州から瀬戸内《せとうち》の各地に防衛ラインをしき、水城《みずき》（福岡県）から高安城《たかやすじょう》（大阪府）にいたるまでのあいだに多数の防御拠点を急遽きずかざるをえなくなったとき、倭国の一体性や連携をそれまで以上に強固にする必要性が、当時の倭国連合体をささえた主要な地域首長《しゅちょう》層ないし豪族《ごうぞく》たちによってあまねく認知されたということであろう。百済の王族や貴族の多くが倭国に亡命したことによって、当時の知識階層者を取りこむことに成功したという側面も大きい。こうした国際的な危機意識と人材の確保を背景に、古代天皇制や官僚機構の編成、地方支配の構造化、税制や戸籍の整備などが矢継ぎ早に実現されるところとなった。前段階までの日本列島各地の社会情勢がどうであれ、それとは直接関わりないところで生じた変革の気運がもちこまれ、七世紀末の飛鳥浄御原律令《あすかきよみはら》（持統三〈六八九〉年）と八世紀初頭の大宝律令《たいほう》（大宝元〈七〇一〉年）によって、日本列島にも制度としての律令国家が成立する。

こうした変革期のなかで、徳島県域には南海道《なんかいどう》に属する行政単位として古代阿波《あわ》国の名前があたえられた。なお『国造本紀《こくぞうほんぎ》』によれば、阿波国はかつて北方を中心とした「粟《あわ》」国と、南方をさす「長《なが》」国の二カ国からなっていたとされる。これら二カ国を合一し、名方《なかた》郡・板野《いたの》郡・阿波郡・麻植《おえ》郡・美馬《みま》郡・勝浦《かつら》郡・那賀《なか》郡の七「郡」からなる一国がつくられた。なお郡の下には「里《り》」および「戸《こ》」と呼称される下位の区分単位があたえられ、一里は五〇戸で構成された。また一郡内に配置される里の数の多少によって郡も大郡、上郡、中郡、下郡、小郡に分けられており、阿波国の場合、名方・板野・那賀の三郡は中郡に位置づけられ、残りの四郡は下郡とされたらしい。こうして、すべての村々は階層化された行政単位として編成されなおした。そこに居住する人びとの掌握も戸籍・計帳《けいちょう》の作成をつうじて行われたから、それは文字どおりの体系的支配秩序の成立である。

こうした律令制下の阿波国ではどのような歴史が展開したのか。ごくかぎられた資料ではあるけれども、当時の遺跡のありようを中心に概観してみたい。

阿波国府の周辺●

新生阿波国の政治的中枢となったのは阿波国府跡《こくふ》である。吉野川《よしのがわ》下流域の現徳島市国府《こくふ》町付近に設置された。中央政府から派遣された国司《こくし》が常駐し、政庁《せいちょう》を中核とする各種の官衙《かんが》・倉庫・工房・国司の居宅となる館《たち》などがきずかれた。近年の発掘調査によって、しだいにその舞台のようすがあきらかにされつつある。かつては八町四方の規模をもつ方格地割《ほうかくちわり》がめぐらされ、その内部に政庁をはじめとする建物群が整然とした配列のもとにきずかれたと推定されてきた。しかし発掘調査が進められるにつれて、実態はそうではなく、国衙《こくが》関連の諸施設は、蛇行して流れる複数の川によって分断された微高地《びこうち》上に、分散的に所在していたらしいことがわかってきた。なお国府の近隣には国分寺《こくぶんじ》(国府の南側)と国分尼寺《こくぶんにじ》(国府の西側)が建立されており、この地は文字どおり古代阿波国における政祭の中枢でもあった。

国府跡関連の発掘調査は徳島市教育委員会を中心に、現在までに三〇回以上実施されており、出土した遺構・遺物は膨大な数にのぼる。これらの調査成果を概観してみると、古くは七世紀前半代にさかのぼる可能性をもち、新しくは十二世紀までくだる長い歴史をきざむことが判明しているが、ここでは比較的初期の代表的建物跡について紹介したい。

初期段階の国府中心域は、多量の木簡《もっかん》の出土などからみて

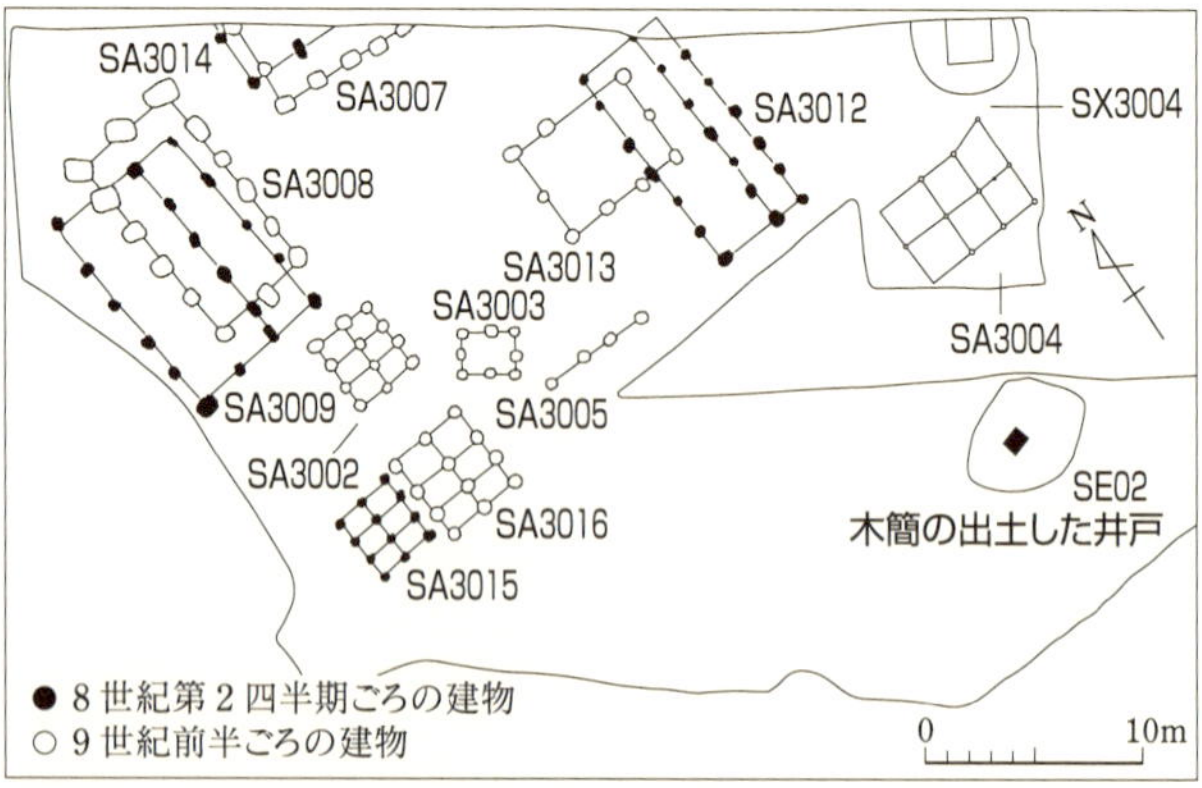

敷地遺跡の建物跡(徳島県埋蔵文化財センター原図)

観音寺《かんのんじ》地区であったと推定されている。しかし詳細はあきらかではない。現時点では観音寺地区の北側にある敷地《しきじ》遺跡と、正反対の南側にあるせんだんの木地区において、国衙関連の建物跡が発見されている。敷地遺跡第一分割（徳島県埋蔵文化財センターによる平成十一〈一九九九〉年から二〇〇〇年調査地点）で発見されたのは、一〇棟からなる建物群と柵や井戸である。八世紀前半代に建てられた四棟と、九世紀前半代に建てられた六棟が重なった状態で検出されており、建て直しが行われたことが判明している（前頁図参照）。相互の建物跡は明確なコの字状の配置をとっており、中庭をはさんで東西が対称となるよう意図されたことがわかる。建物群の機能については国司の館ではなかったかと推定されている。またせんだんの木地区（徳島市教育委員会による平成九〈一九九七〉年から二〇〇一年調査地点）からは、整然とした配列をもつ一〇棟の建物跡が発見された。ここでも南北にならぶ大小の建物による配列が確認されている。なお、これら建物群の機能や性格についてはあきらかでない。

これら二地区のほかからも重要な発見はあいついでおり、国府関連遺跡の発掘調査成果は蓄積の途上にある。遠からず政庁跡も発見されるのではなかろうか。

なお考古学者や地理学者のあいだで話題にのぼることの多い、国衙関連建物群と基準方位との関係の変化についてここでふれておきたい。西暦八世紀前半までに建てられた初期建物群の基準方位はおおむね真北であったとみられるのに対し、十世紀以後に建てられた建物群の大多数は真北から西に約一〇度ふれた方位を基準にしたらしいという、基準方位の明確な変化がみられるのである。また八世紀の後半代に建立されたと考えられる国分尼寺や国分寺の伽藍《がらん》配置は、どちらも真北から西に一〇度ふった方位に軸線を定めているので、基準方位の変化は、およそ八世紀の後半ごろにおこったとも推定されている。このような

❖コラム

観音寺地区出土の木簡

阿波国府《あわこくふ》関連の発掘調査では、古代史を考えるうえで貴重な文字資料がみつかっている。とくに初期国衙《こくが》の中枢域の一角であろうと推定される観音寺《かんのんじ》地区の発掘調査では、一〇〇点を数える多量の木簡《もっかん》が出土し、なかには七世紀の前半から後半の時期にかけての、律令《りつりょう》体制がいまだ未完成のころに書かれた木簡が多数含まれていた。このうち「板野国守《いたののこくしゅ》」ではじまる木簡や「五十戸税《ごじっこぜい》」を記す木簡は、この時期に阿波で実際に行われた行政の仕組みをうかがわせる資料として注目されている。「国守」とは国司《こくし》制度が成立する以前の官位名であるし、「五十戸」も里《り》の前段階の行政単位である。

また変わり種としては「論語《ろんご》」を記した木簡や、「難波津《なにわづ》の歌」を記した木簡もある。「論語」や「和歌《わか》」を記した木簡は、七世紀にこの地に生きた人びとの漢籍文化や思想、歌謡文化に対する高い関心と傾倒をうかがわせるものとして興味深い。

これら多数の木簡は、律令制確立前夜の阿波の地における政治組織や税制の実態、また日本語表記法や国学《こくがく》確立にいたる道筋がどうであったのかを研究するための重要な資料として活用されるにちがいない。

観音寺地区出土の木簡

変化は、のちに述べる周辺一帯の条里《じょうり》制地割との関係を反映したものであろう。

2　地方豪族の足跡

在地豪族としての粟凡直氏●

名西《みょうざい》郡石井《いしい》町中王子《なかおうじ》神社に保存されている瓦質の塼《せん》（古代のレンガ）でつくられた墓碑は、正面に「阿波国造《くにのみやつこ》　名方郡大領《だいりょう》　正《しょう》□（七）位《い》下粟　凡　直弟臣《げあわのおおしのあたいおとおみ》墓」とあり、側面には「養老七年歳次　癸　亥年《みずのといのとし》立」とあって、造立が七二三年であったことをきざむ、日本最古の墓碑の一つである（写真参照）。この墓碑は、かつて阿波国の国造にも任じられた一族で名方郡の郡司《ぐんじ》をつとめた粟凡直弟臣なる人物が八世紀の前半に死亡し、この地に葬られたことを示すものであるが、ここから当時の吉野川下流域一帯に君臨した一豪族の存在を知ることができる。また七世紀の後半ごろ、吉野川下流域一帯には粟凡直氏が割拠し、これら一族を「評督《こおりのかみ》

阿波国造墓碑

凡直麻呂《おおしのあたいまろ》」なる人物が統括していたことを示す『続日本紀《しょくにほんぎ》』の記事もみいだされる。したがって麻呂から弟臣に至る同一氏族《しぞく》の系譜をたどることができる。つまり粟凡直氏は、国造制《こくぞうせい》（大和《やまと》政権下における分権的地方支配体制）の段階から「評《こおり》」制（国造制についで施行され、大宝令における「郡」制によって刷新されるまでの地方支配体制）の段階を介して「郡」制に至るまで、この地に本拠地をおく在地支配者層として多大な影響力をもち続けたと理解されるのである。

　粟凡直氏がこの地一帯でどのような地域支配を行ったのか。また中央から派遣され国衙で政務をになったはずの国司層や、周辺に割拠していたであろう他の豪族層とはどのような関係をとりもったのか。こうした問題を掘りさげるだけの資料は残されていないが、粟凡直氏は阿波国内に初期荘園《しょうえん》をもちこむうえで主導的役割を果たしたらしいことがわかっている。ここに一人の女性が登場する。吉野川北岸の板野郡出身で粟凡直一族とみられ、天平《てんぴょう》期に奈良の都《みやこ》に釆女《うねめ》として出仕し、藤原房前《ふじわらのふささき》の室となって房前の子（のちの参議従三位大蔵卿《さんぎじゅさんみおおくらきょう》藤原楓麻呂《かえでまろ》）をもうけ、房前の死後に中央政界で活躍することになった粟凡直若《わか》子《こ》、別名板野命婦《みょうぶ》である。丸山幸彦氏の研究成果に依拠しながら彼女の活躍や初期荘園との関係を簡単に紹介するとつぎのようになる。

　若子は房前の死後の天平十七（七四五）年には外従五位下《げじゅごいげ》に叙せられるとともに、板野命婦の名で『続日本紀』や正倉院文書《しょうそういんもんじょ》にしばしば登場する。当時藤原氏の中核をになった仲麻呂《なかまろ》のもとで政権の中枢機構（紫微中台《しびちゅうだい》）に天平勝宝三（七五一）年から同六（七五四）年までの四年間出仕し、紫微中台と造東大寺《ぞうとうだいじ》司《し》（東大寺造営のために天平二十〈七四八〉年におかれた令外《りょうげ》の官司《かんし》、現業官司の巨大集合体）のあいだの連絡女《にょ》官《かん》となったことが、このような活躍を導いたらしい。時は光明《こうみょう》皇后の強い意向のもとで東大寺大仏の完成が急がれていた時期にあたり、列島の各地に東大寺領荘園がいっせいに成立する時期とも重なる。そして阿波国の吉野川下流域に、ほかならぬ東大寺領荘園としての新島荘《にいじまのしょう》が成立するのである。若子の中央政界における活躍時期が、初期荘園設置の勅《ちょく》(天平感宝元・天平勝宝元〈七四九〉年)の直後であり、彼女の活躍の舞台の一つが造東大寺司であったこと、さらに吉野川下流域には彼女の出自氏族としての粟凡直氏が本拠地をおいていたことからみて、若子と新島荘の設置とが密接不可分な関係にあったことは間違いない。このような状況証拠からみて、若子は新島荘の設置にきわめて重要な役割を果たし、彼女を介して粟凡直氏が現地における実質的な牽引役をになったと理解されるのである。次項ではこの新島荘に焦点をあて、古代の阿波にいかなる耕地景観が出現したのかをみてみたい。

新島荘と条里制地割●

新島荘は吉野川下流域にあって、河口付近一帯に広がる広大な低湿地上に設定され、本庄《ほんじょう》・枚方《ひらかた》・大豆処《だいずどころ》という相互に距離をへだてていとなまれた三地区からなる。このうち枚方地区と大豆処地区については絵図が残されており、その概要を知ることができる(口絵参照)。ただし二枚の絵図中に「大川《おおかわ》」と表記された吉野川本流や、その周辺に描かれた道路や津《つ》の施設が、現在の地形のどこにあたるのかについては不確定な要素が多く、場所の具体的な比定は決着をみていない。次頁図には、新島荘の三地区がおよそどの辺りにおかれたかについての推定地を示した。現在の吉野川本流によって推定地の周囲一帯は大々的にけずりとられてしまい、手がかりとなる痕跡をほとんど残さない可能性を示唆するものである。

ただし残された絵図面から、新島荘が吉野川下流域一帯における可耕地の相当な部分を囲いこむものであったことや、耕地はいわゆる条里制地割の原則にそって整然と区画されており、一部道路や津などを取りこみながら統合的な土地区画整備事業としての性格をそなえてもいたらしいことがわかる（次頁図参照）。

本荘園の立荘以前にこれらの土地一帯は未開の原野であって、その新規開墾であったのか、あるいはす

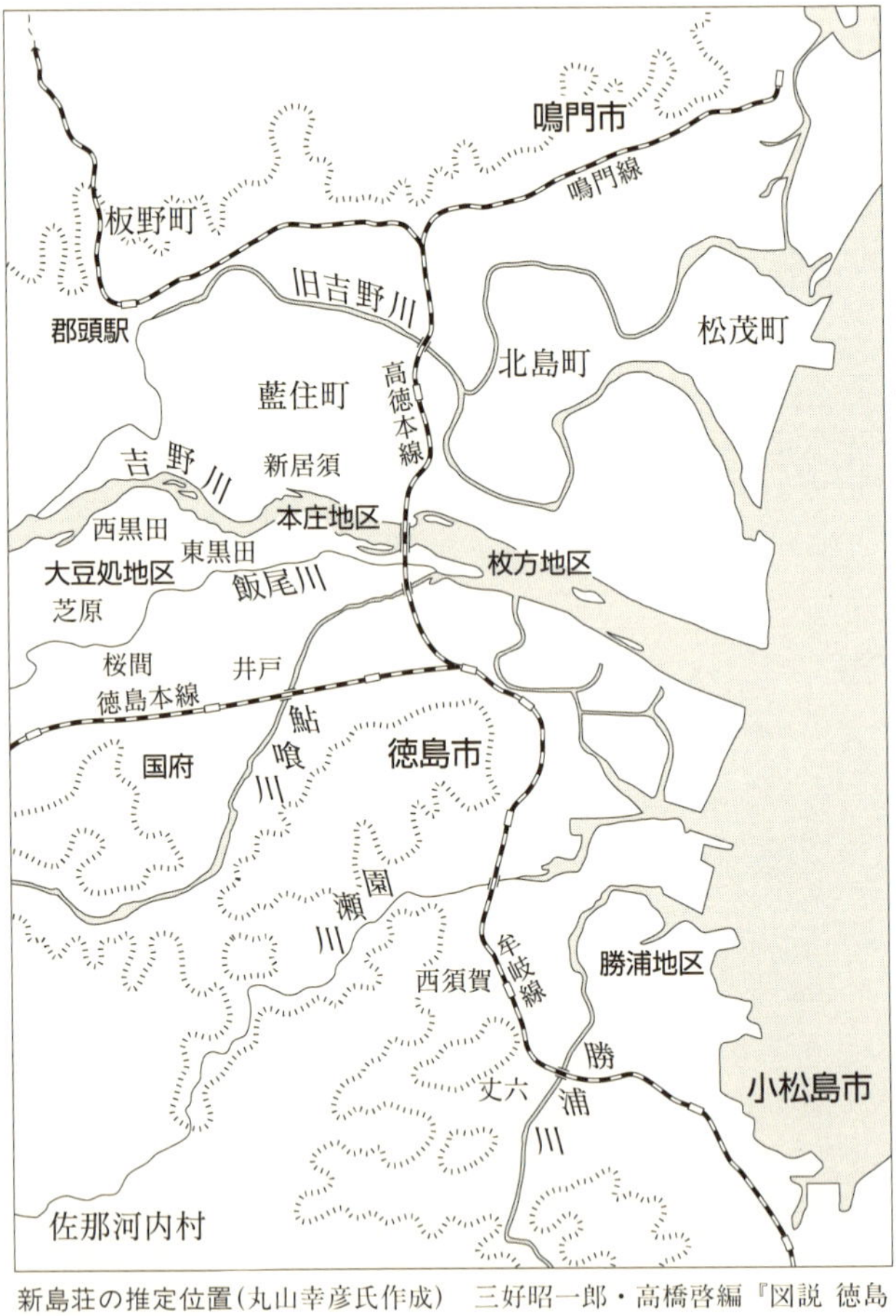

新島荘の推定位置(丸山幸彦氏作成)　三好昭一郎・高橋啓編『図説 徳島県の歴史』による。

でに存在していた耕地の一部を取りこみ区画の再編整理をもくろむものだったのかについては、おそらく前者であったと理解されている。しかし最近の考古学的調査によって、吉野川の氾濫原一帯の微高地には、遅くとも古墳時代後期（六世紀）ごろには開発の手が加わっていたらしいことが徐々に判明しつつある。この点を考慮すると、新島荘の設置は、新規の開墾を主体としながらも、既存の耕地の再編整理という双方の性格をかねそなえていたと考えることもできるのではなかろうか。

なお、ここでも丸山幸彦氏の研究成果を引用するが、この新島荘の設置には、単に耕地を開墾して税収

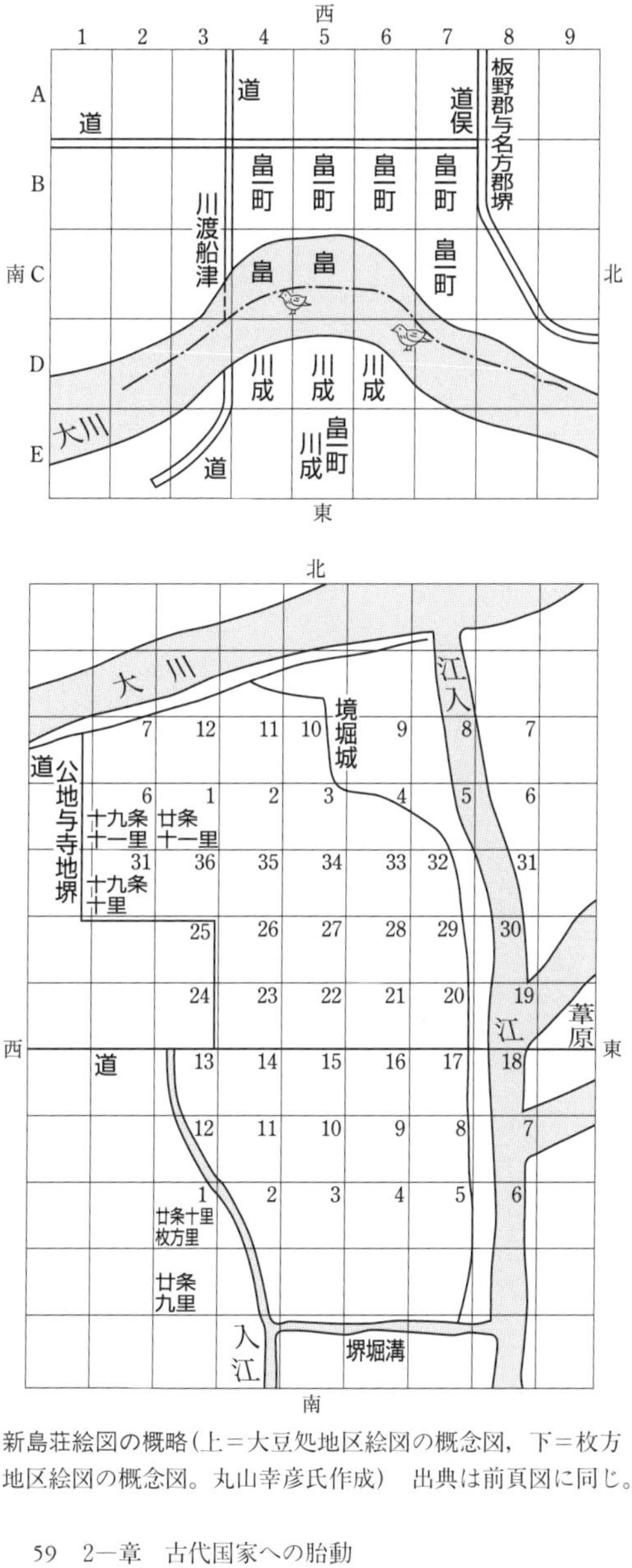

新島荘絵図の概略（上＝大豆処地区絵図の概念図，下＝枚方地区絵図の概念図。丸山幸彦氏作成）　出典は前頁図に同じ。

を安定的に確保するという意味合いだけでなく、よりいっそう重要な側面として、物流の統制手段を確保する意図があったとされる。いわゆる生産経済的な側面と流通経済的側面の両者が巧妙に仕組まれていたというのである。こうした性格は大豆処地区の設定に如実にあらわれており、この地が南海道《なんかいどう》の郡頭《こおず》駅と阿波の国府とを南北に結ぶ経路の途中に位置するとともに、絵図にみる「川渡船津」の表記のとおり、この場所には吉野川の渡しが設置されていた。吉野川自体がその上流域と下流域とを結ぶ重要な物流経路であったこともあきらかなので、この場所は南海道と国府とを結ぶ陸上の幹線路の要衝であるとともに、吉野川の流域全体をつなぐ水上航路との結節点でもあった。現在の第十堰《ぜき》付近である。このような場所を荘園内部に組み込むことで、阿波国内の諸物資を集約することが可能になったというのである。説得力にとむ魅力的な解釈であるが、かりに大豆処地区の「川渡船津」が南海道と阿波国府とを結ぶ主要な幹線路であったとした場合には、上述のような丸山氏の説明も、かなりひかえめな表現だといわなければならない。国府と南海道とを結ぶ動脈を、本荘の主は東大寺領の名のもとに掌握したとみるべきであろう。その設置に深く関与し、名方郡司をも輩出した在地豪族としての粟凡直氏の、したたかな既得権益確保の意図がうかがえるのではあるまいか。

さて、この新島荘と周辺一帯に広がる条里制地割の関係について述べておきたい。新島荘の設置は八世紀の中ごろ、天平勝宝元（七四九）年にはじまると考えられている。枚方地区の絵図は天平宝字二（七五八）年に作成された。大豆処地区の絵図については製作年代不詳であるが、初期に描かれた絵図に何度かの書込みが加わっていることが指摘されており、基本はごく初期に定まったものとみてよい。これら二枚の絵図には、ともに整然とした条里制地割が描かれている（前頁図参照）。一方、国府周辺の発掘調査成果を概観したときに認められる共通の現象は、国衙関連施設の建物方位が八世紀の後半ごろを大まかな境として、真北から西に一〇度ふれた方位へと変化することであった。なお現在の吉野川下流域一帯の地形に残された条里制地割は、その南北の軸線を真北から西に一〇度ふるという共通の特性をもつことが知られており、阿波国における統一条里ともよばれている。この統一条里の施行年代については古くからさまざまに論じられてきたが、部分的な発掘調査成果をみれば、八・九世紀代であろうとの調査所見や、十世紀にくだるという所見がめだつ。これらの所見を整理した木原克美氏は、条里の施行年代には地点ごとのばらつきが認められるものの、統一条里の地割の枠組みにほぼ正確にのる国分寺・国分尼寺の伽藍配置のありようを主たる根拠とし、その建立年代としての八世紀中ごろが上限であった可能性が高いとする。

このように事実関係を列挙してみると、まず新島荘の設置時期と、国府周辺における建物配置の方位観の変化の時期、および統一条里の推定上限年代の三者がおおむね重なることを確認できる。さきにみたように新島荘の設置は、阿波国における大規模な耕地区画整備事業であり、各地区にほどこされた土木工事は相互に系統性をもたせながら実施されたとみて差しつかえない。そして最下流域におかれた枚方地区にも、最上流域におかれた大豆処地区にも、ともに整然とした条里制地割の表現がみられる事実は、この場合にとりわけ重要である。というのも、東西にへだたる三地区を方格地割によって整然と区画しようとくろめば、基準にすえるべき方位は南北ではなく東西方向の軸線であったはずであり、その軸線を、下流域に広がる平野や山裾のラインとの関係を考慮しながら調整することが最重要の要件であったと考えられるからである。そして吉野川下流域における平野部全体の向きが正方位の東から北に約一〇度ふれていることをみれば、方格地割の軸線をこの振れにそわせるのがもっとも合理的であることがわかる。統一条里の基準方位が真北から西に一〇度ふれているというのは、この関係を逆時計まわりに直交させて表現したにすぎない。つまり新島荘の設置こそが、古代阿波国における統一条里の成立に規定的な役割を果たした可能性が高いのである。また周辺地形との整合性ゆえに、このような主軸設定法は普遍性をもつところとなり、国府周辺にも地割の変更を要請し、八世紀の後半以降の吉野川下流域全体を包括する区画原理となったと理解される。

そしてこのような広域的整合性をもった方格地割の出現と定着こそ、古代律令体制がなんであるのかを阿波の地において視覚的に演出する役割を果たしたと思われる。こうして阿波の地にも、前代とは異なる整然とした耕地景観がきざまれることになった。

集権構造のなかにある矛盾●

新島荘の設置を中心にみてきたが、古代阿波国に広まった律令的世界は、その統一的景観とは裏腹に当初から脆弱《ぜいじゃく》な側面をもっていた。領域支配の制度自体が一元的であり硬直的であった反面、実質上は在地の勢力に運用をゆだねなければ維持再生産が不可能であったためである。なによりも在地農民層の掌握という点で、体制下の領域全体に一律の基準をあてはめ、それを維持管理することには原理的な無理があった。そのため列島の各地では、人口の増加に対処しきれず口分田《くぶんでん》の班給《はんきゅう》がとどこおるケースが生じ、新規の開墾奨励策を発せざるをえなくなったり、逆に口分田の放棄や放浪が頻発したりといった事態に立ちいたる。新島荘の設置自体も、公地公民制という律令の基本理念の内部に、東大寺領としての私有地を認めることによってはじめて実現しえた大規模開墾事業であった。その意味では、阿波の地に古代律令制下の土地政策を象徴する条里制地割の本格的導入となった新島荘の設置は、古代律令制の内部にある矛盾の産物だったともいえる。

しかし新島荘においても、平安遷都をきっかけに東大寺の勢力がしだいに下降し、管理能力が衰退しはじめた九世紀中ごろには、荘園としての機能自体が失われたらしい。その反面、耕地の開発は在地農民層の手によって着実に進められ、荘域内の耕地面積は逆に拡大しつつあったともいわれる。下層からわきおこる力を上層部分が制御しきれない状態の典型例である。こうして律令制は在地豪族や農民層によってごく初期の段階から相対化され、その累積によって、やがて日本列島の支配構造の歴史は再度分権的支配へとむかう。

3章

中世社会の形成と展開

丈六寺聖観音坐像　丈六寺の本尊で檜材の寄木造《よせぎづくり》。国指定の重要文化財。平安末阿波民部大夫重能が阿波国に建立した浄土堂の10体の丈六仏のうちの一体という説(五味文彦氏説)もある。

1　荘園と武士の台頭

荘園の形成●

藤原実資《ふじわらのさねすけ》は日記『小右記《しょうゆうき》』に「荘園《しょうえん》が全国土をおおい、もはや錐《きり》を立てるほども残っていない」と記したように、土地や民《たみ》は、古代の国家による支配から、個々の領主《りょうしゅ》の家政組織による支配へと大きく変化しつつあり、各地に荘園が形成された。これは日本社会の歴史からみて、私有を基本とする社会体制への移行であった。なお実資の記述のように、すべてが荘園となったわけではなく、国衙《こくが》領も存在し続け、荘園と国衙領との比率は約六対四ほどであったといわれる。公領である国衙領も国ごとに、知行国主《ちぎょうこくしゅ》が定められ、知行国主の推挙によって一族の者か家司《けいし》が国司《こくし》に任命され、国におさめる官物《かんぶつ》などは知行国主のもとにはいった。このように国衙領といえども知行国主の支配地となり、実質的には荘園とあまりかわらないものとなっていた。

阿波《あわ》においても、吉野《よしの》川流域、鮎喰《あくい》川流域、勝浦《かつうら》川流域、那賀《なか》川流域などの河川流域と、海岸部地域に荘園があいついで形成された。また山間部においても中央の領主による広域な山の所領が設定された。平安時代までさかのぼれることが史料によって確認できる荘園については、吉野川流域や鮎喰川流域では石《いわ》清水《しみず》八幡宮領の堀江荘《ほりえのしょう》（鳴門《なると》市大麻《おおあさ》町）・萱島《かやしま》荘（板野《いたの》郡）・萱島西荘（板野郡）・三野田保《みのだのほ》（三好《みよし》市）、賀茂《かもの》別雷《わけいかずち》神社領の福田《ふくた》荘（東みよし町）、尊勝寺《そんしょうじ》領の高越寺《こうつじ》荘（吉野川市）、九条家《くじょうけ》領の河輪田《かわわだ》荘（吉野川市）、鳥羽院《とばいん》領の名西河北《みょうざいかわきた》荘（名西郡）、法勝寺《ほっしょうじ》領の延命院《えんめいいん》（徳島市）、安楽寿院《あんらくじゅいん》領の名東《みょうどう》荘（徳島市）などがある。また県南の勝浦川流域・那賀川流域や海岸部地域では、仁和寺《にんなじ》領の篠原《しのはら》荘（徳島市）、石清水八幡宮領の生夷《いくいな》荘（勝浦郡）、宝荘厳院《ほうしょうごんいん》領の大野《おおの》荘（阿南《あなん》市）、藤原氏領の竹原《たけはら》荘（阿南市）がある。しかしこれらの荘園以外にも、形成時期が平安時代にさかのぼるものもあるのではないかとみられる。

荘園のうちで形成過程がわかるものは少ない。大和春日社《やまとかすがしゃ》領富田《とみだ》荘は、朝廷《ちょうてい》による荘園認可のさいに、国衙の役人が現地を調査し四至《しいし》・坪付《つぼつけ》を報告した立券《りっけん》の案文《あんもん》（写）などが現存し、形成過程がほぼわかる荘園である。その荘域は、現在の徳島市徳島・新町《しんまち》・富田・佐古《さこ》・助任《すけとう》・福島・沖州《おきのす》の辺りで、この地域はちょうど吉野川のデルタの低湿地である。荘園の成立は、元久二（一二〇五）年であり、同年九月の「阿波富田荘立券文案」によれば、田畠五二町三反一八〇歩のうち、田は八町三反六〇歩、畠は一三町五反一二〇歩で、大半の三〇町五反は「常荒」で、当時の大河川の開発のむずかしさを語っている。富田荘の成立については、福家清司氏の研究から、治承四（一一八〇）年十二月の平家《へいけ》軍の南都《なんと》攻めによって焼亡した南都寺院の再建において、阿波国が興福寺回廊《こうふくじかいろう》の造営国に定められたことが契機となったことがあきらかとなっている。富田荘の前進である南助任保・津田島《つだじま》は、国衙領（公領《こうりょう》）ではあったが、別納知行保として大江泰兼《おおえのやすかね》の私領的性格の強い土地であった。この泰兼が、春日大明神へ祈願して割りあたえられた興福寺回廊五八間（一間＝約一・八メートル）分の造営を無事成しとげたおりに、この私領を春日社へ寄《き》進《しん》したといわれる。泰兼は、寄進したさいにこの造営の責任者であった藤原兼実《かねざね》（九条家の祖）から春日社への寄進を認める旨の御教書《みぎょうしょ》を賜っていることは、泰兼は藤原兼実と関係深い人物であった思われる。

この富田荘の成立で推進的役割を果たした大江泰兼とはどのような人物であっただろうか。大江泰兼が南助任保・津田島の私領主となりえたのは、阿波国住人粟田重政《あわたしげまさ》・藤原親家《ちかいえ》からこの地を寄進されたこと

富吉荘
堀江荘
矢上荘
井隈荘
小島荘
萱島荘
西拝師荘
東拝師荘
久千田荘
秋月荘
柿原荘
日置荘
板西荘
郡原
松島西条荘
新島荘
名西荘
芝原保
延命院
名西河北荘
浦荘
麻殖荘
麻殖保
吉野川
名東荘
富田荘
河田（河輪田）荘
八万
津田島
高越寺荘
一宮
方上保
鮎喰川
紀伊水道
勝浦荘
篠原荘（勝浦本荘）
太奈荘
種野山
大粟郷
坂野新荘
勝浦川
立江荘
立江中荘
櫛淵荘
平嶋荘
那賀川
生夷荘
大野荘
竹原荘
牛牧荘
勝浦山
桑野保
桑野御厨
阿良多野荘
那賀山荘
福井荘
桑野川
那珂川
日輪荘
日和佐保
太
平
洋
牟岐郷
海部川
浅河郷
海部郷
穴咋荘

・一つの荘園が，のちに東荘・西荘，上荘・下荘などのように複数荘に分かれた場合，原則的にもとの荘園名を記した。
・公領の山や保の名と，荘園名が同一である場合も，その範囲が同一と確定しえないために両方を記した。
・荘園・公領名は史料に記載されたもののみ限定される。
・新島荘は古代の荘園である。

荘園・公領分布図　徳島県立博物館展示パネルによる。

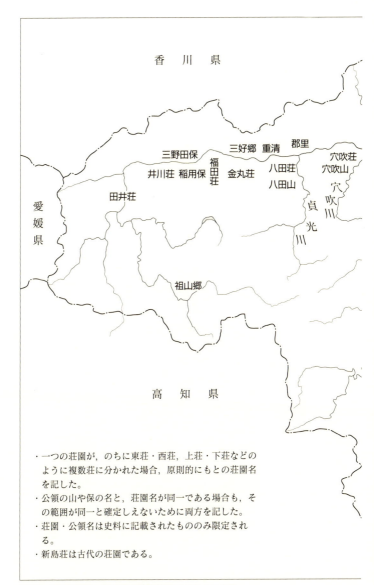

による。この粟田重政は阿波国の国衙の税所《さいしょ》をつとめる在庁官人で、阿波の有力な武士であり、親家も同様な人物であったとみられる。阿波の有力武士からの寄進をうけた泰兼は、阿波国の住人ではなく中央の貴族である。藤原兼実との関係に注目するならば、藤原氏から恩顧をこうむり奉仕する家司《けいし》のような立場にある受領《ずりょう》層クラスの貴族であったとみてよいであろう。

興福寺回廊造営の契機に大江泰兼の働き、さらには藤原兼実の意向など、中央権門《けんもん》領主の主導のもとで強力に推進されて富田荘は形成された。しかし一方、大江泰兼に寄進した粟田重政・藤原親家のような阿波の人びとの動きも無視できない。中央社会との関わりを求め、より安定した地位を得ようとする阿波武士層の動きも荘園形成の主要な要因であったとみられる。

富田荘より約八〇年はやい天永元（一一一〇）年に白河院庁《しらかわいんちょう》下文《くだしぶみ》によって立券荘号《しょうごう》を得た篠原荘は、もとは二条関白《にじょうかんぱく》藤原教通《のりみち》が仁和寺に寄進した家領三七町の免田《めんでん》を核にしたもので、立券のさいには、その規模は一〇〇〇町歩にもおよぶ広大な土地で、多くの加納《かのう》も取りこんだ荘園として成立した。そのためのちに国司とのあいだで支配をめぐって訴訟を引きおこすことになるが、この荘園形成の推進者は白河院庁の院近臣《いんのきんしん》で院別当《いんのべっとう》をつとめた藤原為房《ためふさ》であった。篠原荘の場合は阿波勢力の動きはわからないが、やはり中央権門領主の強力な推進によって成立した。おそらく阿波国の他の荘園においても、基本的な形成主体は富田荘や篠原荘とそれほどかわるものでないと考えられる。そうとはいえ成立する契機やその過程は、荘園ごとに個性があり特色あるものといえる。残念ながらそれを豊かに語る現存史料は少なく、十分にあきらかにしえないのが実状である。

平氏と阿波の武将●

治承四（一一八〇）年二月、高倉《たかくら》天皇と平清盛《たいらのきよもり》の娘徳子《とくこ》とのあいだに生まれた安徳《あんとく》天皇が皇位についた。このことは、高倉天皇と同じく後白河法皇《ごしらかわほうおう》を父とする以仁王《もちひとおう》の皇位継承ののぞみが完全に絶ち切られることを意味した。二カ月後の四月九日に以仁王は、全国の反平氏勢力にむけて平氏追討の令旨《りょうじ》を発したのであった。この令旨の存在ははやくも五月には平家方の知るところとなり、以仁王と源頼政《みなもとのよりまさ》は三井寺《みいでら》におちるが、三井寺においても平家軍をふせぎきれず、南都の寺院勢力の援助を求め移動する途中、宇治《うじ》にて討ち死にする。しかしこの以仁王の令旨は、反平氏勢力に対して平氏追討の正当性をあたえるものとなった。これ以後、各地の源氏が追討の兵をあげ、平氏との約四年間にもおよぶ内乱が展開されることになる。

平氏政権は、大輪田泊《おおわだのとまり》（現神戸港）を外港とする福原《ふくはら》を拠点に日宋《にっそう》貿易を行い、その富は平氏政権をささえる重要な財源となっていた。博多から福原へと結ぶ瀬戸内海の水上交通の安全は、日宋貿易を行ううえで欠くことのできないことがらであった。したがって、平氏政権はその地域への勢力浸透をはかり、平氏一門の知行国は、瀬戸内海を囲むように広がって、四国では阿波をはじめ淡路《あわじ》・讃岐《さぬき》・伊予《いよ》の国々がそうであった。このように、阿波国は平氏の支配勢力圏内にあり、阿波の武士の大半は平氏方に属することになる。阿波の武士の代表として当時の史料にしばしば登場するのが、阿波民部大夫重能《みんぶたいふしげよし》である。関白《かんぱく》藤原兼実の日記『玉葉《ぎょくよう》』の治承五（一一八一）年二月二十九日条には、阿波民部大夫重能の兵が美濃《みの》国で源氏《げんじ》とたたかっている記事がみえ、また『歴代皇紀《れきだいこうき》』の寿永二（一一八三）年五月二十三日条には、二〇〇〇の兵を率いた重能が加賀《かが》国にて、源氏と戦火をまじえている。このように阿波民部大夫重能に率いられた阿波の武士たちは、平氏の勢力として各地を転戦していた。

平氏の武力をになった阿波民部大夫重能の本拠についてはいくつかの説があるが、そのなかで徳島市の鮎喰川流域から石井《いしい》町にかけての国衙周辺地域であるとする説がもっとも有力であり妥当な説であるといえよう。『平家物語《へいけものがたり》』の巻十一「勝浦」に「阿波民部重能がおとゝ、桜間《さくらま》の介能遠《すけよしとう》とて候」とみえ、重能の弟（または叔父）である能遠が「桜間の介」と名乗っており、その拠点が桜間であったことがわかる。国府《こくふ》と石井の境に桜間という地名があり、この国府から石井にかけて現在も条里制地割《じょうりせいちわり》が残り、古代から肥沃で開けていた地域であった。

一族の能遠の官職が介であり、この介は中央から国衙に派遣される国司（守）または目代《もくだい》につぐ地位であり、国をおさめる国衙の要職にあった。阿波民部大夫重能一族は国衙の阿波国支配にかかわり、実質的にそれを指導しになう武士団であったといえよう。

さて重能の姓については、南北朝《なんぼくちょう》末期に成立したとみられる『鎌倉大日記《かまくらだいにっき》』の建久八（一一九七）年十月条には「田口《たぐち》民部成能《しげよし》子田口範能《のりよし》」とあり、また近世の編纂物である『寛政重修諸家譜《かんせいちょうしゅうしょかふ》』では「阿波民部大夫重能」と記され田口姓としている。上一宮大粟《かみいちのみやおおあわ》神社の祭神が「田口大明神」と称されており、田口姓から上一宮との関係が指摘され、一宮の社家を出自とする説がある。また九世紀前半に阿波守《かみ》としてくだった田口朝臣息継《あそんおきつぐ》の末裔が土着した武士という見解もある。これらの田口姓説に対して、五味文彦氏は、重能（成良）の嫡子左衛門尉教能《さえもんのじょうのりよし》を、高倉天皇中宮《ちゅうぐう》お産用途のさいに「左右兵衛尉《そうひょうえのじょう》」の功として七〇〇〇疋《ぴき》をだした内舎人《うどねり》粟田則良《のりよし》であるとし、当時民部大夫を極官としていた粟田氏説をとる。このように、その姓については意見が分かれるが、重能一族の活動拠点が、兄重能は京都、弟良遠は阿波とあるように、両方におかれていたことは注意すべきである。当時の地域勢力（武士団）が京都（中央政界）と無関係に存在しえたのではけっしてなく、むしろその存立のためには、中央権力と密接な関係にあったとみるべきである。

これは、阿波民部重能の一族にかぎられるものではない。後白河上皇につかえ治承五年の鹿ケ谷《ししがたに》の謀議で平氏にとらわれ斬首された藤原師光《もろみつ》（西光《さいこう》）も、阿波の阿波市吉野町柿原《かきはら》を本拠とする武士であるといわれ、源義経《よしつね》を屋島《やしま》で案内した近藤六親家《こんどうろくちかいえ》は師光の子とする説もある。このように阿波の武士は、阿波だけでなく都《みやこ》にも拠点をもち、連携しながら活動していたのである。武士は貴族とは異質の、都とは関係のない辺地《へんち》（田舎）から登場するという見方には問題があり、最近では武士の職能としての武芸は、都で育まれたものであるという説が定説化しつつあり、武芸をもって中央権力に奉仕する形で成長したのであった。したがって武士は都とけっして無縁な存在ではなかったのである。

義経の阿波上陸と重能の敗北●

阿波民部大夫重能について、源平《げんぺい》の内乱を躍動豊かに描いた『平家物語』からは、いくさに馳《は》せむかう武《ぶ》将《しょう》とは異なるもう一つの顔をみることができる。『平家物語』巻第六の「築島《つきしま》」には、重能が日宋貿易の窓口として栄えた大輪田泊の築造にあたって、その奉行《ぶぎょう》として活躍しているようすが記載されている。彼が平清盛から平氏政権にとって重要な港湾施設の修造をまかせられる背景には、港湾施設とその機能について十分に知りつくした人物であったからであろう。彼が海上交易に直接たずさわった史料は管見の限りみいだせないが、おそらく彼自身が大輪田泊を拠点とする平氏政権の日宋貿易などの交易にたずさわっていたものとも推測される。平氏政権にとって重能は単に武力をになう武将としてだけでなく、このような経済活動をささえる重要な人物であったとみられる。

『平家物語』の巻第八の「太宰府落《だざいふおち》」では、重能が屋島に御所《ごしょ》を造営して、安徳天皇を奉じた平氏を迎えいれている。屋島の御所の造営が讃岐の武将ではなく、阿波の武将である重能が行ったことは、彼の勢力が讃岐までにおよんでいたからに違いない。最近の源平内乱に関する研究では、源平の合戦が従来考えられていたような、名ある武将の個人的な一騎打ち戦法が中心ではなく、百姓までが戦時人夫として徴発され大量に人員を投入した集団的戦法であったことがあきらかにされつつある。屋島の御所の造営に関して、周辺の百姓が大量に動員されたことはいうまでもないであろう。このような百姓の徴発による御所の造営を可能とさせたのは重能の阿波・讃岐における支配力であったといえよう。

重能に代表される阿波の武士の特徴は、海上交易にもつうじた流通活動に長《た》けた水軍的武士であったとみられる。その勢力圏は、阿波から讃岐にかけて、さらにはこの地域一帯の海域にもおよんでいたとみられる。重能は、平氏政権の傘下にはいることにより、その活動をいっそう確固たるものにしていたといえよう。

一門の武将を多く失った一ノ谷《いちのたに》の戦い以後、平氏からたのみとされたのが、重能兄弟であった。重能の二つの拠点(都と阿波)のうち、すでに平家が都を追われることにより、都の拠点は失っていた。残るもう一つの拠点である阿波の地、それこそが重能の勢力をささえる源泉ともいえるものであった。平家は重能のこの拠点を再起の原動力として期待し、屋島に陣を張ったのであった。

したがって、屋島による平家を壊滅させるためには、まず、重能の本拠を討つことが重要となる。義経による阿波勝浦への上陸のゆえんは、そこにあるとみられる。勝浦に上陸したさい、すでに阿波の反平氏勢力である近藤六親家が迎えており、義経の上陸が反平氏勢力との密接な連携のもとでなされたとみてよい。

屋島に兵力の中心をおき、さらに源氏に与《くみ》する河野《こうの》氏を討つために伊予に軍勢を送っていた阿波民部大夫重能は、義経軍によって阿波の本拠を簡単に奪われることになる。ここに平家とともに成長してきた阿波武士団の重能は、その活動のよりどころを完全に失うことになる。『平家物語』巻第十一の「遠矢《とほや》」に「阿波民部重能は、この三が年があひだ《間》、平家によくよく忠をつくし《尽》、度々の合戦に命をおし《惜》まずふせき《防》たゝかひ《戦》けるが、子息田内左衛門をいけ《生》どり《捕》にせられて、いかにもかなはじと思ひけん、たちまちに心がはり《変》して、源氏に同心してんげり」と記され、本拠を完全に失った重能が、もはや平家の武将としてたたかう武力だけでなく気力も喪失するに至った。文治元（一一八五）年の壇ノ浦《だんのうら》の戦いによる平氏の滅亡後、重能は鎌倉に送られて処刑され、一生をおえることになる。予期しなかった義経の阿波上陸は、平安末に阿波から讃岐一帯に勢力を張るほどに成長した阿波武士団の敗北をも

屋島から望む古戦場(香川県高松市)　現在は半島状であるが中世は島であった。周囲が切り立った要塞の地で，寿永2(1183)年，平氏がここに拠点をおく。平氏勢力を迎えいれたのは，阿波民部大夫重能という。

たらし、鎌倉時代には他国の武士である佐々木氏や小笠原《おがさわら》氏があらたに守護《しゅご》として阿波にはいることになる。

消滅した仏教文化●

治承四（一一八〇）年の十二月、興福寺・東大寺《とうだいじ》などの南都諸寺院は、以仁王の令旨をうけて反平家の立場を鮮明にしたために、平家によって攻められ、そのさいの出火により、伽藍《がらん》の大半が焼失する事態におちいった。藤原兼実の日記『玉葉』には「王法《おうほう》・仏法は滅尽しおわんぬ」と記され、南都寺院の焼亡は単に仏教の衰退だけでなく、王法つまり当時の政治権力の衰退とも認識された。このように政治権力と仏教との関係を、牛の二角、鳥の二翼、車の二輪にたとえ、共通の運命として理解する考え方が当時一般的となっていた。黒田俊雄氏はこのような関係を「王法仏法相依論」と名づけた。したがって政治権力の回復という願いもこめて、翌年ただちに南都諸寺院の再興が取り組まれた。興福寺は藤原氏の氏寺《うじでら》でもあり国家の財源と藤原氏の支援によって再建されることに決まるが、東大寺の再建は聖《ひじり》の勧進《かんじん》活動にゆだねられることになった。その勧進聖の長として活躍したのが、朝廷から東大寺大勧進職《だいかんじんしき》に補任された俊乗房《しゅんじょうぼう》重源《ちょうげん》である。

その重源が、晩年に生涯の仏教興隆事業の成果を書きあげた『南無阿弥陀仏作善集《なむあみだぶつさくぜんしゅう》』に、阿波国の仏についての記述がみられる。重源が東大寺境内に建立した「浄土堂《じょうどどう》」の説明に「丈六《じょうろく》を安置奉る。十体の内一体は六条殿尼御前《ろくじょうどのあまごぜん》、自余の九体は御堂《みどう》に相具して、阿波国より之《これ》を渡し奉る」とあり、阿波から九体の丈六仏がこの浄土堂内にもたらされたことがわかる。残念ながらこの浄土堂は現存せず、建立された場所は当時、東大寺別所《べっしょ》とも鐘楼《しょうろう》の岡ともよばれ、現在の大仏殿《だいぶつでん》東側の鐘楼がある地域にあたる。浄土堂跡には現在俊乗堂が建立されている。
　それでは、なぜ東大寺浄土堂に阿波の丈六仏九体が運びこまれたのであろうか。『東大寺建立《こんりゅう》供養《くよう》記《き》』によれば、この丈六仏の願主は、あの阿波民部大夫重能であり、彼の平家の武将として東大寺を焼亡させた罪を救うために、重源が完成に至らずして願主を失った阿波の御堂の仏を東大寺に運びいれ荘厳《そうごん》化して安置したのであった。

　このように、平安末の阿波には、丈六の仏九体がおさめられる壮大な御堂が建立されつつあった。この御堂は浄土堂ともいわれていることから、阿弥陀堂であったとみられる。当時もっとも壮麗な阿弥陀堂としては、九体の阿弥陀如来《にょらい》像を安置する阿弥陀堂があり、藤原道長《みちなが》の建立した法成寺《ほうじょうじ》や鳥羽上皇《とばじょうこう》が建立した安楽寿院の阿弥陀堂はそれであった。阿波の阿弥陀堂の九体の丈六仏が阿弥陀如来像であったか、それとも阿弥陀仏とその脇侍《わきじ》であったかは定かでない。しかし、平安末には阿波国に壮大な仏教文化が形成され栄えつつあったことは確かである。

重源上人坐像　治承 4 (1189) 年の兵火で焼失した東大寺を大勧進として再興した俊乗房重源の肖像である。重源の人間性をあますところなくみごとに表現しえた秀作である。作者は運慶《うんけい》とも快慶《かいけい》ともいわれる。国宝。

近世初頭に描かれた東大寺蔵の「東大寺寺《じ》中《ちゅう》寺《じ》外《がい》惣《そう》絵《え》図《ず》」には、この浄土堂跡の横に「阿波民部重義《しげよし》」と記された五重の石塔《せきとう》（供養塔）が建立されている。東大寺別所とされたこの地域には、ほかに重源・源頼朝《よりとも》・頼朝の父義朝《よしとも》の石塔も存在する。平家による東大寺焼亡ののち再建に尽力した人びとやその関係者の供養塔が東大寺境内の勧進聖の拠点であるこの地に建立された。しかし、阿波民部大夫重能は、その焼亡のさいに平家の先陣の将をつとめ、南都諸寺院焼亡の張本《ちょうほん》ともいうべき武将である。東大寺にとって許しがたき者の供養塔が東大寺内に建立されたことは注目される。おそらくこの石塔を建立しえた者は、東大寺再建をみずからの力でなしえた重源以外にあるまい。ここに、重能と重源とのなみなみならぬ人間関係があったことが推測される。

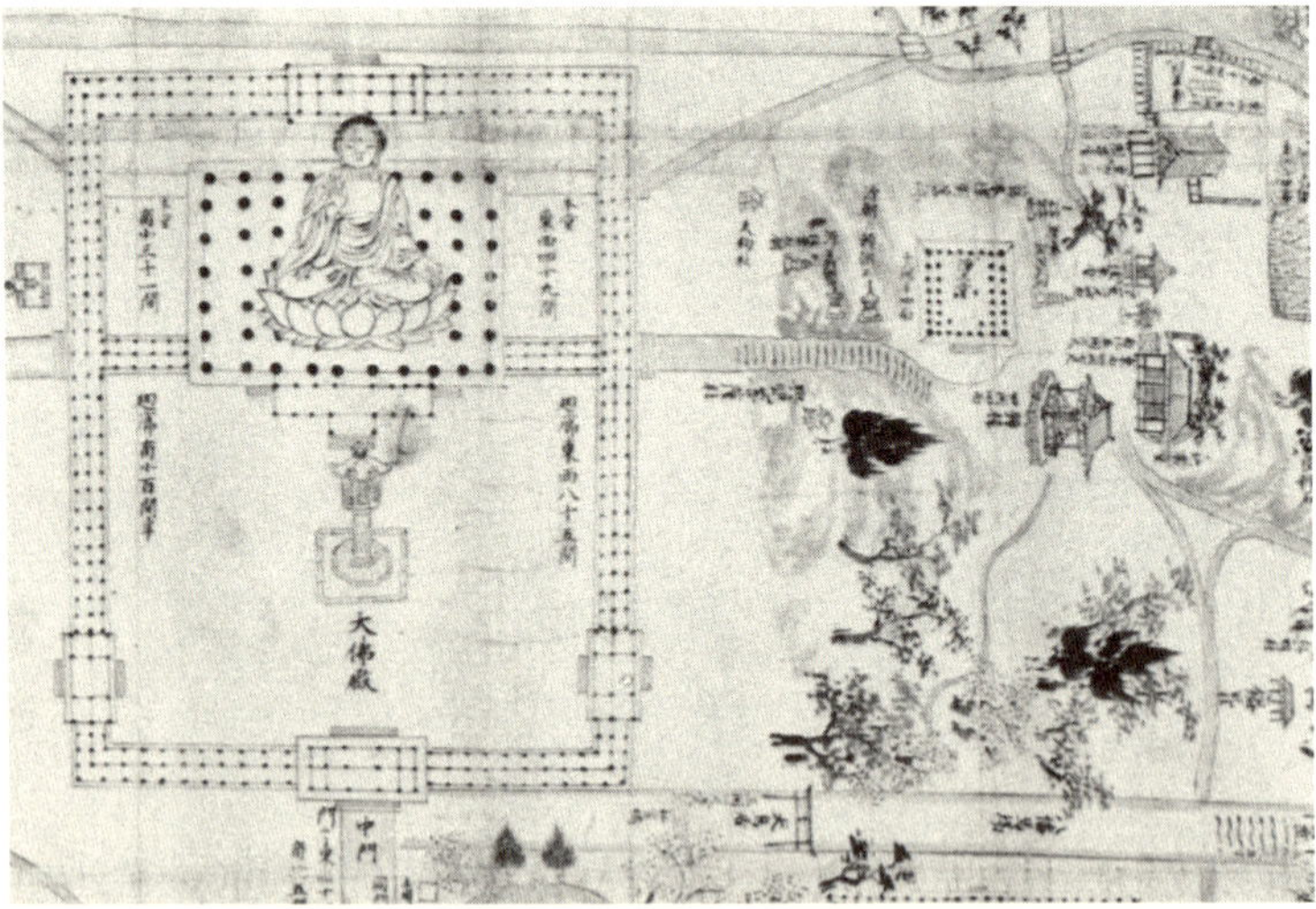

「東大寺寺中寺外惣絵図」 阿波民部大夫重義(能)の供養塔が，大仏殿東側の浄土堂跡・鐘楼・俊乗堂に囲まれた鐘楼の岡にある(現存せず)。露座の大仏像から永禄10(1567)年三好・松永の戦災以後の境内をあらわす。

平安末期の阿波に壮麗な仏教文化をつくりつつあった阿波民部大夫重能は、福原大輪田泊の修造の奉行をつとめたおり、公卿《くぎょう》たちが僉議《せんぎ》して人柱を建てようとしたことに反対し、「それは罪業《ざいごう》なり」と石の表に一切経《いっさいきょう》を書いて埋めさせた。その島はそれに因んで経島《きょうじま》と名づけられた話が『平家物語』巻第六にみえる。このように、重能は当時の迷信的な考えを排除し、仏教について造詣の深い文化人であった。

2 鎌倉時代の阿波地域社会

東国武士の進出●

内乱後の源頼朝の政策は、院・朝廷との協調路線で進められた。内乱への決別と安穏《あんのん》世界の実現を託した東大寺の再建は、後白河院の主導のもとで頼朝も大檀越《だいだんおつ》として財政的におおいにささえた。また、長女大《おお》姫《ひめ》を後鳥羽《ごとば》天皇のもとに入内《じゅだい》をさせ、朝廷との緊密な関係の構築につとめた。建久三（一一九二）年源頼朝は征夷大将軍《せいいたいしょうぐん》に任命され、ここに鎌倉幕府が名実ともに成立した。建久九（一一九八）年の興福寺による朝廷への強訴《ごうそ》に対して、その訴訟の是非にかかわらず、みずから馳せ参って朝廷を守護する内容を興福寺に伝えた頼朝の書状からもうかがわれるように（『鎌倉遺文《いぶん》』一〇一〇号）、この時期の朝廷と鎌倉幕府との基本的関係は、朝廷の国政を軍事・警察的にささえるのが幕府であったといえよう。

鎌倉幕府組織の根幹である守護・地頭《じとう》の制度は、先駆的には平家没落後、いち早く文治元（一一八五）年に設置された惣追捕使《そうついぶし》・国地頭《くにじとう》にはじまる。阿波の初代守護は、近江《おうみ》源氏の佐々木経高《つねたか》である。建久元（一一九〇）年に経高が阿波国への流罪者をあずかるように頼朝から命ぜられていることから、すでに経高は阿波守護に補任されていたとみられる。彼は阿波だけでなく淡路・土佐《とさ》三カ国の守護であった。正治二（一二〇〇）年に都で騒動をおこし将軍の勘気をこうむって一時守護職をはずされるが、また翌年には守護職に返り咲いている。のち守護職は子息の高重《たかしげ》にゆずられた。

頼朝の死後、重臣御家人《じゅうしんごけにん》層と対立した二代将軍頼家《よりいえ》は修禅寺《しゅぜんじ》に幽閉・殺害され、ついだ実朝《さねとも》は公暁《くぎょう》によって暗殺され、将軍となるべき源氏の血筋は三代でたえた。将軍なき幕府体制は動揺し、その危機をついて承久三（一二二一）年に後鳥羽上皇が北条義時《ほうじょうよしとき》追討の兵をおこした。この承久《じょうきゅう》の乱《らん》で、佐々木経高・高重父子は、後鳥羽院上皇方に走り、彼らは亡ぶことになる。

承久の乱は、圧倒的な兵力を有した幕府方の勝利におわり、首謀者である後鳥羽上皇は隠岐《おき》へ流された。承久の乱後、佐々木氏にかわってあらたに守護として阿波にはいったのは、甲斐《かい》源氏の小笠原長清《ながきよ》であった。貞応二（一二二三）年には阿波守護長経《ながつね》（長清の子息）が、阿波に流された土御門《つちみかど》上皇の御所造営を命じられている。元弘元（一三

櫛淵荘の現風景（小松島市）

三二）年の幕府上洛《じょうらく》軍のなかに小笠原五郎（阿波国）とみえ、鎌倉時代をつうじて小笠原氏が阿波守護をつとめた。

　承久の乱後、あらたに補任された地頭のなかには、幕府の威を借りて支配の拡大をはかろうとする者もあらわれた。貞応元（一二二二）年の「関《かん》東《とう》下《げ》知状《ちじょう》」によれば、石清水八幡宮領櫛淵《くしぶち》荘（小《こ》松島《まつしま》市）では、新補《しんぽ》地頭秋本二郎兵衛尉《ひょうえのじょう》の代官《だいかん》が、荘民《しょうみん》の能田《のうでん》（肥沃な田）を地頭分として撰びとる事件がおこり、領主石清水八幡宮の訴状をうけて、幕府から地頭の乱暴をとどめる命令がだされている。阿波においては守護佐々木氏にならって後鳥羽上皇方についた武士も多くいたのではあるまいか。承久の乱は、東国《とうごく》の武士が守護や新補《しんぽ》地頭として阿波に進出する大きな画期となったといえよう。

　新補地頭の権利を逸脱した行為に対する幕府の方針は、荘園領主の支配権と荘民の諸権利を擁護

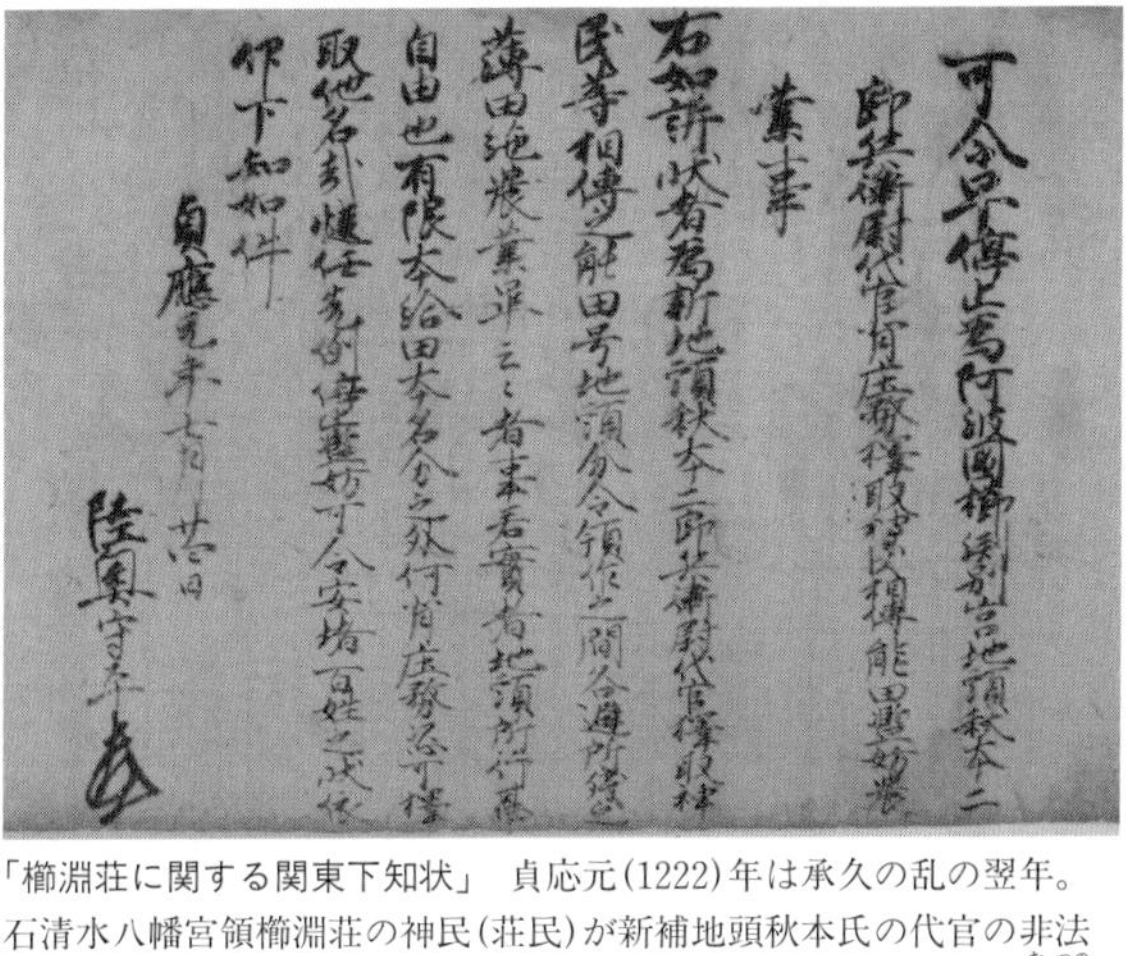

「櫛淵荘に関する関東下知状」　貞応元(1222)年は承久の乱の翌年。石清水八幡宮領櫛淵荘の神民(荘民)が新補地頭秋本氏の代官の非法を鎌倉幕府に訴えた。その訴えを認めた下知状である。署名者陸奥《むつの》守《かみ》は執権北条義時。石清水八幡宮文書。

するものであったが、櫛淵荘において、弘安四（一二八一）年に荘園領主側の預所《あずかりどころ》左右衛門尉と地頭秋本左衛門次郎泰恒《やすつね》らとのあいだで下地中分《したじちゅうぶん》の和与《わよ》が取りかわされているように、完全に地頭の乱暴をとめられたわけではなかった。

山の人びとの生活●

阿波は、吉野川・那賀川などの河川流域をのぞき、大半が山岳地帯で、山の資源を糧としてくらす人びとの生活があった。中世にはこれら山も平野部の荘園と同じく、中央権門領主の所領となり、領主の支配のもとで人びとの生活がいとなまれていた。山の所領の支配の実態は、また山での民衆の生活はいかなるものであったのであろうか。そこには、森林資源によって生活をささえる阿波の民衆の歴史があったといえよう。

鮎喰川上流一帯は大粟山《おおあわ》、または大粟上山・大粟下山ともよばれ、現在の名西郡神山《かみやま》町のほぼ全域にあたる。この地域は平安時代には国衙領であり、大粟神社（現在の上一宮大粟神社）の免田が設定されていたと考えられる。鎌倉時代には、建久二（一一九一）年十月の長講堂《ちょうこうどう》所領注文に「阿波一宮」とあり、また同三（一一九二）年三月の後白河院庁下文案により、「阿波一宮」が後白河院の持仏堂《じぶつどう》である長講堂を本家《ほんけ》とし、後白河院の寵妃《ちょうき》であった高階栄子《たかしなえいし》を領家《りょうけ》とする荘園となったことが確かめられる。ここにいう「阿波一宮」とは、大粟神社の免田が点在する大粟山全体の広域所領をさすものであった。また、長講堂所領注文には「那賀山」もみえ、那賀山も大粟山と同じく長講堂領であり、それ以前は国衙領であった。長講堂領は実質的には王家領（天皇家領）で、その支配権は後白河院が掌握していた。このように後白河院政《いんせい》期にあいついで阿波の山々は国衙領から王家領に組み込まれた。大粟山や一宮についての福家清司氏の研究や那賀山をあつかった山下知之氏の研究によって、この王家領形成の主体の一つに国司および国衙に依拠する阿波在地勢力があったことがあきらかにされている。

種野山《たねのやま》は、麻植山ともよばれ、徳島県の中央部、急峻な山々があい連なり深く切りこまれた谷筋にそって少しばかりの田畠が開けるという地域で、現在の吉野川市美郷《みさと》と美馬《みま》市木屋平《こやだいら》にあたる。この地域ははやく平安時代から開発されていたとみられる。とくにこの種野山から北へ進み、峠を越え吉野川の流域にでた現在の吉野川市山川《やまかわ》一帯が、『和名抄《わみょうしょう》』の忌部《いんべ》郷であって古代から阿波忌部氏の拠点であった。同市山崎《やまざき》には『延喜式《えんぎしき》』神名帳《しんめいちょう》の大社天日鷲《あめのひわし》神社に比定される忌部神社が鎮座し、山崎の市が立ち、中世から交通の要所としても栄えたところであった。

さて、このような山の所領のうち、領主支配

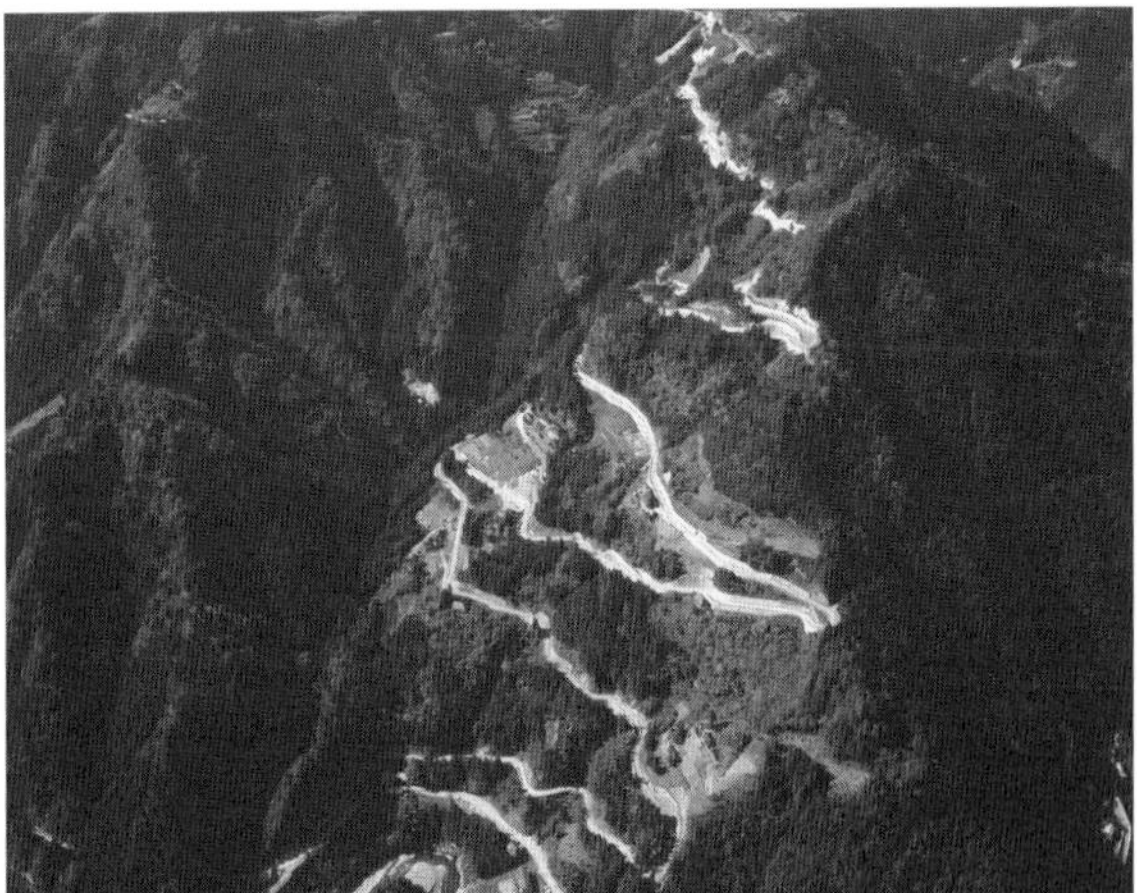

種野山(木屋平三ツ木地域)　急峻な山々が連なる山の所領。中央に三木家がある。有力な家は山頂近くにあり，尾根沿いに道が走る。現在の幹線道路(国道438号線)は谷底の穴吹川にそって走る。

や人びとの生活まで具体的に知りうるのは数少なく、種野山が唯一ともいえる。

種野山に関しては、村の構造まで詳細に検討した福家清司氏の研究がある。木屋平三ツ木の三木《みき》家に伝わる「三木家文書」の、嘉暦二（一三二七）年三月八日の「種野山在家《ざいけ》員数《いんずう》注進状案《ちゅうしんじょうあん》」によれば、惣在家数一二三宇半のうち、在家役が課せられる定在家七四宇と荘官給などとして在家役が免除される免在家四九宇半とに分かれ、免在家の内訳は公方《くぼう》免家二〇宇、預所免家一九宇半、地頭免家一〇宇となっている。もとは国衙領であったが、鎌倉末には荘園と同じく領主の支配下にあった。領主は代官を派遣し、課税の基本単位である在家を名《みょう》ごとに編成して、名ごとに徴税を行った。また地頭については「冷泉家《れいぜいけ》文書」の元徳元（一三二九）年の関東下知状により、亡父冷泉為相《ためすけ》から為茂《ためしげ》にゆずられた地頭職を幕府が安堵《あんど》しており、公家の冷泉家が地頭であった。

在家への負担は年貢《ねんぐ》と公事《くじ》に分かれ、年貢は一律定額で課せられ、名によって一宇ごとに課せられる金額が二貫五〇文と二貫二七〇文とに分かれていた。また公事も「御弓《おゆみ》正月廻銭《かいせん》」「絹ヲリ賃」「三日厨《くりや》銭」「桑代」など多岐にわたるが、山間の土地柄を反映して「皮代」「鳥兎」「葛ノセン」などが課された。これら公事は基本的に代銭納《だいせんのう》であるが、一部のみが現物納であった。このように山間部ではあるが、代銭納化が進み、銭が多く流通していたことを示している。

また元亨元（一三二一）年十一月十九日の「代官下知状」は、木屋平三木名の番頭・百姓が代官の支配に対して軽減を求めたものに対して、代官側からの回答を記したものである。当時の山の人びとの生活を知りえる貴重な史料である。それは一九カ条からなるもので、第一条では、奥山分の年貢「かわらいた《（瓦板）》」を代銭納化したおりに、売り材木の山出河流《やまだしかわながし》を課せられたが、新規非法としてそれをやめさせている。

また第六条には兵庫送りで海上が物騒なさいには、番頭を召し具し警護させることになっており、名の代表である番頭は基本的には百姓身分ではあるが、鎌倉末には武力も養い、年貢輸送などの警護を担当するに至っている。彼らの武力が南北朝期に活躍することとなる。このように山の民（番頭・百姓）は領主の新規の役負担に対しては一致団結してそれを排除し、また領主の警護を担当するまでに成長している。

海上流通と地域社会●

県道徳島・鴨島《かもじま》線の建設に伴い昭和六十一（一九八六）年から発掘調査が進められた中島田《なかしまだ》遺跡は、十四世紀初頭の阿波の活発な海上交易の実態を語る遺物などを出土した。その場所は鮎喰川南岸、眉山《びざん》の北側にあたり、ちょうど鮎喰川が吉野川に合流する地域で、安楽寿院領名東荘となっていた。領主安楽寿院は鳥羽上皇がみずからの墓寺として京都の南鳥羽《みなみとば》に建立した寺院で、その所領は基本的に王家（天皇家）領であった。出土した遺物には、龍泉窯《りゅうせんよう》系青磁《せいじ》・景徳鎮窯《けいとくちんよう》系白磁《はくじ》、銅銭《どうせん》など大陸との交易によってもたらされたものや、常滑《とこなめ》焼の壺・甕《かめ》、備前《びぜん》焼の碗・すり鉢・壺、和泉《いずみ》産の瓦器《がき》など全国各地の産地から搬入されたものが豊富に含まれていた。この地域が「倉本《くらもと》之《の》市《いち》」に近く、紀伊水道の海上交通と吉野川・鮎喰川の河川交通との接点にあり物資集散の拠点であったとみられる。

時代はさがるが、東大寺領の兵庫北関《きたせき》の津料《つりょう》徴収台帳である文安二（一四四五）年の「兵庫北関入船納《いりふねのう》帳《ちょう》」と同年の「兵庫北関雑船《ざっせん》納帳」を検討した福家清司氏によれば、両帳に記載された阿波の湊《みなと》は一一カ所あり、北部では北泊《きたどまり》・土佐泊・撫養《むや》・木津《きづ》・別宮《べつみや》、南部では平島《ひらじま》・橘《たちばな》・牟岐《むき》・海部《かいふ》・宍喰《ししくい》である。また、惣寺院の所在は判明していない。北部からの船荷は、米・大麦・小麦・胡麻《ごま》のほか、阿波の特産物である藍《あい》が積載されたことにより、蜂須賀《はちすか》家がはいる以前の中世から藍作がなされていたことがわかる。一方、南部からの船荷は、大半が榑《くれ》（板材）・材木であり、阿波は畿内《きない》の材木供給源地として重要な役割を果たしていた。

兵庫津は、中世において大陸と畿内を結ぶ海上ルート上の、また全国の海上流通網上の核となる最重要港湾都市であった。そして阿波の地域流通ルートを全国的流通ルートとに結合させる湊であった。輸入陶磁器《とうじき》や銅銭などの大陸の文物、全国各地の品々が兵庫津を経由して阿波にもたらされたと考えられる。

また吉野川の河口の別宮からは荏胡麻《えごま》が搬出されていた。この地域は石清水八幡宮領萱島荘にあたり、別宮という地名も荘園支配のために領主石清水八幡宮が現地に勧請《かんじょう》した別宮八幡宮に由来するものであろう。応長元（一三一一）年に石清水八幡宮の大《おお》山崎神人《やまざきじにん》が、吉野川に設置された新関《しんぜき》を撤廃することを求めて訴訟をおこし、伏見《ふしみ》上皇から新関の停止を命じた院宣《いんぜん》が発給された（『鎌倉遺文』二四三四三

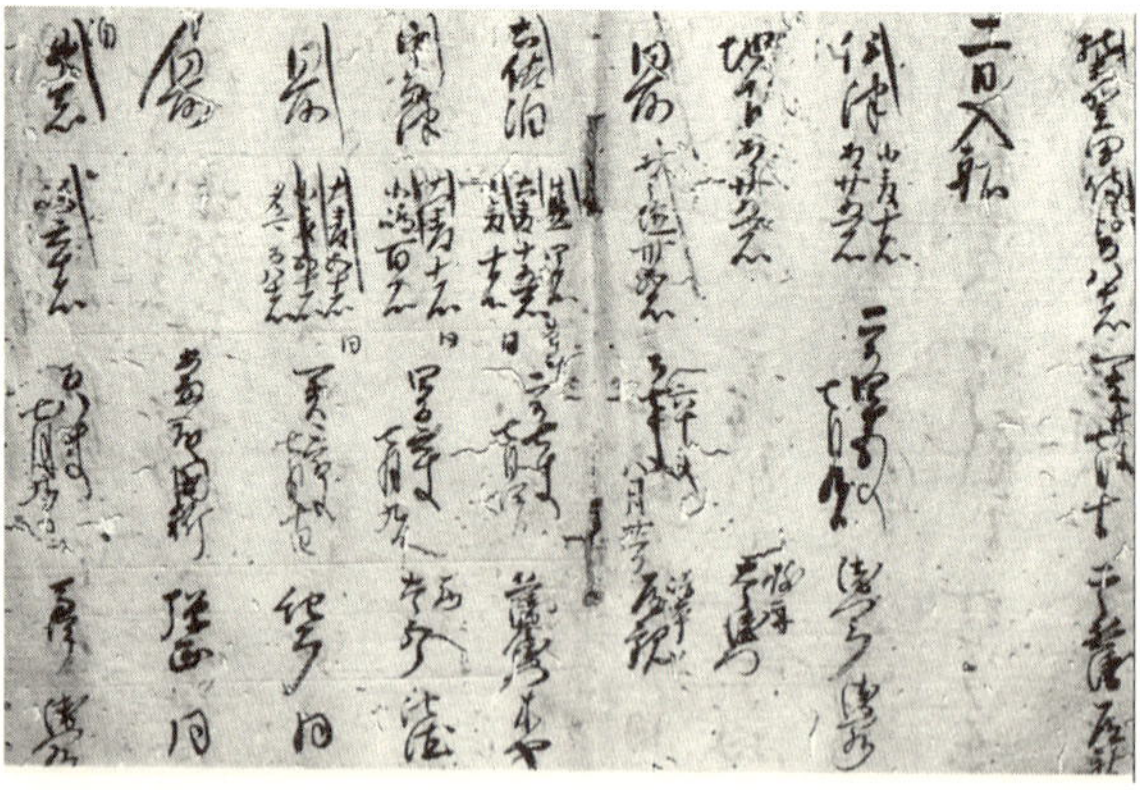

「兵庫北関入船納帳」(燈心文庫)　文安2 (1445) 年の東大寺領北関の関務帳簿。船籍・船荷・津料額などが記載される。7月2日には，「土佐泊」「藍四石」「大麦十五石・小麦十石」とあり，阿波藍の初見史料である。

号)。石清水八幡宮の領主支配や荏胡麻の買付けのために大山崎の石清水八幡宮神人が、阿波において活発に活動していたことがわかる。

さて、この新関を設置したのは誰であろうか。一八年後の元徳元(一三二九)年に、阿波国柿原四郎入道笑帥房《にゅうどうしょうすいぼう》らが、石清水八幡宮神人から吉野川に新関をかまえ荏胡麻を横領したことで、六波羅探題《ろくはらたんだい》に訴えられた。そして六波羅探題から阿波守護小笠原氏にそれを取りしまるように下知されている。したがってこの新関は板野郡柿原荘の地頭柿原氏によって設置されたものであろうか。このように阿波の地域勢力の成長にしたがって、中央領主権力とのあいだに利害による摩擦が生じ、相論《そうろん》へと発展したのであろう。鎌倉末期は中央領主の支配体制から逸脱し社会を動揺させる悪党《あくとう》が跋扈《ばっこ》した時代であり、阿波においても地域勢力が新関を自由に設け、従来の支配秩序をこえて活動をしはじめていく時代であった。そのような地域のエネルギーが、中央の権力闘争とも結びつき、長期にわたる南北朝内乱へと時代を動かしていく。

4章

中世社会の爛熟と動揺

三好義賢像　三好元長の子，長慶の弟。出家して実休と称する。阿波守護細川持隆を勝瑞にて殺害する。阿波を掌握し，長慶を助ける。茶人としても著名である。

1　守護細川氏と阿波

南北朝の内乱●

元弘元（元徳三＝一三三一）年四月、後醍醐《ごだいご》天皇の倒幕《とうばく》計画は、後醍醐の側近であった吉田定房《さだふさ》によって鎌倉《かまくら》に伝えられ、はやくも幕府《ばくふ》の知るところとなった。八月には後醍醐天皇みずからが笠置山《かさぎやま》にはいり倒幕の姿勢を鮮明にしたが、後醍醐は幕府方にとらわれ、隠岐《おき》に流された。倒幕事件はこれで終息するかのようにみえたが、翌元弘二（正慶元＝一三三二）年十一月には護良親王《もりよししんのう》や楠木正成《くすのきまさしげ》などがあいついで挙兵し騒然とした情況となった。元弘三（正慶二＝一三三三）年四月に幕府が追討軍としてつかわした足利高氏《あしかがたかうじ》（尊氏）は寝返って六波羅探題《ろくはらたんだい》を攻め、鎌倉の幕府も新田義貞《にったよしさだ》らによって攻略され滅亡する。

ここに、後醍醐天皇による建武《けんむ》の新政《しんせい》がはじまるが、しかしその政治は従来の慣例を無視した天皇専制政治であり、その朝令暮改の政策は人びとの支持を失い倒幕に期待した人びとはしだいに離反するに至った。そのことは、兵を集めることに苦渋した楠木正成の「天下君を背きたてまつること明らけし」（『梅松論《ばいしょうろん》』）という文言に如実にあらわれている。建武二（一三三五）年に幕府再興を掲げた北条時行《ほうじょうときゆき》の乱《らん》を鎮圧するために鎌倉にくだった足利尊氏は、鎮圧後も天皇の召還命令にしたがわず新田義貞追討の兵をあげた。翌建武三（延元元＝一三三六）年一月には足利軍は入京《にゅうきょう》を果たすが、奥羽《おうう》から攻めのぼってきた北畠顕家《きたばたけあきいえ》の軍勢にやぶれ、九州へ走った。その途中播磨《はりま》国室津《むろつ》の軍議において、後醍醐天皇勢力に対抗するために、四国・中国に一門《いちもん》や麾下《きか》の有力武士をそれぞれ配置することを決めた。四国には細川和氏《かずうじ》ら細川一族があてられた。翌建武四（延元二＝一三三七）年に尊氏は九州から再度入洛《にゅうらく》して光明《こうみょう》天皇のもとで幕府を開き、京を追われた後醍醐天皇は吉野《よしの》にくだって、南北朝《なんぼくちょう》の時代を迎えることになる。

尊氏から四国の経営を託された細川氏は、清和源氏《せいわげんじ》である足利氏の一門で、足利氏の祖義康《よしやす》の曾孫義季《よしすえ》が、足利嫡流義宗《よしむね》が守護《しゅご》をつとめる三河国《みかわのくに》の額田《ぬかた》郡細川郷（現岡崎《おかざき》市）に移り、その地名を名字とした。細川氏の阿波《あわ》での活動を語る初見の文書は、建武三年二月十五日に漆原三郎五郎《うるしばらさぶろうごろう》に阿波国勝浦荘《かつうらのしょう》の公文《くもん》職《しき》を勲功の賞としてあてがった奉書《ほうしょ》（下総染谷文書）で、その署名者は阿波守《かみ》（細川和氏）と兵部少輔《ひょうぶのしょう》（細川顕氏《あきうじ》）であった。讃岐《さぬき》においても同年月日付の細川和氏・顕氏が署名した秋山孫次郎《まごじろう》宛の軍忠《ぐんちゅう》に対する所領宛行《しょりょうあてがい》の奉書（讃岐秋山家文書）が存在する。細川氏は、室津の軍議からわずか数日後に四国に進出し、足利方として活動を展開していた。

建武三年二月二十五日には、阿波国麻植《おえ》荘西方《にしかた》の地頭飯尾《じとういいお》氏が足利軍に加わり、高師泰《こうのもろやす》から着到状《ちゃくとうじょう》（碩田叢史所収野溝文書）を得ている。同月二十七日に同じく高師泰が証判《しょうばん》した肥前《ひぜん》国龍造寺《りゅうぞうじ》氏の着到状（肥前龍造寺文書）によれば、彼らは長門《ながと》国赤間関《あかまがせき》に馳《は》せ参じており、飯尾氏は、このとき阿波国をはなれて遠く長門において足利軍として転戦していたことが確認できる。同年三月足利尊氏は多多良浜《たたらはま》（福岡市）で後醍醐天皇方の菊池武敏《きくちたけとし》などの勢力を破り京上を開始した。足利尊氏の京上にあたって細川氏に率いられた四国の軍勢が活躍する場面は『太平記《たいへいき》』や『梅松論』にしばしば登場し、足利軍の主要な戦力となっていた。そして、建武三年段階で阿波の武士が他国の戦いに参加していることは、阿波において反足利勢力がそれほどの影響力をもちえなかったことを示し、細川氏の入部のはやい時期に阿波の主要な武士は、足利方の傘下にはいったといえよう。

このような阿波の平野部に拠点をおく有力武士に対して、種野山《たねのやま》や祖谷山《いややま》などの山間部に拠点をおく「山岳武士」と称される勢力は南朝方に与《くみ》し、守護細川勢力と対抗してきたといわれ、現在もこれが通説となっている。それは、三木《みき》氏・木屋平《こやだいら》氏・菅生《すげおい》氏・徳善《とくぜん》氏・落合《おちあい》氏・小野寺《おのでら》氏・小川氏・渡辺氏などである。これらの家には南朝から発給された綸旨《りんじ》や奉書が存在し、そのなかでもっとも時期のはやいものは、正平五（観応元＝一三五〇）年七月二十二日の「出雲守時有《いずものかみときあり》奉書」（菅生文書）である。おそらく文書の年号からこれらの勢力が南朝方に与したのは正平五年ごろからである。ちょうどこの時期は室町幕府内で、尊氏派と弟の直義《ただよし》派との対立が顕然化し、武力抗争へと展開していった時期であった。尊氏は正平六（観応二＝一三五一）年に南朝方と一時和睦《わぼく》し、翌年直義を殺害してこの抗争をおさめた。この全国的な内乱を観応《かんのう》の擾乱《じょうらん》という。阿波の山間の諸家が南朝方に属する背景にはこの内乱があったとみられる。これらの文書については、福家清司氏が指摘するように、発給者の

三木家住宅(美馬市木屋平)　17世紀ごろの建築，寄棟茅葺，三木山の頂上近くにある。国指定重要文化財。

花押《かおう》や記載様式などに不自然さもあり今後さらに検討を必要とするものも多い。さて山々に点在するこれらの勢力は、阿波においていかほどの影響力をもちえたのであろうか。これらの勢力の大半は、鎌倉時代からそれぞれの谷に広がる名《みょう》の名主《みょうしゅ》であり、基本的には百姓身分である。したがって「山岳武士」と武士身分としてよぶことは中世身分制からみて問題があろう。中世の武士身分とは、京や鎌倉を守護する地頭御家人《ごけにん》などのように、本来武芸をもって国家や中央領主につかえる者をさす身分であり、単に武具をもち武力を行使するだけでいうものではない。しかし、南北朝の内乱期においては、本来百姓身分の者が南北の両勢力に取りこまれて武士身分に上昇する新興の者もいたように身分の変動もありえた。これらの山間に依拠する勢力が百姓身分から武士身分へと上昇しえたかについてはさらなる検討が必要である。したがって現時点で安易に「山岳武士」と表現すべきではないだろう。

山間に依拠するこれらの勢力は南朝方から文書を得たとしても、具体的な軍事行動を示す史料は存在せず、その活動については残念ながら不明である。これらの勢力が平野部を支配下におく巨大な武士集団である細川氏や阿波の地頭クラスの武士団に対してゲリラ的な活動はなしえても、まともな軍事的行動をとりえたかは疑問とせざるをえない。応安六(文中二=一三七三)年七月二十五日の三木親村《ちかむら》宛の「細川頼《より》有安堵状《ありあんどじょう》」(三木家文書)にみられるように、おおよそこの時期にこれらの南朝方の勢力は、細川氏の軍門にくだったものとみられる。

細川氏の支配と守護所秋月●

阿波にはいった細川和氏・頼春《よりはる》の兄弟が国内を支配するために設けた拠点(のちの守護所《しゅごしょ》)の所在地については、それを語る当該期の文献史料は存在しないために確定しえないが、鎌倉時代から足利氏の所領で

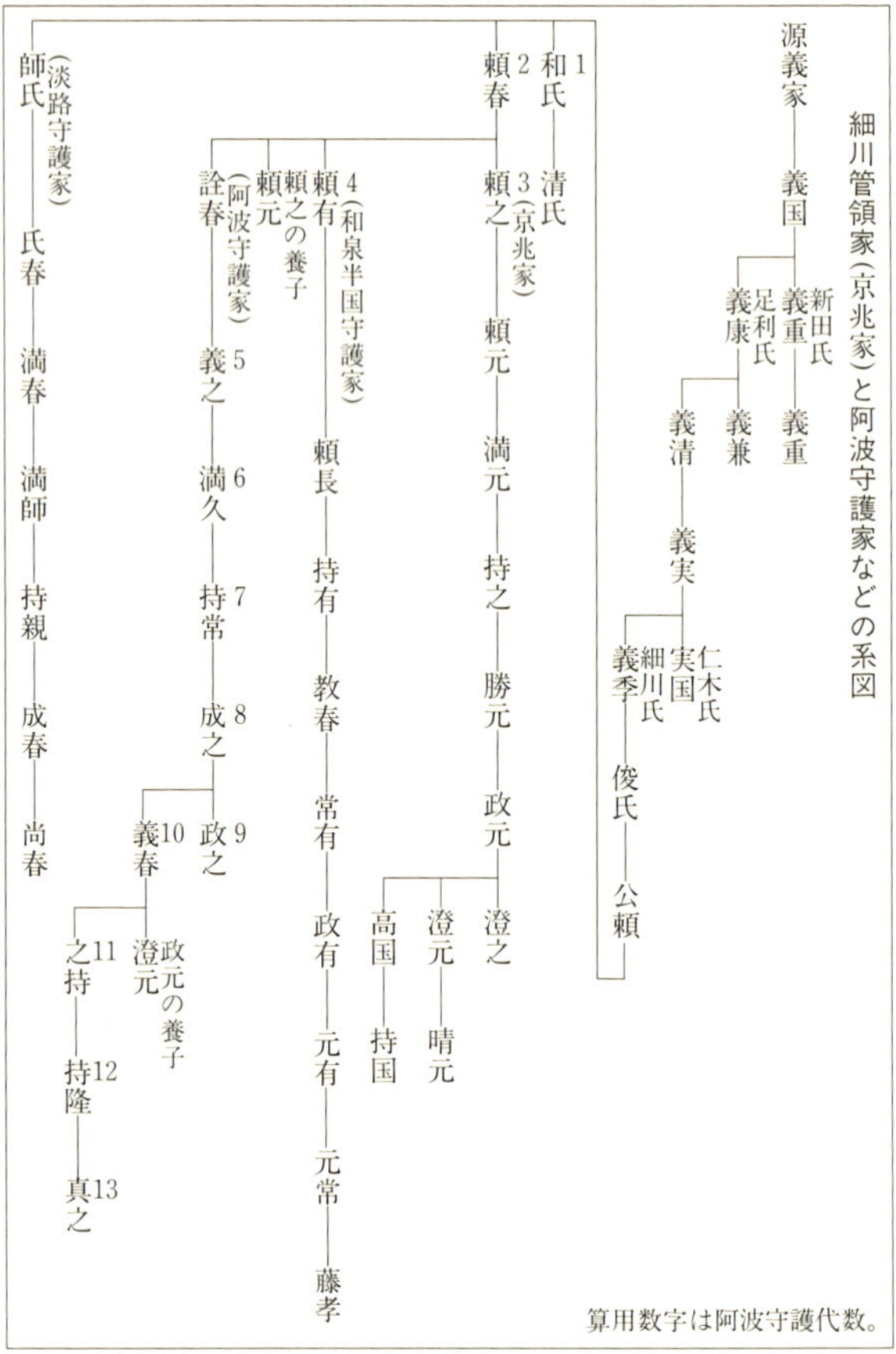

細川管領家（京兆家）と阿波守護家などの系図

あった秋月《あきづき》荘（阿波市秋月）におかれたとする従来の説はほぼ妥当と考えられ、それにしたがっておきたい。守護所が板野郡勝瑞《しょうずい》に移されるまで秋月が守護細川氏の阿波国支配の中心地であった。秋月における守護所の所在については、現在「的場《まとば》」説や「御屋敷」説に分かれ、今後の発掘の成果によって見極める必要があろう。

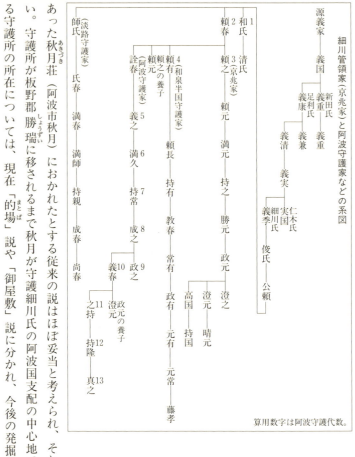

また、秋月には、暦応二（延元四＝一三三九）年に細川和氏が夢窓疎石《むそうそせき》を開山《かいさん》に迎えて創建した臨済宗《りんざいしゅう》補陀寺《ふだじ》があった。この補陀寺は「阿波州安国《あんこく》補陀寺」とよばれ、阿波国安国寺とされた。安国寺とは、足利尊氏が夢窓疎石のすすめにしたがって、暦応元（延元三＝一三三八）年から約一〇年かけて全国の六六カ国二島に一寺一塔を創建した。その寺院を安国寺とよび、塔を利生塔《りしょうとう》と名付けた。中世では内乱でなくなった者の魂は、しばしば怨霊《おんりょう》と化し天変地異や疫病など社会を乱す要因とみなされた。国家の政治をになうものとして怨霊の跳梁跋扈《ちょうりょうばっこ》を押さえ、泰平《たいへい》な社会を形成し維持するためには、仏教の力をもって亡者の魂を鎮《しず》め、菩提《ぼだい》をとむらわなければならなかった。尊氏による国ごとの安国寺・利生塔の創設も、このような目的でなされた政策の一つであるが、それとともに、全国が室町《むろまち》幕府の支配領域であることを世に誇示し、守護の氏寺《うじでら》を安国寺に登用するなど守護との関係を緊密化させる政治的ねらいもあった。阿波の利生塔は、現在の四国遍路第十番札所である切幡寺《きりはたじ》に設けられた。補陀寺も輪蔵庵《りんぞうあん》辺りが経堂《きょうどう》跡とする説もあるが、守護所と同様に所在地については確定しえていない。このように、秋月に守護所がおかれ、板野郡勝瑞に移されるまでこの地が守護細川氏の阿波国支配の拠点であった。

初代阿波守護については、確定する史料は存在しないが、幕政で引付頭人《ひきつけとうにん》をつとめた細川和氏とみられる。和氏の死後、弟の頼春が守護職をつぎ、観応三（正平七＝一三五二）年に京都七条大宮《しちじょうおおみや》にて戦死するまで守護をつとめ、幕府の侍所別当《さむらいどころべっとう》・引付頭人にもついた。その後、子息細川頼之《よりゆき》、弟細川頼有、甥細川義之《よしゆき》と継承されていき、阿波守護家はこの義之からはじまる。細川頼之の子息頼元《よりもと》が管領《かんれい》に補任され、細川氏の嫡流家は、摂津《せっつ》・丹波《たんば》・讃岐・土佐《とさ》の四カ国の守護であると同時に管領をつとめる家で、代々右《う》京大夫《きょうのだいぶ》に補され、左右京職《きょうしき》の唐名が京兆《けいちょう》であることから京兆家とよばれた。京兆家が上屋形《かみのやかた》とよばれたのに対して、阿波守護家は下屋形《しものやかた》とよばれ、細川氏の守護家のなかでも、重きをなす家であった。

室町時代の守護は、京都に居をかまえ在京して幕府政治にたずさわった。阿波守護は室町幕府組織のなかでどのような位置を占めていたのであろうか。応永三十（一四二三）年正月の室町幕府評定始《ひょうじょうはじめ》を記した『満済准后日記《まんさいじゅごうにっき》』では、将軍足利義持《よしもち》の御前《ごぜん》に着座した管領畠山満家《はたけやまみついえ》ら四人の御相伴衆《ごしょうばんしゅう》についで供奉《ぐぶ》衆《しゅう》の筆頭に阿波守護細川満久《みつひさ》があげられていた。時期は二〇年ばかりくだった『文安年中《ぶんあんねんじゅう》（一四四四〜四九）御番帳《ごばんちょう》』には御相伴衆として阿波守護細川持常《もちつね》の名がある。当時の史料には阿波守護は御相伴衆としてしばしば登場する。このように阿波守護家は、足利将軍を補佐する幕府重臣の一人として幕政に深くかかわる有力守護家であった。

細川氏の家臣団《かしんだん》の特徴は、細川氏がもとは三河国細川郷という小規模な領主であったために、譜代《ふだい》の家臣という者は少なく、南北朝内乱をつうじて形成された点である。そのために、四国をまかされた細川氏の重臣には、阿波・讃岐の有力武士が登用された者が多い。したがって、両家の奉行人《ぶぎょうにん》に飯尾氏がみえるように、阿波守護家と管領家との家臣に同姓の武士も少なくない。阿波の有力武士は、細川氏の家臣として京に進出し、阿波守護家の活動をささえた。将軍足利義満《よしみつ》がみずからの権力と権威を世に示すために盛大に挙行した明徳三（一三九二）年八月二十八日の相国寺落慶供養《しょうこくじらっけいくよう》においては、福家氏も指摘するように管領細川頼元の随兵中に小笠原《おがさわら》氏・柿原《かきはら》氏・海部《かいふ》氏などがおり、阿波の武士のなかには管領家の被官として活躍し京の晴れ舞台にも参加する者がいたのである。なお、守護細川氏の領国阿波の支配組織については、複数の重臣を守護代として阿波に配置し、統治を行った。これについては次節の三好《みよし》氏の台頭の項で述べよう。

守護細川氏と禅宗文化●

応安元（正平二十三＝一三六八）年に細川頼之が碧潭周皎《へきたんしゅうこう》を開山として京都西山《にしやま》に創建し、彼の菩提寺となった臨済宗地蔵院《じぞういん》の文書には、阿波守護の奉行人飯尾久連《ひさつら》が署名する借用証文などが含まれ、細川守護の活動を財政的にささえる細川氏菩提寺地蔵院の機能が垣間みられる。嘉吉元（一四四一）年に将軍義教《よしのり》への一献料《いっこんりょう》のために阿波守護が急遽地蔵院から五〇貫文を融通してもらい、その返済のために翌年の阿波国勝浦荘（徳島市）の反銭《たんせん》免除を守護代東条《とうじょう》氏に伝えている。阿波国勝浦荘は、荘園《しょうえん》領主が仁和寺《にんなじ》（京都市）であり、永和元（天授元＝一三七五）年に仁和寺門主永助法親王《もんしゅえいじょほっしんのう》が地蔵院に年貢《ねんぐ》収納を請け負わせるために所務職をあずけた荘園であった。領主仁和寺が地蔵院に勝浦荘年貢請負をまかせた背景には、阿波が細川氏の守護領国であり、地蔵院が細川氏の菩提寺であったという、細川氏と地蔵寺の関係に期待したものであろう。地蔵院の所領は、阿波をはじめ細川氏が守護をつとめる国々に集中する。京西山の菩提寺地蔵院の活動は、細川一門の京における活動を財政的にささえ、また守護細川権力とも結びつき領主の荘園経営にかかわるなど、単に宗教活動のみにとどまるものではなかった。

細川頼之は貞治二（正平十八＝一三六三）年に、阿波国秋月に亡父頼春をとむらうため春屋妙葩《しゅんおくみょうは》を開山に迎え光勝寺《こうしょうじ》を建立した。頼之と春屋妙葩との関係は、応安元年から二（正平二十四＝一三六九）年にかけての延暦寺《えんりゃくじ》の南禅寺《なんぜんじ》楼門《ろうもん》破却を機に悪化し、頼之は同じく夢窓疎石の弟子である碧潭周皎とまじわるようになる。そして康暦元（天授五＝一三七九）年には、春屋妙葩と結んだ斯波義将《しばよしまさ》らによって管領の座を追われて四国にくだり、明徳二（元中八＝一三九一）年にふたたび上洛《じょうらく》するまでのあいだ、四国の経営につとめ、安定した細川領国が形成されることとなる。なお、光勝寺は、現在は補陀寺をあわせて光勝《こうしょう》院《いん》（鳴門《なると》市）となり、南明山《なんめいざん》補陀寺と号している。その移転の時期は、おそらく守護所が秋月から勝瑞へと移った時期とかかわるものと推測される。

徳島市の南部の勝浦川辺に立つ丈六寺《じょうろくじ》は、明応元（一四九二）年に細川成之《しげゆき》が金岡用兼《きんこうようけん》を迎えて再興した曹洞宗《そうとうしゅう》の禅寺《ぜんでら》であり、阿波における室町期の文化を現在に伝える数少ない寺院である。丈六寺の堂舎のうち、現存する最古の建造物である三門《さんもん》（国指定重要文化財。口絵参照）は、十六世紀中葉の建立とされ、その二層の門は端正で美しい姿を今に伝えている。細川成之は、守護細川持常《もちつね》の弟細川教祐《のりすけ》の子息で宝徳元（一四四九）年に持常の死により、一六歳の若さで家督《かとく》を継承して阿波守護に就任した。自筆書状や自筆自詠の短冊は、彼が歴代守護のなかでも政治的手腕に長《た》けているだけでなく、文化的教養にも秀でた人であったことを示している。丈六寺には自筆自画像とされる細川成之像（国指定重要文化財。口絵参照）があり、彼の人柄がよくあらわれている。中興の金岡用兼は『日本洞上諸祖伝《にほんどうじょうしょそでん》』によれば、永享十（一四三八）年に讃岐で生まれ、周防国《すおう》龍文寺《りゅうもんじ》為宗仲心禅師《いそうちゅうしんぜんじ》に師事し、安芸厳島洞雲寺《いつくしまどううんじ》の開山で永平寺《えいへいじ》再建にもつとめた著名な高僧であった。このように丈六寺は細川成之によって曹洞宗の禅寺となるが、それ以前の宗派については不明であり、本尊《ほんぞん》は藤原《ふじわら》時代の作とされる丈六の聖観音像《しょうかんのんぞう》である。再興後は成之の法名（慈雲《じうん》）から慈雲院ともよばれ、細川持隆《もちたか》が瑠璃殿《るりでん》（現徳雲院《とくうんいん》）を、細川真之《まさゆき》が父持隆の位牌堂《いはいどう》、坐《ざ》禅堂《ぜんどう》（現経堂）を建立するなど、守護細川氏から帰依《きえ》をうけ伽藍《がらん》もととのえられた。

阿波国桂林寺《けいりんじ》（在小松島《こまつしま》市中田《なかた》）にて金岡用兼が丈六寺第二世住持月殿昌桂《げつでんしょうけい》とともに書写した『正法《しょうぼう》眼蔵《げんぞう》』（道元《どうげん》著）が、広島県の洞雲寺に現存する。桂林寺は阿波国守護持常の開基《かいき》で、開山は古幢周勝《こどうしゅうしょう》とされる。『延宝伝燈録《えんぽうでんとうろく》』によれば、古幢周勝は京の生まれで細川頼之の養子となり、相国寺鹿苑院《ろくおんいん》で僧録《そうろく》をつとめ、南禅寺にはいった高僧である。永享八（一四三六）年に桂林寺新住持について将軍足利義教にうかがいを立てていることから、桂林寺は五山《ござん》の諸山《しょざん》としての寺格を得ていたとみられる（『蔭凉軒日録《おんりょうけんにちろく》』同年四月七日条）。また永享十一（一四三九）年の桂林寺新住持の補任にあたって、将軍に至広首座《しこうしゅそ》を推挙したのは守護細川持常であった（『同』同年二月十六日条）。このように桂林寺住持の人選は、将軍に補任権があるとしても、実質的な人選の決定権は守護にあったといえよう。南北朝期に五山・十刹《じっさつ》・諸山の制度が確立し、将軍がその住持任命権を掌握して高額な任料《にんりょう》を得た。その任料は、足利将軍家の重要な財政的基盤となっていた。また守護も高僧との親交をつうじて幅広い人脈を形成しえたのである。桂林寺には、文安四（一四四七）年の細川頼春百年忌のさいに、阿波守護持常が将軍足利義政《よしまさ》から賜った五山版の法華経《ほけきょう》が所蔵されている。桂林寺は、もとは臨済宗五山派の寺院として創建され、金岡用兼の入寺によって十六世紀初頭に曹洞宗の禅寺へとかわったものとみられる。現在の桂林寺は、元和年間（一六一五～二四）の再興を経て真言宗《しんごんしゅう》となっている。このように、守護細川氏の帰依によって有力な禅宗寺院があいついで建立され、阿波の室町文化の一つの特色を形成している。

人びとの生活と信仰●

阿波の各地には中世に制作された大般若経《だいはんにゃきょう》が現存する。大般若経は六〇〇巻からなり仏典《ぶってん》中最大のものである。古代以来は国家安穏《あんのん》の経典《きょうてん》として有名であるが、中世においては、疫病や天変地異をふせぎ、豊作をもたらす経典として信仰を集め、中世村落において農事祈願の大般若会《え》がしばしば行われ、転読された。海部郡海陽《かいよう》町の大日寺《だいにちじ》蔵の大般若経は、その奥書《おくがき》から建永元（一二〇六）年ごろから建暦二（一二一二）年ごろの鎌倉初期に制作された古いものであることが知られる。南北朝期には制作された大般若経の数も増加し、名西《みょうざい》郡神山《かみやま》町勧善寺《かんぜんじ》所蔵、三好《みよし》市井川《いかわ》地福寺《じふくじ》所蔵、那賀《なか》郡那賀町大宮八幡神社所蔵などのものがある。勧善寺蔵の大般若経の奥書から、至徳四（元中四＝一三八七）年から康応元（元中六＝一三八九）年にかけて制作された大般若経の書写には、名西郡を中心に名東《みょうどう》郡・麻植郡などの複数の寺院の僧侶がたずさわり、寺院間のネットワークによってこの大般若経六〇〇巻書写という大事業が達成されたことがわかる。

　中世阿波の石造供養塔の特色として板碑《いたび》をあげることができよう。その典型的なものは県内で産出する青石（緑色片岩《へんがん》）を材質とする板状の石塔婆《いしとうば》であるが、青石以外の石材のものも存在する。それは、必ず本尊（種子《しゅじ》・仏像など）を記し、その下に五《ご》輪塔《りんとう》や宝篋印塔《ほうきょういんとう》にくらべて造立趣旨や造

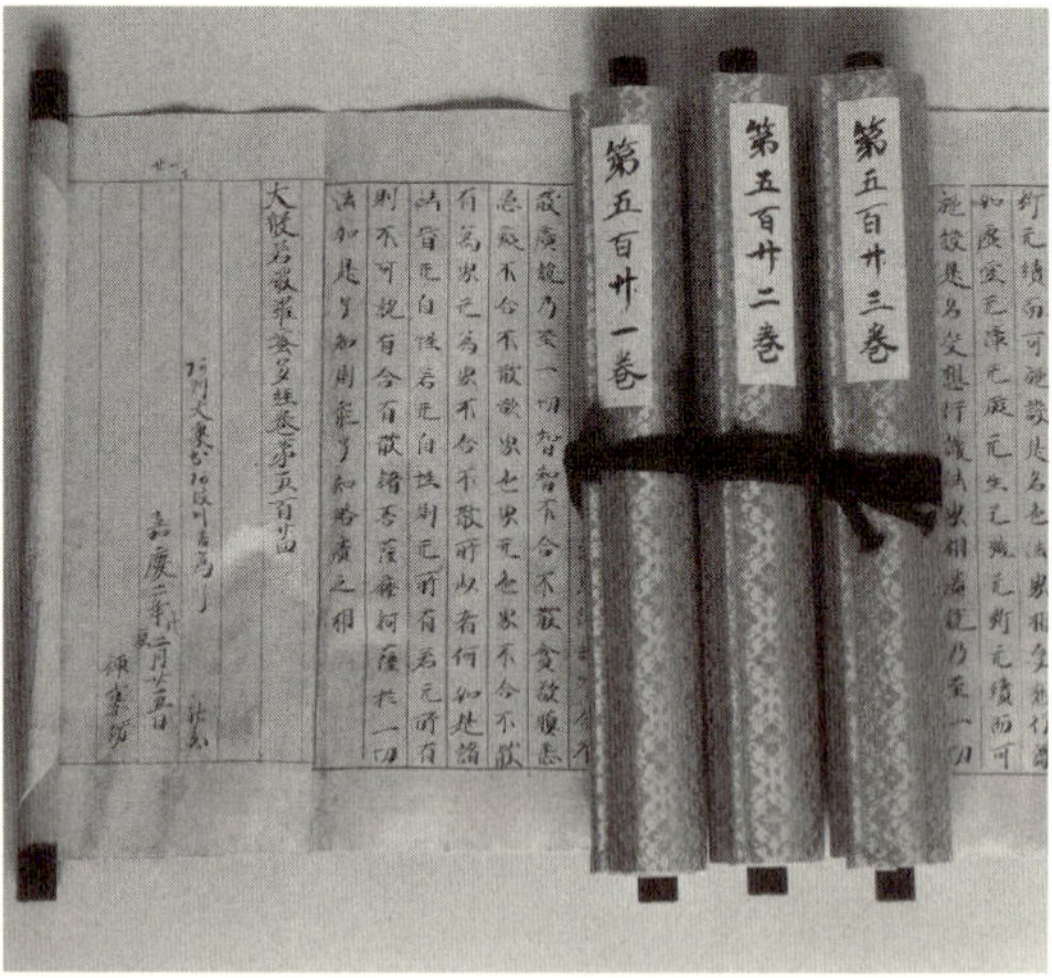

大般若経　566 巻が現在する。奥書から書写年代・書写主体がわかる。至徳 4 (1387) 年から康応元(1389) 年にかけて書写され，書写主体は神山の諸寺院を中心に他郡さらには讃岐にまで広がる。

立者名などがきざまれる場合が多い。したがって板碑は、当時の人びとの信仰を知るうえで貴重な資料である。もっとも古い板碑は寿永四（一一八三）年弥勒菩薩《みろくぼさつ》像板碑（阿南《あなん》市）であり、南北朝期にピークを迎え、戦国時代には小型化する。中世阿波の板碑の本尊としてきざまれた仏は、阿弥陀仏《あみだぶつ》（口絵参照）が多数を占め、血縁亡者の供養や本人の逆修《ぎゃくしゅ》（生前から死後の菩提を祈願すること）のために造立された。このように中世阿波において阿弥陀への信仰が民衆にうけいれられ広く流布《るふ》していた。しかし、この阿弥陀信仰は念仏《ねんぶつ》系の浄土宗《じょうどしゅう》や浄土真宗《しんしゅう》にただちに結びつくものではない。真言宗などにも阿弥陀信仰があり、顕密《けんみつ》仏教の阿弥陀信仰とみるべきであろう。

「熊野那智大社文書《くまのなちたいしゃもんじょ》」にしばしば阿波国の檀那売券《だんなばいけん》がみられ、全国のなかでも阿波国は熊野信仰がきわめて厚い地域であった。「熊野那智大社文書」での阿波国に関する初出史料は、正安二（一三〇〇）年に熊野先達《せんだつ》である大野《おおの》荘（阿南市）内の岩嶺寺栄賢《いわみねじえいけん》が、一三三人の檀那リストを那智の御師《おし》に宛てた目録である。これらの檀那はその名前から大野荘地域の有力者であるとみられ、先達岩嶺寺栄賢に組織された檀那であった。檀那とは、鴨島《かもじま》の「仙光寺《せんこうじ》文書」におさめられた文安五（一四四八）年の先達柿原別当覚葉《かくよう》の檀那売券の「熊野参詣の旦那《だんな》は、麻植十河《そごう》先達方へ売渡す処なり」という記載から、先達の導きによって熊野参詣を行う人びとであった。文和三（正平九＝一三五四）年には、阿波国の檀那売買について、阿南周辺地域の平嶋大輔阿闍梨《ひらじまたいふあじゃり》ら一〇人の先達のうち、たちゑ治部公《じぶのきみ》ら三人をのぞき、先達七人が檀那も含めて熊野の御師間で売買されている。吉野川《よしのがわ》流域においても「熊野那智大社文書」のなかには建武元（一三三四）年の先達岩倉式部律師《いわくらしきぶのりっし》の檀那の売券など多くの檀那売券が存在する。

阿波における熊野信仰の地域は、先達の拠点や檀那の名前から吉野川流域（池田・三好・太刀野《たちの》・岩倉・

柿原・穴吹《あなぶき》・河田《かわた》・麻植・鴨島・牛島《うしじま》・板西《ばんざい》など）や海岸部（勝浦・立江《たつえ》・平嶋・牛岐《うしき》・大野・桑野《くわの》・由岐《ゆき》・日和佐《わさ》・牟岐《むき》・海部・宍喰など）に集中している。海岸部の拠点については、福家清司氏の検討にもあるように、文安二（一四四五）年の「兵庫北関入船納帳《きたせきいりふねのうちょう》」に記載された平嶋・牟岐・海部・宍喰などの湊《みなと》と重なる場合が多い。熊野信仰の流布と海上交通や港湾との関係は無視しえないものがある。長谷川賢二氏の研究によれば、天文二十一（一五五二）年の「阿波国念行者修験道法度《ねんぎょうしゃしゅげんどうはっと》」（仙光寺文書）には吉野川流域の念行者（山伏《やまぶし》）一九カ寺が署名を行い、他国霊山《れいざん》の大峰《おおみね》・伊勢《いせ》・熊野・愛宕《あたご》や当国の高越山《こうおっさん》への代参《だいさん》や、訴訟にあたっての評議などが定められ、広範な山伏の自律的組織が形成されていた。一九カ寺のなかには近世に真言宗醍醐寺三宝院末寺《だいごじさんぽういんまつじ》や天台宗《てんだいしゅう》聖護院《しょうごいん》末寺となる寺院が含まれ、この山伏のネットワークは顕密の本末《ほんまつ》支配にとらわれない宗派を越えたものといえるものである。

2　下剋上の世界

守護代三好氏の台頭●

十五世紀後半は、政治的・経済的力量を高めた民衆勢力が社会の表舞台に登場し、頻発する土一揆《つちいっき》・徳政《とくせい》一揆によって、室町幕府の支配が根底からゆさぶられ、中世の荘園支配体制が瓦解していく時代であったといえよう。その画期となった内乱が応仁《おうにん》・文明《ぶんめい》の乱《らん》である。この内乱は、将軍家・管領家（畠山・斯波《しば》）の継嗣問題が発端となり、応仁元（一四六七）年から文明九（一四七七）年までの約一一年間の長期にわたって、諸国の守護が幕府内の二大勢力である細川勝元《かつもと》（東軍）と山名持豊《やまなもちとよ》（西軍）の両陣営に分かれて抗争した結果、戦場となった京都は焼亡荒廃し、幕府の威信は失墜した。

阿波守護細川成之は、東軍と西軍の武将を書きあげた『大乗院寺社雑事記《だいじょういんじしゃぞうじき》』（興福寺《こうふくじ》大乗院門跡《もんぜき》尋尊《じんそん》の日記、応仁元年六月二日条）に、東軍の大将管領細川勝元についで「同（細川）讃州」と名を記され、東軍の主力をになっていた。『応仁記《おうにんき》』によれば、この細川成之の軍は阿波・三河の両国の武士からなり、その数は八〇〇〇とある。寛正四（一四六三）年に、三木帯刀丞《たてわきのじょう》（英村《ひでむら》）は河内《かわち》国での畠山義就《よしなり》の討伐軍に加わり、その在陣を賞した「細川常有感状《かんじょう》」（三木家文書）を得ている。このように阿波の武士は、阿波守護細川氏のもとで、応仁の乱以前からすでに幕府内での管領細川氏をささえる主要な武力として活躍していた。応仁の乱以後、三管領のうち、畠山・斯波の両管領家が勢力を弱め、この内乱で一族の結束を保った細川氏が、幕府の政権を掌握するようになり、京兆専制体制が確立する。しかし、『大乗院寺社雑事記』によれば、幕府の支配によって比較的安定した地域は、細川氏が守護をつとめる領国にほぼかぎら

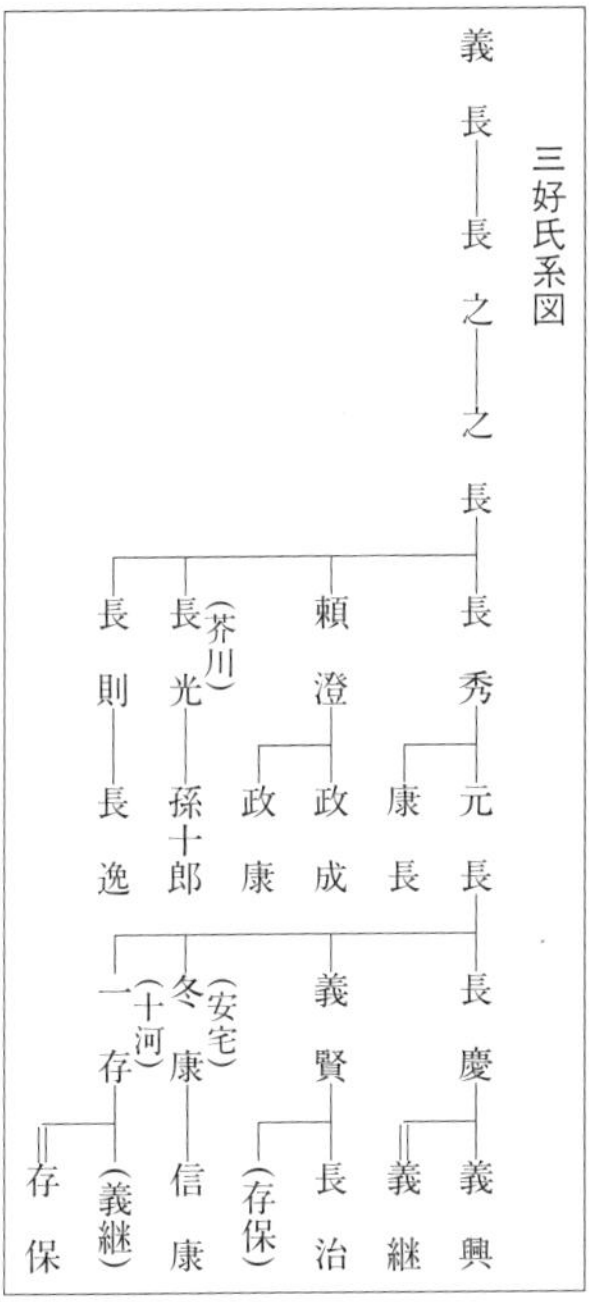

三好氏系図

れ、近国においても幕府の下知にしたがわない国々が大半であったという（文明九年十二月十日条）。細川氏の守護領国である阿波国は乱後において安定した地域であったようである。

しかし、この阿波においても下剋上《げこくじょう》の社会的風潮とは無縁ではなく、十六世紀には守護細川氏にかわって、三好氏がその実権を掌握するようになる。三好氏は、鎌倉時代の守護小笠原氏の末裔とされるが定かではない。寛正六（一四六五）年二月二十四日の「守護奉行人真覚《しんかく》（飯尾久連）奉書」（「細川三好両家消息《しょうそく》」）によって三好式部《しきぶ》少輔が阿波三郡の風呂銭徴収を命じられ、三好氏が三好・美馬《みま》・麻植三郡の守護代であった。これが守護代三好氏の初見史料である。

阿波守護細川氏の支配体制は、有力国人《こくじん》である東条氏や一宮《いちのみや》氏などの宿老《しゅくろう》と、側近で実務官僚として守護支配を担当する清《せい》氏や飯尾氏などの守護奉行人（守護奉行人飯尾氏も宿老）からなり、京都に居をかまえる守護にかわって阿波国支配のために複数の守護代がおかれた。三好氏はその守護代の一人であったが、守護代としてしばしば登場する東条氏は、その重臣のなかでも最有力の者であったとみられる。

文明十七（一四八五）年七月に宿老衆の東条氏や飯尾氏らが主人守護政之《まさゆき》にそむき、阿波国に罷《ま》かりくだるという事件がおこった。『大乗院寺社雑事記』によれば、この事件は譜代の宿老衆東条氏などと新興の三好氏との確執によるものであった。細川成之・政之は家臣三好氏などを率いて急遽阿波に下向しその鎮圧につとめた。そのさい京兆（管領）家の要請で、阿波守護に加勢するために和泉《いずみ》や淡路《あわじ》など他国の細川守護家が出陣したことが『大乗院寺社雑事記』にみえ、この反乱が大規模なものであったことがわかる。この譜代宿老衆の没落によって、ここに新興の三好氏は、家臣のなかでもっとも強大な勢力となり、守護家臣団における第一人者としての地位を確立しえた。山下知之氏はこの文明十七年が阿波守護家の権力変遷のうえで大きな画期であると指摘する。

同じ守護の家臣でありながら対立した東条氏などの譜代宿老衆と、新興の三好氏とはどのような差異があったのであろうか。山下氏の成果によりながら三好氏の台頭の特徴についてみておきたい。文明十七年八月に京都で徳政一揆がおこり、幕府所司代《しょしだい》などがその張本《ちょうほん》である三好之長《ゆきなが》を誅伐しようとしたが、阿波守護政之が邸内に之長を匿《かくま》いとおした。このように三好氏は守護政之との個人的な関係を背景に急速に勢力を伸張させた家臣であった。一方、文明十四（一四八二）年に守護政之が所司代浦上《うらがみ》との喧嘩によって、阿波に下向するが、東条・一宮・飯尾などの譜代宿老は政之の行いに非があるとして下向しなかったように、家臣であろうとも守護に対して相対的に自立した存在であった。当然、守護政之と密接な関係によって台頭しつつあった三好氏とはあいいれない勢力であった。

三好長輝《ながてる》(之長)像　長輝は長慶の曾祖父である。長輝の七周忌にあたる大永6(1526)年に作成された。三好氏の台頭に大きく貢献した。

畿内三好政権の誕生●

管領細川勝元から京兆家の家督をついだ細川政元《まさもと》は、「若衆好《わかしゅ》み」で女人《にょにん》を近よせず妻子はなかった。そのため、文亀二（一五〇二）年に関白《かんぱく》九条政基《くじょうまさもと》の子息澄之《すみゆき》を養子に迎え、翌年にはふたたび前阿波守護細川成之の孫澄元《すみもと》を養子に迎えた。ここに二人の家督継承者が誕生し、京兆家の家督継承問題がおこった。この細川澄元の補佐役をまかされたのが三好之長であった。永正四（一五〇七）年に家督の継承をねらって細川澄之は、義父政元を殺害するにおよぶが、澄元を支持する細川一門の細川高国《たかくに》や三好之長の軍勢によって攻められ敗死した。ここに阿波守護家出身の澄元が京兆家の家督を継承することとなった。しかし澄元は、高国と不和となり、管領澄元の政権は長くは続かなかった。永正五（一五〇八）年には、高国は、大内義興《おおうちよしおき》のもとに寄寓していた前将軍足利義稙《よしたね》を擁して、摂津・丹波・伊賀の国人を率いて入洛した。ここに将軍足利義稙、管領細川高国の体制が誕生し、京を追われた細川澄元や三好之長は一時阿波にしりぞいた。この体制は大内氏の軍事力を背景に約一〇年間続いた。永正八（一五一一）年には細川澄元は挙兵したが、細川高国・大内義興軍に船岡山の戦いでやぶれ、政権の奪還はならなかった。永正十五（一五一八）年に大内義興は周防に帰国することになり、その機をついて、翌永正十六（一五一九）年十一月に細川澄元・三好之長が阿波から堺《さかい》に上陸し、細川高国軍を攻め、彼らを近江《おうみ》国に追いやった。しかし澄元・三好之長の体制は安定せず、翌永正十七（一五二〇）年三月には高国軍が京を攻め、澄元は阿波にのがれ六月に勝瑞守護館にて没した（享年三二歳）。また三好之長はとらわれ子息二人とともに死罪となった（享年六三歳）。三好之長は、徳政の張本として悪名を馳《は》せたように、都《みやこ》の人びとにとってその傍若無人な態度から、好まれた存在ではなく、彼の死も「天罰」（『聾盲記《ろうもうき》』）とみられた。

三好氏は、京兆家の養子となった阿波守護家出身の澄元の補佐役を契機として、幕政の中枢への進出が可能となった。しかし、初期の細川澄元と三好之長の体制は安定せず、結局政権を取りえても短期におわった。

細川澄元が没落した後、専横をきわめた細川高国と対立した将軍足利義稙は、大永元（一五二一）年に淡路に出奔《しゅっぽん》し、将軍職を奪われ、その後、阿波に渡り、大永三（一五二三）年に撫養《むや》（鳴門市）でなくなった（享年五八歳）。

その後、阿波では細川澄元の子息晴元《はるもと》が、三好之長の孫元長《もとなが》がそれぞれ家督をつぎ、大永六（一五二六）年十二月にふたたび畿内《きない》へ兵を進め、翌七（一五二七）年二月十三日の桂川《かつらがわ》の戦いで細川晴元軍は細川高国軍を破り、高国は第十二代将軍足利義晴《よしはる》とともに、近江国坂本《さかもと》におちた。第十一代将軍義澄《よしずみ》の子息で、第十二代将軍義晴の弟であり、十代将軍義稙の猶子《ゆうし》となった足利義維《よしつな》を奉じて畿内に進出した細川晴

三好長慶像　三好元長の子。聚光院《じゅこういん》は長慶の菩提をとむらうために三好義継が永禄 9 (1566) 年に建立した。聚光院の開山笑嶺宗訢《しょうれいしゅうそ》の賛がある。国指定重要文化財。

元は、近江国の足利義晴・細川高国の勢力との対立状況から、入京はかなわず、堺に政権の拠点をおいた。今谷明氏は、阿波勢力にささえられた足利義維・管領細川晴元の政権について、幕府奉行人奉書を発給していること、幕府公権として寺社本所《ほんじょ》領の安堵を行っていることから、堺幕府と称している。ここに阿波の国人衆によってささえられた中央政権がはじめて登場する。三好元長は、山城《やましろ》国守護代をつとめる要職につくが、柳本賢治《やなぎもとかたはる》らの畿内勢力と対立して、管領晴元とも不和となり享禄二（一五二九）年に阿波へしりぞいた。享禄四（一五三一）年に至って細川晴元と細川高国との戦いがおこると、細川晴元からの要請をうけて、三好元長は阿波の兵を率いて畿内に進出し、晴元軍の主力として活躍し、宿敵細川高国を大坂天王寺《てんのうじ》の戦いで破り、滅ぼした。三好元長はふたたび細川晴元政権の中枢をになうが、やはり晴元の不審はとけず、結局天文元（一五三二）年に晴元の策による一向《いっこう》一揆に攻められ、堺の顕本寺《けんぽんじ》にて自刃《じじん》してはてた（享年三二歳）。こののち、晴元は近江の将軍足利義晴と和解し、堺公方足利義維は阿波平嶋にしりぞいた。

堺から難をのがれた元長の嫡子千熊丸《せんくままる》（のちの長慶《ながよし》）は、少なくとも天文三（一五三四）年には細川晴元と和解しその臣下《しんか》となるが、同十七（一五四八）年には叔父三好政長《まさなが》との抗争から細川晴元と決別するに至った。翌天文十八（一五四九）年長慶は摂津江口《えぐち》の戦いで大勝し、管領細川高国の家督をついだ細川氏《うじ》綱《つな》を奉じて上洛し、細川晴元は前将軍足利義晴・将軍義輝《よしてる》とともに近江へおちた。これをもって、管領細川氏の支配は終末を迎え、三好氏の時代へと移っていく。天文二十一（一五五二）年に三好長慶は将軍足利義輝と和睦し、管領の家督も晴元から氏綱にゆずられることに決まるが、晴元はそれに同意せず抵抗し続けた。また翌天文二十二（一五五三）年には将軍義輝とのあいだが険悪なものとなり、将軍は近江の朽《くつ》木《き》氏のもとに走るという事態に一時おちいったが、永禄元（一五五八）年には長慶は再度将軍と和睦に成功している。このように将軍との和睦・対立を繰り返しながら、永禄三（一五六〇）年には飯盛《いいもり》城（大阪府四条畷《しじょうなわて》市）・高屋《たかや》城（大阪府羽曳野《はびきの》市）をあいついで攻略し、畠山氏が守護をつとめた河内国を支配下におき、さらに大和《やまと》国も平定した。

この時期に三好長慶の勢力圏は、阿波・讃岐・淡路から山城・摂津・河内・和泉・大和・丹波・播磨（一部）におよび、最大となった。長慶は、本拠である阿波に弟三好義賢《よしかた》（実休《じっきゅう》）、讃岐に弟十河一存《そごうかずまさ》、淡路に弟安宅冬康《ふゆやす》を配置して支配を固めた。しかし、中央権力を掌握した三好長慶ではあったが、その政権は安定せず、永禄四（一五六一）年には六角義賢《ろっかくよしかた》や畠山高政《たかまさ》らが三好長慶討伐の兵をあげ、翌五（一五六二）年三月の和泉国久米田《くめだ》での戦いでは、畠山高政軍に大敗し弟三好義賢が敗死した。前年には十河一存が病死していた。永禄七（一五六四）年には松永久秀《まつながひさひで》の讒言《ざんげん》にしたがって弟冬康を死に至らしめ、長慶はみずからの政権をささえてきた有能な弟をあいついで失った。また家督を相続すべき嫡子義興《よしおき》もすでに永禄六（一五六三）年に病没し、長慶は混沌とした世情のなかで、永禄七年七月飯盛城下にてなくなった（享年四二歳）。

守護所勝瑞と三好館●

阿波国の守護所が秋月から勝瑞へ移転した時期については、それを示す当時の史料はなく厳密に確定することはできない。耕三寺《こうさんじ》（広島県尾道市）蔵の梵鐘《ぼんしょう》に、「秋月八幡宮鐘」という応永二（一三九五）年八月十二日の銘があって、この梵鐘が秋月八幡宮の梵鐘であったことが知られる。この梵鐘は永享七（一四三五）年に改鋳《かいちゅう》されており、福家清司氏は応永二年の銘には大檀那守護細川義之の名が記され守護の庇護下にあったが、永享七年の改鋳の願主《がんしゅ》は守護ではなく在地の領主内藤《ないとう》氏であって、守護の庇護をうけていないことから、おそらくこの間に守護所が秋月から勝瑞へ移った可能性が高いと指摘している。また文明十三（一四八一）年の宿老東条氏らの反乱を機に守護所を勝瑞に移したと考えられなくもないが、守護細川氏の権力の安定化に伴う室町幕府の重臣会議のメンバーという立場から、京への交通を以前にもまして重視しなければならなくなる時期に計画的に移転したとみるべきであろう。おそらく十五世紀前半には守護所は勝瑞に移されたと思われる。「勝瑞」は守護所にふさわしい地名として名付けられたものである。

三好氏は、守護細川氏の直属の勢力として成長し、守護に対して「自立」性の高い東条氏などの競合する宿老を文明の内乱において押さえ、管領細川政元の養子に阿波守護家出身の澄元がなったのを機に、管領の後見という地位も得て活動の場を畿内に求め飛躍的に勢力を拡大させた。三好氏が守護細川氏の家臣の枠組みを越え、管領細川の家臣として山城守護代などの地位を得、さらに長慶は中央政権を掌握するまでに至る。そのような状況のもと、阿波守護との主従関係も絶対的なものではなく相対化されたとみられる。天文二十二（一五五三）年に三好義賢が、主君阿波守護細川持隆を殺害する事件がおこった。これ以後阿波守護細川氏の権限は三好氏に移り、守護は三好氏の傀儡《かいらい》的存在となった。

現在発掘調査が進められている勝瑞館跡は以前までは東西約一二〇メートル、南北約一五〇メートルの方形の館とみられていたが、調査が進むなかでさらに周囲に広がるものであったことが明らかとなってきた。その館の規模から三好氏の館跡とみられ、守護細川氏の館（守護所）跡についてはまだ確定しえていない。発掘調査を担当されている重見高博氏によれば、勝瑞城館から北北西に約五〇〇メートルはなれたところにある方形型の地割が守護所跡の候補地として推測されるという。これも今後の調査が待たれる。

❖コラム

勝瑞城館の発掘調査

三好《みよし》氏の居城として知られる勝瑞《しょうずい》城跡は藍住《あいずみ》町勝瑞にある。近年の発掘調査の結果、これまでの指定地には十六世紀末ごろの建物跡しか残されておらず、館は別の場所にあった可能性が高まった。そこで注目されたのが指定地よりも南方の「御山《おやま》」とよばれる地点で、ここには一辺約一五〇メートルの方形の高まりがあったことが地籍図《ちせきず》からも判明しており、再度発掘調査が実施される運びとなった。これまでの調査の結果、高まりの周囲には濠《ほり》がめぐらされていることや、高まりの一角からは礎石《そせき》建物跡や池泉《ちせん》式の庭園跡をはじめとする各種の遺構・遺物が発見された。つまりこの場所こそが三好氏の居館跡であったと考えられるに至ったのである。

藍住町教育委員会によって調査は継続的に実施されており、城下町《じょうかまち》のようすもしだいに解明されつつある。居館跡のほかにも、勝瑞城下の南東隅にあたる「正貴寺《しょうきじ》」跡なども確認された。

勝瑞城館跡から発見された庭園遺構

方形の勝瑞館跡には枯山水《かれさんすい》式庭園遺構に接した礎石《そせき》建物が存在し、会所《かいしょ》跡とも考えられている。またこの方形の館跡の東側に濠をはさんで館跡があり、そこから池泉《ちせん》式庭園と主殿《しゅでん》と思われる礎石建物跡が新たに発見された。三好氏は堺の商人とも交流し、その文化水準の高さは、輸入陶磁器などの出土品からうかがえる（口絵参照）。勝瑞城館の北側には吉野川が流れ、南側には北千軒堀・南千軒堀の地割が確認され、今後城館を中心とした城下町《じょうかまち》の調査と検討が必要である。

長宗我部氏の進出と三好氏支配の終焉●

阿波の一国人にすぎない三好氏が、阿波にとどまらず畿内に進出して中央政権を掌握しうるまでの勢力になるが、阿波における三好氏の軍事編成については、それを語る当時の史料は皆無に等しく残念ながら十分にあきらかにしえないのが実情である。

三好義賢による阿波守護細川持隆の殺害については、足利義維の上洛を支持した持隆とそれに反対した三好義賢との対立など、事件の直接の契機について諸説が存在するが、それとは別に、その殺害の底流には、三好氏が阿波における国人としての権力から脱皮し、阿波一国の守護公権を完全に掌握し、阿波一国を支配する立場に立つねらいがあったといえるであろう。一般に戦国時代においても国人は独立性が強く、そのような国人に対して強制的に動員をかけるためには公権を掌握する必要があったといわれている。三好氏も、基本的には阿波の国人の一人にすぎず、守護細川氏の了解なしで国内の武力を動員できる立場ではない。三好氏にとって守護の協力を得なければ阿波の国人に動員をかけることは容易ではなく、三好氏が意のままに武力を動員するためには、守護公権を掌握することが不可欠であった。したがって守護細川持隆の殺害、傀儡の守護細川真之の誕生におよんだのであろう。守護殺害は、三好長慶の本格的な畿内政権の動きに対応して、阿波国内の武力に対する三好氏の動員体制をより強固にするためのものであったとみられる。

つまり十六世紀前半までは、三好氏の阿波における武力は守護細川氏の武力に依拠するものであり、三好氏自身の武力に対する過大な評価は実態とあわないのではないだろうか。

三好氏の阿波領国支配を語る数少ない史料のなかで注目すべき史料として、篠原長房《しのはらながふさ》が作成した三好氏の武家法「新加制式《しんかせいしき》」がある。篠原長房は三好氏の重臣で、近江国野洲《やす》郡篠原郷の出身といわれ、三好長慶・義賢によくつかえ、義賢死後は阿波に戻り、三好長治《ながはる》をささえて、三好三人衆方の重臣として活躍する。しかしのちに長治と不和となり攻められ、天正元（一五七三）年に上桜《うえざくら》城（吉野川市）で討ち死にした。「新加制式」は以前は足利尊氏時代の幕府法とみられていたが、中田薫氏が第八条の「実休」が三好義賢であることをもって三好氏の分国法《ぶんこくほう》

三好氏の墓(板野郡藍住町勝瑞見性寺《けんしょうじ》境内)　三好之長(長輝)・長秀《ながひで》・元長の墓などがならぶ。

であることをあきらかにした。作成時期は長房が阿波に戻った永禄五（一五六二）年から敗死した天正元年までの約一〇年間のあいだである。全文二二カ条からなり若松和三郎氏の詳細な研究がある。『三好別記』には「式目を以訴訟を分、万事に私なかりければ、諸人恨みを不存、阿波・讃岐・淡路の三ヶ国よく治り候由」とあるように、条文の多くが訴訟に関するものであり、訴訟を公平に進めるために作成されたものであるといえよう。したがって三好氏配下の武士団に関する内容を中心に家中法《かちゅうほう》としての色彩が濃いが、「一、地頭として、百姓の田畠等、押置の事」「一、地頭に対し、事由を遂げずして、猥《みだ》りに名主職、売買の事」「一、百姓、恒例の年貢恣《ほしいまま》に加増せしむ事」と、領民を領主の不法から保護する条項もあげられ、領国支配ための分国法としての特徴をもつ。

このように十六世紀後半、三好氏は「新加制式」を制定するなど地域権力としての支配体制を整えつつあった。しかし有力国人篠原長房と対立し合戦におよぶなど、国人の家臣団編成は強固に形成されていたとはいえない。この篠原との戦いにおいても、木屋平氏に発給された軍忠状（松家《まつか》文書）には守護細川真之が署名し、三好長治の上位者として真之が存在した。新見明生氏は十六世紀後半に至っても、阿波三好氏の軍事指揮権・領地宛行権の正当性を根拠づけるものとして阿波守護家の役割を指摘している。このように三好氏の支配体制は脆弱な体質であり、戦国大名権力として成長しえていなかったといえよう。

天正三（一五七五）年九月、土佐の長宗我部元親《ちょうそかべもとちか》軍が、阿波国海部に攻め込んだ。長宗我部氏は、岡豊《おこう》城（南国《なんこく》市）を拠点とする土佐の国人であった。十六世紀初頭の土佐の守護である管領細川家の衰退により、国人間の抗争が激化した。永正五（一五〇八）年には元親の祖父兼序《かねつぐ》が本山《もとやま》軍らに攻められ自刃して、長宗我部氏は一時没落するが、同十五（一五一八）年に父国親《くにちか》が岡豊城に帰り、家督をついだ元親が天正三年に土佐を統一した。元親は、同年ただちに阿波国宍喰に兵を進め、海部城を落城させ、南からの進出の拠点とした。その後、日和佐城・由岐城などあいついで長宗我部氏の軍門にくだった。翌天正四（一五七六）年には、長宗我部氏は白地《はくち》城（三好市）を攻略し、阿波勢は西のまもりの要《かなめ》を失った。その後、長宗我部氏は白地城を拠点に、岩倉城へと進出し、三好氏の劣勢があきらかとなった。

天正五（一五七七）年に三好長治が、守護細川真之を擁した対抗勢力に攻められ自刃に追い込まれたことからも、長宗我部氏の侵攻期にはすでに三好権力自体の弱体化が進行していたといえよう。長治亡きあと家督をついだ十河存保《まさやす》（一存の子息で、義賢の養子）が、天正六（一五七八）年に信長《のぶなが》の軍勢をはなれ阿波勝瑞にはいった。天正十（一五八二）年に信長が三好康長《やすなが》を先鋒とする援軍を派遣するにおよんで一時三好氏は勢力を回復するが、六月の本能寺《ほんのうじ》の変《へん》により状況は一変し、長宗我部氏との中富川《なかとみ》の戦いにやぶれた十河存保は讃岐におち、三好氏の支配はおわる。

長宗我部元親像　東福寺惟杏永哲の賛文から慶長4（1597）年6月の制作である。元親は同年5月に死去した。

三好氏の支配の特徴は、旧来の室町幕府体制から脱却できず新たな支配権力へと成長しえなかったところにある。中央政界では政権を掌握した三好長慶は幕府を倒すことなく、むしろその支配組織を利用することにより勢力を拡大・維持させようとつとめた。また阿波においては、三好義賢が守護細川持隆を自害させながら、守護家を追放することなく守護を利用しながら支配を行った。このような三好権力の体質は、畿内と緊密な関係を有する阿波の地域性からくるものであろう。そしてそれは、単に距離的なことだけではなく、思想・文化など、ものの考え方にまでおよんでいたといえよう。

5章

近世阿波の成立

徳島城(鷲の門と月見櫓)

1　徳島藩の成立

蜂須賀氏の入国●

天正十三（一五八五）年、四国平定作戦を終結させた豊臣秀吉《とよとみひでよし》は、四国の国分《くにわ》けを行い、赤松則房《あかまつのりふさ》領（置《お》塩《しお》領）一万石と毛利兵橘《もうりひょうきつ》領一〇〇〇余石をのぞく阿波《あわ》一国の領知権を蜂須《はちす》賀家政《かいえまさ》にあたえた。

阿波の新しい領主となった蜂須賀氏は、尾張国海東《おわりのくにかいとう》郡蜂須賀村（愛知県あま市）に本拠をかまえる有力土豪《どごう》層の一人であり、家政の父正勝《まさかつ》は織田信長《おだのぶなが》につかえたのち、元亀元（一五七〇）年の姉川《あねがわ》の戦い以後は豊臣秀吉に臣従するようになった。その後も、数々の統一戦争に参陣するとともに、黒田孝高《くろだよしたか》らとともに秀吉政権の中枢に位置し、天正九（一五八一）年には播磨《はりま》国龍野《たつの》五万三〇〇〇石の城主に取りたてられた。

さて、天正十三年六月、阿波に入国した家政は当初名東《みょうどう》郡一宮《いちのみや》城にはいった。一宮城は、前面に鮎喰《あくい》川《がわ》を擁し、背後に四国山地の山並みを背負う要害堅固の山城《やましろ》であった。しかし、阿波国一円を支配する拠点としては不適当であり、家政は領国《りょうごく》経営の新しい根拠地として吉野川《よしのがわ》河口デルタ上の渭津《いのつ》（のちの徳

蜂須賀氏略系図

正勝―家政―至鎮―忠英―光隆―綱道―綱矩―宗員―宗英―宗鎮―至央―重喜―治昭―斉昌―斉裕―茂韶―正韶

島）に縄張りを行い、徳島城の建設に取りかかるとともに、一連の「政事方」に着手した。

家政にとって、克服すべき課題は内にも外にも山積していた。秀吉による全国統一の過程にあたるこの時期には、各地で大規模な軍事的衝突が繰り返し発生しており、蜂須賀氏も再三にわたって秀吉が要求する軍事動員にこたえねばならなかった。一方、国内に目を転ずれば、当時の阿波国は長宗我部元親《ちょうそかべもとちか》の軍勢が土佐《とさ》に撤退した直後のことでもあり、村々は荒廃し、家を焼かれ土地を失った農民たちは疲弊《ひへい》の極に達していたと伝えられる。

そうしたなかで、家政は領国の秩序回復と在地村々の掌握につとめなければならなかった。とくに、入国後まもない蜂須賀氏にとっては、荒廃した村の回復策とならんで、領内各地に割拠する土豪層や有力農民への対策を急がなければならなかった。当時、剣山系《つるぎさんけい》を中心とした山間部には、周辺の小百姓を支配しながら在地に勢力をふるう中世以来の土豪層が割拠していた。土豪層は在地の小百姓たちを名子《なご》・下人《げにん》として支配し、年貢《ねんぐ》や労役《ろうえき》を徴収したり、非常時には戦陣に召しつれるなどして、強い支配・従属関係を結んでいた。家政の阿波入国に際して、当時大坂にあった父正勝は、稲田太郎兵衛尉《いなだたろうべえのじょう》ら七人の重臣に書を送り、家政への後見を要請するとともに、領国経営にあたっては阿波の「国衆《くにしゅう》」（在地土豪層）への対応にとくに意を用いるようにと申し送っている。土豪対策が緊急の課題でもあった。

天正の土豪一揆●

正勝の懸念は不幸にも現実のものとなった。蜂須賀家政の入国直後、天正十三（一五八五）年八月、祖谷《いや》山《やま》・木屋平《こやだいら》・大粟山《おおあわやま》・仁宇谷《にうだに》など四国山地の山間部の土豪層が、蜂須賀氏の入国と検地《けんち》を軸とする新しい支配に抗して武力蜂起するという非常事態が発生した（天正《てんしょう》の土豪一揆《いっき》）。彼らは、「一揆多人数にて所々の山林より出候事其の数を知らざる様に相見へ、鉄炮夥《おびただし》敷く打ち懸け」（徳島市粟飯原家《あいはらけ》文書）と兵農未分離の名子・下人層を巧みに組織し、天険の地によって執拗な抵抗を繰り返した。名西郡大粟山では、鎮撫のために派遣された代官兼松惣右衛門《だいかんかねまつそうえもん》を敗死させている。

土豪一揆に対して、家政は一揆加担者には徹底した武力鎮圧でのぞんだが、一方では在地有力層に対する巧みな懐柔策を推し進め、土豪勢力の切り崩しをはかっている。この年九月、家政は一揆鎮圧に協力的であった荒田野《あらたの》村の森安右衛門《もりやすえもん》兄弟や大粟山の粟飯原源右衛門《げんえもん》、麻植《おえ》山中の「みつきかし原」名主百姓などに感状を送り、その労をねぎらうとともに、「身上《しんしょう》の儀は成り立ち候様に相測《あいはか》るべく候」と申し送り、彼らが在地に保持していた権限を一定度保証している。美馬《みま》郡東端山《ひがしはばやま》の武田《たけだ》氏もそのような一人であったが、家政の入国に際していち早く、「家来八人、陣筒《じんつつ》二挺、槍一本」を率いて馳せ参じている。一揆鎮静後、家政は武田氏を「貞光谷政所役《さだみつだにまんどころやく》」に任じて、その功にこたえている。

こうして、阿波の土豪層の多くは新領主蜂須賀氏に帰順した。しかし、祖谷山などでは土豪層の執拗な抵抗がその後も続き、祖谷山が蜂須賀氏の支配下に組み込まれるのは、元和三（一六一七）年に同地方に施行された刀狩りまでくだらねばならなかった。

家政は、在地土豪層の解体と抱き込みという「飴《あめ》と鞭《むち》」を使い分けながら、検地をテコとする兵農分離策を領内村々に推し進めていった。その結果、武田氏のように、大半の土豪層や有力農民は従来保持していた武士的（軍事的）要素を解体し、社会的にも領主化の道をとざされ、農民身分に編成されていった。こうして、彼らは在地領主としての基盤を否定されるが、一方では、在地での伝統的な地位と格式によって、「政所」や「肝煎《きもいり》」（のちの庄屋《しょうや》）などに起用されることが多かった。

阿波の支城駐屯制(阿波九城)

支城	城番	備考
名東郡・一宮	益田宮内少輔	手勢300人指添
那東郡・牛岐	細山帯刀	同500人，南方総押へ
那東郡・仁宇谷	山田織部佐	同300人，山林逆賊押へ
海部郡・鞆	中村右近太夫	同300人，土州陸地押へ
板東郡・撫養	益田内膳正	同300人，淡路渡海押へ
板東郡・西条	森監物	同300人
麻植郡・川島	林図書助	同300人，上郡押へ
美馬郡・脇	稲田左馬允	同500人，上郡総押へ
三好郡・池田	牛田掃部助	同300人，讃岐押へ

神河庚蔵編著『阿波国最近文明史料』ほかより作成。

阿波九城と領国統治●

蜂須賀家政は、内外の緊迫した状況に対応するため、入国後、稲田・益田《ますだ》・山田氏ら尾張以来の九人の重臣を領内枢要の地（名東郡一宮城、那東《なとう》郡牛岐《うしき》城・仁宇谷城、海部《かいふ》郡鞆《とも》城、板東《ばんどう》郡撫養《むや》城・西《さい》条《じょう》城、麻植郡川島《かわしま》城、美馬郡脇《わき》城、三好《みよし》郡池田《いけだ》城）に配属させ、それぞれ兵三〇〇をつけて守らせるという、支城駐屯制を採用した。阿波九城である。有事にそなえての軍事支配体制であるが、仁宇谷城が「山林逆賊押へ」、脇城が「上郡《かみごおり》総押へ」とあるように、阿波九城は領内に割拠していた中世以来の土豪層勢力への備えでもあった。

ところで、阿波九城にあっては、各城番はその周辺に知行地《ちぎょうち》を集中的に給与されるとともに、それぞれ郡奉行《こおりぶぎょう》、代官などをかねていた。この支配方式は、当時の緊張した内外の状況に軍事的に即応し、かつ阿波九城を軸として領内村々を掌握していこうとするものであった。

天正十四（一五八六）年七月、家政は池田城番牛田《うしだ》又右衛門《またえもん》に対して領国統治の原則ともいえる「定條々《さだめじょうじょう》」をだしている。そこでは、城番牛田又右衛門を「三好郡奉行」に任じ、(1)郡奉行として郡内を廻村し在地の掌握につとめること、とくに給人《きゅうにん》（知行地を給付されている家臣）の「非道《ひどう》」（恣意的支配）によって百姓が退転《たいてん》する事態（走り百姓）を防止すること、知行地付の百姓といえども勝手に使役してはならない、(2)年貢の取立ては当分「検地之帳半年貢」という経過措置をとることとし、年貢桝《ます》は全国一律の「大坂之御判升《ごはんます》」に統一すること、(3)年貢未進は給人方から催促すること、ただし、そのさい、百姓に対して贔屓《ひいき》・不正などがあってはならない、(4)「人定《ひとさだめ》」（百姓の人別把握）は給人の知行地単位に行うことなどが、指示されていた。この当時、蜂須賀氏が当面していた領国支配の諸課題と統治の基本が示されていたといえるであろう。また、天正十九（一五九一）年正月には、家政名で板野《いたの》郡中村（板野郡北島《きたじま》町）・大幸村（鳴門市）宛に「定」が発せられている。蔵入地《くらいれち》百姓への通達であるが、そこでは百姓の職分として「作職《さくしき》之道に精を入」れること、農耕専一が命じられ、ついで、「地頭《じとう》百姓ハ末代之儀、代官ハ当座之事」という支配論理のもと、代官・下代《げだい》の年貢隠納や百姓の恣意的支配など一連の非法が禁止されている。代官・下代と在地百姓との私的な結びつきや支配関係を断

蜂須賀蓬庵(家政)画像

ち切り、百姓の「作職之道」を保証しようとする、この時期の農民保護政策のねらいをみることができる。

蜂須賀氏と公儀権力●

秀吉政権の崩壊後、蜂須賀氏にとっての重要課題の一つは、徳川《とくがわ》政権（公儀《こうぎ》）との関係をいかにしてきずきあげるかであった。とりわけ、秀吉に取りたてられた蜂須賀氏にしてみれば、まさに幕藩制大《ばくはんせいだい》名《みょう》としての生き残りをかけた課題でもあった。そうしたなか、関ヶ《せきが》原《はら》の戦いの前年にあたる慶長四（一五九九）年、家政は嫡子千松丸《せんまつまる》（のちの初代藩主至鎮《よししげ》）と家康《いえやす》の養女氏姫《うじひめ》（小笠原秀政女《おがさわらひでまさのむすめ》）との縁組みを願いでている。当時、多くの大名がとった手段ではあったが、徳川氏と私的な姻戚関係を結ぶことによって蜂須賀家の存続と安泰をはかったといえよう。また、翌慶長五（一六〇〇）年、徳川家康は石田三成《いしだみつなり》とつうじた会津上杉景勝《あいづうえすぎかげかつ》を討つために東征の兵を進めたが、そのさい、家政は「戦場指南《しなん》」をうけるという名目で嫡子至鎮の参陣を懇請して許されている。

さらに、関ヶ原の戦いでは大坂方からの再三の合力《ごうりき》要請にもこたえず、みずからは大坂を退去して高野山《こうやさん》に籠居し、剃髪して「蓬《ほう》庵《あん》」と号し、恭順の意をあらわしている。蜂須賀家の命運を徳川氏

徳川家康感状（複製）　大坂冬の陣で軍功のあった蜂須賀氏の家臣森甚太夫にあたえられたもの。

にかけたといえるであろう。慶長八（一六〇三）年、家康の将軍宣下《せんげ》に際して、家政（蓬庵）は「祝儀言上《しゅうぎごんじょう》」のためにいち早く江戸にむかった。このとき、家康から「是ヨリ阿波国一円御拝領」（『阿淡《あたん》年表秘録』）と、領国内に点在していた旧置塩領・兵橋領をあわせ知行され、ここに阿波国一円にわたる領知権をあたえられている。翌慶長九（一六〇四）年には、嫡子蜂須賀至鎮が従四位《じゅしい》下《げ》阿波守《かみ》に叙任され、ほぼこの時期までに蜂須賀氏は江戸幕府（公儀）のなかにみずからの座を確保した。

しかし、徳川氏との緊張関係が、これで全面的に解消されたわけではなかった。慶長十九（一六一四）年、幕府と大坂方との軍事的衝突が必至の情勢となるなかで、ふたたび蜂須賀氏の去就が注目された。当時、出府中の至鎮から「大坂御手切《おてぎれ》」の情報を得た蓬庵は、ただちに江戸にむかい、大坂の陣が終結するまで将軍家の膝下《しっか》江戸でひたすら蟄居《ちっきょ》・恭順につとめている。いわばわが身を人質として将軍家に託し、幕藩制大名としての蜂須賀家の安泰をはかったといえるであろう。一方、至鎮は大

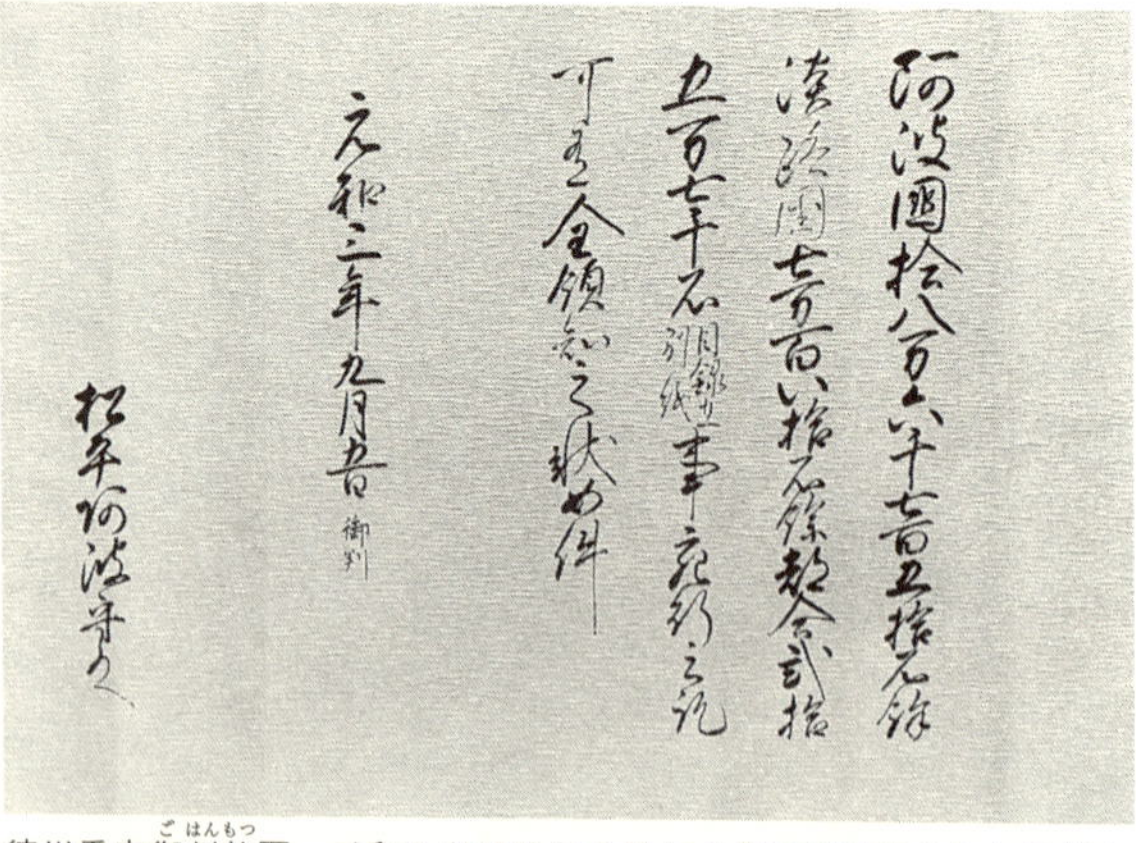

徳川秀忠御判物写《ごはんもつうつし》　元和３(1617)年９月に２代将軍秀忠より初代藩主蜂須賀至鎮にあたえられた領知宛行状《あてがいじょう》。

坂の陣に参戦し、将軍家のために身を粉にして「戦場働き」をつとめ、目を見張る軍功をあげている。家康は、至鎮と稲田修理亮《しゅりのすけ》・山田織部佐《おりべのすけ》ら重臣に対して感状をあたえ、その功を厚くねぎらっている（阿波の七感状）。

元和元（一六一五）年、大坂城の落城後、至鎮は京都・伏見城において「台徳院御前に於て淡路国御拝領」と、将軍秀忠《ひでただ》より大坂の陣の軍功によって淡路《あわじ》一国の領知権をあたえられている（『阿淡年表秘録』）。ここに、阿波・淡路両国二五万七〇〇〇石余を版図とする徳島藩が成立し、蜂須賀氏の領国統治権が幕府によって確定されたといえよう。

検地と「人定」●

蜂須賀氏は阿波入国後、領国支配の基礎作業として村々に検地を実施しようとした。蜂須賀氏の検地政策に対して山間土豪層が一揆で抵抗したことは前述したが、その後も家政は平野部を中心にして村ごとの検地を施行していった。天正十三（一五八五）年十二月、家政は名東郡矢野《やの》村（徳島市）百姓にあて検地の施行と年貢取立てに関する「判物《はんもつ》」（『阿波国徴古雑抄《あわのくにちょうこざっしょう》』）をだしている。それによれば、家政は検地施行に際して村方から「人質」を取りたてるなど、検地によせる家政の不退転の決意をうかがうことができる。

こうして、阿波では吉野川流域などの平野部を中心に検地作業が進み、天正十七（一五八九）年には、領内の大半の村々で検地帳の作成が完了したようである。麻植郡喜来《きらい》村（吉野川市鴨島《かもじま》町）、板東郡鯛浜《たいはま》村（板野郡北島町）、名西郡尼寺《にじ》村（名西郡石井《いしい》町）など領内一九カ村の「天正十七年検地帳」が現存している。

検地は、村ごとにすべての田畑・家屋敷を対象にして、一筆ごとの面積・土地の善し悪し、法定収穫高などを調査し、その土地の直接耕作人を名請人《なうけにん》として検地帳に登録していくものであった。検地帳にのせられた名請人は、その土地の耕作権（事実上の土地占有権）を領主によって公認されたが、他方では、その土地に対する年貢・諸役の上納を義務づけられた。検地によって、原則として村は百姓の世界となり、武士や商人・職人などは村をはなれ城下町《じょうかまち》に集住するようになった。こうして、検地は兵農（商農）分離をいっそう推し進め、領主は検地政策によって封建支配の土台をかためていったといえるであろう。

阿波では、検地とならんで領内村々にしばしば「人定《ひとさだめ》」が実施された。「人定」とは、戸口調査のことであるが、のちには「棟付改《むねつけあらた》め」とよばれた。村々にどのような住民がどれぐらい居住するかをつかむことは、土地の調査（検地）とならんで領国支配の基礎をなすものであった。

「人定」は、天正十四（一五八六）年を皮切りに、その後、文禄・慶長・寛永・慶安の各時期にも実施されたようであるが、これらは単なる戸口調査ではなく、そのねらいは村ごとに夫役《ぶやく》負担人数を掌握することにあったと考えられる。

夫役とは、藩が農民の労働力を徴発する課役のことであり、年貢とならんで農民たちが領主におう基本的な負担の一つであった。とくに、近世初期の段階にあっては、秀吉政権や徳川幕府は諸大名に対して、再三にわたって大規模な軍事動員や土木工事その他の普請役《ふしんやく》などを要求していた。阿波の領主蜂須賀氏も、こうしたあいつぐ軍役《ぐんやく》負担にこたえるために、また領内の支配と秩序を維持するためにも、つねに領内に動員態勢をととのえておく必要があった。事実、当時の蜂須賀氏は、統一政権の軍役要求に対して、朝鮮出兵・大坂の陣・島原《しまばら》の乱《らん》などの戦陣に参陣したり、江戸城修復工事をはじめとする各種普請役に多数の人数を動員していた。

こうした蜂須賀氏の軍事動員には、武士だけでなく、領内の村浦から徴発された多数の農民や漁民が含まれていた。彼らは、戦陣にあっては主として兵糧・弾薬輸送、陣地構築などの「陣夫役《じんぷやく》」に従事した。蜂須賀氏の軍事動員を可能にしたのは、こうした領内村々から徴発した農民夫役であったといえよう。したがって、蜂須賀氏とすれば、いつでも領内の農民を動員できる態勢をととのえておく必要があり、また、そのためには、夫役動員にたえうる農民がどの村にどれくらい存在するかをつかんでおく必要があった。近世初期の「人定」は、そうした状況に対応するための戸口調査であったと考えられる。

2　初期藩政の展開

藩政の転換と海部騒動●

蜂須賀氏の入国後、阿波では内外の軍事的緊張や統一政権によるあいつぐ軍役動員に対処するため、領内に阿波九城を核とする軍事優先の政治が展開した。各支城に城番として派遣された重臣層は、軍事を束ねるとともに、一方では郡奉行・代官として領国統治の先兵の役割を果たした。この当時、藩の政治組織はいまだ整備されておらず、政務の細部にまで直接、藩主家政が目をとおし裁決するという藩主直仕置《じきしおき》の傾向が強かった。

関ヶ原戦後、家政は藩主の座をしりぞき蓬庵と号して、政治の表舞台に立つことはなかった。しかし、その後も嫡子至鎮および嫡孫忠英《ただてる》を後見し、藩政そのものが事実上「万事蓬庵様へ御相談遊ばされ候趣ニ御座候」（蜂須賀家文書「草案・上」）と、家政（蓬庵）の手によって専制的に維持される傾向にあった。

ところが、そうした藩政に大きな変化がみられたのが、寛永期以降のことであった。寛永十五（一六三八）年には幕府の「一国一城令」によって、阿波でも領内の各支城は廃棄され、支城駐屯制に基礎をおく軍事優先の領国統治は大きく後退した。それにともなって二代藩主忠英の代に家老《かろう》仕置の制がととのえられ、藩主の下で稲田・賀島《かしま》・池田・長谷川《はせがわ》・蜂須賀の五氏が家老職を獲得し、新しい執政者としての地歩をかためていった。以後、明治維新《いしん》に至るまで、阿波では家老仕置が藩政の中枢機構として存続していく。藩政が、軍事支配から家老仕置を要《かなめ》とする官僚制的統治へと転換していったわけであるが、その意味で、寛永十五年にそれまで藩政を主導してきた家政（蓬庵）が死去したことは、藩政の新しい局面の到来を物語る象徴的な出来事であった。

藩政の移行の過程では、新しい権力の座をめぐって重臣層のあいだで激しい交代劇がみられた。蓬庵の死と前後して、初期藩政の中枢に位置していた重臣のうち中村・樋口・林・森（志摩《しま》）・牛田などの各氏があいついで脱落した。

そうしたなかで、寛永十（一六三三）年には、蜂須賀家一門として藩政の中枢にあった益田豊後《ぶんご》長行《ながゆき》が失政の責任を問われて鮎喰川上流の大粟山中に幽閉され、失脚するという事件が発生した。世にいう豊後騒動（海部騒動）である。益田豊後は、家政とは従兄弟の間柄であり、蜂須賀一門として海部郡鞆城の城番をつとめるとともに、当時、江戸家老をつとめるなど藩政の中枢に座を占めていた。

豊後の失脚は、「益田豊後義、海部郡治方宜《おさめかたよろ》しからず百姓共困窮せしむる旨目安《めやす》ヲ以国奉行迄申し出候」（『阿淡年表秘録』）という事態に端を発するものであった。当時、益田氏の知行地の大半は海部郡に集中していたが、そこでの豊後の「無理非道」な苛政によって、農民生活は「百姓共所に応ぜざる処務、身に応ぜざる役儀申付ける故、年々年つまりがしに及ぶ」と破綻の危機にあったといわれる。とくに、藩主忠英が神経をとがらせたのは、「豊後守百姓分八、九十人」が土佐藩領に「ちくてん（逐電）」するという事態であった。時あたかも、「公儀御国廻衆《おくにまわりしゅう》」（幕府巡見使《じゅんけんし》）の阿波廻国の時期にあたり、最悪の場合には「忽《たちま》ち我等身上の大事にも罷成《まかりな》るべく候」（『阿波藩民政資料』）と、藩の命運をも左右する大事へと発展する危険性をはらんでいた。

事件はその後、正保二（一六四五）年に豊後側が幕府に出訴したため、幕府評定所《ひょうじょうしょ》において藩側と豊後とのあいだで激しく理非が争われた。豊後は、幕府に対して、⑴阿波では公儀禁制の大船建造を行っている、⑵同じく切支丹《キリシタン》宗徒を召しかかえているなどの二点を提訴、一方、藩側も蜂須賀家と縁戚関係にある井伊《いい》氏に働きかけるなど懸命の巻き返しを行い、その結果、老中《ろうじゅう》の評定は豊後方の敗訴となった。

海部騒動では、領国統治の根幹である農民支配のあり方がきびしく問われたが、同時に、この騒動は、藩政成立期において発生した阿波の大名統治権をめぐる「お家騒動」とみることができる。すなわち、藩主忠英は、従来権力の中枢にあった一門・重臣層を排除しながら、あらたな家老仕置を軸とする領国統治権の確立をはかったが、海部騒動はその過程で発生した一門・譜代《ふだい》払いの騒動でもあった。

地方支配機構の整備と「御壁書」●

寛永十四（一六三七）年の島原の乱を最後として、国の内外にわたって戦争のない「平和」な状態が維持されるようになり、幕府の支配は全国に浸透していった。そうしたなかで、徳島藩でも、前述したように、ほぼこの時期を境にして軍事優先の政治から領国統治（民政）をみすえた官僚制的政治へと藩政が方向転換していった。徳島藩では、元和元（一六一五）年の淡路国加封から寛永～明暦期（一六二四～五八）にかけて家臣《かしん》の新規登用と知行替えが積極的に進められた（『阿淡年表秘録』）。ちなみに、近世後期の徳島藩の家臣団のうち、知行取り家臣（いわゆる高取士《たかとりし》）は六二〇人（徳島五六三人、洲本《すもと》五七人）を数えるが（蜂須賀家文書「文政十一〈一八二八〉年御家中知行高弁御役高帳」）、こうした家臣団構成の土台はほぼこの時期までにできあがったものと考えられる。本来、こうした家臣団組織は戦闘を前提とした軍事組織（軍団）として編成されていたが、しだいに領国統治に必要な行政機構へと移行していった。こうして、徳島藩では家老仕置を中心とする一連の行政機構がととのえられ、家臣はそれぞれの家格にみあった役職を拝命して行政的官僚機構のなかに編成された。

徳島藩に地方《じかた》支配と公事《くじ》裁許を統括する国奉行がおかれたのは元和期（一六一五〜二四）のことといわれる。その後、寛永十（一六三三）年になって、あらたに森左太右衛門《もりさたえもん》ら三人が国奉行に任じられ、その指揮下で寛永期の「人定」と棟付帳《むなつけちょう》が作成された。さらに同寛永十七（一六四〇）年には、国奉行のもとに「御国奉行之手先」として藩内一三郡に各一人ずつの郡奉行があらたに配置され、しだいに藩の進める農政の中枢をになうようになった。

その後、万治二（一六五九）年に国奉行が廃止され、以後郡奉行が「一国農民の総帥」として定着し、管内郡村の年貢・夫役の取立てをはじめ、勧農普請など農業生産の基盤整備、訴訟公事の処理、棟付け改めの実施など多方面な政務を統括した。当初、各郡に一人ずつ配置された郡奉行の定員は、慶安元（一六四八）年以降、三人となり、それぞれ三手崎《てざき》に分かれて政務を分担、ここに藩主—家老仕置—郡奉行—代官・給人と連なる地方支配機構が組織され、その命令系統があきらかになった。そうしたなかで、寛文四（一六六四）年、阿波では郡制改革が行われ、従来の一三郡が統廃合され、あらたに一〇郡（名東・名西・勝浦《かつうら》・板野・那賀・海部・麻植・阿波・美馬・三好郡）が成立した。

こうした地方支配機構の整備に伴って、家中《かちゅう》や藩領村々からの公事訴訟に関する裁許制度もしだいにととのえられた。徳島藩では、国奉行が「裁許御用」を兼帯していた。そのもとで、寛永十七年には「在々諸事出入」をはじめ、「走り人」規制、「境目出入」、死罪の手続きなど領国支配の根幹にかかわる基準が示されるとともに、郡奉行レベルで裁決できない諸出入に関しては、郡奉行→国奉行→仕置家老へもちあげるという裁許システムが示された。その後、万治二年に国奉行が廃止されたが、従来の国奉行は裁許奉行として存続し、重要公事の吟味・裁決にあたった。

以上のような、地方支配機構の整備と対応して法制面の整備も進められた。とくに、元和四（一六一八）年、藩主至鎮は二三カ条からなる「御壁書《おかべがき》」を制定、ついで寛永四（一六二七）年には「裏書《うらがき》」七カ条をだしている。壁書・裏書は、それまで個別分散的にだされていた領国統治の原則を体系化したものであり、以後徳島藩の「祖法」として幕末に至るまで藩政に大きな規制力をもった。内容は家中の心得からはじまって多岐にわたるが、その主要なものは領国統治の基幹ともいうべき「走り人」規制を中心とする農民支配、さらには農業経営の安定・維持策に関する規定であった。

初期の藩財政●

慶長年間（一五九六～一六一五）と推定されるころ、江戸出府中の藩主蜂須賀至鎮から国元へ、銀子《ぎんす》調達を命じる火急の連絡があった。幕府普請役のために江戸で多額の借財を余儀なくされたので、領内諸所から取りたてる運上銀《うんじょうぎん》はもちろん、年貢米も残らず換銀して準備するようにという指示である。

関ヶ原戦後の慶長十一（一六〇六）年の「御一乱後大国役」（江戸城修復普請）を皮切りにして、蜂須賀氏はあいつぐ幕府軍役にこたえていかねばならなかった。かつて豊臣取立大名であった蜂須賀氏にとっては、あらたなる公儀権力（幕藩制国家）のなかで自己の地歩を確保するためには、幕府の要求する軍役を完遂することがなによりも肝要な政治課題であった。

あいつぐ軍役（普請役）は蜂須賀氏や家中に多大の出費を強いた。軍役負担に伴う出費の増大→藩および家中財政の悪化という深刻な問題に直面した徳島藩では、とにもかくにもそのための緊急の対策にせまられた。藍と塩を二本柱とする初期国産政策が打ちだされてくるのも、こうした事態を背景としてであった。幕府軍役を直接の引き金とする財政悪化のなかで、一方では参勤交代の制度化による「江戸遣方《つかいかた》」の増大などもあって、藩および家中の経済生活は急速に悪化していった。寛文期（一六六一～七三）の調査によると、物成《ものなり》や塩運上銀の積立てによる藩庫の御用銀三〇〇〇貫目もついには払底して、借銀累積はかさむ一方であったといわれる。

ここで、延宝四（一六七六）年の記録によって、当時の藩財政の一端についてみておきたい。次頁上表に示したように、阿波・淡路両国は総村数七六六村、総石高《こくだか》は三二万七二五六石を数えた。元和三（一六一七）年の「領知目録」によると、「拝領高」は阿波一八万六七五〇石、淡路七万一八一石、合計二五万六九三一石余であるから、その後、半世紀あまりのあいだに、阿淡両国で都合七万石余の打ちだしが行われた勘定になる。

延宝期（一六七三～八一）の徳島藩では総石高のうち蔵入地高は一三万八七一〇石余と全体の四二・四%を占めていた。これら蔵入地から次頁下表のように、(1)米年貢六万一三七一石余、(2)麦年貢一万六一七二石余、(3)銀高一一五四貫一二一匁が藩庫に納入され、藩財政の基礎財源になった。この記録では、支出見積もりが不明なので財政収支をつかむことができないが、この時期において年貢収納とならんで銀高収

延宝 4 (1676) 年阿淡両国の蔵入地・知行地別石高

国名	村数	(A)総石高	(B)蔵入地高	(C)知行地高	(B)／(A)	(C)／(A)
	村	石	石	石	%	%
阿波	505	235,737.9	84,018.1	151,719.8	35.6	64.4
淡路	261	91,518.1	54,692.0	36,826.1	59.8	40.2
合計	766	327,256.0	138,710.9	188,545.9	42.4	57.6

蜂須賀家文書「御両国高物成幷村付夫役諸運上其外上銀品々帳」より作成。なお表中数字と合計数があわない箇所があるが，原史料の記載にしたがった。

延宝 4 (1676) 年阿淡両国蔵入地分の年貢・銀高収納

国名	蔵入地高	同有高	物成(米)	同(麦)	銀　高
	石	石	石	石	貫　匁
阿波	84,018.1	75,450.6	33,908.2	12,039.8	946.068
淡路	54,692.0	51,757.8	27,463.6	4,133.0	208.053
合計	138,710.9	127,208.3	61,371.9	16,172.8	1,154.121

上掲蜂須賀家文書より作成。

納分が大きな比重を占めていることが注目される。

収納銀高一一五四貫一二一匁の内訳は、(1)夫役銀四〇八貫七三九匁、(2)諸役銀五六七貫三五八匁、(3)浦々魚口銀一七八貫二四匁であった。そのうち、(1)夫役銀は、村々で負担していた農民夫役のうち勧農普請役などが、のちにふれるように、ちょうどこの時期に現夫負担から代銀納へと切りかえられたものである。以後、夫役銀は蔵入地・知行地を問わず、領内一律に「壱人役ニ付銀二十五匁」(「壱人役」は百姓五人で負担、百姓一人につき銀五匁)という基準で村々に賦課されるようになり、農民にとっては年貢につぐ重い負担となった。(2)諸役銀は、藩領内における特産物その他への流通課税であり、撫養を中心とする塩生産への「塩口銀」「塩焼竈口銀」、吉野川水運への流通課税である「北川筋帆前口銀」、その他海部郡地方からの木材積出しに対する「諸木御分一銀」などがおもなものであった。(3)浦々魚口銀は、海部〜那賀〜板野郡地方の沿岸漁業ならびに吉野川・那賀川などの河川漁業に対する運上銀である。

以上、延宝期の記録によって、当時の藩財政の一端についてみた。年貢とならんで銀収納高の比率が高いこと、とくに夫役銀をはじめ生産物地代原則では十分に把握できない塩・木材などといった初期国産品生産、漁業からの運上金、藩領での諸流通課税がすでに藩の重要財源となっていることが注目される。

3 町と村

城下町の形成●

阿波に入国した蜂須賀家政は当座の拠点として要害の地名東郡一宮城に本拠をおいたが、一方では、領国経営の新しい拠点として名東郡渭津（徳島市）を城地とする徳島城および城下町の建設に、入国直後から着手した。吉野川の河口部、標高六一メートルの城山を中心に、北は助任《すけとう》川、南は寺島川、東は福島川を天然の外堀とするなど、自然の地形を巧みに取りこんだ城郭である。城の建設は、武市《たけいち》太郎左衛門（常三《じょうさん》）らの「縄張」に基づいて突貫工事で行われたが、はやくも天正十四（一五八六）年には城山の本丸および東西二の丸などの中核部分が完成したといわれる。徳島城は全国各地で築城された近世城郭でも古いほうに属し、近世城郭の建設ラッシュの先駆けをなすものであった。

城の建設と平行して、城下町の建設（町割）も進められた。天正十四年には「城下市中で町割に際して町屋敷を所望する者は申し出るように」という通達がだされ、領民が城下町へ移住することを積極的に奨励している。築城開始数十年後の寛永年間（一六二四～四四）と推定される城下絵図（「忠英様御代御山下《ごさんげ》画図」）をみると、すでにこのころ、城郭を中心とした武家屋敷町（徳島・寺島・出来島《できじま》・助任・福島など）とならんで、町屋の形成も寺島の内町地区、新町沿いの新町地区、さらに福島・助任地区などで順調に進んでいたことがわかる。

貞享二（一六八五）年正月の調査によると、「家中・奉公人」などの武士身分の者をのぞいて、町屋人口は二万五九〇人（男一万七七〇人、女九八二〇人）、総家数一五五八軒を数えた。これは、その一五年前に実施された寛文十（一六七〇）年調査とくらべて家数一四二軒の増加であり、この時期に城下町が整備され、市中人口も急速に増加していたことを示している。とりわけ、旧来の内町地区に対して新町地区の発展ぶりが注目される。新町地区は新町橋で内町や徳島城と連絡し、また伊予街道と土佐街道の結節点でもあり、城下の新しい商工業地域として内町をしのぐ成長をとげたと考えられる。

城下市中の民政全般を統括したのは「町奉行所」であったが、いつ設置されたかはあきらかではない。ただ、すでに延宝・天和期（一六七三〜八四）には中老賀嶋半右衛門《はんえもん》

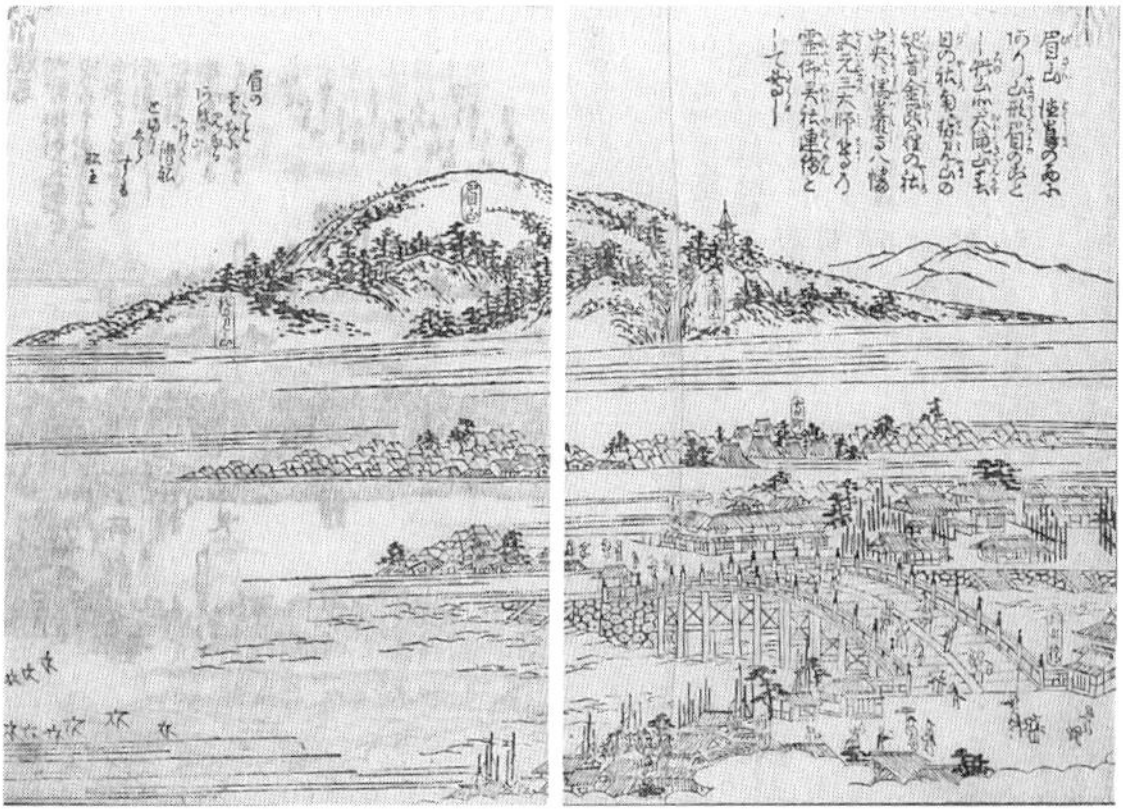

新町橋より眉山を望む（『阿波名所図会』）

貞享2（1685）年の徳島城下

地　区	町　名	軒数
内町地区	紙屋町	87
	紀伊国町	87
	通町	76
	新シ町	101
	西横町	34
	魚町	42
	東船場片町	5
	西船場片町	18
福島地区	福島片町	47
助任地区	助任片町	57
	同所裏町	4
	同所裏	15
	同	12
	同所裏	17
新町地区	新町橋筋	12
	鍛冶屋町	92
	富田町	48
	紺屋町片町	12
	桶屋町	28
	新魚町	35
	湯屋町	15
	刻町	14
	新町東船場片町	11
	新町西船場片町	49
	大工町	123
	新小橋筋	50
	下代町	19
	法花寺町	15
	西新町筋	174
	西新町山路片町	21
佐古地区	佐古町	155
合　計		1,558

『大正三年版・阿波藩民政資料』より作成。町名・数字は原文のまま。

が町奉行に任ぜられており、少なくとも藩政成立期までには町奉行所（町方）がおかれ、市政を担当していたことがわかる。当初、町奉行の定員は一人であったが、寛政七（一七九五）年から二人となり月番交代でつとめ、重要政務などは両人の合議によって処理された。

町奉行を中心とした町方の勤役は多岐にわたった。「町方勤成立書」（蜂須賀家文書）によると、町方の任務としては、(1)毎年九月に行われる各町（丁）ごとの宗門改《しゅうもんあらた》めをはじめ各種の人別調査、(2)城下市中の見回り、盗賊その他犯罪行為ならびに不審者などの検断《けんだん》、火災・水害など災害処理、その他市中の治安維持に関する諸任務、(3)公事・訴訟の裁決など多様なものがあった。

こうした任務を遂行するために、町奉行のもとには「町方手代」をはじめ「町方物書役」「町方同心」「町与力《よりき》」などの下役が付属した。そのうち、町方同心は主として市中警備の任にあたったが、元禄期（一六八八〜一七〇四）には一六八人の同心が町方に配属され、市中同心丁に役宅をかまえたという。

❖コラム

阿波のしめなわ文茶碗

徳島城下の武家屋敷《ぶけやしき》跡からは注連縄《しめなわ》の文様《もんよう》をほどこした茶碗が多量に出土する。その独特の文様や、文献の記述からみて、これらの茶碗は正月行事の一つ「大福茶《おおぶくちゃ》」を飲む茶碗であることはまちがいない。ただし、なぜ多量に出土するのかについては不明な点が多かった。最近の研究によって、十代徳島藩主《はんしゅ》蜂須賀重喜《はちすかしげよし》が仕掛け人であったらしいことがわかってきた。京都の公家《くげ》や、江戸幕府内で取りかわされた年頭行事のスタイルを、文化人としても著名な重喜は徳島藩で再現することを思い立ったのかもしれない。以後、藩主在藩の正月には、初登城する藩士たちにむけて、このしめなわ文茶碗を用いた「大福茶」が振る舞われることになった。さらに使用済みの茶碗は、そのまま藩士たちに下賜されたのである。こうした年頭行事の累積の結果、どの武家屋敷跡からも多量のしめなわ文茶碗が出土することになった。いわば徳島藩士の象徴である。

当初この茶碗は京都で焼かれたが、十八世紀後半からは信《しが》楽焼《らきやき》の窯元《かまもと》で徳島藩向けに多量生産されることになった。

阿波のしめなわ文茶碗

以上のような町方の管轄下に市中の各町（丁）が編成され、各町には「町年寄」および町年寄を補佐する「五人組」がおかれた。また、町年寄の上に城下市中を束ねる「組頭町年寄」（「総年寄」）がおかれ、組頭年寄—町年寄—五人組と連なる町政自治組織が編成されていた。これら町役人は、町方の支配下にあって、⑴藩からの「御触」（「町触れ」）類の伝達、⑵宗門改めその他、諸調査の実施と報告、⑶各町（丁）からの訴訟・嘆願および公事・出入の裁決、⑷盗難・喧嘩・捨て子・行き倒れ・異死人などの処理と報告、⑸市中見回り、火災・水害などへの備えと非常出動、⑹土地・家屋敷売買の奥書・保証、⑺祭礼・盆踊りの運営など、実に多様な任務を担当し、市政をささえていた。

近世村落の形成と村役人●

本来、村は村人たちの日常ふだんの生活の場であり、生産活動の場であった。そこでは、水・山などといった基本的な生産条件をきずなとして、強い地縁的な結びつきが古くからつちかわれてきた。村のもつこうした共同体的な側面は、なかば歴史を超越するかのように、現在もさまざまな形で生活のなかに生き続けているものが少なくない。

阿波では、蜂須賀氏の入国後、領国統治の基礎作業として村々に検地・「人定」が実施された。検地は、村単位に一筆ごとの田畑・屋敷地に対して、その地積・等級・生産高・耕作農民などを確定していった。それと同時に、こうした検地によって、村の領域（村境）が明確になり（村切《むらぎ》り）、一方、農民の出入作関係などもしだいに整理され、年貢を請け負う単位としての村が行政的に設定された。近世初期に実施された「人定」は、村の住人をその夫役負担能力の有無を確認しながら、村単位につかみとっていった。

こうして、近世阿波の村々は、蜂須賀氏による「支配のための村」としての役割を強くもつようになった。領主にとっての最大の関心事である年貢・夫役の賦課や収納も、村を受け皿として行われるようになった。こうして、近世の村は、「自治」と「支配」という二面的な性格・機能をあわせもったが、それは、村の住人たちが長いあいだつちかってきた生活のよりどころとしての村落共同体を、蜂須賀氏が領国統治の一環として支配機構の末端に組み込んでしまった結果でもあった。

時代はくだるが、天保五（一八三四）年の調査によると、阿波の郡別の村数・石高は一四〇・一四一頁の表のようになる。これによると、村数は一〇郡合計で四五五カ村を数えるが、その多くが板野郡・那賀郡・名東郡など吉野川・那賀川下流域に集中していた。また、村高をみると平均村高は五九一石であるが、そのうち一〇〇〇石以上の大村が七一カ村分布している反面、一〇〇石未満の小村も三〇カ村存在するなど、村落規模においても多様な側面をもっていたことがわかる。

阿波の村々は、各郡ごとにいくつかの村を組みあわせた組村に編成されていた。各組村には組頭庄屋《くみがしらしょうや》（他藩の大庄屋）がおかれ、管轄村々（庄屋）を統括した。こうした組村制は地方支配の要としてすでに明暦・寛文期（一六五五～七三）ごろまでには制度化されていた。組頭庄屋は郡奉行によって村々の庄屋や有力農民のなかから任命され、組下村々に対しては強い発言力をもっていた。組頭庄屋は郡奉行のもとにあって組村を統括し、藩の進める領国統治の中間管理機構としての役割を果たしていた。とくに、近世後期以降、社会矛盾が激化するなかで、徳島藩では村落支配の再編強化をめざすが、その過程で組頭庄屋の機能は重要性を増していった。とりわけ注目されるのは、公事出入や村方騒動に対する組頭庄屋の調停能力であった。後述するように、近世中・後期における阿波の村落秩序は組頭庄屋や村庄屋など村役人層の調停能力（問題処理能力）に大きく依存していたといえる。

さて、組頭庄屋のもとで各村の運営を担当したのは庄屋であった。阿波では、蜂須賀氏入国当初は「政所」「肝煎」と称されることもあったが、地方支配機構が整備され、村の態様がととのえられるに伴って、元和〜寛永期（一六一五〜四四）には「庄屋」とよばれるようになった。庄屋の任務は、村の長として村方にかかわるすべての事柄を取り仕切ることにあった。たとえば、(1)藩からの「触達《ふれたっし》」類の伝達、(2)年貢・夫役（銀）などの賦課・徴収、(3)訴訟・嘆願および公事出入など、村の紛争の調停・処理、(4)風俗・治安の維持、(5)農作物の生育状況・作柄状況などの実態把握と報告書作成、(6)棟付改め・宗門改めの実施など、まさに枚挙にいとまがなかった。これ以外にも、庄屋は私利私欲をすて公正な村運営を心がけ、他方では、村方の人気《ひとけ》や動向、村人の生活ぶりに注意をはらい、華美をいましめ、村人をして農耕に専念させることが要求された。

組頭庄屋や村の庄屋には、その地域で中世以来の伝統的な格式や経済力をもった有力農民から選任される場合が多かった。彼らは、その功績や家柄によって苗字《みょうじ》・帯刀《たいとう》が許され、また、その分家筋に至るまで夫役・小役《こやく》が免除されるなどの特権が認められていた。

那賀郡	海部郡	合　計
3	2	9
10	2	62
24	5	131
44	11	223
6	5	30
87	25	455
55,534	14,951	268,893
638	598	591

村には、庄屋を補佐する村役人として「五人組」がおかれた。五人組とは、一般には農民の相互扶助（監視）の制度として設置されたものをさすが、阿波では庄屋を補佐し、村運営に従事した村役人のことをさしている。一村に通常、五人が配置されたが、小村の場合には二、三人の五人組が配置されることもあった。五人組は庄屋を補佐して村政一般を担当することにあったが、その

天保５(1834)年阿波国郡別村々一覧

	三好郡	美馬郡	阿波郡	板野郡	麻植郡	名西郡	名東郡	勝浦郡
2,000石以上	1			1			1	1
1,000～2,000	7	5		8	3	5	10	12
500～1,000	5	5	6	36	10	16	13	11
100～500	14	11	23	51	17	17	28	7
100石未満	1		3	5	5	1	2	2
(A)村数(村)	28	21	32	101	35	39	54	33
(B)郡高(石)	20,489	12,739	10,704	52,738	15,643	23,006	32,998	30,091
(B)／(A)(石)	732	607	335	522	447	590	611	912

「天保郷帳」より作成。

職務は庄屋同様に多岐におよんでいた。

阿波の村々では、庄屋・五人組の配下に「行キ《あるき》」とよばれる触れ使いがおかれていた。「行キ」は、庄屋の命をうけて藩からの「触達」類を伝えたり、村内の使い走りや諸連絡などに従事し、村の通信・連絡員として重要な役割を果たしていた。「行キ」の役儀は、「行キ筋」とよばれる特定の家が代々家職としてつとめた。彼らは、村抱えとして村の使い走り、その他村の雑用に従事したことにより、「身居《みずわり》」(村内での身分階層関係)のうえでも一般百姓とは区別され、百姓との通婚を忌避されるなど、社会的に賤視される存在であった。

身分と差別●

近世初期の阿波の村々では、以上のような農民以外にさまざまな身分が存在していたが、その一つとして「かわた」(「かわや」)とよばれる人びとが居住するケースがあった。「かわた」は、他の農民と同じように土地を保有して農業に従事することもあったが、彼らを身分的に特徴づけていたのは、死牛馬の処理とそれに付随する皮革生産に従事していた点である。「かわた」が行う死牛馬の処理は、中世以来の不浄や穢《けが》れを取りのぞく「キヨメ」の機能を引くものであったが、一方ではこの時期の領主たちが積極的に推し進めていた軍事力強化策と密接に結びついていた。彼らが生産する皮革類が軍需産業としての意味合いをもっていたからである。そのため、領主は領内の皮革生産を集中支配するために、彼らを「かわた」として支配のもとに編成した。阿波でも、中世末に阿波を支配した三好氏の家臣団の末端に「かわや三十人」が組織されていた（「みよしき」）。

ところが、十七世紀中・後期になると、阿波でもそれまで「かわた」（「かわや」）とよばれていた人たちが「えた」とよばれるようになり、棟付帳でも村の百姓とは別の帳簿に記載されるなど、彼らに対する身分的隔離と差別がしだいに顕在化するようになった。

たとえば、吉野川沿いのある被差別部落から一軒の「かわた」次郎三郎家を取りだし、同家の棟付帳記載の変化をたどってみると、つぎのようになる（『徳島県部落史関係史料集』第三集）。明暦二（一六五六）年の次郎三郎家は高一二石四斗余をもつ高請人《たかうけにん》として登場するが、棟付帳では、次郎三郎家は「本百姓但し革多《かわた》」と把握されていた。本百姓とは、自分名義の土地を保有し、領主に対しても一定の年貢・諸役を負担する百姓である。棟付帳の記載様式からみる限り、この段階では、その主要なねらいは次郎三郎家のもつ生産者的側面（年貢・諸役負担能力）の掌握であり、身分的把握はむしろ二義的なものであったといえよう。ところが、十数年後の延宝元（一六七三）年の調査によると状況が大きく変化する。延宝棟付帳によると同家は高一二石余と高請規模は明暦期（一六五五〜五八）とかわらないが、棟付帳記載では「穢多百姓」と変化している。明暦期の「かわた」呼称が「えた」呼称にかわり、身分的把握が前面に押しだされているのが注目される。さらに、享保三（一七一八）年の棟付帳では、同家は「穢多」とあり、それまでみられた「百姓」という生産者的側面がのぞかれ、同家が身分そのもので把握されていたことがわかる。以上、次郎三郎家がたどった「本百姓但し革多」→「穢多百姓」→「穢多」の変化のなかに阿波における近世賤民制《せんみんせい》の形成をみることができるようである。ちょうどこの時期は、すでに述べたように、阿波では藩政の確立期にあたり、蜂須賀氏の領国支配が整備されてくる時期でもあった。

6章

近世阿波の産業と文化

徳島城下の盆踊り(「阿波盆踊図屛風」部分)　満月のもと，市中新町橋の上で乱舞する人びと。嘉永3(1850)年に吉成《よしなり》葭《か》亭《てい》が描いたもの。

1　農業の発達と阿波の特産物

農業の発達●

寛永期（一六二四〜四四）から承応・明暦期（一六五二〜五八）にかけて、徳島藩《はん》では新田開発の奨励、川除《かわよけ》・用水普請《ふしん》などの勧農政策が積極的に打ちだされた。たとえば寛永二十（一六四三）年の代官《だいかん》宛の通達では、代官の要務として「川除之御普請」など生産基盤の整備をはじめ、作柄状況の的確な把握と安定的な年貢収納が命じられ、さらに、その前提として「身上不成百姓《しんじょうならざるひゃくしょう》」に対する「身体持立《しんだいもちたて》」（農業経営の維持）のための施策が指示されている（「阿淡御条目《あたんごじょうもく》」）。年貢負担にたえる百姓を育成・撫育《ぶいく》することは、藩にとっても緊急の課題であった。

こうした一連の勧農政策を背景に、阿波《あわ》では農業生産のめざましい発展がみられた。ところで、近世における農業生産力の向上は、耕地面積の拡大（新田開発）と土地生産性の向上（集約農業）という二つの方向で試みられた。次頁表は、阿波一〇郡の「拝領高」ならびに「古田出目《でめ》・新田高」を年次別に整理したものである。これによると、蜂須賀《はちすか》氏入国以後の「古田出目・新田高」は九万三〇〇〇余石にのぼるが、そのうち正保三（一六四六）年までに五万二〇〇〇石余（五六・〇％）、寛文三（一六六三）年までには六万四〇〇〇石余と「古田出目・新田高」の実に七〇％近くが打ちだされている。阿波では、ほぼこの時期までに新田開発を軸とする生産基盤が確定されたと考えられる。

こうした新田開発の盛行を背景にして、農民たちの生産意欲は以後、農業の集約化にむけられた。いわ

天保 5 (1835) 年阿波国古田出目・新田高一覧

郡名	拝領高	古田出目・新田高	各時期別の古田出目・新田高							
			〜正保 3	正保 4〜寛文 3	寛文 4〜貞享元	貞享 2〜享保元	享保 2〜延享 2	延享 3〜宝暦10	宝暦11〜天明 7	天明 8〜
	石	石	石	石	石	石	石	石	石	石
美馬	9,705	3,276	1,943	455	275	111	141	39	44	269
三好	15,806	5,356	3,001	702	424	159	219	59	66	726
阿波	7,758	3,278	1,888	441	263	100	137	37	42	369
麻植	13,977	1,894	1,070	248	148	53	76	21	24	254
板野	29,574	26,410	14,798	3,460	2,065	787	1,074	288	332	3,907
勝浦	14,189	18,131	10,159	2,375	1,417	541	737	198	229	2,476
那賀	41,732	15,729	8,813	2,067	1,229	469	641	171	198	2,141
海部	11,894	3,654	1,941	454	271	103	141	38	44	663
名東	24,907	9,289	5,165	1,207	720	275	375	100	116	1,331
名西	17,212	6,700	3,695	864	515	197	268	72	82	1,007
合計	186,754	93,717	52,473	12,273	7,327	2,795	3,809	1,023	1,177	13,143
比率		100%	56.0	13.1	7.8	3.0	4.1	1.1	1.3	14.0

三好郡東みよし町川原家文書より作成。表中の数字は小数第 1 位を四捨五入。

ば、一定の土地からどれだけ多くの収穫をあげるかという土地生産性向上への努力である。十七世紀末の元禄期前後から、阿波でも農業技術のめざましい進歩がみられた。新しい農具として備中鍬《びっちゅうぐわ》をはじめ各種の鍬が使用されるようになった。鍬は、牛馬耕にたよる度合いの少ない当時の小農民にとって、安価に入手でき、しかも深耕が可能な人力耕具として、村々で急速に使用されるようになった。また、脱穀用具として従来の扱箸《こきばし》にかわる千歯扱《せんばこき》の出現は、農作業の省力化におおいに役立った。さらに肥料も、刈敷《かりしき》肥料や堆肥《たいひ》・人糞尿などの自給肥料とともに、干鰯《ほしか》や鯡粕《にしんかす》・油粕《あぶらかす》などの即効性のある購入肥料（金肥）が広く使用されるようになった。

この時期の農業生産の今一つの特徴は、農民たちがしだいに主穀生産のほかに商品生産、商業的農業へ参加するようになった点である。従来の「食べて年貢を納めるための農業」から、「販売してお金をもうけるための農業」への変化でもあった。吉野《よしの》川流域で藍作《あいさく》が盛んになるのも、ちょうどこのころからであった。こうした農業技術の進歩、農業の多様化は、農民たちに単に「粒々辛苦《りゅうりゅうしんく》」の労働を強いるだけでなく、一方では農民たちに「考える農業」を要求した。元禄十（一六九七）年刊の宮崎安貞《みやざきやすさだ》『農業全書』など、農書が注目をあびるようになったのも、そうした時代的な要請をうけてのことであった。阿波の農書としては、享保九（一七二四）年に京都から刊行された砂川野水《すながわのすい》編著『農術鑑正《のうじゅつかんしょう》記《き》』、および著者・成立年ともに不明の『阿波北方《きたがた》農業全書』があげられる。前者は、その序文に宮崎安貞の『農業全書』の欠をおぎなうためとあるが、農作物の品種や耕作法、農業中心の年中行事についてまとめたものである。後者は、吉野川流域の藍作・麦作を中心とした実用的な農業技術論である。

阿波藍の発展●

阿波といえば藍といわれるように、藍は近世の阿波を代表する特産物であった。阿波では、十五世紀なかばの文安年間（一四四四～四九）にすでに藍作が行われ、上方《かみがた》

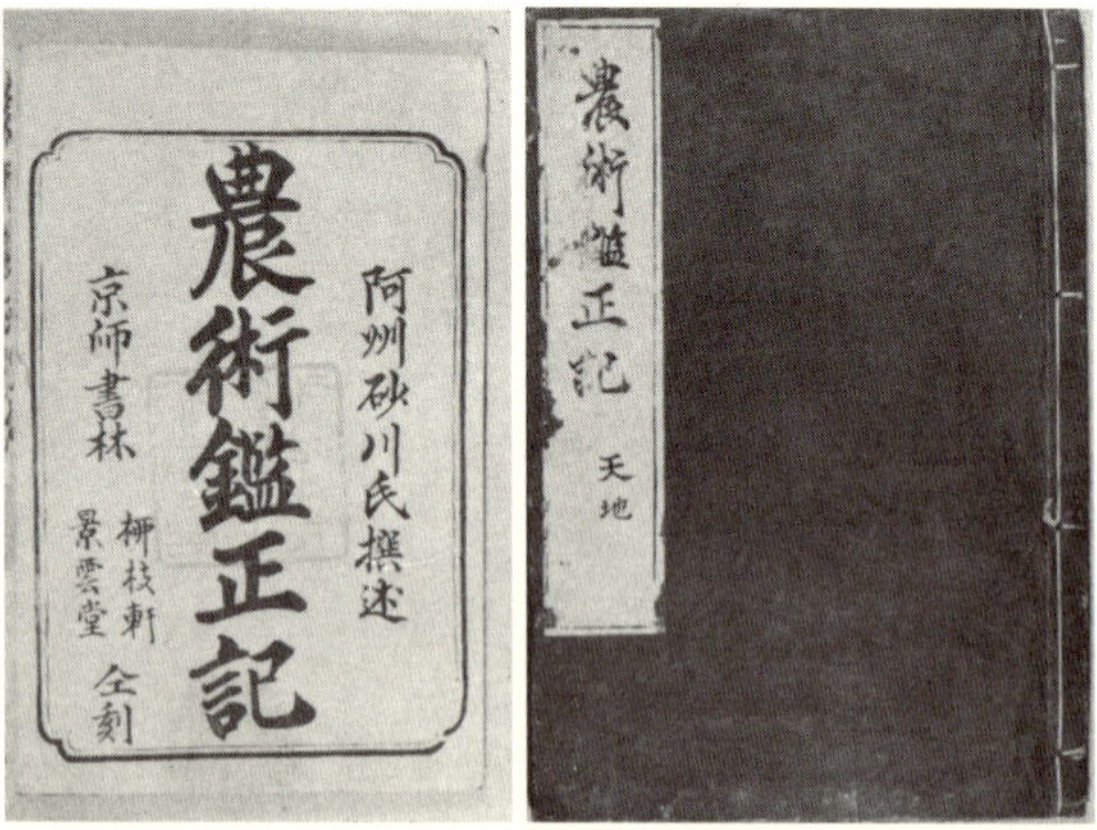

『農術鑑正記』 阿波の人・砂川野水の編著による農書。享保9(1724)年刊。

へも移出されていたことが確かめられる。しかし、吉野川流域で藍作が本格的に展開するのは近世にはいってからであった。吉野川流域で藍作が盛んになる条件として、この地方の藍作に適した自然条件や藩の保護・奨励策などがあげられるが、今一つ、中世末から近世初期のわが国の衣生活の変化に注目しておきたい。すなわち、この時期にみられた「衣料革命」ともいえる麻から木綿《もめん》への変化が、それである(永原慶二『新・木綿以前のこと』)。朝鮮半島を経由して伝えられた木綿は、在来の麻(苧麻《ちょま》)にくらべて保温性・耐久性・着心地などにすぐれ、しかも大量生産が可能であったことから、庶民の衣服原料として急速に広がり、近世初期には、はやくも畿内《きない》農村を中心に瀬戸内地方など各地に木綿栽培が普及した。吉野川流域における藍作の広がりは、そうしたわが国における木綿生産と対応するものであり、木綿の染料(紺)として需要が急速に拡大した。

　近世初期の阿波藍は、「藍は京洛外《らくがい》の産を上と為《な》す、摂州東成《せっしゅうひがしなり》の産最も勝れり、阿波・淡路《あわじ》の産之《これ》に次ぐ」(『和漢三才図会《わかんさんさいずえ》』)と畿内産につぐ扱いをうけていたが、その後、製藍技術の改良などによって品質の向上がはかられ、生産高は増大し、阿波藍の名声は全国市場を支配するようになった。元文五(一七四〇)年の調査によれば、吉野川

藍ができるまで―①藍の種蒔き

―②藍畑への移植

流域の北方《きたがた》七郡二三七カ村、約三〇〇〇〇町歩に作付けが広がっている。その後、天保期には藍作付地六〇〇〇〇町歩、藍玉《あいだま》生産高二〇万俵台の大台を記録している。

主産地は、吉野川中・下流域の北方五郡であったが、天明四（一七八四）年の記録によると、同地方は「御国産藍玉之義ハ名東《みょうどう》・名《みょう》西《ざい》・麻植《おえ》・板野《いたの》・阿波五郡之義ハ用水懸り不自由ニ御座候ニ付、田作相調《あいととのえ》申さず、藍作一所《いっしょ》ニ仕り、右藍玉代銀ヲ以御年貢上納仕来《しきた》り候」（蜂須賀家文書「京都藍問屋一巻」）という状況であった。当時の灌《かん》漑《がい》土木技術の制約によって、水田稲作がなかば不可能であるという状況下で、この地方は「藍作一所」の土地柄であり、農民生活や領主財政の主要部分が藍作に依存せざるをえない状態にあったといえる。

藍作は、二月初旬の播種《はしゅ》から夏土用《どよう》の刈入れまで息つくまもない重労働の連続であった。まず、苗代地の播種以後、施肥・除草・害虫駆除の作業を繰り返し、四月上旬、藍苗が五、六寸の大きさになると、本畑の麦の畝間《うねま》に移植。その後、土用の刈取りまで前後数回におよぶ施肥と中耕、さらに害虫駆除・除草、麦の収穫、炎天下の灌水《かんすい》作業（水取り）と重労働が続いた。とりわけ、藍畑への灌水作業は単調で苦しい作業であった。揚水《ようすい》技術が整備されていないこの地方では、藍

—③藍畑への灌水作業

—④藍粉成

畑に掘られた井戸から「はね釣瓶《つるべ》」で汲みあげるか、「水踏車《みずふみくるま》」で揚水するかであったが、多くの場合、この作業は女性の仕事であったという。「阿波の北方、起き上がり小法師《こぼし》、寝たと思たらはや起きた」「嫁にやるまい板野の里へ、夏の土用に水踏車」「藍の種まき生えたら間引き、植えりゃ水取り土用刈り」などの作業唄が今も残っている。

葉藍《はあい》の収穫は六月下旬から七月上旬の炎天下で行われた。刈り取った葉藍は品質をおとさないために、その日のうちに「こみきり」などを使って二、三寸の長さにきざまれる。細刻された葉藍は翌日、庭先の筵《むしろ》に広げて「からさお《(唐枷)》」で丹念に打ちほぐされ、天日で乾燥される。「藍粉成《あいこなし》」とよばれる作業である。

藍作農民が栽培した葉藍は、仲買人(「走り問屋」)を介して「藍師《あいし》」(「玉師《たまし》」)とよばれる有力農民のもとに買い集められる。ここで原料の葉藍が加工され染料の蒅《すくも》・藍玉に仕立てあげられる。藍師は、自宅の作業場(「藍寝床《あいねどこ》」)に葉藍を寝せこみ、夏から冬にかけて給水と攪《かく》拌《はん》・保温を何回となく繰り返し、葉藍を徐々に自然発酵させる。こうした作業を九〇日間近くも繰り返すと、やがて黒褐色の蒅ができあがる。この蒅の製造工程では、とくに給水の水加減がむずかしく、品質の良否を左右するとあって、熟練した技術が要求された。そこで、こ

—⑤葉藍の寝せこみ

—⑥藍搗き

の作業工程では、藍師は「水師《みずし》」とよばれる専門の職人をやとう場合が多かった。通常、葉藍一〇〇貫から蒅五〇～六〇貫が製造された。蒅はそのまま俵につめて積みだされたが、さらに藍砂《あいずな》をまぜて藍臼《あいうす》で搗《つ》きかため、藍玉に仕上げることも多かった。藍搗き作業には、藍玉の変質・腐敗を防止することを名目として砂（藍砂）が混入された。藍師の庭先で、威勢よく音頭にあわせて藍搗きを行う光景は、藍作村々の冬の風物詩でもあった。できあがった蒅や藍玉は、江戸・大坂をはじめ全国の売り場先に積みだされ、各地の紺屋《こうや》に供給された。藍師は、蒅や藍玉を製造するほか、藍商として他国への販売活動をかねる場合が多かった。

塩の生産と流通●

塩は、藍とともに近世阿波を代表する特産物であった。阿波のおもな塩田は、撫養《むや》塩田および城下に隣接する南斎田《みなみさいだ》（徳斎田、徳島市）塩田、那賀《なか》郡答島《こたじま》（阿南市）塩田の三カ所にあった。いずれも近世初期に開発されたといわれるが、なかでも図抜けた規模をほこったのが撫養塩田である。

撫養塩田は、播州赤穂《ばんしゅうあこう》の製塩技術を導入して開発が進められたが、正保元（一六四四）年ごろまでには、斎田・桑島《くわじま》・南浜《みなみはま》・三ツ石《みついし》などのいわゆる「塩方十二カ村」が形成され、瀬戸内沿岸の「十州塩田」有数の塩田地帯に成長していった。十八世紀後期、明和・安永期（一七六四～八一）の塩方一二カ村の生産状況は、塩浜反数二八七町七反余、竈屋《かまや》数二五二、塩生産高一二二万九〇〇〇余俵に達している。

こうした塩業の発展に対して、藩ははやくからその保護統制と利潤吸収にのりだしている。近世初期にあっては、藩による塩田開発に対する積極的な奨励がみられた。慶長十（一六〇五）年には、撫養地方の荒浜開立が命じられ、塩浜への入植者には諸役免除の特権を認めている。ついで正保二（一六四五）年、徳島藩では「塩方代官」とその管轄下に「塩方御分一《ごぶいち》所《しょ》」が新設され、塩口銀《こうぎん》その他の塩租の徴収にあたるとともに、焚隠塩《たきかくし》（抜塩《ぬけじお》）や抜荷船の監視など塩浜への支配統制がいちだんと強化された。塩の藩外移出が盛んになってきた時期にあたるが、ちょうどこの時期に、徳島藩では塩租徴収が従来の塩浜反数懸り（上浜一反につき銀一一匁三分九厘、下浜一反につき銀八匁七分六厘）から塩口銀制に切りかえられ、産出塩一俵（二斗五升入り）につき口銀一分五厘を徴収することとなった。塩浜生産力の増大に対応した新しい塩租増収策である。

ところが、塩口銀制のもとで、塩浜では分一所をとおさない抜塩（密造・密売）が急増した。藩では、元禄期以降、再三規制をだして焚隠塩をはじめ塩の横流しや塩俵の升目不正などを取り締まったが、実効はなかった。明和六（一七六九）年には、撫養塩浜だけで二六万余俵にのぼる抜塩が露見したという。こうした事態に対して、藩は安永七（一七七八）年からあらた

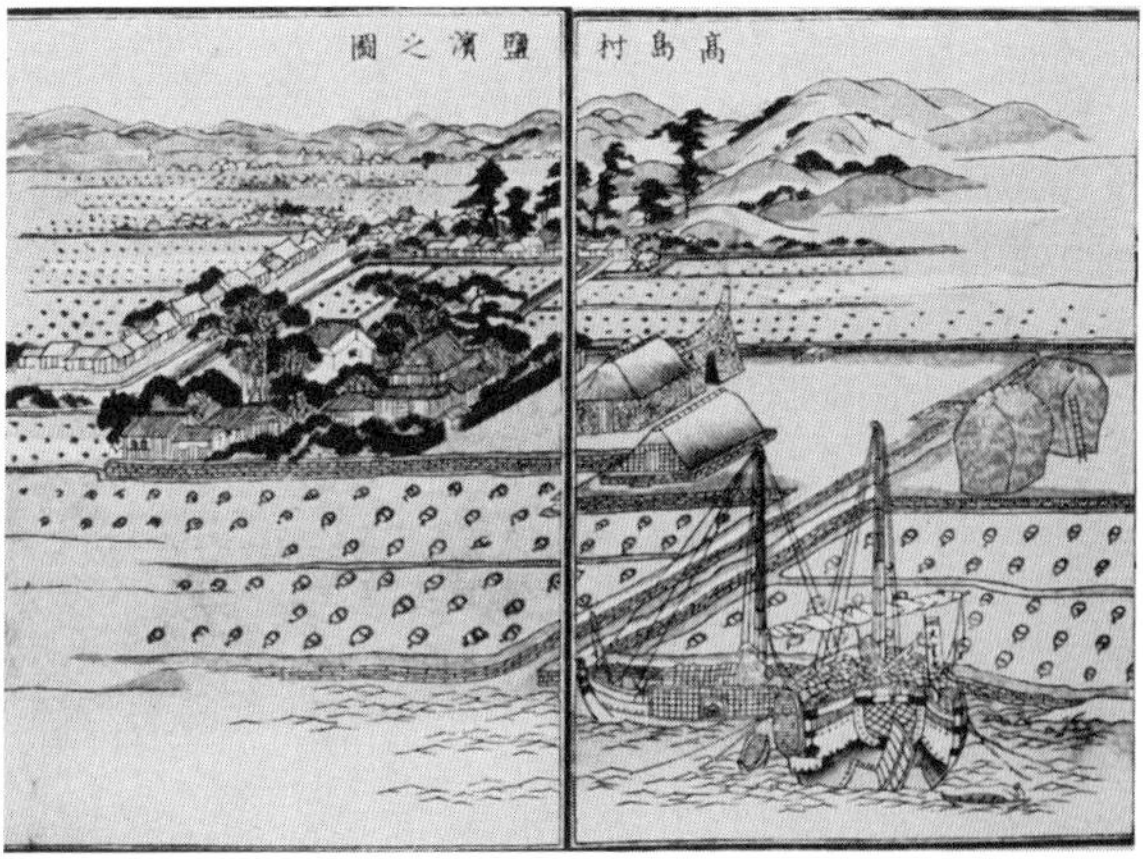

高島村塩浜の図(『日本製品図説　食塩』)　高島村(鳴門市鳴門町)は撫養塩田の有力浜の一つであり，入浜式により良質の塩を産出した。

に「括塩《くくりしお》」仕法を施行した。これは、過去一〇年間の平均生産高を撫養・南斎田・那賀郡答島の各塩浜ごとに算定し、その合計高一三九万四八一九俵（うち撫養一二二万九八〇三俵）を「元括《もとくくり》」（基準）として、一俵につき塩口銀一分五厘を徴収するというものであった。さらに「括塩」仕法の発足とともに、あらたに売買に際して塩一俵について冥加銀《みょうがぎん》二厘五毛ずつが増収されるようになった。この「括塩」仕法の採用によって、徳島藩は塩の豊凶にかかわらず、銀高二四四貫余（うち撫養二一五貫余）の塩租収入が保証される勘定となった。まさに、塩は藍とならぶ徳島藩のドル箱の一つであった。

阿波産の塩の大半は、江戸・大坂市場に積みだされていたが、文化期の記録によると、そのうち産出高の七割以上が江戸積みで占められていた。こうした阿波塩の輸送・販売に従事していたのが、地元の塩廻船問屋であった。当時、阿波には撫養に大問屋一〇人・小問屋一八人、名東郡南斎田に四人、那賀郡大潟《おおがた》に一人、都合三三人の塩廻船問屋が営業していた。これらの廻船によって江戸に運ばれた阿波塩は、江戸塩問屋の手に渡り、その販売・流通機構は彼ら江戸問屋資本によって支配されていた。そうしたなかで、徳島藩は天保十一（一八四〇）年に江戸藩邸に「塩会所」を新設し、江戸積み塩の一部を藩の「御手捌《おてさばき》」（専売制）とするなど、塩の流通統制の強化にのりだした。こうした藩の国産政策をめぐって両者の対立が表面化してくるが、天保改革の株仲間解散命令によって江戸塩問屋の地歩は大きく後退した。その後、弘化元（一八四四）年、藩は江戸で「御手捌塩」をあつかう「手捌塩元取問屋」としてあらたに四人の問屋を指定した。この年の記録では、御手捌塩の入荷が年間四二万俵（代金二一・四万両）、問屋口銭が一両につき銀二匁四厘、うち塩会所上納が銀三分という計算であった。以後、江戸積み塩は元取問屋をとおして販売するという藩の塩専売制は、基本的には明治維新《いしん》期まで維持された。

ところで、近世の塩業は、十八世紀後半以降、生産過剰によって再三塩田不況に見舞われるようになった。生産過剰による塩相場の下落は、撫養をはじめ阿波の塩田地帯に深刻な打撃をあたえた。寛政三（一七九一）年の記録でも「塩方之義、昨年以来塩直段下直《ねだんしたね》、諸物高直にて引合い難く迷惑之姿に相見申候」（「塩方代官一巻」）と塩相場の下落が続き、藩は経営不振の塩浜に対して手当銀の支給を余儀なくされている。

塩田不況に見舞われた塩田地帯では、不況対策として塩業の合理化にのりだした。その一つは操業短縮→生産縮小による塩相場の回復策であった。阿波でも「消釜《けしがま》」＝休浜《やすみはま》によって危機回避が試みられているが、文政三（一八二〇）年には瀬戸内沿岸の各塩浜で組織する「十州塩田同盟」に参加し、休浜期間や燃料価格について協定を結んでいる。塩田不況に拍車をかけたのは、物価高騰に伴う塩焚薪の値上がりであった。入浜式《いりはましき》塩田においては、煎熬《せんごう》部門での燃料費が全生産費の半分を占めたといわれる。そうした状況下で、瀬戸内沿岸では十八世紀以降、釜焚き燃料については燃料革命ともいうべき薪から石炭への転換が進行していた。撫養塩田でも、文政期にはほとんどの塩釜は石炭焚きに切りかえられた。不況に苦しむ塩浜にとっては、石炭焚きの導入はまさに起死回生の合理化策であった。しかし、一方では、石炭焚きの普及は従来塩浜向けの薪生産で生計を維持していた北灘地方など周辺農民を困窮に追い込むというあらたな社会問題を引きおこした。

阿波の三盆糖●

文化十一（一八一四）年にあらわされた『塵塚《ちりづか》物語』には、「倭《やまと》製の砂糖始りし事」として「安永の比迄《ころ》は異国舶来のみを用ひし也……然るに近頃は紀伊《きい》国・四国辺にて造り出し、氷砂糖まで製造す」とある。

讃岐とならんで、阿波で砂糖生産が盛んになるのも、ちょうどこの時期からであった。文政二（一八一九）年の調査では、甘蔗《かんしゃ》の作付けは南北八郡一一二カ村、約一二〇町歩におよび、砂糖生産高は四〇万斤に達している。なかでも、板野・阿波両郡で全作付けの九二％（一〇五三町歩余）を占めていた。その主産地は、吉野川北岸、阿讃《あさん》山麓部一帯に広がり、阿波の砂糖づくりは上板《かみいた》地方の瘦《や》せ地の扇状地《せんじょうち》を高度に利用して特産化されたものである。

この地方に甘蔗栽培を導入し糖業発展の基礎をつくったのは、板野郡引野《ひきの》村（板野郡上板町）出身の丸《まる》山徳弥《やまとくや》であったといわれる。貧しい農家に育った徳弥は、この地方の水利にめぐまれない扇状地の瘦せ地に甘蔗の栽培を思い立ち、九州の延岡《のべおか》に渡り甘蔗栽培の技術を学び、苦心の末に引野村で試植に成功している。その後、上板地方の砂糖生産は順調に伸び、十八世紀末にはついに上質の白下糖《しろしたとう》の製造に成功したと伝えられる。その品質は讃岐三盆糖《さんぼんとう》とならんで高く評価され、とくに高級和菓子などには欠くことができないものといわれ、「阿波和三盆《わさんぼん》」の名声は江戸・京都・金沢をはじめ全国に広がった。

砂糖づくりは、農作業が一段落つく十二月から翌年三月ごろまで、冬場を利用して行われた。収穫された甘蔗は、栽培農家から仲買人によって村の製糖業者に買い集められ、締小屋（しめ場）で搾汁される。この砂糖締めは、牛がまわす搾車でしめられたが、搾車一台で一日に二五〇貫前後の甘蔗を処理した。この砂糖締めの季節になると、美馬《みま》・三好《みよし》郡の山間部から多数の「〆子《しめこ》」と牛がはいりこみ、上板の村々は活気にあふれた。搾汁液は隣接する釜屋に送られ、ここで悪汁《あくじる》をのぞきながら釜焚きが繰り返される。こうして生成された白下糖は、「押槽《おしぶね》」「研槽《とぎぶね》」という道具を使って練りあげられ、糖蜜がのぞかれる（口絵参照）。この技と根気を要する作業を四、五回繰り返すと、上質の和三盆糖が精製される。荒焚き込み

(白下糖)一〇〇斤から和三盆糖三〇~四〇斤が精製されたといわれる。

前述したように、すでに文政二年の砂糖生産高は四一万斤に達していたが、そのうち大坂売りが二五万斤、六一%を占めていた。この時期の阿波の砂糖生産が大坂市場と結びついて発展したことがわかる。その後、藩の積極的な保護政策ともあいまって、大坂売りとならんで江戸売りが本格化する天保期以降、生産高は急増し、天保七(一八三六)年五二〇万斤、弘化五(一八四八)年八三五万斤、そして安政五(一八五八)年には一二三〇万斤へと飛躍的に伸びている(『徳島県史』第四巻)。

十八世紀後半以降、徳島藩では財政難が進行するなかで、新しい財源を確保するために積極的な国産政策を展開させた。藍・塩・砂糖をはじめ煙草・和紙・茶・蜜柑《みかん》などの栽培が奨励され、文政九(一八二六)年には「江戸売捌会所《うりさばきかいしょ》」が設立された。藩ではこの会所をとおして、砂糖・木綿・椎茸《しいたけ》・素麺《そうめん》などの江戸市場への販路開拓を試みている。そうしたなかで、砂糖に対する統制がいつごろ、どのようにはじまったかはあきらかではないが、すでに文化年間(一八〇四~一八)には甘蔗作付け一反につき銀一五匁の「反懸り《たんがかり》」を徴収していたといわれる。しかし、その後、嘉永元(一八四八)年に大坂積みの砂糖が藩の蔵物《くらもの》(専売品)に指定されるに伴い、従来の「反懸り」が廃止され、あらたに砂糖締車を基準とする「車懸り」に切りかえられ、一車につき銀一五五匁上納が規定された。幕末の最盛期には、甘蔗生産二〇〇〇万貫、車数二五〇〇台といわれるから、単純計算すると年間銀三八七貫余が藩庫に納入される計算となる。

ところで、前述したように、嘉永元年に大坂積みの砂糖が藩の蔵物に指定されたことによって、藩の流通政策は大きく変化し、大坂積みの砂糖は藩の管轄下におかれ売買されるという砂糖専売制が施行された。

従来、阿波産の砂糖は城下市中の問屋をとおして、大坂砂糖問屋へ送りだされ、藩はそのさいに領内分一所で口銀を徴収するだけであったが、蔵物指定を機に国元の城下・撫養に「荷物取改所」が、さらに大坂には「蔵物会所」があらたに開設された。「荷物取改所」では藩の監督下、大坂積み砂糖の貫目調査をはじめ一連の流通統制が実施された。大坂の蔵物会所では国産砂糖の販売業務にあたったが、会所では大坂問屋商人のなかから一三軒の「荷物引受問屋」を指定して、彼らに砂糖の保管・販売・代銀の出納などの業務を委託した。大坂問屋商人に国産砂糖の一手捌きの特権を認めたわけであるが、そのかわり藩は「御国恩冥加」として売買銀高の七厘を藩庫に納入することを命じている。大坂問屋商人をとおした利潤吸収策であるが、しかし、こうした藩の意図も「砂糖の儀は上方相場日々高下之品にて、積登之遅速により大に損徳有之」(『御大典記念阿波藩民政資料』下巻)と指摘されたように、大坂市場における砂糖相場の激しい価格変動とその投機的性格によって実効があがらず、その主導権はしだいに大坂問屋商人ににぎられるに至った。

2 阿波の街道と水運

阿波の街道●

阿波は島国であり、東海道《とうかいどう》・山陽道《さんようどう》など五街道を中心とする全国の基幹交通体系からはずれていたが、城下徳島を起点とする領内の交通・運輸体系の整備ははやくから進められていた。すでに徳島藩では、慶長三(一五九八)年に板野郡木津《きづ》村(鳴門市)長谷寺《ちょうこくじ》など領内七カ寺を「往還筋《おうかんすじ》旅人為一宿」として、いわゆる駅路寺《えきろじ》に指定したといわれるが、その後、街道の設営をはじめ、領内の交通体系が急ピッチで進められた。正保四（一六四七）年の「阿波国海陸道度《みちのり》之帳《のちょう》」（蜂須賀家文書）によると、阿波の幹線街道として川北《かわきた》本道（撫養本道、撫養〜脇《わき》町〜佐野村＝伊予国境、二一里三〇丁余）、淡路本道（徳島〜鯛浜《たいのはま》〜撫養渡口、四里余）、讃岐《さぬき》本道（徳島〜大坂越＝讃岐国境、五里余）、伊予《いよ》本道（徳島〜穴吹《あなぶき》〜池田大西〜佐野村＝伊予国境、二〇里二丁余）、土佐《とさ》本道（徳島〜富岡《とみおか》〜海部《かいふ》郡宍喰浦《ししくいうら》＝土佐国境、二三里余）の五つの街道があった。これらの街道は、いずれも「本道」と記され、宿駅の制はととのえられてはいなかったが、里程を示す一里松《いちりまつ》も各所に植えられ、領内の幹線道路として公用人馬や物資の輸送に利用された。

　徳島藩では、はやい時期から街道整備が積極的に進められたようである。明暦三（一六五七）年には仕《し》置家老《おきかろう》から国奉行《くにぶぎょう》に対して、「在々往還相改め、せはき（狭）所ハ相応に広く仕り、道作付け橋宜《よろし》く申付く可《べ》き

州津渡場の一里松（三好市）

事」と街道の拡幅工事や橋梁の整備が命じられている（『藩法集3・徳島藩』）。さらに、延宝二（一六七四）年には、二人の「道之手奉行」があらたに配置され、領内主要街道の幅員の確定や「植松」（街道沿いの松並木の整備）が指示されている。街道沿いには、撫養・脇町・川島《かわしま》・池田《いけだ》・富岡などの町場が繁盛し、ちょっとした旅宿や煮売り店なども建ちならんで旅人の便をはかった。

阿波には、これらの主要街道以外にも脇街道ともいうべきいくつかの往還道があった。とくに、阿讃国境には多くの「峠越」（峠道）があり、阿波と讃岐を結ぶ交易・生活路として利用されてきた。さきにあげた「阿波国海陸道度之帳」には、阿讃の峠道として全部で一三本の峠道が記録されている。なかでも、「美馬郡重清《しげきよ》越」（讃岐明神《みょうじん》村へ）や「三好郡昼間《ひるま》山越」（同山脇《やまわき》村へ）、「三好郡野呂内《のろうち》越」（同河内《こうち》村へ）など吉野川上流の美馬・三好郡地方の峠道は、阿波から讃岐へ「借耕牛《かりこうし》」が往来した峠道としても知られる。借耕牛は讃岐の砂糖締めのためにこの地方の牛を貸しだしたのが始まりと伝えられるが、その後、砂糖締めだけ

脇町（美馬市）うだつの町並み　吉野川中流域に位置し，物資の集散地として栄えた。

でなく、田植えや麦蒔き時の耕作牛としても需要が高まったといわれる。

阿波の海上交通●

海をへだてて上方や紀州《きしゅう》・瀬戸内地方と結ばれていた阿波は、古くから海上交通が発達していた。前掲の「阿波国海陸道度之帳」には、他国に開かれた阿波のおもな港として、北泊《きたとまり》（姫路《ひめじ》・明石《あかし》・淡州阿那賀《たんしゅうあなが》・大坂川口）・撫養口（淡州福良浦《ふくらうら》・和歌山川口・泉州谷川湊《せんしゅうたにがわみなと》・大坂川口）・津田《つだ》川口（淡州沼嶋《ぬしま》・同由良湊《ゆらみなと》・和歌山川口・泉州谷川湊・大坂川口）・中嶋川口（淡州沼嶋・和歌山川口・大坂川口）・椿泊《つばきどまり》（紀州日井之三崎《ひいのみさき》・和歌山川口・大坂川口・土州甲浦《どしゅうかんのうら》）・日和佐浦《ひわさうら》（淡州沼嶋・和歌山川口・大坂川口）・宍喰川口（土州甲浦・同浦戸《うらと》）・鞆《とも》浦（淡州沼嶋・紀州日井之三崎・和歌山川口・大坂川口）などがあった。

これらのなかで、阿波第一の港として栄えたのは、撫養（岡崎《おかざき》）港であった。撫養は海峡をへだてて、淡路から大坂・兵庫と結ぶ交通の要衝に位置し、古くから阿波の玄関口として活況を示していた。近世に

徳島藩御座船「至徳丸」　左万字の16反帆に風をいっぱいに受け，海上をいく図。

なって、撫養は「岡崎てふ処は四方の国々より商人船多く出入る湊にて賑は丶しき処なり」(「鳴門夢路記《なるとゆめじき》」)といわれたように、海上交通の拠点として出船入船でにぎわい、岡崎から林崎《はやさき》にかけて繁華な港町が形成された。撫養川沿いには廻船問屋《かいせん》や肥料問屋をはじめ、旅宿・煮売り店などが軒をならべ、他国からの四国遍路も撫養から一番札所霊山寺《りょうぜんじ》へとむかった。

近世の撫養は、全国有数の商業港として活気にあふれていた。撫養からは、国産品の塩、藍玉、砂糖(阿波三盆)をはじめ木材・雑穀類などが江戸・大坂をはじめ各地に積みだされ、帰り船で北国産の鯡粕や干鰯などの魚肥、他国米・衣料品・日用雑貨などを入荷した。当時撫養川の両岸には、そうした物資の輸送にあたる天野屋《あまの》・山西《やまにし》・泉屋《いずみ》・近藤《こんどう》・浜田屋《はまだ》・天羽《あもう》などの廻船問屋や倉庫が建ちならんでいた。なかでも、山西庄五郎《しょうごろう》家は全国を股にかけて活動した廻船問屋として知られ、嘉永六(一八五三)年には江戸廻船七艘・北国《ほっこく》廻船二艘・九州廻船五艘の計一四艘の持船・支配船を所有していた。そのうち、主力の江戸廻船七艘はすべて二九〜三二反帆のいわゆる千石船《せんごくぶね》であった。山西では、これらの廻船で国産の撫養塩を中心に藍玉・砂糖などを積みだし、帰り船で魚肥をはじめ、米・繰綿・海産物などを買いつけている。

一方、藩も「海の玄関」撫養を支配するために、岡崎・北泊の二カ所に番所《ばんしょ》をかまえ、人や物の出入りを厳重に監視した。「岡崎屋敷」には五年交替で藩士《はんし》がつめたが、そのもとで「岡崎十人衆」が「渡海御用並自国他国往来人切手・船改」など渡海業務のいっさいを取り仕切っていた。岡崎十人衆は、蜂須賀氏入国後、里浦《さとうら》・林崎の水主《かこ》一〇人が召しだされ軍役奉仕をしたのが始まりで、以後、撫養口での渡海業務を管轄するようになったといわれる。また、北泊は小鳴門海峡に面した要衝の地であるが、当時、瀬戸内海から紀淡《きたん》海峡に上下する船の多くは、海の難所鳴門海峡をさけて小鳴門海峡に抜けるコースをとっていた。そのため、藩は北泊にはやくから番所屋敷をかまえ、この水域を航行する船の監視や点検を行った。幕末には、北泊屋敷は異国船防備の基地として利用されるなど、軍事的機能をもあわせもっていた。

吉野川と那賀川の水運●

徳島には、北の吉野川、南の那賀川をはじめ数多くの河川が四国山地から流れでている。こうした河川を利用した人や物資の移動が活発になったのは、近世以降、とくに元禄期前後からと考えられる。阿波の北部を東西に流れる吉野川は、「四国三郎」の異名をもつ暴れ川であるが、その中・下流域に広大な藍作地帯を形成するとともに、領国内の人や物資の輸送にも重要な役割を果たした。吉野川沿いには伊予街道などの陸上交通もはやくから整備されていたが、この地方の交通・運輸の主役は吉野川を利用した船運であった。藩主巡見のさいや公用の荷物などの輸送にも、多くの場合、吉野川の船運が利用されていた。また、流域の村々で産出される葉藍や藍玉、砂糖・葉煙草・楮《こうぞ》・薪炭などは吉野川を利用して徳島城下や撫養などに積みおろされた。反対に、徳島や撫養からは、藍作肥料の干鰯をはじめ、塩・日常雑貨・衣服類が川船を使って吉野川をさかのぼった。

ところで、近世から明治期にかけて、吉野川で物資の搬送に使われたのは、平田船《ひらたふね》とよばれる八反帆ぐらいの小型の帆掛船であった。船底が浅く幅が広いので、水深の浅いところでも自由に航行できた。積載量は二〜四トンぐらいで、陸路の馬の二〇倍の輸送量であったという。時代はくだるが、明治九（一八七六）年の調査によると、当時、三好郡内だけで池田町三六艘・東井之川《ひがしいのかわ》村三五艘・白地《はくち》村二九艘など合計一八九艘の川船が稼働、池田周辺からきざみ煙草・葉藍・清酒・素麺・楮・和紙・茶・漆器《しっき》などが積みだされていた。池田から下流の徳島までは約二〇里、この間を下り船は帆走で二〜三日間、上りは、冬季に

大河を制御する第十堰

吉野《よしの》川の下流には大規模な斜め堰《せき》がある。十八世紀の後半にきずかれた第十堰である。上堰と下堰とよばれる二筋の堰が斜めにまじわる状態で今に残されている。現在の下堰は一面コンクリートでおおわれているが、当初の姿は杭を打ちこみ、石をつめた蛇籠《じゃかご》をおくものであった。青石を用いた堰の本来の姿がどのようなものであったのかについては、上堰の現状にその面影をうかがうことができる。江戸時代を代表する大規模河川工事の典型例として、また透過性や修復の容易さといった、構造と運用法に柔軟性をもたせた伝統的治水技術「湾曲斜め堰」の実例としても各方面から注目されており、歴史遺産としての価値だけでなく、堰としての機能を保ちながら現在にも引き継がれていることの重要性は計り知れない。

堰の由緒はつぎのとおりである。江戸時代の初期までは、吉野川本流はこの場所で北にむけて屈曲する状態であった。その後、元禄期（一六八八～一七〇四）になって東側にも流れる筋を拡幅し、徳島城下に水を導くための水路を穿《うが》ったところ、本流は水路のほうに移ってしまい、東側下流の村々や耕地をけずりこむ事態を招いた。その一方、かつての本流側には水がむかわず、北東側下流の耕地一帯は渇水や塩害に悩まされることになった。その対策として第十堰の構築が計画され、宝暦二（一七五二）年にきずかれた。以後何度かの延長工事や補修工事がほどこされて現在に至る。

また近年では、堰の撤廃と可動堰構築計画がもちあがり、この計画の是非をめぐって住民投票が実現するなど、堰に対する市民の関心は以前にも増して高まった。およそこのようなものである。なお「第十」の名の由来については、2章でもふれた古代新島荘《にいじまのしょう》の「大豆処《だいずどころ》」に求められるとの指摘

❖コラム

がある。古代南海道《なんかいどう》から国府《こくふ》に至る幹線ルートの途中にあって、そこに津《つ》（港）がおかれ、吉野川の渡河点でもあったという「大豆処」の歴史的重要性を思い浮かべると、地名の由来に関するこの指摘は興味深い。

当初の堰は、北側に屈曲するかつての本流の右岸（下流側の縁）にそってきずかれたといわれており、本流となった東側へは堰の上をオーバーフローする水と、蛇籠の内部を伝う水を振り分ける仕組みであったと推定されている。これが下堰に関する解釈であるが、もう一方の上堰の設置年代や性格については不明な点が多い。また蛇籠をつめて上面を青石敷きにした伝統的構造がよく残されているのは上堰のほうであるため、今後とも系統だった調査や適切な保存措置がのぞまれる。

この第十堰は、地元の方々から古来「おせき」とよびならわされ、二五〇年間にわたって四季折々に親しまれてきたし、現在でも市民の憩いの場として広く利用されている。

第十堰（下堰）

は強い向かい風をうけるため、船頭が岸から曳き綱で曳きあげたりしたので七〜一〇日間を要した。池田・徳島間を一カ月に二往復するのが精一杯であったという。

吉野川沿いの各地には、物資の集散地として多くの川港が発達した。とくに、吉野川と各支流合流点には有力な川港が栄え、山間部で生産された薪炭・和紙・葉煙草などが集荷され、積みだされた。吉野川の川港としては、上流から川口《かわぐち》・川崎《かわさき》・猫坊(山城谷《やましろだに》)・白地・舟戸《ふなと》(中西《なかにし》村)・大西《おおにし》(池田町)・州津《しゅうず》・辻・江《え》口《くち》(芝生《しぼう》村)・小野《おの》(半田《はんだ》村)・高須《たかす》(貞光《さだみつ》村)・太田・猪尻《いのしり》(脇町)・穴吹・岩津《いわづ》・川島・大野島《おおのじま》・柿原《かきはら》・二条《にじょう》・覚円《かくえん》・第十《だいじゅう》・名田《なだ》・大寺《おおてら》などがあった。とくに、辻や小野浜《おのはま》・猪尻・穴吹・川島などは繁盛し、川岸周辺には旅宿や煮売り店などが軒をならべ、夜ともなれば吉野川の水面に三味線《しゃみせん》の音が流れたという。

吉野川の水運は、その後、明治二十年代までは隆盛を続けており、同二十九(一八九六)年の新聞記事によれば、就航荷舟一五〇艘、年間往復回数二万回、輸送物資二〇〇万貫(藍玉・葉藍・染・砂糖・塩・石灰・鯡粕・米・麦・煙草・大豆・木炭・薪・雑貨・陶器類)、ほかに船客用船五〇艘が就航し、年間利用

吉野川の脇町周辺を上下する川舟

客は六、七万人とある（『徳島日々新聞』）。しかし、明治三十三（一九〇〇）年に徳島・川田《かわだ》間に鉄道が開通するにおよび、吉野川水運は鉄道を中心とした陸上交通に主役の座をゆずった。

阿波の南、四国山地の山間部を曲流する那賀川は、上流の仁宇谷《にうだに》地方と下流の今津《いまづ》・岩脇《いわわき》・中島浦《なかしまうら》などを結ぶ物流の動脈として重要な役割を果たしていた。仁宇谷地方は、古くから日本有数の林業地帯として知られ、木頭杉《きとう》など良質の木材を産出していたが、伐りだされた木材はもっぱら筏《いかだ》に組まれ、筏師のみごとな竿さばきで那賀川の急流をくだった。木頭より那賀川河口の中島浦までは約三〇里、一回の筏流しで往復一三日を要したという。仁宇谷地方では、木材のほかに茶・薪炭・楮・和紙・棕櫚皮《しゅろ》・葛籠《つづら》・檜縄などの山方商品が産出されたが、その搬送には高瀬舟《たかせぶね》という舟底の平たい小型の荷船が利用された。那賀川流域の山間諸村では、零細な自給的農業のみでは生活ができず、多くの人たちが材木の伐出しをはじめ、筏流し・高瀬舟など那賀川の「船稼ぎ」に現金収入の途を求めていた。

阿波の番所●

近世の阿波では、国境や河口・海岸など交通の要所には番所をおいて、人や物の出入りをきびしく監視する体制をととのえていた。前述したように、海の玄関口・撫養には岡崎番所と北泊番所がおかれた。

一方、阿波と讃岐・伊予・土佐との陸続きの国境には境目番所がおかれた。享保十五（一七三〇）年の記録によると、阿讃山地の讃岐国境には大坂口・碁浦《ごのうら》（以上、板野郡）、大影《おおかげ》口・日開谷《ひがいだに》口・大奈良《おおなら》口（以上、阿波郡）、曽江《そえ》口（美馬郡）、加茂宮《かものみや》滝口（三好郡）、伊予国境には佐野口・白地舟渡（以上、三好郡）、祖谷山有瀬《あるせ》口（美馬郡）、また、南方の土佐国境には宍喰古目・同金目・同元越《もとごえ》・同竹ケ島《たけがしま》（以上、海部郡）などの各番所が配置されていた（蜂須賀家文書「所々御制札場数御番所御制札場数其余目録」）。各番所には番人がつめ、人や物の出入りを監視した。その一つ、板野郡大坂口番所は阿讃国境の重要な番所であったが、ここには二人の番人と鉄炮二挺・鑓《やり》二筋・突棒《つくぼう》・刺股《さすまた》・琴柱などの武器・捕り方道具類が配備され、往来手形による出入り人のチェックや他国米（麦）制道《せいどう》などをはじめ抜け荷改めなどが行われた。享保十五年の記録には領内五五カ所の番所が記録されているが、そのうち三五カ所までが各河川の河口や海岸部におかれたいわゆる河口（浦）番所であった。河口番所では河口を出入りする船や積み荷、旅人改めなどが行われたが、とくに城下近くの津田川口番所は撫養の岡崎番所とならんで重要な位置にあった。ここには常時四人の番人がつめ、主として徳島城下と上方・淡路を結ぶ「男女幷《ならびに》俵物其外《そのほか》品々改め」の任にあたっていた。

なお、幕末期に阿波沖に異国船が出没するようになると、藩ではその監視と海岸線警備に神経をとがらせるようになる。そうしたなかで、阿波では遠見番所が沿岸各所におかれ、異国船や難破船の監視にあたった。遠見番所は、土佐泊浦大松瀬・室《むろ》村東山《ひがしやま》（以上、板野郡）、中島浦大野・橘《たちばな》浦古勝《こかつ》（以上、那賀郡）、阿武《あぶ》浦岬山・牟岐浦大島・鞆浦手倉・宍喰浦竹ヶ島（以上、海部郡）の八カ所に設置されたといわれる。

一方、領内各地の郷町や交通の要地などには制札場が設けられ、公儀《こうぎ》からの切支丹《キリシタン》禁令をはじめ、藩の重要通達などが掲げられ、上意下達の情報センターとしての役割を果たしていた。ちなみに、享保十五年の記録によると、城下市中以外の郡別の制札場は名東六、名西一、麻植二、勝浦二、那賀一〇、海部一一、板野八、阿波二、美馬四、三好五の都合五一カ所であった。

3　阿波の学問と文化

阿波の学問と学問所●

江戸時代の学問の主流は、儒学《じゅがく》（朱子学《しゅしがく》）であった。儒学は、封建《ほうけん》的主従関係や身分の別など上下秩序を重んじ、忠孝の教えを最高の徳とするものであったから、武士の支配をささえる学問として、はやくから幕府や諸藩で重く用いられた。

阿波に朱子学が広がるのは、寛文五（一六六五）年に三代藩主光隆《みつたか》が京都の儒者合田昌因《ごうだしょういん》を招いたのが最初であるといわれるが、その後、五代藩主綱矩《つなのり》につかえた増田立軒《ますだりゅうけん》は『渭水聞見録《いすいぶんけんろく》』をあらわし、蜂須賀家政以来の歴代藩主の事績をたどりその支配の正当性を論じた。十八世紀以降、社会矛盾が激化していくなかで、儒学は藩政建て直しの思想的よりどころともなり、重要な役割を果たすようになった。とくに、十代藩主重喜《しげよし》は、明和四（一七六七）年、のちに幕府昌平坂学問所《しょうへいざかがくもんじょ》の教官となった柴野栗山《しばのりつざん》を招聘することによって、家中《かちゅう》へ支配イデオロギーの教化をはかっている。また、集堂迂亭《しゅうどううてい》は江戸詰めの藩士であったが、室鳩巣《むろきゅうそう》に師事して朱子学を学び、藩主重喜に藩校《はんこう》設立の建白書を提出するなど、藩の文教政策に重きをなした。さらに、那波魯堂《なばろどう》も重喜に招かれ侍講《じこう》として活動したが、朱子学の正統を論じ「四国の正学」と称された。わが国最初の儒学史といわれる『学問源流』や『魯堂文集』などの著作がある。

重喜失脚後、十一代藩主の座についた嫡子治昭《はるあき》は好学の藩主としても知られるが、寛政三（一七九一）年藩儒の合田栄造《えいぞう》（立誠《りっせい》）・柴野碧海《へきかい》（栗山の養子）らの建議をいれて城下の寺島巽《たつみ》浜に寺島学問所を設立した。学問所では、合田栄造・岡田善次《よしつぐ》らの教官によって四書《ししょ》・五経《ごきょう》や『国史略《こくしりゃく》』『十八史略』などをテキストとして儒学（朱子学）や歴史学が講じられた。藩士教育を主眼としたが、学問所では学力を重視し、藩士の子弟だけでなく庶民にも門戸を開いたといわれる。

本居宣長《もとおりのりなが》の「鈴屋門人姓名録」には寛政期に何人かの阿波人が載せられているが、阿波の国学はこのころからおこったと考えられる。大麻比古《おおあさひこ》神社の神官永井精古《ながいせいこ》は伊勢内宮《いせないくう》の神官荒木田久老《あらきだひさおゆ》に学び神典復古学を主張、阿波の式内社《しきないしゃ》を精査して『阿波国式社略考』をあらわした。玉田永教《たまだながのり》は元藩士。上洛《じょうらく》して唯《ゆい》一神道《いっしんとう》を学び、のち諸国を巡遊して民衆にわかりやすく神道を説き、神国思想の普及につとめた。著作に『神国令《しんこくれい》』などがある。阿波郡西林《にしばやし》村（阿波市）の人、岩雲花香《いわくもはなか》は江戸で平田篤胤《ひらたあつたね》に師事し、国学《こくがく》につうじ和歌をよくしたが、晩年には勤王《きんのう》を説いて諸国を巡歴した。池辺真榛《いけべまはる》は陪臣《ばいしん》の出であるが、長じて本居内遠《うちとお》らに学び、歴史・国文学・歌学などにつうじる。著作に『古語拾遺新註《こごしゅういしんちゅう》』『栄花《えいが》物語略註《りゃくちゅう》』などがあるが、文久三（一八六三）年、国事・藩政を批判して幽囚の身となった。幕末期に草莽《そうもう》の思想家として尊皇攘夷《そんのうじょうい》運動に参加した新田邦光《にったくにてる》（竹澤勘三郎《たけざわかんざぶろう》）は脇町（美馬市）の出身。維新後は神道修成講社《しゅうせいこうしゃ》をおこし、古神道を唱導した。著作に『教道大意《きょうどうたいい》』などがある。

阿波の刊行本としては、藩主治昭が藩儒の増田衡亭《ますだこうてい》に命じて刊行した阿波版『資治通鑑綱目《しじつがんこうもく》全書』（全一三一巻）がある。また、藩撰の地誌として、文化十二（一八一五）年に『阿波志』（全一二巻）が刊行された。徳島藩では、藩政の一環として藩領の地誌編纂に着手。庄屋に命じて、郡村の沿革や田畑・租税・産物・社寺・古蹟・人物などを調査・報告させ、藩儒佐野山陰《さのさんいん》（藤原之憲《ふじわらこれのり》）に編纂させたものである。

蜂須賀家には、和漢古今の書を集めた「阿波国文庫」があり、当時、水戸徳川家《みとくがわけ》の彰考館《しょうこうかん》、加賀前田《かがまえだ》家《け》の尊経閣《そんけいかく》文庫とともに全国にその名を知られていた。文庫は、重喜・治昭・斉昌《なりまさ》・斉裕《なりひろ》と続く好学の藩主によって集成されたもので、蔵書数は六万冊を超えたといわれる。とりわけ重喜が招いた儒者柴野栗山の旧蔵本、藩主斉昌に厚遇された学者屋代弘賢《やしろひろかた》の集書、「不忍《しのばず》文庫」がその死後蜂須賀家に献上され、文庫の中心となった。しかし、阿波国文庫は、戦後、昭和二十五（一九五〇）年に徳島公園内の憲法記念館に保管中、同館の失火によりその大半が焼失してしまった。

幕末期の教育機関としては、安政三（一八五六）年、十三代藩主斉裕が文武にわたる人材養成のために、江戸八丁堀《はっちょうぼり》藩邸に開設した長久館《ちょうきゅうかん》がある。長久館では、時代の潮流をうけて学問としては伝統的な漢学（朱子学）と洋学（蘭学《らんがく》）、その他、算術・筆学が講じられ、武芸では砲術・練兵術・射術・槍剣術・馬術など和洋の多彩な教練が実施された。しかし、二年後に江戸藩邸が火災で焼失、元治元（一八六四）年に江戸詰め藩士が藩邸を引きはらうにおよんで、長久館も廃された。その後、明治二（一八六九）年になって、徳島城西の丸に寺島学問所をはじめ洋学校、医師学問所をあわせ統合して長久館が再興され、新居与一助《にいよいちのすけ》が学

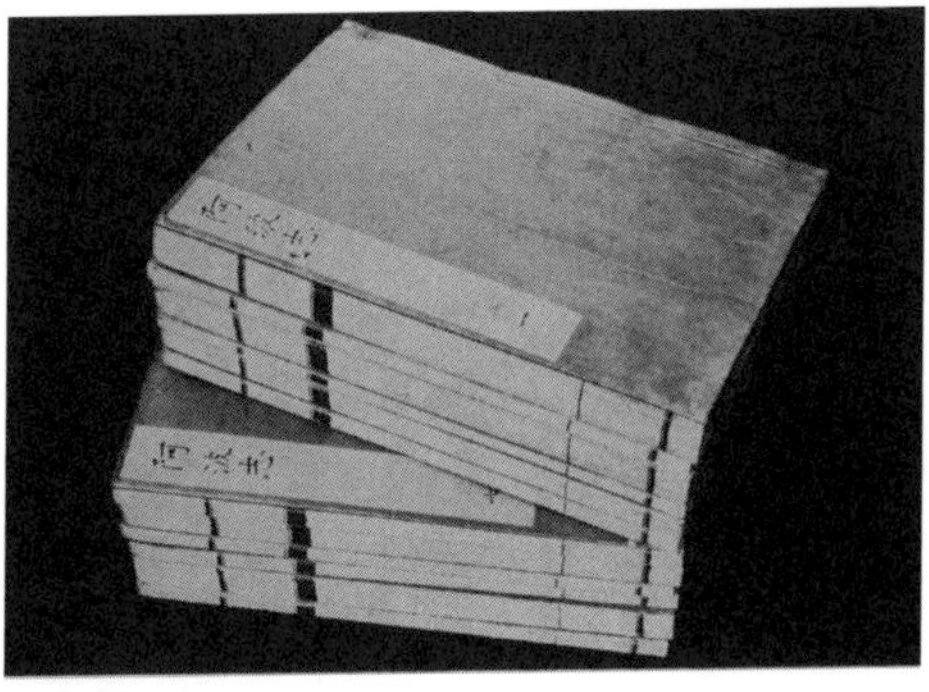

『阿波志』全12巻

頭に任じられた。

阿波の洋学●

阿波では、伝統的な朱子学・国学に対して、医学・本草学《ほんぞうがく》を中心とした自然科学も幕末になるにつれ、めざましい発展をみせた。阿波ゆかりの医家としては、まず、明和五（一七六八）年に藩医に迎えられた賀《か》川玄悦《がわげんえつ》があげられる。玄悦は、胎児が頭を下にした倒位で母胎にいる正常胎位を発見して、整胎術を創始した。『産論』の著作がある。一方、阿波の長崎学派ともいうべき人びとによって、西洋医学の研究が深められた。その一人、阿南市羽ノ浦《はのうら》出身の美馬順三《じゅんぞう》は西洋医学を志し、シーボルトの鳴滝塾《なるたきじゅく》に学んで初代の塾頭となった。さらに、順三はジェンナーの種痘法についてわが国最初の書物『牛痘接法』をあらわすなど、西洋医学の研究に大きく貢献したが、前途を期待されながら三一歳で没した。ややおくれて、高《こう》良斎《りょうさい》（城下常三島《じょうさんじま》出身）もシーボルトのもとで西洋医学（瘍科・眼科）を学び、シーボルト事件後に徳島に帰り、眼科医として診療に従事しながら西洋医学・オランダ語を門弟に伝授した。『西医新書《せいいしんしょ》』など多数の著訳書がある。

医学関係の教育機関としては、寛政七（一七九五）年に開設された医師学問所がある。医師学問所は、藩主治昭が藩医術向上のために京都から医師小原春造《おはらしゅんぞう》を招き、同人居宅を学問所として、医学を講習させたのが始まりであった。その後、天保期には市中塀裏《へうら》町に医学校を新築して移転、以後、明治二（一八六九）年に藩校長久館に合併されるまで、従来の漢方医学だけでなく、西洋医学の導入と研究の面で大きな足跡を残した。医師学問所の創始者小原春造は、小野蘭山《おのらんざん》に本草学を学んだが、みずからも学問所に薬草園をつくって製薬を行い、病気救済の薬学を論じた。そのかたわら、春造は阿波・淡路地方の国産品ならびに薬品調査を行い、文政三（一八二〇）年には『阿波淡路両国産物志』編纂の命をうけている。

美術・工芸●

近世阿波の画壇は多彩であった。近世画壇で重きをなした狩野派の流れを汲む絵師としては、藩主重喜に召しだされ藩のお抱え絵師として活躍した矢野栄教《やのえいきょう》や河野栄寿《こうのえいじゅ》がいた。また、文人画にも閑々子《かんかんし》・鈴木芙蓉《ふよう》、芙蓉門下で養子の鈴木鳴門《めいもん》、貫名菘翁《ぬきなすうおう》（海屋《かいおく》）などすぐれた画人が輩出した。芙蓉は、藩主治昭に招かれ藩の絵師となったが、花鳥山水・人物画にすぐれ、「名山奇観富嶽図《めいざんきかんふがくず》」「阿波盆踊図《ぼんおどりず》」などの作品がある。住吉《すみよし》派の渡辺広輝《ひろてる》は、矢野栄教の推薦で江戸にのぼり住吉派を学び、のち藩のお抱え絵師として活躍、「祖谷山絵巻」などの作品が残されている。広輝の門下、守住貫魚《もりずみつらな》は花鳥山水・人物・肖像画などに数々の名作を残したが、晩年には帝室技芸員となり日本画壇の重鎮として活動した。阿波関係では「新町橋渡初《わたりぞめ》之図」などがある。その他、円山《まるやま》派の流れを汲む画人松浦春挙《まつうらしゅんきょ》や吉成葭亭《よしなりかてい》などがあらわれた。浮世絵《うきよえ》の役者絵・相撲絵などで不滅の作品を残した東州斎写楽《とうしゅうさいしゃらく》は、一説によると徳島藩お抱えの能《のう》役者であったといわれる。書道では、貫名菘翁が近世第一の能書家と称されたが、南画《なんが》の名手としても知られていた。

その他、工芸（漆工《しっこう》）の分野では、飯塚桃葉《いいづかとうよう》が活躍した。桃葉は、藩主重喜にかかえられ江戸藩邸に住み、印籠《いんろう》・文箱《ふばこ》などに数多くの作品を残したが、代表作に「宇治川《うじがわ》蛍《ほたる》蒔絵《まきえ》文台《ふみだい》硯箱《すずりばこ》」がある。子孫は代々襲名して藩につかえた。海部刀《かいふとう》は中世から近世にかけて海部川流域で製作されたが、切れ味が鋭い実戦的な刀として全国的に知られていた。この地方では刀工が輩出したが、なかでも海部氏吉《うじよし》の一派は蜂須賀家に召されて城下に住み、明治期まで作刀を続けたという。

4　四国遍路と阿波の民衆芸能

四国遍路の旅●

阿波は、四国遍路《へんろ》振りだしの地である。一番札所《ふだしょ》霊山寺を札はじめとして、吉野川沿いの村々を十番札所切幡寺《きりはたじ》までさかのぼり、十一番札所藤井寺《ふじいでら》から十二番札所焼山寺《しょうさんじ》までは札所巡り最大の難所、「遍路転《ころ》がし」とよばれる山道をよじのぼる。焼山寺からは鮎喰川《あくいがわ》にそって山道をくだると十三番札所大日寺《だいにちじ》に辿り着く。そこから吉野川下流域の札所をめぐり、十八番札所恩山寺《おんざんじ》から南にくだり、二十番鶴林寺《かくりんじ》、さらに若き日の空海《くうかい》が「阿国大瀧嶽に躋《のぼ》り攀《よ》じ」ったと伝えられる二十一番太龍寺《たいりゅうじ》の深山札所にさしかかる。太龍寺をくだり、二十二番札所平等寺《びょうどうじ》を経て星越《ほしごえ》峠の難所を抜けると二十三番札所薬王寺《やくおうじ》に到着する。薬王寺からは土佐の札所につうじる海辺の道をたどることになる。これが、「発心《ほっしん》の道場」とよばれる阿波の一般的な遍路コースである。

四国遍路は、弘法大師《こうぼうだいし》（空海）ゆかりの寺院八八カ所（札所、霊場《れいじょう》）をめぐる巡礼であるが、その起源については定かではない。また、札所がなぜ八八カ寺なのか、一番から八八番までの札所巡拝のコースや順序がいつごろどのようにして決まったのかなどについても、はっきりしたことはわからない（白井加寿志「四国遍路の実態」『徳島の研究』第7巻所収）。一番札所霊山寺以下、八八カ寺がはじめて文献に登場するのは、承応二（一六五三）年の『四国遍路日記』（僧澄禅《ちょうぜん》）である。四国遍路が聖《ひじり》や僧以外の一般民衆のあいだに広がっていき、それに伴って八八カ所が確定されるのも、おそらくはこの前後の時期であったと考えられる。貞享元（一六八四）年にあらわされた『四国遍路道指南《みちしるべ》』（宥弁真念《ゆうべんしんねん》）は、四国遍路の心がまえや遍路行に準備すべき物などを詳細に書きあげており、格好の四国遍路手引書となっている。その後も、元禄二（一六八九）年に『四国遍礼霊場記』（寂本）、翌三（一六九〇）年には『四国遍礼功徳記《くどくき》』（真念）など、四国遍路の案内記・霊場記があいついででている。十七世紀中・後期のこの時期に、民衆による四国遍路がほぼ定着したと考えることができるようだ。農業生産力の発展を土台として、農民をはじめ民衆の経済力が伸張していった時代でもある。

このころから、阿波の村々でも札所詣りをする四国遍路の姿がみられるようになった。四国遍路は、各地で超人的な霊力を発揮して万人を救ったという弘法大師によせる信仰（大師《だいし》信仰）を土台とするものであったが、その動機や願いには多様なものがあった。弘法大師の聖跡をたどり、ひたすら修行につとめる修行（信仰）遍路をはじめ、心や身体にどうしようもない苦しみや宿業《しゅくごう》を背負って遍路を続ける人びと、さらには生活苦・病気苦などによって故郷をすて「乞食」化してしまった遍路などさまざまな境遇の人びとが阿波の村々を経巡《へめぐ》っていた。なかには、生涯八八カ所を巡り続けるという「時なし遍路」の姿もあった。昭和の初めころまでは、各札所の参道や本堂のかたわらなどには、参詣人にお布施をこう「遍路乞食」（「へんど」）が多くたむろしていたという。

また、その一方では、時代がくだるとともに、信仰半分の物見遊山型の遍路も増加していった。たいていは村役人クラスの裕福な人たちの遍路行であり、彼らは何人かで連れ立って道々名所旧跡などを見聞しながら札所参りをするのが一般的であった。各地に多くの巡拝記録（日記）が残されている。これとは別に、阿波の村々では「五か所参り」「七か所参り」「十か所参り」などと称して、在所の人たちが連れ立って日帰り、または二、三日行程で近くの札所を集中的に参拝する風習も広がった。日々の労働に追われ、経済的にも余裕のない村人にとっては、四国遍路といえば、通常は短期間でまわる「五か所参り」などを意味していた。

四国遍路には、「お接待《せったい》」といって、土地の人びとが遍路に茶をもてなしたり、食べ物をほどこしたりする風習が古くからあった。「接待」をして善根《ぜんこん》をほどこすと、四国遍路をしたのと同じ功徳が得られるのだといわれる。遍路シーズンの春ともなれば、「大師忌」の旧暦三月二十一日を中心に各地で「お接待」がみられた。春の一日、在所の人たちが講《こう》を組み、札所の境内《けいだい》や近くの辻などで心づくしの茶の接待をはじめ、草餅・炒り豆・金銭・手ぬぐい・手製の草鞋《わらじ》や巾着《きんちゃく》などをほどこす—在所の人びとにとっても、心はずむ楽しい行事であった。村の大《だい》師堂《しどう》や氏堂《うじどう》（四つ足堂）などで茶を振る舞う「接待茶」の風習も各地でみうけられた。また、接待は地元の人だけでなく、他国の人たちによっても行われた。霊山寺や薬王寺には、毎年春になると海を越えて紀州から接待講

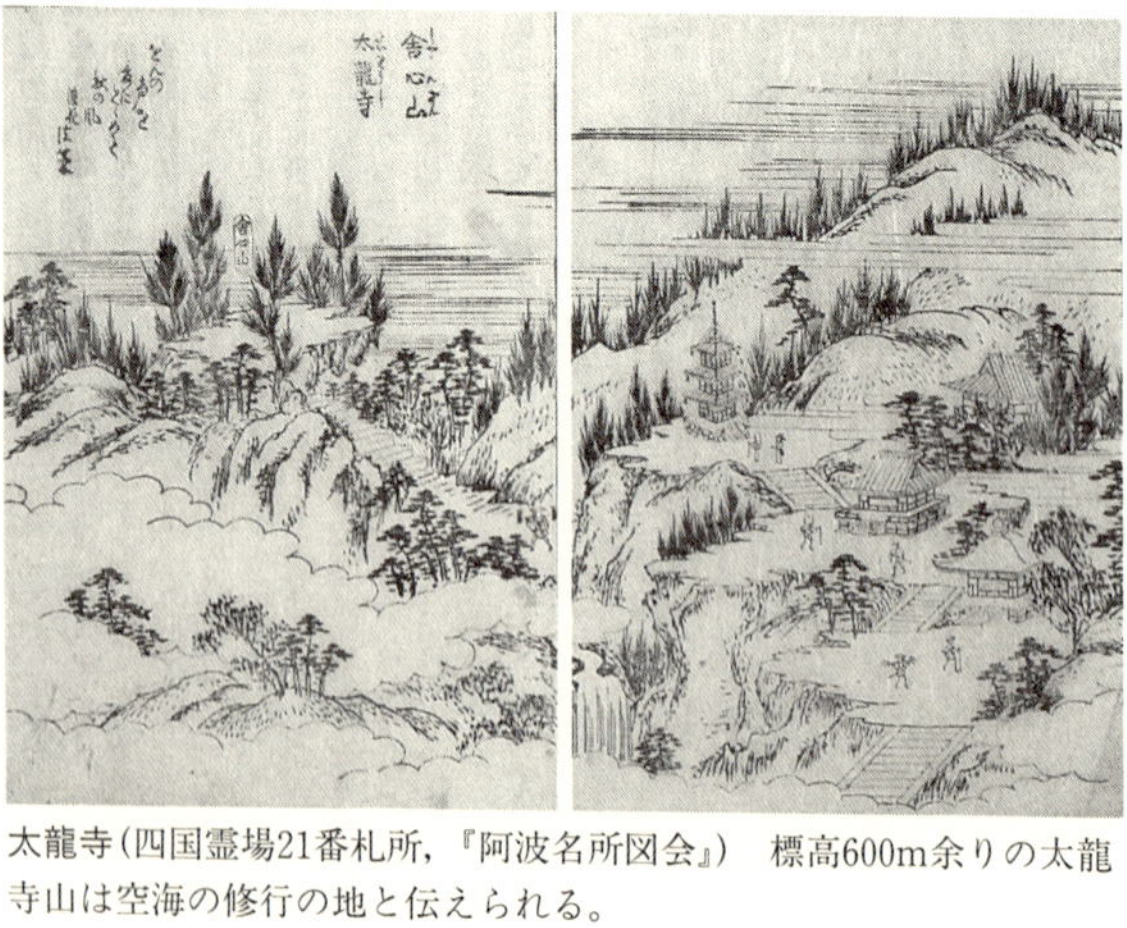

太龍寺（四国霊場21番札所，『阿波名所図会』）　標高600m余りの太龍寺山は空海の修行の地と伝えられる。

がやってきて、「紀州接待所」で蜜柑その他の物をほどこした。立江寺《たつえでら》でも大坂の泉州信達組《しんだつぐみ》の接待がみられたという。

接待の一つに、遍路に一夜の宿を提供するという「善根宿」の風習があった。元来、遍路の旅はきびしく、野宿や寺の縁下で一夜をすごすことは日常のことであったといわれる。概して閉鎖的な村落にあっては、遍路など余所者《よそもの》に対する警戒心が強く、いきおい野宿せざるをえない場合も多かった。そうした状況下での善根宿は、遍路にとってはなににもかえがたいありがたい接待であったといえる。ある民俗学者は、善根宿の一情景について「(遍路は) 家に入るとまず杖を洗い、足を洗ってから部屋に通る、そうして、それからその家の仏壇を拝みお経を上げる。やがて食事をだされる。たいていの場合農家が多いから家の裏の畑からとりたての野菜を炊いて食事を出すわけである。遍路は見聞して来た四方山の話を家の人びとと語り合い就寝する。時にはゼンコンヤドの主人が翌朝の出立ちの時にお米や金銭を与えることもあったと言う」(武田明『巡礼の民俗』) と述べている。ただ、こうしためぐまれた善根宿はまれであり、たいていの場合は一夜の宿を提供されるだけで、それも「乞食遍路」などは軒下か納屋などに泊ったという (白井加寿志前掲論文)。

ところで、徳島藩では領内を巡り歩く四国遍路に対しては、生国の庄屋《しょうや》や寺院が発行した往来手形《おうらいてがた》の所持を義務づけていた。讃岐越えの大坂口番所をはじめ国境の境目番所では、往来切手による人改めが厳重に行われた。また、元禄九 (一六九六) 年の取決めによると、上方から渡海の遍路人には「渡海切手」の所持が義務づけられ、二軒の船問屋が大坂留守居にかわって切手の発行を代行していた (『藩法集3・徳島藩』)。こうした往来手形や渡海切手を所持した者には四国遍路が保証され、一夜の宿を借りることも認められた。さらに、寛政期（一七八九～一八〇一）のころと推定される通達では「諸国より罷越《まかりこ》し候廻国四国大社廻り躰《てい》の者、往来手形等夫々《それぞれ》所持に候へは、病気の節村役人より労《いたわ》り医師に相懸け服薬・食事等手当方之義是迄の通り相労り遣《つかわ》し申すべく候」（大正五年版『御大典記念阿波藩民政資料』）とあるように、病気行き倒れなどのさいには食事や治療などの一定の世話が村方に命じられていた。

以上のように、藩は手形所持の「正統なる遍路」に対しては遍路行を公認し、不時の災難には手当をほどこすなど保護策をこうじている。しかし、それ以外の「路銀無之《これなき》乞食躰の遍路」「他国無切手者」などに対してはきびしく規制している。すでに延宝五（一六七七）年、徳島藩では「遍路 執行人《しゅうぎょうにん》乞食等」の不審人に対しては生国を吟味のうえ、村継ぎをもって故郷還住を指示している（大正三年版『御大典記念阿波藩民政資料』）。十八世紀以降、他国から流入する「胡乱《うろん》者」は増加していくが、そうしたなかで城下市中では再三「他国無切手并に袖乞《そでごい》」などを対象にしていわゆる「乞食狩り」が行われた。文久二（一八六二）年春の「乞食狩り」では、わずか一〇日間に八七〇人が狩り立てられ、「乞食小屋」に収容されている（前掲大正三年版『民政資料』）。

阿波の盆踊り●

阿波は芸どころといわれ、土地に根ざしたさまざまな芸能や生活文化を育くんだが、ここでは阿波を代表する民衆芸能として、領内各地で盛行した盆踊りと人形浄瑠璃《じょうるり》芝居についてみておきたい。

阿波の町や村では、旧暦七月十三～十五日を中心とする盂蘭盆《うらぼん》に死者の霊をなぐさめる死者供養として、盆踊りが各地でもよおされた。阿波の盆踊りは、大きく分けて「村（在郷）の盆踊り」と「町（城下市中）の盆踊り」の二つの系統に分けられるようである。

そのうち、村の盆踊りは、各地で地域性のある多様な盆踊りがみられたが、総じて在郷の踊りの多くは、寺社の境内などに櫓を組んで踊り場(「音頭場」)をしつらえ、その廻りを踊り子が輪をつくって踊る、いわゆる「廻り踊り」(「輪踊り」)であった。そうした在郷の盆踊りのなかでも、とくに吉野川下流域や撫養地方などでは「二上《にあが》り音頭」とよばれる特色ある踊りがみられた。「二上り音頭」は「浄瑠璃くずし」ともいわれるように、音頭出しが浄瑠璃のサワリの一部分を語り(謡《うた》い)、踊り子は伴奏の太棹《ふとざお》の三味線のリズムにあわせて踊った。阿波の民衆芸能ともいうべき浄瑠璃が盆踊りのなかに取りこまれ、阿波特有の盆踊りとして各地に根づいていったものである。「二上り音頭」が演じられた吉野川下流域や撫養地方は、藍作をはじめ塩や砂糖生産など商品生産や流通の盛んな地域であり、「二上り音頭」はそうした商品生産地域を土壌として育まれた民衆芸能であったといえる。

村の盆踊りに対して、城下市中では現在の「阿波おどり」の源流となった盆踊りが熱狂的に展開した。近世後期の記録によると、城下の盆踊りとしては、(1)「組踊り」(口絵参照)、(2)「俄《にわか》」、(3)「ぞめき」の三つの芸態がみられたが、本来、城下の盆踊りは「組踊り」を中心に繰り広げられたようである。「組踊り」は、城下の各町組を単位として踊られたが、各町組ともに意匠をこらした出し物や踊り、きらびやかな衣装などを披露し、市民の人気を博した。この「組踊り」は、中世末に畿内各地で流行した「風流《ふりゅう》踊り」に淵源《えんげん》し、すでに近世初期の段階で徳島城下に受容され、祭礼や盆踊りなど都市のイベントとして定着していたと考えられる。盂蘭盆には、城下の内町や新町の数カ所に「評判所《ひょうばんしょ》」という演舞場がしつらえられ、「組踊り」がつぎつぎと繰りこみ、桟敷《さじき》席の大勢の見物人を前にして、ここを先途とばかりに練り踊った。「評判所」は、領主公認の「見せる踊り」「見る踊り」の集約された場であり、競演の場でもあった。この「評判所」の運営は町組から選出された「踊り世話人」が自主的にあたった。「組踊り」は最盛期には二、三十組が街頭に練りだして趣向をこらした自慢の踊りや出し物を披露したという。

ところが、十八世紀後半以降、華美な衣装や出し物を用いる「組踊り」や「俄」が藩の奢侈禁令や風俗規制の対象となり、しだいに衰退していくなかで、「組踊り」にかわって「ぞめき」が城下盆踊りの主役を演じるようになった。この踊りは、浮き立つような「ぞめき」のリズムにあわせて誰でもが自由に踊ることができ、また浴衣《ゆかた》一枚でも飛び入り参加ができるといった大衆性があり、時代とともに盛んになっていった。旧盆の三日間、城下市中の各所で思い思いに仮装した男女が三味線・笛・太鼓・鼓弓《こきゅう》などの囃子《はやし》にあわせて、文字どおり浮かれ踊った。夜ともなれば、市中の目抜き通りでは「ぞめき踊り」の大乱舞になり、市民を熱狂のるつぼに引きこんだといわれる。

城下市中の盆踊りは、時代がくだるとともに、城下近郊の村々や在郷町およびその周辺部に波及していった。脇町在住の俳人上田美寿《うえたみす》は、嘉永六（一八五三）年七月十六日の日記に「礼者つどひ、往来ぞめきやう、三味せん引、太鼓・つゞみ、子共《（ママ）》まぜり、ぞめき賑《にぎわ》し」（「桜戸日記」）と幕末期脇町の盂蘭盆風景を情緒ゆたかに書きとめている。こうして幕末維新期になると、城下市中の盆踊り（ぞめき踊り）はしだいに各地に広がるようになり、現在の「阿波おどり」につながる下地が形成されていった。

阿波の人形芝居●

阿波は、人形浄瑠璃芝居（人形芝居）の盛んな土地柄である。町や村では、祭礼や農閑期など機会あるごとに人形芝居が興行された。阿波の人びとにとって、人形芝居は小さいころから慣れ親しんできた郷土芸能であり、人形の演じる義理人情のしがらみの世界に日ごろの労働の苦しさを忘れた。

人形芝居は、浄瑠璃（太夫）と三味線（三味線弾き）、操り人形（人形遣い）が一体化してつくりだす総合舞台芸能である。その始まりは摂津《せっつ》・西宮《にしのみや》神社の「えびすかき」にあると伝えられるが、阿波には近世初期に淡路人形芝居が導入され、各地に根をおろしていった。一説によると、歴代藩主は祝儀事《しゅうぎごと》のさいには、淡路から上村源之丞《うえむらげんのじょう》・市村六之丞《いちむらろくのじょう》・中邑久太夫《なかむらきゅうだゆう》の三座を交代で招き、城下で操り芝居を興行させたといわれる。淡路の人形座は、最盛期には三原《みはら》・津名《つな》両郡で四八座を数えたが、その多くは瀬戸内地方を中心に四国・中国・九州・紀州方面にまで巡業していたという。

阿波では、淡路人形芝居の影響をうけて、人形芝居が盛んであった。とくに、十八世紀以降、徳島城下をはじめ各地で小屋がけの人形芝居が盛んに興行されるようになった。「徳府世情扣《とくふせじょうひかえ》」という幕末期の記録によると、天保十四～嘉永三（一八四三～五〇）年の八年間に、二軒屋《にけんや》・佐古《さこ》大谷《おおたに》など城下周辺部で合計一六回の人形芝居が興行されている。当時、人形芝居には、

農村舞台（那賀郡那賀町川俣礫《かわまたつぶて》神社）

見物人から木戸銭をとる「興行芝居」と寄付金による「御祝儀芝居」とがあったが、城下周辺では大半が興行芝居であり、しかも一カ月前後の長期間にわたる興行が多かった。客の入りもほとんどが「大当たり」「相応の当たり」といった状況であり、この時期、城下周辺では興行的にも人形芝居が十分に成り立つことを示している。こうして徳島城下や領内各地では人形芝居が盛んに興行されていたが、阿波では誰もが「一口浄瑠璃《ひとくち》」といって、「義経千本桜」や「朝顔日記」などのサワリの部分を口ずさむことができた。商家の旦那や村の地主などのあいだでは三味線の師匠を招いて浄瑠璃をおさらいし、自慢の喉《のど》を披露するという「習いごと」が流行した。浄瑠璃をたしなむことは、町や村の有力者がそなえるべき教養の一つでもあった。

阿波では、村の神社の境内に舞台をしつらえ、秋祭りなどに村人が弁当持参で集まって、人形芝居や素人歌舞伎《かぶき》を楽しむ風習が各地に残っていた。神社境内などにしつらえられた舞台は現在「農村舞台」とよばれているが、近世後期から明治・大正期にかけて各地につくられ、現在確認されている阿波の農村舞台は二〇八棟にのぼるという（阿波のまちなみ研究会編『阿波の農村舞台』）。そのうち、犬飼《いぬかい》の農村舞台（徳島市八多《はた》町、五王《ごおう》神社）、坂州の農村舞台（那賀郡那賀町、八幡神社）などは、現在も毎年秋に人形浄瑠璃がもよおされ、大勢の見物客がつめかけている。農村舞台の分布は、主として山間部の勝浦《かつうら》川・桑野《くわの》川・那《な》賀《か》川・鮎喰川各流域や南の海部郡沿岸部に集中しており、反対に吉野川流域にはほとんど存在しない。藍作が盛んであった吉野川沿いの村々では、淡路の人形一座などをよんで木戸銭《きどせん》をとる興行芝居が盛んであった。一方、山間部の村々では、もっぱら土地の人形一座による素人人形芝居がもよおされ、その舞台として農村舞台が使われた。

阿波でよく上演された芸題には、「菅原伝授手習鑑《すがわらでんじゅてならいかがみ》・寺子屋《てらこや》の段」「絵本太閤記《たいこうき》・尼崎《あまがさき》の段」「正写朝《いきうつしあさ》顔話《がおばなし》・宿屋《やどや》の段」「伽羅先代萩《めいぼくせんだいはぎ》・正岡忠義《まさおかちゅうぎ》の段」「一谷嫩軍記《いちのたにふたばぐんき》・熊谷陣屋《くまがいじんや》の段」などがあった。なかでも、近松半二《ちかまつはんじ》らの合作になる御当地もの「傾城《けいせい》阿波の鳴門・巡礼歌の段」はどこの一座でも上演され、人気を博した。また、農村舞台では、芝居の幕間に「ふすまカラクリ」が披露され、人びとは遠近法を使って極彩色に描かれた千畳敷の御殿などにやんやの喝采を送った。こうして近世後期になると、阿波の人形芝居は淡路をしのぐようになり、最盛期の明治二十（一八八七）年ころには七四座を数えた（久米惣七『阿波の人形師』）。

そうしたなかで、阿波では、操り人形の頭《かしら》（デコ）を製作する人形師が輩出した。阿波の人形師は享保期の馬之背駒蔵《うまのせこまぞう》にはじまるといわれるが、幕末から明治期にかけて名東郡和田《わだ》村（徳島市国府《こくふ》町）を中心に人形富（川島富五郎）、天狗忠（福山忠三郎）、天狗弁（近藤弁吉）などの名手があらわれた。明治期には天狗富に弟子入りしていた初代天狗久（吉岡久吉）が独立して、数々の名作を製作している。

阿波の木偶廻し●

ところで、吉野川上流の三好郡地方には、正月の祝福芸として三番叟《さんばそう》などをあやつり、農家を門付《かどづ》けしてまわる木偶廻《でこまわ》し（三番叟廻し）があった。阿波の木偶廻しは、たいてい二人一組になって操り人形をおさめた櫃《ひつ》を天秤棒《てんびんぼう》でかつぎ、正月から春先にかけて、長年の慣行として認められてきた地域（稼ぎ場）を門付けしてまわった。記録によると、その足跡は阿波の村々はもちろんのこと、讃岐・伊予から中国・九州筋にもおよんでいた。この人形舞稼ぎは、単なる放浪芸ではなく、彼らはいく先々で農民にとって切実な願いである五穀豊穣や家内安全を神に祈願しながら歩いた。木偶廻しを迎える人びとにとっては、人形のとなえる言葉はこの一年を予祝《よしゅく》する神の言葉であり、豊年満作を約束するものでもあった。こうして、阿波の木偶廻しは農耕神事をにないつつ稼ぎ場の村々を歩いたが、それだけに農民の暮らしや生産活動と奥深く結びついていた。

　吉野川上流の木偶廻しは、「掃除《そうじ》」身分の人びとによってささえられていた。彼らは、ふだんの生活では零細であるが、百姓と同じように農業に従事する場合が多かった。しかし、身分的には百姓とは隔離され、百姓との同座を認められないなど、差別的な状況におかれていた。この地方にいつごろから木偶廻しがはじまったのかあきらかではない。しかし、少なくとも中世末から近世初期には、すでにこの地方に農耕神事とかかわった雑芸能集団が定着していたと考えられる。「掃除」を身分的に特徴づけたのは人形舞稼ぎであり、それゆえ差別的な状況におかれたと考えられる。さらに注目されるのは、彼らが木偶廻しという門付け芸能にしたがうかたわら、人形浄瑠璃芝居にも参加していた事実である。文政十一（一八二八）年の記録によると、「掃除」身分の八蔵という人物が座元《ざもと》になって人形芝居一座を結成し、遠く伊予・今治《いまばり》藩

箱廻し（昭和 35<1960>年ごろ，徳島市津田町）

領まで興行していたことがわかる。前述したように、幕末の阿波には多数の人形芝居の一座があったが、そのなかのいくつかは「掃除」身分の人たちによって結成されたものであった。彼らはさすらいの芸能者として、「箱廻し」「とうくんぼ」などともよばれ、さげすみ、いやしめられることもあった。しかし、そうした「掃除」身分の人びとが、阿波の伝統芸能である人形浄瑠璃芝居をその底辺でしっかりささえていた事実にも注目したい。

7章

苦悩する徳島藩

新町川風景(昭和初期)　西船場の河岸一帯には白壁の藍倉が建ちならび，往時の阿波藍の隆盛をしのばせる。

1 藩政改革の時代

藍統制の強化と五社宮騒動●

阿波藍《あわあい》の他国売りがいつごろからはじまったかはあきらかでないが、すでに寛文期（一六六一〜七二）には江戸《えど》売りがはじまっていたと伝えられる。江戸積み藍玉《あいだま》の取引は、阿波の藍師《あいし》・藍商《あいしょう》が江戸市中の藍問屋に藍玉を売り渡すという問屋着《といやちゃく》販売仕法《しほう》が実施されていた。この仕法では、阿波藍の流通は江戸問屋資本およびそれと結んだ特権的な藍師・藍商によって支配されたが、これに対して十八世紀以降、あらたに「直売《じきうり》・振売《ふりうり》」を求める動きが活発になってきた。享保十六（一七三一）年、藩は、問屋着販売仕法は国許の藍師や藍作人《あいさくにん》の衰微をもたらし、「自然と御国民之疼《いたみ》ニ相成る」という判断のもと、今後は「直売・振売」勝手次第という方針に転じている。「直売・振売」の公認は、それまで藍玉の製造工程のみに参加し、江戸市場《しじょう》を中心とする流通過程からなかば遮断されていた在方《ざいかた》の藍師層が藍玉の流通・販売に積極的にのりだしてきたことを反映していた。

一方、藩は享保十八（一七三三）年に「藍方御用場《あいかたごようば》」を開設し、阿波藍に関するいっさいの業務を統括させるとともに、一連の統制強化に着手した。とくに、葉藍《はあい》の売買にあたって藍作人・藍師双方から葉藍代銀の二歩（二％）ずつを葉藍取引税として藍方御用場に収納するという「葉藍四歩懸《しぶがかり》」（「歩引《ぶびき》」）が新設されたことは、藩がこれまでの流通支配だけでなく、阿波藍の生産過程に対する支配と利潤吸収にのりだしてきたことを物語っている。こうした藍作地帯に対する生産支配の強化が藍作の自由な発展を阻害し、かつ藍作人を圧迫し、その利害と対立するものであったことはいうまでもない。さらに追打ちをかけるように、藩は宝暦四（一七五四）年に「玉師株《たましかぶ》」（藍師株）を制定して、在方において藍玉・蒅《すくも》の製造に従事する藍師数の固定化をはかっている。これは、藍師を在株制度として藩の生産・流通支配のなかに排他的に組み込み、あわせて彼らから御用銀を確保しようとするものであった。「玉師株」の制定は藍作人の藍師化への道をとざし、一方では「葉藍四歩懸」の新設ともあいまって、阿波藍の発展に大きな桎梏《しっこく》となった。

そうしたなかで、宝暦六（一七五六）年閏《うるう》十一月、藍作地帯の村々に一揆蜂起《いっきほうき》をよびかけるつぎのような廻文がひそかにまわされた（蜂須賀家《はちすかけ》文書「高原村《たかはらむら》騒動実録」）。

藍四歩相懸り弐拾四五年に罷成《まかりな》り候《そうろう》処、又々去ル戌年（宝暦六年）より玉師に仰せ付けられ、作人一統困窮仕り、其上悪年に罷成り、御年貢《ねんぐ》等も相調《あいととの》へがたく、両親妻子・牛馬も育て難く、惣作人共一統申談じ仕り候通り、来ル廿八日鮎喰《あくい》川原へ出会い申す可《べ》く候、其村々作人共貝・鐘《かね》・つく棒用意にて面々其村々に印《しるし》致し名前書付け罷出申す可く候、此廻状村寺々へ御廻シ成され候、若《も》し滞り候得は其寺焼打いたし申す可く候

廻文に署名はないが、名西《みょうざい》郡高原村（石井町）の京右衛門《きょうえもん》ら指導者が村々藍作人に一揆への参加をよびかけたものである。この騒動が「葉藍四歩懸」の取立て、玉師株制定というあらたなる収奪を引金にして発生したことはあきらかである。廻文は寺院経由で藍作村々に伝えられ、百姓たちは梵鐘《ぼんしょう》を乱打し、法螺《ほら》貝《がい》をふきならし、騒然とした雰囲気が藍作地帯をつつんだ。藩側の必死の鎮撫《ちんぶ》工作と弾圧により、一揆勢が鮎喰川原に集結し、要求を掲げて城下《じょうか》に押しだそうという計画は、決行直前に挫折してしまった。京右

衛門ら五人の指導者は逮捕され、翌宝暦七（一七五七）年三月、鮎喰川原で磔《はりつけ》の極刑に処せられた。ちなみに、騒動から二五年後の天明元（一七八一）年、高原村の農民たちは騒動発端の地に京右衛門ら犠牲者の霊をまつる小祠を建て五社宮《ごしゃみや》明神《みょうじん》としてあがめた。その後、藩の再三の禁令にもかかわらず、村人の手によって犠牲者の霊への祭祀と一揆の伝統はまもりつがれ、明治十二（一八七九）年には五社宮神社として現在の社殿が完成している。

　五社宮一揆は、藩の阿波藍に対する支配に抗して藍作人を中心に藍師層をもまきこんでたたかわれた点で、藩にあたえた打撃は大きかった。騒動の結果、享保期（一七一六〜三六）以来の阿波藍に対する支配体制は大きく破綻《はたん》した。すなわち、宝暦十（一七六〇）年に至って、藍方御用場は廃止され、同時に農民たちが強く要求していたとおり「葉藍四歩懸」と玉師株も撤廃されている。農民たちの抵抗が、多大な犠牲を代償として、藩の阿波藍に対する支配・収奪体制をうちやぶったといえるであろう。こうした事態は深刻な財政難ともからまって、藩の支配体制の再編成、とりわけ後述するような阿

五社宮一揆の犠牲者をまつる五社宮神社（名西郡石井町高原）

波藍の生産・流通過程へのあらたな国産政策を不可避なものとした。

重喜登場●

宝暦四（一七五四）年八月、徳島藩では、襲封後わずか六〇余日で病没した前藩主至央《よしひさ》にかわって、秋田新田藩佐竹義道《さたけよしみち》の第四子義居《よしすえ》を新藩主に迎えた。十代藩主重喜《しげよし》である。新藩主重喜を迎える徳島藩は、その内部にさまざまな問題をかかえこんでいた。この時期の藩財政はなかば麻痺《まひ》状態にあったが、そうした財政危機とならんで重喜を憂慮させたのは、領内および家中風儀《かちゅうふうぎ》の乱れであった。藩政をめぐる危機的な状況は、この時期における藩政改革を不可避なものとした。重喜は入封後まもなく、家老《かろう》をはじめとする重臣層に対して、政権を担当するにあたっての協力を要請するとともに、藩政の危機を「国家」の危機ととらえ、ひそかに政治改革への意思表示を行っている。入封後ただちに城中《じょうちゅう》儀式の簡素化や典礼《てんれい》の整備に着手し、藩主権威の地固めにのりだしたのも、そのための布石《ふせき》であった。

改革政治は、宝暦九（一七五九）年の倹約令からはじまった。当面する政治課題は二つあった。一つは、家中風儀に示されたような藩政の乱れ、官僚体制の腐敗化に対処して、重喜による強力なリーダーシップのもと藩政に緊張関係をもちこむこと、今一つは五社宮騒動によって破綻した経済政策を再建し（藍行政改革）、あわせて農村支配の再編成をはかることであった。

宝暦八（一七五八）年に提出された近習《きんじゅう》役賀島兵庫《かしまひょうご》の意見書では、「御奉公《ごほうこう》ニ質ヲ取」といった腐敗化した官僚制度の悪弊や家中風儀の乱れをするどく指摘し、その原因を「上《かみ》之御威光《ごいこう》薄ク御家老之権威強く候」（蜂須賀家文書「宝暦九卯《う》年春諸用扣《ひかえ》」）という家老勢力の強大化と、それに対する藩主権威の後退ないしは形骸化に求めている。意見書が指摘するように、徳島藩では五代綱矩《つなのり》以来、藩主直仕置《じきしおき》にかわって長谷川・山田・賀島・稲田《いなだ》氏ら門閥譜代《もんばつふだい》の家老による家老仕置が藩政を主導するようになっていた。賀島兵庫によれば、こうした門閥家老による藩政の恣意《しい》的支配が、政治の硬直化や悪しき官僚制度をもたらした諸悪の根元であり、ひいてはこの時期における百姓一揆の多発化や支配体制の動揺を引きおこしたというのである。

宝暦・明和の改革●

新藩主重喜の周辺には、しだいに近習役の賀島兵庫、同勘解由《かげゆ》、林建部《たてべ》、中村主馬《しゅめ》など改革派ともいうべき反家老勢力が形成された。いずれも八〇〇～一三〇〇石取りの家老につぐ中老《ちゅうろう》クラスの出身であった。彼らは、前藩主至央の死去に伴う政権交代期を政略上の好機ととらえ、家老勢力にかわって藩政の中枢に参画すべく懸命となった。いわば、藩主直仕置に名をかりて新藩主の抱込みをはかり、家老仕置にかわる中老層を中核とした側近政治の実現を期していたといえよう。藩主重喜自身もそうした動きを「道理」に反する「権謀術数」ととらえながら、家老勢力を押さえて藩主直仕置体制を切り開いていくためには、彼らの力を恃《たの》まねばならなかった。

宝暦九（一七五九）年二月、重喜は仕置家老山田織部《おりべ》に「新法」（「役席役高《やくせきやくたか》」制）実施の意向を伝え、そのための協力を要請した。「新法」とは、藩政に能力主義を取りいれて人材の登用をはかったもので、従来の家格《かかく》（家禄《かろく》）を基準とした身分制的な職階制度にとらわれないで、たとえ家格が低くても能力があれば上位の役職（役席）につける機会をあたえようというものであった。その場合、各役職にはそれにみあった役高が設定されており、家禄がその役高に達しない者には、幕府の享保改革の「足高制《たしだかせい》」のように、その不足分を役職中にかぎって支給しようとした。重喜が新法を構想した背景には、「（成来作法《なりきたりさほう》では）右様阿ほう（阿呆）ニも仕置用方申付ず候てハ難成《なりがた》き様ニ仕成《しなし》申し候、右様之事ニて何とて国か治り申す可く候哉《や》、仕置御家老より外ハ不相成《あいならず》候の、近習ハ中老より外ハ不相調抔《あいととのえずなど》と、成来作法ニこび付候てハ治まらざる段尤《もっとも》ニ候、政務之義ハ誰なりとも相応之人下よりなりとも何方《いずかた》よりなりとも宜《よろ》しき人を撰《えら》ミ申付け候儀、当然ニ候」（蜂須賀家文書「宝暦九卯年春諸用扣」）という、家老仕置に示されるような世襲的家格制に基づく藩政の矛盾と硬直化の問題があった。重喜がねらったのは、そうした閉塞的な政治状況の打破であり、「成来作法」による家老や近習層の「かばち」（権勢）を押さえ、藩主直仕置への基礎をかためようとするものであった。いわば、身分主義から能力主義に基づく人材登用への体制替えである（笠谷和比古『武士道の思想』）。

しかし、重喜の「新法」構想は、現状維持路線をとる家老層の強い反発をうけた。宝暦九年二月二十七

蜂須賀重喜画像

日、「新法」実施の諮問をうけた山田織部は「上書《じょうしょ》」を提出して、「蓬庵《ほうあん》様御已来《いらい》百七、八十年之御成来……上御壱人様思召寄《おぼしめしより》を以て御立替遊《あそば》され候段、御先祖様へ対され御道理如何《いかが》ニ存じ奉り候、其の家ニ生レ候ても、三年父の道を改ること無キ之道理」（蜂須賀家文書「山田織部滅亡一件」）という守旧的な立場から露骨な反対意思を表明、他の家老たちの意向も同様であった。「新法」にみずからの政治生命をかける重喜は、「新法」反対の立場をとる織部を「国家之大罪人」と断じ、織部を個人攻撃することによって家老陣営の足並みをくずそうとした。こうした家老層への工作と併行して、一方では、近習・目付《めつけ》・元〆《もとじめ》などへの働きかけも積極的に行われた。まず、重喜は、林建部ら近習層を召しよせ、織部の上書に対する意見をきびしく問うている。建部らの意見は「新法は、織部のいうような御家をないがしろにする私儀ではなく、道理にそうものである。しかし、これをただちに施行すれば藩政は混乱するであろう。広く御家中の意見を徴し、いよいよ道理正しいものとなれば実施すべきである」と、「新法」は道理にかなったものとしながらも、その実施は時期尚早であると反対している。これらに対して、重喜は「役席役高等無之《これなく》候てハ我等に於《おいて》ハ政務相調《あいととの》はず候」（蜂須賀家文書「宝暦九卯年春諸用扣」）とあくまでも「新法」の実施を主張し、近習以下への説得工作を行っている。この場合、重喜がことさら強調したのは、「新法」をめぐる家老層と近習層以下との見解の違いであった。近習の家老への対抗意識を巧みに利用しながら、近習層の抱込みをはかり、みずからの基盤をかためようという思惑である。

宝暦九年三月朔日《ついたち》、近習・目付・元〆列座のなかで、重喜は再度、賀島上総《かずさ》ら家老層に対して「新法」の可否を問うている。議論は深更まで続けられたが、家老層は依然として抵抗の姿勢をくずさず、結論は翌二日にもちこされた。そうした膠着《こうちゃく》状態のなかで、重喜は最後の賭けにでた。すなわち「我等壱人之存寄相立《ぞんじより》ち、国家騒動に及び候てハ、反而《かえって》如何之仕合ニ候、依之《これにより》国政何《いず》レもへ相渡し候条、何分国家宜しく相治り候様了簡可有之候《りょうけんこれあるべく》」（蜂須賀家文書、同前史料）と、家老層の動揺をみすかしたような突然の引退声明である。この引退声明は、家老層に決定的な打撃をあたえた。もしも藩主が引退するようなことがあれば、藩政の動揺ははかりしれないし、対公儀《こうぎ》関係も困難をきわめるに違いない。失政の責は、あげて家老層に集中するはずである。はたせるかな、家老一統から重喜に対して引退の翻意《ほんい》と引き続き政権担当を懇願する願書が提出された。一方、近習の林建部・賀島兵庫らからはこれまでの「不忠」を詫び、以後「忠良」な側近として勤仕していく旨の誓約がなされている。こうして、重喜は、家老・近習層をはじめ全家中の「懇願」をうけるという形で引退の意志を撤回し、藩政の主導権をにぎることに成功した。

その後、政権中枢から反重喜勢力の排除が強権的に進められた。すなわち、宝暦十二（一七六二）年五月、山田織部が藩主呪詛《じゅそ》の嫌疑により切腹を命じられたのをはじめ、明和二（一七六五）年二月には、仕置家老長谷川越前《えちぜん》・賀島上総があいついで「兼々不心得勤方不宜《つとめかたよろしからず》」という理由で閉門《へいもん》・免職処分となっている。五家老のうち三人までが失脚した勘定である。

門閥家老層のあいつぐ失脚によって、重喜の政権掌握は確実なものとなった。明和三（一七六六）年、重喜は待望の「新法」実施にふみきった。この制度のもとで、重喜は若年寄《わかどしより》の新設など役方優先の機構改革に着手するとともに、腹心の近習（中老格）林建部および樋口内蔵助《ひぐちくらのすけ》を異例の抜擢で仕置家老職に登用し、同様に寺沢式部《てらさわしきぶ》・柏木忠兵衛《かしわぎちゅうべえ》を若年寄（中老格）に任ずるなど、藩政の中枢部に改革派グループを送りこみ、政権の基礎をかためようとした。世襲的な家老仕置体制の否定と重喜による専制政治の成立である。

重喜は、「新法」実施による発言力の強化を背景にして、矢つぎばやに改革政治を実施に移した。まず、明和三年、重喜は家中および領内に徹底した倹約令を布達し、緊縮財政のもとでの耐久生活を求めている。重喜自身も藩主の歳費を一〇〇〇両から二〇〇両に節減するなど、冗費の切詰めに率先して範を示したといわれる。こうした質素倹約の励行を背景にして、重喜は、(1)財政危機に対する一連の経済政策、(2)家中給与の平均策、(3)農村支配の再編成など多岐にわたる改革に着手した。(1)については後述するが、(2)は各藩士の役職高を超える家禄を削減し、役職高を基準にして家中給与の平均策を試みたものであるが、そのねらいは「新法」実施による藩政の刷新とそのための財源補充にあったといえよう。(3)の農村支配の再編強化策については、当時、領内の村々では藍作に代表される商品生産の広がりのなかで、その利潤を吸収しながら成長する富農・豪農層とその対極には多数の零細貧農・無高層が形成され、年貢滞納や夫抜《ぶぬ》け農民が増加するなど、農村の変動は支配の基礎をおびやかしつつあった。そうしたなかで、明和六(一七六九)年、重喜はあらたに郡代《ぐんだい》制度を採用して支配機構の手直しを行うとともに、「御国中総棟付《むねつけ》改め」に着手している。この明和の棟付改めは、翌明和七(一七七〇)年の重喜失脚によって中断されるが、これらの施策が農村支配の再編強化をねらったことはあきらかである。

重喜失脚●

改革政治は、重喜の強力なリーダーシップのもとで展開された。しかし、重喜の急激かつ強権的な改革への志向は幕府の疑惑を招き、また、家中ならびに領内においても少なからぬ動揺を生じさせた。とくに、徹底した倹約政治は市郷において人気沈滞をよび、城下でも「市街町人は倹約励行のため寂莫として意気消沈せり」(『阿波国最近文明史料』)というありさまであったと伝えられる。さらに、「新法」実施に伴って家中給与の平均化を策し、高五〇石ずつの削減に手をつけようとしたことは、身分制的な家禄制のうえに立脚した家臣たちの不信感を一挙に増幅させたと考えられる。

そうしたなかで、明和六（一七六九）年、幕府が「政事上の不審の個条」を重喜にただすという事態が発生した。この幕府の内政干渉に際して、家老林建部が改革政治の是非を重臣層に問うたところ、彼らは「蓬庵の遺制なる旧法こそよけれ、新法一つも採用すべき点なし」（『阿波国最近文明史料』）と重喜の政治に強い反対意志を表明したといわれる。

江戸幕府が編纂した『徳川実紀《とくがわじっき》』の明和六年十月の項には、十代藩主蜂須賀重喜の失脚について、「晦日《みそか》（明和六年十月三十日）阿波国徳島の城主松平《まつだいら》阿波守重喜、国政平ならず、士民艱苦《かんく》せるをもて仕をとゞめられ、其子千松丸に原封二十五万六千九百石を全く襲しめらるよし……父子ともに家にこもり居るべしと命ぜらる、〔世に伝ふる所、重喜かぎりをこえて奢侈《しゃし》を事とするよし、兼て聞しめしをよばれしが、此ほど家の家老加島（賀島）備前《びぜん》が切諫《せっかん》をいれざるのみならず、却てこれをいきどほり、身の暇とらせ……その他暴虐枚挙するにいとまあらずといへども、猶祖先の功労を思召《おぼしめし》、寛宥の御旨もて、かくは仰付られしとぞ〕」と述べている。藩政改革なかばにしての挫折であった。重喜の改革政治は、家臣および民心の離反と幕藩制的秩序の維持を至上とする幕府の政治的介入によって、その途上において挫折のやむなきに至ったといえよう。重喜失脚の真相は必ずしもあきらかではないが、『徳川実紀』が重喜を「暴虐枚挙するにいとまあらず」ととらえたように、みずからの体制にさからう者を排除・抹殺し、強権的かつ専制的な改革を断行する重喜の政治姿勢のなかにその鍵がかくされているようである。

嫡子蜂須賀治昭《はるあき》に藩主の座をゆずった重喜は、安永二（一七七三）年新装なった城下郊外の大谷《おおたに》別邸に隠居し、それまでの質素倹約とは一転して「かぎりをこえて奢侈を事とする」という華美三昧の生活をすごしたといわれる。

明和の藍玉仕法●

ところで、蜂須賀重喜による明和改革の課題の一つは、財政改革にあった。そのさい、藩が経済政策の決め手としてうちだしたのが、当時「国産第一之品」といわれた阿波藍の生産・流通に対する一連の改革であった。明和の仕法とよばれるものがそれである。この仕法は、さきの五社宮騒動によって破綻した藩の藍政策をどのように再建するか、さらには大坂商人資本による藍玉市場の独占支配という状況をいかに打開するかという方向で実施された。

五社宮騒動によって、「玉師株」制度が廃止されるなど藩の藍政策は大きく後退したが、その背景には藍作地帯での藍作農民の成長、とくに葉藍を手作りしながら一方ではみずからも藍玉の製造やその販売に進出しようとする比較的小規模な新興藍師層の著しい台頭があった。彼らは、従来の特権的な藍師・藍商と対抗して、主として大坂市場に藍玉を積みだすことによって地歩をかためようとしていた。ところが、当時の大坂市場は、大坂藍問屋や仲買によって牛耳られており、大坂売り藍師たちはしだいに価格決定権をにぎる大坂藍商人の支配下にはいるようになった。当時の阿波藍生産高一四・五万俵、そのうち大坂および畿内七カ国売り九万俵という、大坂市場の位置を考えるとき、藩にとっても事態は深刻であった。

こうした状況に対して、重喜は「大坂積之儀ハ御国益ニ相成申さず候」という認識のもと、在方藍師層の利害をふまえながら一連の改革に着手した。この明和の仕法は、名西郡高畑村《たかはた》(石井町)の組頭庄屋《くみがしらしょうや》小川八十左衛門《やそざえもん》の建議を採用して、明和三(一七六六)年から実施された。改革の主眼は、大坂藍商人の独占的な支配を排除するために、大坂藍問屋・仲買への藍玉積出しを停止し、今後大坂および畿内七カ国売りの藍玉取引は、すべて藩の監督下、徳島市中で実施するというものであった。これらの業務を統括するために、藍場役所が設置され、藍場諸事裁判役に小川八十左衛門が起用されたのをはじめ、実務担当役（藍方御用）に多数の在方藍師層が参画したのが注目される。この方針にしたがって、明和四（一七六七）年から市中藍場浜において、後述するように大坂商人など他国商人を引きつけて「藍大《あいおお》市《いち》」が開催されるようになった。

一方、明和の仕法によって大坂藍商人のうけた打撃は大きかった。ちなみに、仕法がはじまった明和三年中に大坂藍問屋・仲買が徳島城下の藍場から仕入れた藍玉は従来の三分の一にも満たない一万数千俵にすぎなかったといわれる。大坂藍商人たちは、大坂町奉行に対して仕法の廃止を訴えでている。翌明和四年、幕府は徳島藩に対して徳島城下での藍玉

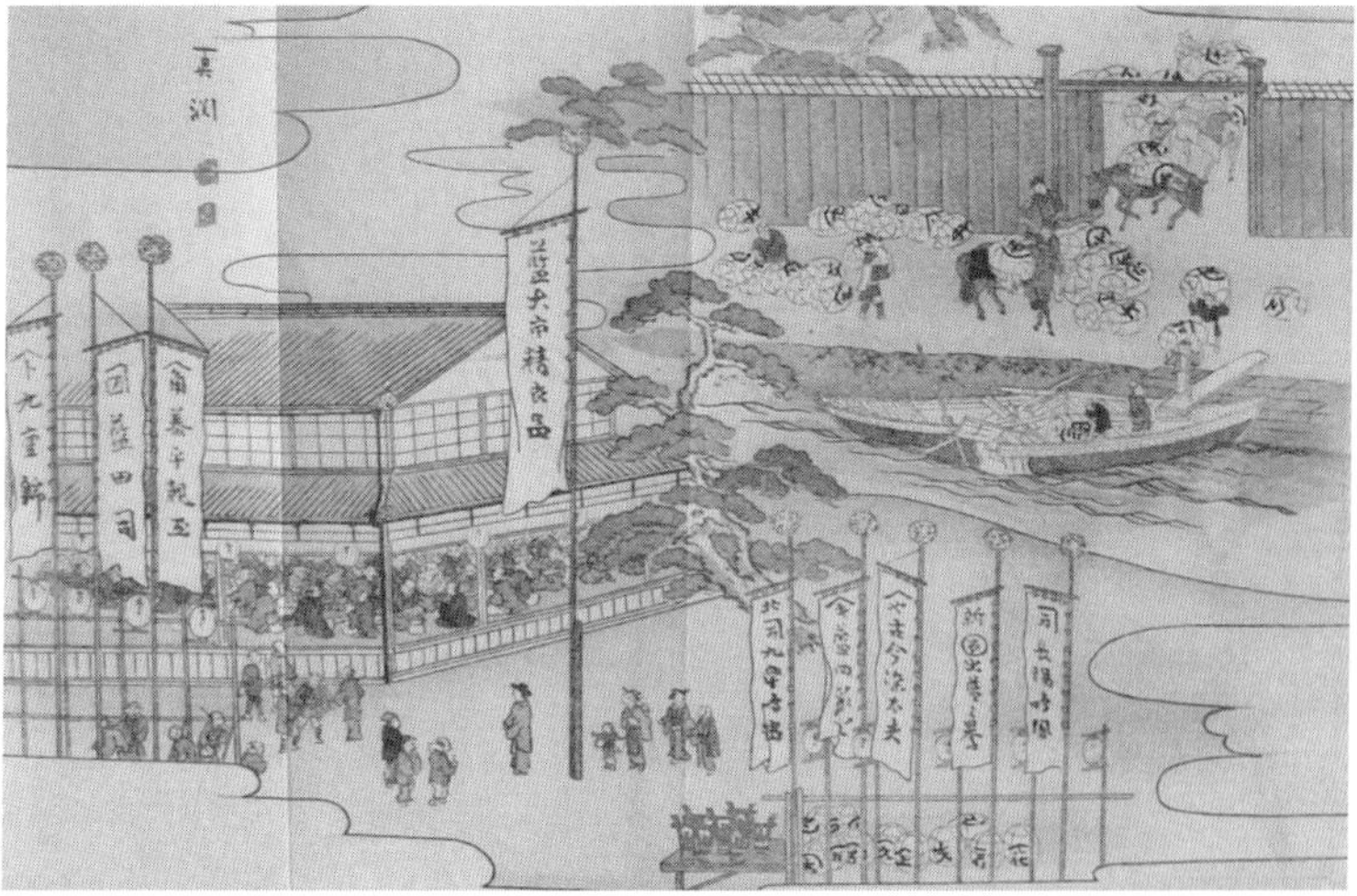

徳島城下の「藍大市」風景

取引は「新規之事」として、仕法中止の裁決をくだしている。明和の仕法は、大坂藍商人の支配を排して藩による藍玉市場の掌握をめざしたものであり、それが大坂を中心とする流通機構を混乱させ、ひいては幕府の流通政策と対立する性格をもっていたことは否定できない。

重喜が「新儀」を企てたという理由で、幕命をうけて藩主の座をしりぞいたのは、仕法が開始されたわずか三年後の明和六（一七六九）年のことであった。

寛政の「御建替」●

徳島藩では、蜂須賀重喜が失脚したあと、その嫡子治昭が十一代藩主の座についた。時に治昭一三歳であった。以後、文化十（一八一三）年に隠居するまで治昭の治政は四五年間の長期間におよんだ。当初、前藩主重喜および林建部らがあいついで失脚するなかで、幼少の治昭にかわって藩政の実権をにぎったのは、門閥家老の一人長谷川近江《おうみ》であった。近江の仕置は、前代から深刻の度を加えつつあった「御勝手方不如意《おかってかたふにょい》」への応急策からはじまった。安永八（一七七九）年度の財政収支見積りによると、藩財政は銀高で年間一二三貫余の恒常的な赤字を計上していた（蜂須賀家文書）。それだけではなく、藩財政を極度に圧迫したのは、三都《さんと》および領内豪商農からの巨額の借銀であった。この年の計算では、借銀合計は実に銀一万七一五九貫余（大坂八一七二貫余、江戸三一六〇貫余、京都三七三六貫余、領内二〇八八貫余）に達し、借銀利子だけで銀一五五五貫余にのぼるというありさまであった。

こうしたなかで、長谷川近江はその打開策として、再三倹約令をだすとともに、あらわな新財源の獲得にのりだした。とくに、安永三（一七七四）年には、三都借銀返済のために「市郷の富家」を「御銀主役」に起用して、調達銀上納を命じている。以後、銀主制度は財政危機を補塡《ほてん》する常套《じょうとう》手段となった。

そのほか、近江は煙草《たばこ》・木綿《もめん》などの商品生産を対象にして、特定商人にその生産・流通を一手にゆだね、そこから利潤の吸収をはかるという「煙草趣法」「木綿趣法」など一連の経済政策を展開させた。さらに、飯米が不足する海部郡《かいふ》へ高価格で年貢米を販売して、その利ざやを吸収するという「海部郡売付米《うりつけまい》」が行われた。救恤《きゅうじゅつ》に名をかりた収奪強化策といえよう。

　こうした一連の財源吸収策は領内の矛盾をさらに深め、家中の困窮や農村の疲弊に拍車をかけた。晩年の治昭も、近江仕置時代を回想して、「勝手向弥《いよいよ》さし支《つか》へ……目ニ見へさる費《ついえ》多く有之、国力ハ次第ニ疲弊せしめ、小身下々《しもじも》ニ至り候てハ愈《いよいよ》困窮仕り可有之哉《これあるべきや》と不安事ニ候キ」（蜂須賀家文書）と述べている。この時期の政治が藩財政の建直しになんら効果をみせず、かえって「国力」の疲弊をもたらしたこと、さらに収奪の強化が家中や農民生活を圧迫して、藩政への不信や批判をかきたてたことなどが指摘されてい

蜂須賀治昭画像

る。事実、領内では「徒党ヶ間敷《がましき》」状態が各所でみられ、天明元(一七八一)年には淡路《あわじ》で縄騒動、同三(一七八三)年には海部郡塩《しお》深村《ぶか》(海陽町)で逃散《ちょうさん》事件が発生している。さらに天明六、七(一七八六、八七)年をピークとする飢饉の到来は、農村の荒廃、貧窮化を決定的なものにした。こうしたなかで、天明七年、藩主治昭は、「御国元年々凶作打続き百姓共飢渇《きかつ》御救《おすくい》仰付《おおせつけ》られ候得共《えども》、御勝手向御難渋ニ付てハ端々《はしばし》行届き候処《ところ》御不安心……御直々《おんじきじき》御政事方も御指図遊され度《たき》旨」(『阿淡年表秘録』)と、藩主直仕置の開始を内外に表明している。

　治昭は政権を担当するにあたって、「旧弊《きゅうへい》を取改め、万事国政の義、至鎮《よししげ》殿より光隆《みつたか》殿迄の御法令に随ひ、且《かつ》は承応・明暦の趣に応し、手政事《てまつりごと》の格合《かくあい》を以て取行うべく候」(『藩法集』)と、改革政治のよりどころを藩政確立期の至鎮・光隆代の直仕置体制に求め、祖法復帰をあきらかにしている。こうした治昭の政治姿勢は、一つには徹底した法治主義の体裁をとり、家中や農民に対してきびしい節倹と封建道徳の遵守を求めた。寛政期(一七八九〜一八〇一)に刑法関係の法典整備がなされ、厳罰主義が採用されたのも、その現れであった。一方、近江仕置以来の賄賂《わいろ》の横行や役人の不正などに対

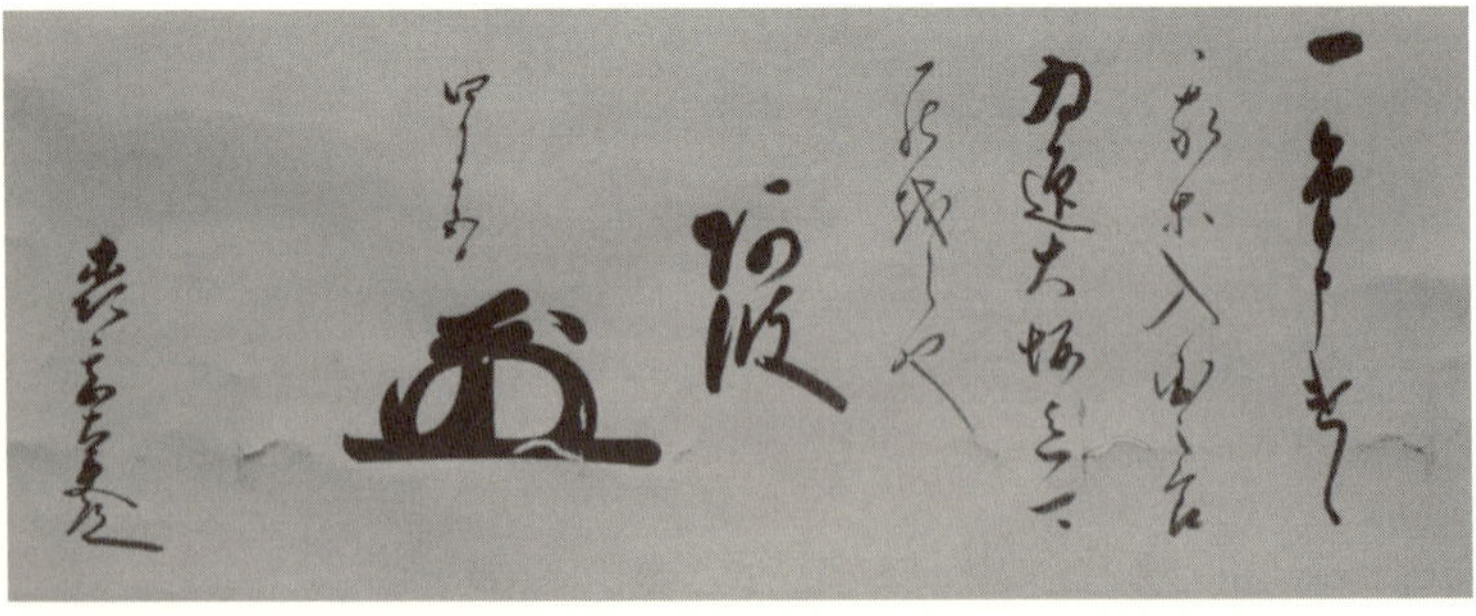

蜂須賀治昭判物(森甚太夫宛)

しては、寛政元（一七八九）年に「箱訴《はこそ》」を認め、とくに「御政事すし《(筋)》」や「役人私曲ひふん《(非分)》」に対しては直訴を認めていることが注目される（『藩法集』）。また、寛政三（一七九一）年には寺島《てらしま》学問所が開設されている。治昭の儒学《じゅがく》奨励の柱として設置されたものであるが、学問所は家中に対してだけでなく、広く民間にも開放され、家中や市郷への教化イデオロギーの注入装置としての役割を果たすものであった。

祖法復帰をスローガンとした治昭の政治は、この時期の農政にも反映された。寛政十二（一八〇〇）年、徳島藩では藩政改革の一環として農政機構の改革が行われ、従来の郡奉行《こおりぶぎょう》制にかわって現地駐在制をとる郡代が各郡に派遣された。あらたに派遣された郡代には、徴税権をはじめ地方業務に関する大幅な権限があたえられた。農村支配の再編強化をねらっての措置である。現地派遣された郡代には「御国事の要務」に「心力を尽シ」て精励することが求められたが、さらに管轄村々の実態把握とそこでの地方支配改革の成果を報告書にまとめ、提出することが義務づけられた。

阿波藍と全国売場株の成立●

藍玉市場をめぐる流通政策は、重喜失脚後も大坂商人をはじめ他国商人を城下によびよせ、藍玉取引を城下市中で行うという、明和仕法をうけつぐ形で続けられた。寛政二（一七九〇）年には、藩は城下市中の四軒の有力商人を「市内藍問屋職」に指定し、これまで藍方代官所が管轄していた藍玉取引をはじめ、「藍大市」などの業務をすべて彼らに代行させるという思い切った処置をとっている（「寛政の御建替」）。藍大市では、大坂・江戸など各地の藍問屋・仲買をはじめ、地元の荷主が参集し、その年の藍玉の品評ならびに「直建《ねだて》」（価格決定）、藍玉の取引などが盛大に行われた。「藍大市」前後には、西船場《にしせんば》町の四軒問屋周辺は景気づけのために数百の提灯《ちょうちん》や旗幟《のぼり》で飾り立てられ、夜ともなれば三味線や太鼓入りの大盤振舞いで「狂騒乱舞極わるところを知らず」というにぎわいをみせたという。こうして、西船場一帯は藍取引の中心となり、新町川岸《しんまちがわ》には白壁の浜納屋《はまなや》や藍倉が建ちならび、川面には藍玉を満載した「はしけ」がゆきかうという、「藍の町・徳島」ならではの景観を現出させた。

一方、藩は阿波藍の流通上の利潤を吸収するため、他国に売場店をもつ特権的な有力藍師層と提携して、全国売場株の設定にふみきった。当時、江戸市場を押さえていたのは、享保以来、江戸に出店をかまえる関東売藍師であったが、彼らは藍玉販売に関する仲間規定をつくるとともに、「直売・振売」の禁止を再三藩に訴願していた。寛政十二(一八〇〇)年に江戸藩邸経費の一部を関東売藍師が負担するという「江戸表調達金仕法」が開始されるにおよんで、藩との結びつきはいっそう強まった。こうしたなかで、享和二(一八〇二)年、徳島藩はかねて関東売藍師から願い出のあった振売や新規営業を禁止するとともに、関東売藍師三六軒を江戸留守居の直轄の下におき、関東売場株を公認している。彼らは仲間組合を結成し、藍玉価格の決定権など排他的な権限を認められ、関東地方での阿波藍の独占販売を手にしていった。

こうした関東売場株の成立を皮切りにして、文化三(一八〇六)年には大坂および畿内《きない》五カ国売場株が成立したのをはじめ、同七(一八一〇)年勢尾《せいび》売場株、同十三(一八一六)年京都売場株、天保元(一八三〇)年には安芸《あき》・伊予《いよ》・讃岐《さぬき》・肥前《ひぜん》など七売場株、そして翌二(一八三一)年には備前・備中《びっちゅう》・筑前《ちくぜん》・壱岐《いき》・陸奥《むつ》・佐渡《さど》・石見《いわみ》など二一カ国の売場株が成立した。彼らは、仲間組合をつくって売場の独占支配をねらうとともに、仲間内の競売・濫売をさけるために相互の販売協定を結んでいる。各国で結成された売場株は、長年にわたってその地へ藍玉売込みをいとなんできた有力藍師が結成した株仲間《かぶなかま》であり、彼らは藩に冥加金《みょうがきん》を上納することによって、藍玉販売に排他的な権限を認められた。売場株の結成にあたって、仲間組合からは藩に対して多額の冥加金が上納された。ちなみに、天保元年に結成された七売場株からはむこう五年間のあいだで合計四五〇〇両の冥加金を上納する旨が報告されている（『藩法集』）。

一方、藩は特権的な有力藍師層を売場株に組み込むことによって、全国の藍玉市場をほぼ掌握したといえるであろう。有力藍師層を売場株に編成することによって、阿波藍の流通支配をほぼ掌中にすると同時に、各売場からは多額の冥加金を収納した。

2 領主と民衆

深まる社会矛盾と村の生活

十八世紀後半から十九世紀にかけて、幕藩制《ばくはんせい》国家は社会のさまざまな面で矛盾を深めていった。とくに、天保期（一八三〇〜四四）はそうした社会矛盾が一つの頂点に達した時期であり、村でも町でも領主《りょうしゅ》による支配の土台が大きくゆらいできた。ここ、吉野川《よしのがわ》流域の藍作地帯の村々でも、事態は深刻であった。この地方では、藍作の普及に伴う商品経済下で「悪敷《あしき》風儀」と村の荒廃化が徐々に進行していた。寛政七（一七九五）年の郡代報告書によれば、藍作地帯の村々では農民生活が藍作に依存するあまり、「藍作不出来」の田畑などははなはだ粗末にあつかい、他の作物を作付けすれば十分に生育する土地でもそのまま放置するなど、農民の耕作放棄→耕地の荒廃化が進んでいること、さらに「中分已下《いか》百姓」（小百姓）のなかから葉藍の仲買やそのほかの在方商事に心をよせる者が出現し、しだいに土地を手放し脱農化していく傾向が増加してきたこと、他方、「富家之者共」が「小百姓之名田《みょうでん》」を取りこみ、しだいに土地を集積するなど、質地地主制の展開にいっそうの拍車がかかったことなどが指摘されている（蜂須賀家文書「阿波麻植《おえ》両郡一昨年以来相手懸候御用方申上帳」）。封建支配の土台である村そのものが大きく変貌しつつあったといえよう。たとえば、名東《みょうどう》郡井戸《いど》村（徳島市国府《こくふ》町）は城下近郊の戸数一〇一戸の小村であるが、天保八（一八三七）年の調査では、そのうち自力で生活できる中上層農民（「重立《おもだち》たる者 幷《ならびに》中通迄」）はわずかに一六戸、農業だけでは生活できない貧農層（「中通以下、困窮者」）が五二戸、さらに土地を失い、かろうじて「日用《ひよう》稼ぎ」など賃仕事でその日暮らしの生計を立てている者（「作絶《つくりだ》え、其《その》日《ひ》渡《わた》り日雇稼」）が三二戸となっている（徳島市湯浅家文書）。農業専一でどうにか生活が安定している農民は村の住民のうちごく一部であり、大半の農民が零細貧農および日用層で占められている状況が読みとれる。なかでも、村の三割近くにあたる三二戸の家がすでに田畑を手放し、農業からなかば離脱している事実は注目される。かつての、自立的小農民（本百姓）を主体とした村の仕組みがここでは大きくくずれていることがわかる。

天保期にはいると、藍作地帯の村々では連年にわたる凶作のため、藍作は「押平五六歩作」と平年の半作程度の葉藍収穫しかのぞめなかった。しかも、経営に大きな比重を占める肥料（干鰯《ほしか》）代が急騰し、「肥物《こえもの》格別高直《たかね》ニ付、肥代日雇《ひやとい》賃等引残り作徳無御座《さくとくござなく》、至而《いたって》不作仕り候者ハ肥代《こえだい》ニも行足《ゆきた》り不申《もうさず》」と経営を極度に圧迫した結果、藍作経営は行詰まり状態におちこんでいる（鳴門《なると》市山田家文書「天保七年、米高直ニ付御年貢方之儀申上書付控」）。藍作不況にさらに追打ちをかけたのは、米価騰貴とからむ年貢負担の問題であった。この地方では、城下商人から米切手（「指紙《さしがみ》」）を購入して年貢をおさめるという指紙代納制（買米代納制）が行われていた。指紙代納制では、米価の変動（高騰）に応じて農民の負担額をスライドさせていくという、価格変動にみあった年貢収取体制がとられており、米価の高騰はもろに農民生活を直撃する危険性をはらんでいた。事実、板野《いたの》郡内からだされた嘆願でも「米麦高直より人気立《ひとけだ》ち騒々敷《そうぞうしく》罷成り、平和之道を失い申す儀故、御年貢上納ニ付御定《おさだめ》相場御意付けなされ米直段高登（高騰）申さざる様御縛《おしばり》置き遊され候ハ、自然と異説者も相生じ不申、人気懇《ねんごろ》ニ落合い申すべきと奉存候」と米価高騰による村方の不穏な情勢を報告するとともに、「米直段御縛」＝米価安定（固定）策を強く訴願している（山田家文書、前掲史料）。年貢減免と米価安定は農民の切実な要求であった。藍作地帯の村々からは、年貢減免を求める嘆願があいついだ。

江戸三大飢饉《ききん》の一つといわれる天保《てんぽう》飢饉が阿波をおそったのは、ちょうどこういう状況下であった。天保八年二月、美馬《みま》郡半田《はんだ》村の商人敷地屋《しきちや》兵助は、そのありさまをつぎのように記録している（『半田町史』別冊「兵助日記」）。

此二月五日頃より雨天打続き……麦根くさり、仍而《よって》相場類追々高直也、是《これ》より所々国内百姓浮立ち或ハ一揆ヶ間敷事度々也、米麦買占居り申す富家へ数人押入り候様之風聞いろいろ有之……殊ニ讃州より石（穀）物一粒も越さず、且当国誠ニ極難渋《なんじゅう》人多し、美馬三好《みよし》両郡難渋人先達而《せんだって》より穀物より以外之喰物食べ候品左之通、

からす（烏）瓜の根　万寿《まんじゅしゃげ》咲の根　ひゅうじの葉　わらひ（蕨）の根

村の荒廃や農民生活の貧窮化が進んでいくなかで、ひとたび凶作飢饉が発生すると、たちまち飢餓線上をさまよう多くの没落農民をうみだした。と同時に、飢饉に伴う物価騰貴や社会不安は、「所々国内百姓浮立ち或ハ一揆ヶ間敷事度々也」と、もろに農民闘争を引きおこす危険性をはらんでいた。天保十一（一八四〇）年の調査によると、阿波の総人口四五万人のうち「半飢」二二・五万人、「三分飢」一三・五万

人と、総人口の八割までがなんらかの形で飢餓に直面していた(山田家文書「天保十一年御救米一件諸扣」)。こうした状況のもと、藩は否応なくそれへの対応をせまられた。

深刻な飢饉に直面して、藩は村々に囲《かこ》い米《まい》を命じ、藩庫からわずかばかりの救助米銀を支給したものの、その対策はひたすら農民に耐久生活を強いるだけで無策同様であった。天保飢饉は人災としての性格を強くもっていた。天保八年夏、徳島藩では飢饉への緊急対策として、城下近郊の鮎喰川原に「御救小屋《おすくいごや》」を建て、粥《かゆ》と稗《ひえ》粉の炊出しを行い飢え人に対する施行《せぎょう》を行っている。わずか一椀の粥にありつくために、一カ月間で領内各地から四〇〇〇人以上の人びとが押しよせている。くだって天保十一年、徳島藩では飢饉対策の決め手として、救助銀制度を施行した。これは、各郡ごとに「郡中身代宜者《しんだいよろしきもの》」(「出銀人」)を選定して、彼らからその富裕度に応じて救助銀を徴収するというものであった。こうして天保十一年末までに阿波一〇郡から出銀人七五九八人が選定され、合計二七〇貫二七〇匁の救助銀が割りあてられた。藩では、これを基金として各郡に社倉《しゃそう》を建設、米・稗などを調達・貯蓄して飢饉にそなえるという態勢をととのえた。こうして翌天保十二(一八四一)年には、領内一三カ所の社倉(名西・勝浦《かつうら》・阿波・麻植・海部郡に各一カ所、板野郡二カ所、美馬・三好両郡各三カ所)建設が実現した。徳島城下においても、郡部よりはやく天保五(一八三四)年に町年寄が中心となって社倉の建設が進められた。市中の富裕商人から基金を

阿波の「高地蔵」

吉野川《よしのがわ》中・下流域の村や町の辻々には江戸時代にきずかれた多数の民間信仰の記念物が残る。その代表格が俗に「高地蔵《たかじぞう》」とよばれる背の高い石造物である。実際には丸彫り地蔵像と三界万霊塔《さんがいばんれいとう》

❖コラム

や法界《ほうかい》万霊塔とが習合し合体した独特な石造物形式なので、丸彫り地蔵塔とよぶほうが適切である。台座を含むその高さは十八世紀の後半から段階的に伸張し、十九世紀にピークを迎える。なかには総高四メートルに達するものがあり、その圧倒的存在感は、「供養塔」としての表看板とは裏腹に、まるで周囲を威圧するかのようである。事実、商家が施主となり自家の記念碑としてつくられたものや、船運や街道の標識として機能したものも含まれることから、多様な石造記念物のなかにあっても、造立後のアピール性が強く求められた場合に採用される形式の石造物であったといえる。

かつて、この丸彫り地蔵塔は吉野川の「洪水遺産」だと説かれたことがあり、この説を積極的に採用した旧建設省によって大規模な分布調査と公報活動が行われたこともあった。しかし実態は、このような解釈とは異なるところにあった。吉野川中・下流域の民衆がささえた宗教的「講《こう》」活動の重層的活発さと、石造物の造立にそそぎこまれた財源の豊かさを如実に物語る歴史的遺産である。

高地蔵(徳島市国府町東黒田《ひがしくろだ》)

つのり、「富田川北丁」に社倉を建設しようという計画であったが、天保八年に完成、「隠徳倉《いんとくくら》」と名付けられた（大正三年版『阿波藩民政資料』）。

これらの社倉は飢饉対策を主眼として、あわせて非常時の救助米放出によって米価の安定化をねらったものであるが、その後の運用についてはあきらかでない。ただ、以上の経過でもわかるように、天保期の救助米制度が領内の「身代宜者」を編成することによって実現されたことは注目される。いわば、豪農主導型の農村回復策であり、彼らの経済活動に依拠する方向での飢饉対策であったといえよう。

天保の上郡騒動●

天保十二（一八四一）年から翌十三（一八四二）年にかけて、吉野川上流の美馬・三好両郡の山間部諸村を中心に大規模な百姓一揆がおこった。世にいう「上郡騒動《かみごおり》」である。上郡騒動は、近世阿波で発生した百姓一揆のなかではもっとも規模が大きく、かつ各地で打ちこわしを伴った激しい闘争を繰り広げたことでも知られている。当時、吉野川上流の上郡地方は度重なる飢饉ともあいまって、人びとは飢えに苦しみ、「人気《ひとけ》」が浮き立ち、各地で不穏な動きがもちあがっていた。

さらに、天保八（一八三七）年には、美馬郡岩倉山《いわくらやま》（美馬市脇《わき》町）の農民数百人が飢え手当の支給を求めて同郡脇町の富家へ押しだそうとする動きをみせ、緊迫した状況が続いた。

そうしたなかで、天保十二年十二月、三好郡山城谷《やましろだに》（三好市山城町）の農民六三一人が国境を越えて隣藩今治《いまばり》領上山《かみやま》村に越境逃散するという事態（山城谷騒動）が発生した。

農民たちは、今治藩の保護下にあって自分たちの要求を藩につきつけ、その対応をうかがうという巧みな戦術をとった。その要求は多岐にわたったが、おもなものは、(1)夏・秋年貢の減免ならびに年貢指紙代納制にかわる現物納の自由、(2)煙草・楮《こうぞ》(和紙)・漆《うるし》などこの地方の産物の生産と販売の自由、(3)飯料麦など日常生活物資の売買自由、(4)「村方諸割賦《しょわっぷ》」など諸役負担の平等・公正などの実現を求める要求であった。

　この山城谷騒動がきっかけとなって、翌天保十三年正月早々、こんどは三好郡加茂山《かもやま》・西庄山《にしのしょうやま》(三好郡東みよし町)などの山間部で騒ぎがもちあがり、農民たちは「人数弐千余り手々に松明《たいまつ》を持ち手斧《ちょうな》・鎌・鋸《のこぎり》抔を携え、竹貝・鐘・太鼓鳴て高音に叫ぶ」と気勢をあげながら、中庄《なかのしょう》・加茂村(東みよし町)など吉野川流域の村々に押しだした(『三好郡誌』)。また、これと呼応するように三好郡井内谷《いのうちだに》・漆川《しっかわ》村をはじめ、美馬郡重清《しげきよ》村・郡里《こうざと》村、さらには祖谷山《いややま》などでも不穏な動きが表面化した。こうして騒動は山間部を中心に上郡一帯に広がり、さらに麻植・阿波両郡や名西郡にも波及するなど、阿波をゆるがす大騒動へと広がっていった。

　農民たちは、前年の山城谷騒動の要求をふまえながら、「美馬・三好両郡蜂起仕り候訳は近年御年貢米麦上納指紙高直、其の上御給人様御方取立向も右に准し、其の上諸種之取究厳敷《とりきめきびしく》御運上《うんじょう》召上げられ、別《わけ》而《て》煙草抔は昨年取究に成、犇《ひし》と難渋候由相聞え、右与頭《くみがしら》五人之者共煙草御取行惣裁判之名目にて御国中一枚迷惑」(『三好郡誌』)と、年貢・諸役の減免ならびに煙草・楮などの商品生産に関する諸統制の廃止と売買取引の自由を強く求めている。とくに、そのさい、攻撃の主目標にされたのは、領主権力と村方をつなぐ中間管理機構としての組頭庄屋など村役人層であった。彼らは年貢・諸役にかかわる用務はもちろんのこと、前年より「煙草裁判役」に起用されて、この地方の特産物である煙草の生産・流通を管理統制するなど、藩の進める国産政策の最前線の実務を担当していた。こうして、一揆勢の攻撃はこの地方の組頭庄屋にむけられ、激しい打ちこわしが行われた。

三好郡加茂《かも》村組頭庄屋の川原《かわはら》家も煙草裁判役をかねる富家であったが、加茂山百姓たちに率いられた一揆勢の攻撃をうけ、「不意之事故《ことゆえ》、道具壱ツも出ス事なく、書物類は火中致し、俵物類ハ米・麦・大豆・黍《きび》・稗迄悉《ことごと》く俵を切破りゴジャニ致し、屋根ハ瓦壱枚もなく壁・戸・障子打毀チ、家ハ立て居る迄ニ而柱も悉く手斧・柄鎌ニ而ゴマ切ニ致し、毛綿反物・紬《つむぎ》反物其の余衣類をも引裂き、縄ニ打、是を以て家を引倒す」(『茂信君日記』)という惨状をこうむっている。一揆勢は最大時には四〇〇〇人にも膨れあがり、各所で打ちこわしを行いながら、吉野川中流の阿波郡・麻植郡へと波及していった。天保十三年二月には、数百人の百姓たちが阿波郡西ノ川村(阿波市)の組頭庄屋川人《かわひと》家をおそい、「建物伐りあばき、天井・戸障子打砕き、諸器夜具・米麦等且店物《たなもの》迄焼捨て申し候、押《おさ》え役人立向い候ハヽ、樵木を投打ち寄付《よせつけ》ず、思《おもう》儘乱妨《ままらんぼう》せしめ引取り候」(吉野川市明石家文書)と同家を縦横に打ちこわし、鎮撫の役人に抵抗するなどして引きあげている。

一方、藩も郡代の指揮下に領内の「郷鉄炮《ごうでっぽう》」や「郷高取《ごうたかとり》」、組頭庄屋などに総動員を命じ、さらには「御鉄炮《おてっぽう》」(藩の正規の鉄炮足軽隊)が現地に急派されるなど、一揆の鎮静にやっきとなった。しかし、意気あがる一揆勢の前に「百姓共……どこからともしれず石を投げ候故、何ともかなはすと谷より向へ迯《にぐ》る事見苦敷《みぐるしき》事ニ御座候」(『三好郡誌』)と、劣勢に立たされている。この一揆の結果、藩は農民たちに大きく譲歩せざるをえなかった。騒動の結果、藩は、(1)夏・秋年貢の現物納を認めるとともに、指紙相場の安定につとめる、(2)煙草裁判役を廃止するなど、農民たちの要求をほぼ全面的に認めざるをえなかった。

上郡一揆は、阿波では最初の打ちこわしを伴った村を越えた広域闘争であったが、農民たちが年貢減免、諸統制の撤廃、商品生産の自由をさけびながら、それをはばむ領主支配のいっさいときびしく対決し、そのなかで自分たちの生活を防衛していった点に、その特徴が求められる。なお、山城谷地方では、「一揆かぞえ歌」がつくられ、一揆の伝統がかぞえ歌によって後世へ伝承されたという。かぞえ歌には「三つかへ、皆々揃へし蓑や笠、鎌や釘を腰に差し、出て行こかいな」「五つかへ、幾月も幾日も大騒動、たぶさを投げかけ御鉄炮注進かいな」「六つかへ、無理をいふのは組頭、是では在所が治まらん、どうせうぞいな」「十つかえ、徳島家中の御郡代、止って呉いと百姓衆に断りかいな」(『三好郡誌』)などがあった。一揆に立ちあがった農民たちの高揚した心情や領主側の狼狽ぶりを伝えて興味深いものがある。

身分差別のなかで●

近世中期以降、阿波でも、被差別部落に対して「穢《けがれ》」イメージの強制を伴う身分的・社会的な隔離が、単に法制上だけでなく日常ふだんの生活のうえでも強められていった。そうした状況のなかで、部落内部から人間らしい生活を求める動きがみられるようになった。差別への抵抗は、まず「諸人」(百姓・町人)との平等を要求する方向でみられた。安永九(一七八〇)年、板野郡のある村で、村の請酒屋《うけざけや》が部落の者へ酒の販売を拒否したことに起因する暴力事件が発生した。事件のあと、村方からは「此以後穢多《これいごえた》、在家相分け候様奉願」ると、部落と百姓在所との隔離を求める訴えが郡代所へだされている(『徳島県部落史関係史料集』第一集)。部落の「不礼法外《ぶれいほうがい》」な振舞いを理由とするものであったが、その背景には「当村穢多共、所之百姓ニ対シ、近年牛馬抔ニ乗相《のりあい》仕り、手拭あみがさ(編笠)等もとらず、幷祭礼操《あやつ》り之節ヲも大勢之百姓中へ穢多共老若男女ニよらす打《うち》まぜり不礼不埒《ふらち》仕り候」という事情があった(前掲史料集)。商品経済の進展に伴い部落の生活圏が外部にむかって拡大していくなかで、部落の人びとが日常の村落生活において身分的抑圧のなかから、たとえ「不礼不埒」と罵られようとも百姓と同じあつかいを要求しつつあった状況を、文脈から読みとることができるようだ。天保期（一八三〇～四四）を中心にして、阿波では「諸人ニ相紛れざる様ニ」という身分規制が再三だされるが、そのこと自体がなによりもそうした平等要求の動きが地下水脈として湧きだしていたことを物語っている。

天保期前後と推定されるころ、吉野川上流の三好郡内で身分差別に起因する出来事がおこった。被差別身分である「掃除《そうじ》」の若者佐助が、秋の収穫を祈願する虫送りの神事で「横領不埒」を働いたというものである。事のおこりは神事の席上、村人一同で神酒を酌みかわしたさい、「掃除」身分にだけは百姓一統とは別の盃があてがわれたことにはじまる。この処置に対して、佐助は「御一統《ごいっとう》之盃ニて無之《これなく》てハ難成《なりがた》き由申出、段々我儘《わがまま》不届《ふとど》キ申上候、其上村中一統頭《かしら》並び居申す中ヲ草履《ぞうり》踏みながら罷通り候」と、百姓一統と同盃を強く主張している。この行動のため、佐助は身分不相応な勝手な振舞いをしたとして、村方から「此後村中御立合之場所へ……心底相改り候迄指出不申様」にと、村八分の制裁をうけている（『徳島県部落史関係史料集』第二集）。自分たちも百姓と同じ盃で神事に参加したいという願いは、いわば一人の人間としてのギリギリの権利の主張であったともいえる。「草履踏みながら」精いっぱいの抗議を試みた佐助の姿に、身分差別をめぐる新しい局面の到来を垣間みることができるようである。

時代はくだるが、安政四（一八五七）年に同じ三好郡内で発生した「掃除」と百姓との縺《もつれ》一件は注目される。この年、村の「掃除」から村方に対して、永年の慣行として「掃除」がつとめてきた、(1)「当宮芝焼焚」など八幡神社境内の清掃、(2)それと関連する神社への芝薪献納、(3)村内での行倒れ病死人の埋葬など死穢の処理、以上三つの役儀を村方に返上したいという訴えが郡代所に提出された（『三好郡誌』）。「掃除」が拒否の意志表明をしたのは、いずれも不浄なものをとりのぞく「きよめ」にかかわる役儀であった。村方から慣行として強要されてきた役儀を不当なものととらえ、郡代所に訴願するという合法的手段に訴えて役儀返上に立ちあがったわけであるが、その行動は部落住民の共通意志をふまえたいわば生活防衛闘争として位置づけることができよう。この役儀返上の動きが、どのような結末に至ったかはあきらかではない。しかし、この一件は、阿波でも、部落の人びとが日常ふだんの生活のなかから、人間らしい生活と権利を求めて立ちあがってきたことをなによりも物語っている。

3 維新への胎動

異国船渡来と海岸防備●

寛政四(一七九二)年、ロシア使節ラックスマンが根室《ねむろ》に来航し、通商を求めたのを皮切りに、この前後からロシア・イギリス・アメリカなどの船が日本近海に来航するようになり、わが国の鎖国《さこく》体制をおびやかすようになった。一方、幕府は文政八(一八二五)年に「異国船打払令《いこくせんうちはらいれい》」をだし、外国船撃退を命ずる強硬策をとった。

わが国をめぐる国際関係が緊張するなかで、阿波沿岸にも外国船の来航がみられた。明和八(一七七一)年、ベニョフスキー(ハンガリー人)ののったロシア船が薪水の補給を求めて、海部郡日和佐《ひわさ》(海部郡美波町)の恵比須《えびす》浦に寄港したのが、阿波沿岸に外国船が出現した最初であった。当時、ポーランド軍に属していたベニョフスキーは戦争状態にあったロシアの俘虜《ふりょ》となり、カムチャツカに流刑の身であったが、仲間とともにロシア船を奪い脱出、マカオを経てフランスにむかう途中で寄港したものである。異国船来航の報に接した藩では、鉄砲組頭以下を現地に急派して海岸警備にあたらせた。

ついで、文政十二（一八二九）年には海部郡牟岐浦《むぎ》（海部郡牟岐町）の出羽島沖合に一隻の「黒船」（イギリス艦船）が来航し、薪炭・食糧を求めた。浦々ではかがり火を焚いて沿岸を警備するなど大騒ぎとなった。藩からは正規の鉄砲組その他が出動、イギリス船が退去の命令に応じないので、海岸より石火矢《いしびや》・大筒《おおづつ》を放ち、海上からも小舟数艘で小筒《こづつ》を撃ちかけた結果、ようやく碇《いかり》をあげ退去するという大騒動であった。イギリス船来航に際し、藩は正規の軍隊のほかに「異国船御手当御用《おてあて》」のため、領内一〇郡に農民の夫役《ぶやく》動員を命じている（鳴門教育大学附属図書館・後藤家文書）。送り夫《おくふ》など非常時の陣夫役として動員されたものであるが、このとき、名東郡中には都合一三二〇人の動員が割りあてられている。名東郡では各組村の組頭庄屋が中心となって各組村単位に村々の動員人数の割付けが行われた。各村からは「夫負《ぶおい》」（夫役負担農民）人数を基準として実際の動員人数が割りつけられたが、その人選にあたっては各村ともに大もめにもめたようである。その後、嘉永二（一八四九）年にも海部郡牟岐浦・出羽島沖を一隻の異国船が北上するのを漁船が発見、城下に注進におよび物見船も出動したが、やがて船影を見失ってしまったという（『阿淡年表秘録・続編』）。

嘉永六（一八五三）年六月、アメリカの使節ペリーの率いる「黒船」四隻が浦賀《うらが》沖に姿をあらわし、開国を要求した。「泰平《たいへい》の夢」を破られた幕府は、ペリーの強圧的な開国要求の対応に苦悩するが、一方では諸大名を動員して江戸湾一帯に厳重な警戒態勢を布いた。このとき、徳島藩も「海陸御固《おかため》」のため急遽人数を派遣して、鉄炮洲《てっぽうす》・佃島《つくだじま》を「持場《もちば》」として江戸湾警備にあたっている（『阿淡年表秘録・続編』）。さらに翌安政元（一八五四）年一月、ペリーは七隻の軍艦を率いてふたたび神奈川沖に来航、そして三月、幕府はついに「日米和親条約」（神奈川条約）を締結した。ペリー艦隊の再来航に、多数の人びとが「黒船」を一目みようと海岸にむらがった。そうしたなかで、幕府は諸大名に命じて江戸湾の海岸警備にあたらせている。徳島藩の受持ち場は羽田《はねだ》・大森《おおもり》海岸であり、国元からも家中をはじめ多数の人数が動員された。通常の参勤とは違い、慶長・元和以来の軍事動員令とあって城下ではその準備に上も下も大騒動、なかには甲冑《かっちゅう》を市中質屋にあずけたままの者もあり、その受出しを風刺して「ねぎりても矢も歯もたゝぬ此の具足、只一せん（一戦）もまけぬ門出」といった狂歌《きょうか》がつくられたという（『阿波国最近文明史料』）。

こうした緊迫した状況下、徳島藩でも海防の急務が説かれるようになった。すでに文化五（一八〇八）年、藩の重臣で武具方御用をもつとめた集堂勇左衛門《しゅうどうゆうざえもん》は兵学者として知られた佐藤信淵《のぶひろ》を招き、海防策の実際について諮問している。信淵は淡路の沿岸などを実地見分し海防の必要を説くとともに、大砲・軍艦の建造を急ぐべきことを進言した。また、信淵は求めに応じて大砲や無人ロケット兵器ともいうべき自走火船など独創的な兵器を考案して、城下近郊の鮎喰川原や海部郡大里《おおさと》海岸などで試射・実験している。

安政元年、徳島藩では幕府の命によって、「摂海咽喉《せっかいいんこう》の地」である淡路の由良《ゆら》および岩屋《いわや》に砲台（台場《だいば》）の築造に着手、翌二（一八五五）年には城下三《み》ツ頭《つがしら》に大砲鋳造所を開設している。由良・岩屋の砲台は文久元（一八六一）年に完成、由良砲台は南北五丁に土塁《どるい》をきずき大砲六四門を配架、また岩屋砲台は大砲一二門をそなえたわが国有数の砲台であったという。この年、徳島藩は津田川《つだがわ》口にも砲台をきずき、徳島入口の防備としている。さらに、文久三（一八六三）年、勝浦郡金磯新田《かないそしんでん》（小松島《こまつしま》市）の富豪多田宗太郎《ただそうたろう》は同地弁天山《べんてんやま》に私財を投じて砲台をきずき、海岸防備のために藩に献上している。

幕末の政局と阿波●

開国をめぐって国論は沸騰した。とくに、幕府が勅許《ちょっきょ》をまたずに日米修好通商条約をはじめ五カ国条約を結んだことに対して、一橋《ひとつばし》派（十四代将軍に一橋慶喜《よしのぶ》を擁立しようとする勢力）の大名《だいみょう》や公家《くげ》、攘夷《じょうい》を主張する諸藩士や浪士などから幕府批判の声が高まった。これに対して、井伊直弼《いいなおすけ》はきびしい弾圧を強行し、多数の反対派を処罰したが、万延元（一八六〇）年三月、この弾圧に反発した浪士《ろうし》たちによって暗殺された（桜田《さくらだ》門外《もんがい》の変《へん》）。ついで、幕政を担当した老中《ろうじゅう》安藤信正《あんどうのぶまさ》は、朝廷との融和によって尊王《そんのう》攘夷運動をおさえ、幕府権威を回復するため公武合体《こうぶがったい》を進めた。そのため、幕府は孝明《こうめい》天皇の妹和宮《かずのみや》を将軍家茂《いえもち》の夫人に迎えた。しかし、この和宮降嫁《こうか》はかえって尊王攘夷派を刺激し、文久二（一八六二）年、信正は浪士たちに襲撃され老中をしりぞいた（坂下《さかした》門外の変）。

こうしたなか、薩摩《さつま》の島津久光《しまづひさみつ》は政局の主導権をにぎるため勅使《ちょくし》とともに江戸に下向《げこう》し、朝廷の力を背景に幕府政治の改革を要求した。幕府はこれをいれて一橋慶喜を将軍後見職《こうけんしょく》に、越前《えちぜん》藩主松平慶永《よしなが》を政《せい》事総裁職《じそうさいしょく》に、会津《あいづ》藩主松平容保《かたもり》を京都守護職《しゅごしょく》に任じ、西洋式軍制を採用した軍制改革に着手し、また参《さん》勤交代《きんこうたい》制を緩和して諸藩との融和をはかるなど、幕政改革を進めた。文久二年、公武合体の立場をとる徳島藩主蜂須賀斉裕《なりひろ》は、幕府に対して上書を提出し、(1)人材を登用して公武一和の実をあげること、(2)物価騰貴の折柄、皇室財政を倍増させること、(3)尊攘派志士を寛刑に処し、国元に送り返すこと、(4)江戸湾砲台を増築し、海防を厳重にすること、(5)兵制を改革し、海軍を増強することなどの諸点を建言している（『蜂須賀家記』）。斉裕は、十一代将軍徳川家斉《いえなり》の庶子であり、徳川一門として幕府の信任が厚かったが、以後、現状維持の立場から幕府と朝廷とのあいだに立って「公武協和」につとめることになる。

ところで、当時、阿波からも尊攘運動に参加する人びとが出現した。とくに、筆頭家老稲田氏の本拠脇町の周辺には猪尻侍《いのしりさむらい》とよばれる在村の稲田氏の譜代家来が居住していたが、この時期に猪尻侍のなかから尊攘運動に走るいわゆる草莽《そうもう》の士《し》が輩出した。工藤剛太郎《くどうごうたろう》・南薫風《みなみくんぷう》・尾方長英《おがたちょうえい》・美馬援造《えんぞう》（君田《くんでん》）・竹沢寛三郎《たけざわかんざぶろう》らである。そのうち、工藤は若くして国事に奔走、慶応三（一八六七）年には藩府に対して尊王攘夷を藩是《はんぜ》とすべきことを建言している。この年、工藤は同郷の尾方・南らと上京し、有栖川《ありすがわ》邸や公家のもとに出入りしていたところを新撰組《しんせんぐみ》に探知されてつかまるが、その後釈放された。ちなみに、工藤は明治元（一八六八）年、征東軍とともに江戸にはいり、上野彰義隊《うえのしょうぎたい》討伐に際し敵情偵察の任にあたっていたときにとらえられ落命、三五歳の生涯をとじた。

猪尻侍以外に、徳島藩士のなかからも数は少ないが、尊攘運動に参加する者があった。中島錫胤《ますたね》もその一人であった。中島は江戸にでて昌平黌《しょうへいこう》に学んだのち、尊攘運動に参加するが、文久三（一八六三）年二月、諸藩の浪士が幕府の攘夷不履行をいきどおっておこした足利《あしかが》三代木像梟首《きょうしゅ》事件に連座して京都を追われ、小室信夫《こむろのぶお》とともに阿波にくだり志摩利右衛門《しまりえもん》宅に潜伏中にとらえられ入牢。その後、維新《いしん》政府のもと兵庫県令、飾磨《しかま》県令などをつとめ、明治二十九（一八九六）年には貴族院議員に勅撰《ちょくせん》された。また、藩《はん》儒《じゅ》として名高い新居与一助《にいよいちのすけ》（水竹《すいちく》）も昌平黌に学んだ英才であり、中島錫胤らとまじわり尊王思想の持ち主であったが、明治三（一八七〇）年、稲田氏主従の独立分藩運動に端を発した庚午《こうご》騒動に連座して東京芝白金《しばしろがね》の藩邸において切腹して果てた。

ところで、それまで公武合体路線をとっていた長州《ちょうしゅう》藩では、高杉晋作《たかすぎしんさく》・久坂玄瑞《くさかげんずい》らが尊王攘夷をとなえ藩論をリードし、尊攘派公卿三条実美《さんじょうさねとみ》らと結んで幕府に攘夷の決行をせまった。さらに、幕府が攘夷決行の日とした文久三年五月十日には下関《しものせき》の海峡で外国船を砲撃し、幕府に攘夷決行の意志がないとみるや、孝明天皇の大和行幸《やまとぎょうこう》、倒幕挙兵の計画を進めた。文久三年八月、尊王倒幕の過激派らが大和五条《ごじょう》で挙兵したが、この天誅組《てんちゅうぐみ》の乱には淡路の三原《みはら》郡津井《つい》村(南あわじ市)庄屋古東領左衛門《ことうりょうざえもん》が草莽の士として参加していた。領左衛門は、岡田鴨里《おうり》について漢学を学び、長じては藤本鉄石《てっせき》らとまじわり尊王思想を身につけ、天誅組に参加するようになったといわれる。領左衛門は、京都にあって情報収集活動に従事し直接挙兵には加わらなかったが、八月十八日の政変(長州藩を中心とする尊王攘夷の過激派に対して、会津・薩摩藩が公武合体派の公卿らと結んでクーデタをおこし、この結果長州藩は宮中《きゅうちゅう》警衛の任をとかれ、三条実美以下の急進派公卿も京都を追われた)ののちに幕吏《ばくり》によって捕縛され、元治元(一八六四)年七月、禁門《きんもん》の変(失地回復をはかった長州藩が会津・薩摩藩兵と蛤御門《はまぐりごもん》付近で戦闘し敗退)の混乱のなかで獄中で斬殺された。

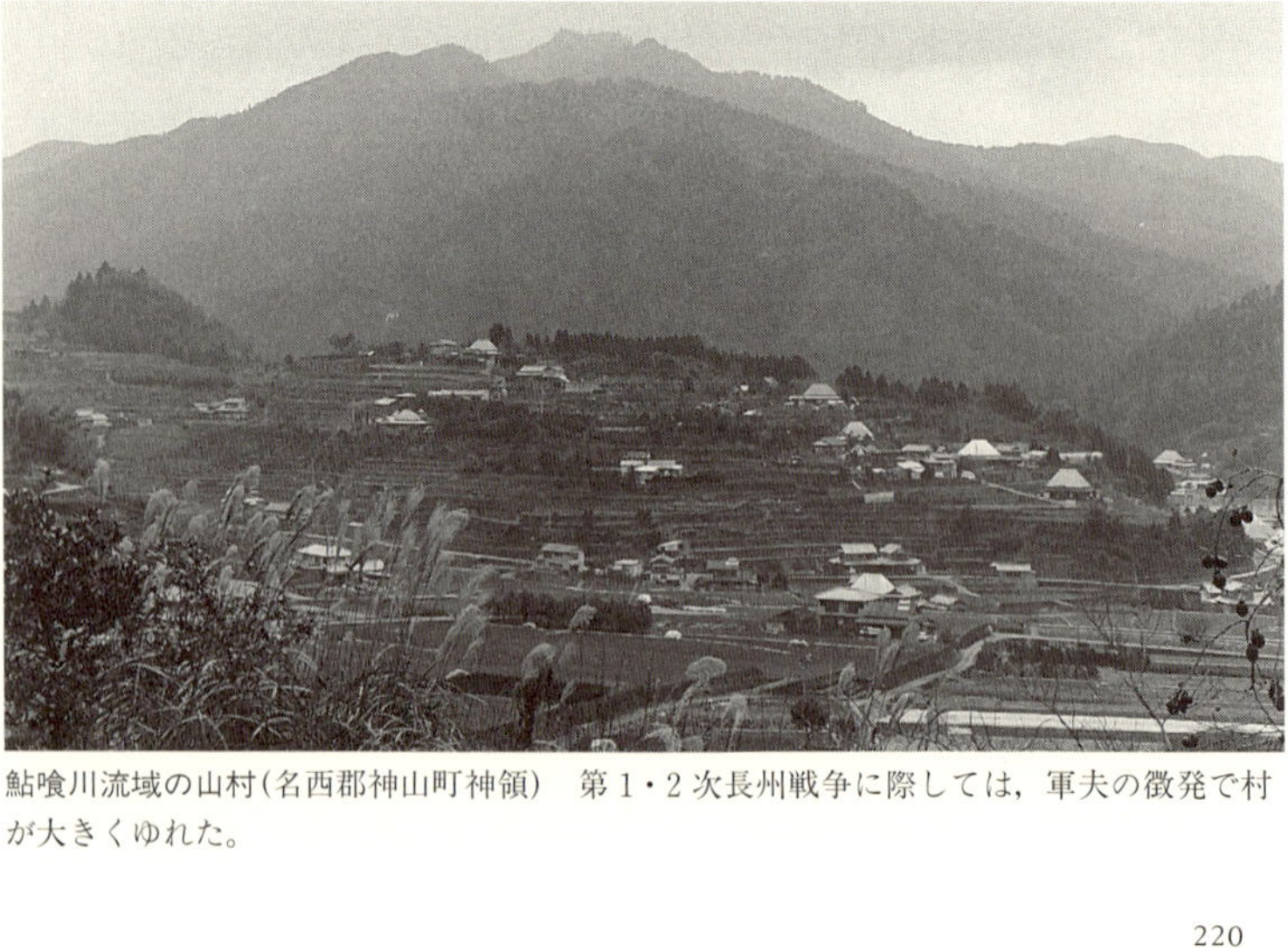

鮎喰川流域の山村(名西郡神山町神領)　第1・2次長州戦争に際しては，軍夫の徴発で村が大きくゆれた。

禁門の変で敗退した長州藩は、朝敵《ちょうてき》とされた。元治元年八月、幕府は勅許を得て各藩に出兵を命じ、長州征討軍をおこした（第一次長州戦争）。おりから、長州藩はさきの外国船砲撃に対する報復としてイギリス・フランスなど四国艦隊の攻撃をうけ敗退した。元治元年十一月、幕府征討軍を迎えた長州藩では、保守派が藩内の尊攘派をおさえ、戦いをさけて幕府に恭順《きょうじゅん》の意を示し、降伏した。長州出兵に際して、蜂須賀斉裕は幕府からの出陣要請に対して「外患の憂いある時局にあたって、自分は京師《けいし》に程近い摂海の要地、淡路の由良・岩屋を中心に海防に専念したい」旨の上書を提出して出陣を辞退。かわりに家老稲田植誠《たねのぶ》が「船手《ふなて》」（水軍）を率いて多度津《たどつ》に至るが、長州藩の降伏によって出陣は沙汰止みとなった。

このとき、阿波では村々に軍夫《ぐんぷ》としての夫役動員令がだされた。四国山地の山ふところにいだかれた名西郡神領《じんりょう》村（名西郡神山《かみやま》町）にも「防長御征伐ニ付追付被仰付《おっつけおおせつけられ》、太守様御出陣被遊《あそばされ》候ニ付、村方へ人足《にんそく》掛り当邑《(村)》へ四拾人余り之由、神宮寺《じんぐうじ》ニ而寄合、村中惣寄騒々敷《そうよりそうぞうしき》事也」（佐々木家文書「萬覚帳《よろずおぼえちょう》」）とあるように、合計四〇余人の夫役動員が割り当てられた。近世初頭以来、絶えて経験することのなかった村からの軍事動員である。軍夫としての役務の内容は何か、生命の安全はどうなのか、それにもまして村人のなかから誰が徴発されるのか、神領村では上角名《うえつのみょう》の神宮寺において村中総寄合《そうよりあい》が開かれ、連日「村中惣寄騒々敷事也」という状況が続いた。

さらに、慶応二（一八六六）年には第二次長州戦争が始まり、再度村々に動員令がだされた。前出の神領村をはじめ鮎喰川筋の村々からも「郷鉄炮」の面々が「池田小刑部《ぎょうぶ》様御他邦御軍事御用ニ付御出陣ニ付而ハ、当山分郷鉄炮壱統《いっとう》御供《おとも》被仰付」（前掲「萬覚帳」）と家老池田氏の指揮下に動員された。また、同四（一八六八）年正月には「高松征伐」のために再度「御鉄炮」に動員令がだされ、それと同時に神領村ほか七カ村に都合一〇〇人の「人足」(軍夫)が割り当てられた。神領村では、その人選をめぐって「誠ニ騒々シキ事筆紙《ひっし》ニ難尽《つきがた》シ」と、村はふたたび大揺れに揺れた。

こうして、阿波の農民たちにとっても、一見すれば自分たちの暮らしとは縁遠いはずの国内の政情や国際関係がけっして自分たちの暮らしと無関係ではなかったこと、むしろ村の生活そのものがそうした外部の動向に大きく規定されていることを日常生活のなかで肌身に実感していったにちがいない。

4　幕末・維新期の阿波の世相

安政の大地震●

嘉永七(一八五四)年十一月四日の昼過ぎ、異様な地鳴りとともに大地震が発生した。翌五日夕方には前日をさらに上まわる大揺れがおそってきた。市中の家々は三割近くが倒壊、三、四割が半壊という大きな被害をうけた。人びとは余震におびえながら、戸外で寒夜をすごした。翌年にかけて、江戸をはじめ全国に大きな惨害をもたらしたいわゆる「安政《あんせい》の大地震」である。市中周辺では、「土地さけ姫砂吹出し、水も吹出候」(元木《もとき》家文書「加登屋《かどや》日記扣《ひかえ》」)と激震に伴う噴砂現象が諸所でみられた。

市中では、五日夕方、内《うち》町魚《うお》ノ棚《たな》の蕎麦屋から出火、また同時刻に通《とおり》町一丁目からも出火。火勢は、おりからの西風にあおられて四方へ広がり、新《あたら》シ町・紙屋町・塀裏土手筋などをなめつくし、稲田・賀島両家老屋敷も焼失した。南方の小松島でも火災や津波が発生した。さらに、那賀《なか》・海部地方の沿岸部では「東西由岐《ゆき》・木岐《きき》・日和佐、此近辺高浪六、七、八、九尺打込候ニ付山分へ遁上り候跡、家居海へ引込も有、相倒も有、其余浦々嶋々大躰同断之いたミ二相聞候」（前掲「加登屋日記扣」）と「高浪」（津波）が押しよせ、被害を大きくした。市中周辺の沖州村《おきのす》でも津波の被害がでた。

藩の調査によれば、大地震の被害は、阿波国だけで死者一五〇人、潰家二七九五軒（うち侍屋敷三一五軒）、流失家屋三五七〇軒、流失米麦一万一六五七石余にのぼった（『阿淡年表秘録・続編』）。人びとは、地震・津波を恐れて着の身着のままで眉山《びざん》など山手へ避難した。大地震がしずまったあとも一〇日余り不気味な余震が続いたが、「大ゆれ」再現の流言が広がり、人心の不安をいっそうかきたてた。そうしたなか、市中では「金比羅《こんぴら》様御利益ニや二軒屋町ハゆり無数《かずなく》候故、立退候者無数……金比ら山其辺一山ハ数万人共込申候」と、勢見《せいみ》金比羅社の霊験《れいげん》で二軒屋界隈では被害が少なかったという噂《うわさ》が立ち、勢見社周辺の眉山には多数の人びとが霊験を信じ、難をさけて押しよせたという（前掲「加登屋日記扣」）。地震封じのための社寺参拝が流行したのもこのころのことであった。

ええじゃないか●

慶応三（一八六七）年夏、三河《みかわ》地方ではじまった「お札降り」と「ええじゃないか」の狂乱は、またたく間に関東から西は中国・四国地方に波及した。阿波では、慶応三年十一月末に撫養に伝わり、その後年内に徳島城下から吉野川筋や那賀川筋を中心に領内各地に広がった。

当時、公務で城下市中に滞在して「ええじゃないか」騒ぎを目のあたりにした名西郡神領村の庄屋は、そのときの模様を「(市中では）十二月七、八日頃ニハ大踊ニ相成、十一日頃迄大はつみ（裸）ニ而、又十四、五日よりハ勢見山・佐古山《さこやま》一円ニ天狗様御姿相あらわれ、三社・諸神氏神へはたか参り、市郷共群参致し誠前代未聞之事也」（前掲「萬覚帳」）と記している。「ええじゃないか」が最高潮に達したころ、勢見山から佐古山にかけての眉山一帯に天狗が姿をあらわし、人びとはこれを神仏降臨《しんぶつこうりん》とともに奇瑞として、「大はつみ」になった状況がうかがえる。

市中周辺の神社仏閣には、群衆が「お蔭参り」に押しかけたが、なかでももっとも多数の人びとが参詣したのは、勢見金比羅社であった。金比羅社へは、市中近在からだけでなく領内各地から多くの参詣人が押しよせた。阿波郡伊沢《いさわ》村（阿波市）では「勢見金比羅さんの山へ大神宮さまがお越しなされてゐるので、お参りせねば罰があたるといふて、皆われもわれもと参詣した」（山口吉一『阿波え、ぢゃないか』）といわれ、また、ある古老の回想談では「金比羅さんで大変おどってゐると聞いて、在所から二人三人お参りに行くものが出来たと思ひますと、やがてのこと、皆続きつづいて参りに出かけ、一日二日在所は全部がら空きになりました。私もじっとしてゐられず、寒中のことで身を切るやうに寒いのに、横手の川で水行《みずぎょう》をし、身を清浄にして金比羅さんにお参りしました」（前掲『阿波え、ぢゃないか』）とある。

「ええじゃないか」の乱舞のなか、阿波でうたわれたはやし歌に「六十余州が世直りと、豊年踊りはおめでたい、おかげ参りは

ええじゃないか踊り（板東秋岳画）

ヨイジャナイカ、ヨイジャナイカ」というのがあった（前掲「萬覚帳」）。幕末も押しせまった変革の社会状況を敏感に読みとり、「ええじゃないか」のなかに抑圧や貧困からの解放、「世直り」への願いを託そうとする人びとの意識を、そこにみることができるようである。

御一新のなかで●

「御一新《ごいっしん》」（明治維新）になっても、人びとの生活に大きな変化はみられなかった。村人たちはあいかわらず年貢・諸役の負担や物価高に苦しみ、その年々の天候や作柄に一喜一憂していた。しかし、そうしたなかで、明治三（一八七〇）年春、名西郡神領村では村庄屋による年貢取立てに不審な点があるとして、村人たちが騒ぎ立てるという出来事がおこった。数百人の村人が庄屋宅に詰めかけ、緊張したやりとりがみられた。騒動は、庄屋・取立人が行う年貢・諸役の割付け・取立てに対する疑惑からおこったようである。明治維新が訪れたといっても、村に割り付けられた年貢や諸役は庄屋・取立人が中心となって、個々の農民たちに割り付けられていた。そうしたなかで、村人たちは、「庄屋取立向ニ不都合有之《これあり》、村中壱枚立行《いちまいたちゆき》かたき旨」（徳島県立文書館・大粟家文書）を主張して、「年貢割付帳」その他の関係書類の公開と調査を要求している。これを受けて、組頭庄屋岸新左衛門《きしんざえもん》らがあいだに立って関係帳簿類を調べた結果、「御年貢升目ヲ始、定井料《さだめいりょう》・茶継米《ちゃつぎまい》等過《か》ニ相立候」（同上史料）と、年貢取立帳その他に計算の誤りがあることがあきらかとなった。

騒動は、組頭庄屋らの必死の調停によって⑴このたびの一件は庄屋の「算違《さんたがえ》」（計算ミス）からおこったものであること、⑵年貢・諸役の過不足分については庄屋・村人双方立会いのうえで精算し、過払い分は早急に庄屋から払戻しすることの二点を双方が確認して「一和内済《いちわないさい》」となり、双方ともお咎《とが》めなしという形で解決したようである。この地方では三年後の明治六（一八七三）年に、名西郡上山村《かみやま》上分《かみぶん》（神山町）の弥十郎《やじゅうろう》が中心となって、明治政府の地租《ちそ》改正に反対して立ち上がった、全国にも知られた弥十郎騒動が発生している。明治三年の神領村の騒動は、そうした維新期の農民運動の伏線として重要な意味をもっていたのではないかと考えられる。従来は、お上の言いなりに年貢を負担してきたが、理屈にあわない場合や納得できないときは村人みずからが直接に「年貢割付帳」を確かめるという、村人たちがみずからの権利意識にめざめてきたといえるであろう。

8章

近代化から戦争の時代へ

徳島県庁舎(旧賀島邸)

1 明治維新と徳島県

版籍奉還と稲田騒動●

明治二（一八六九）年六月、明治政府が実施した版籍奉還《はんせきほうかん》によって徳島県が設置された。旧藩主《はんしゅ》蜂須賀《はちすか》茂韶《もちあき》があらたに知藩事《ちはんじ》になり、旧家臣《かしん》は新政府のもとに士族《しぞく》となって一〇等級に分けられ、家禄《かろく》も国から支給されることになった。たとえば一万四〇〇〇石の旧筆頭家老《かろう》の稲田《いなだ》邦種《くにたね》は一等士族として一〇〇〇石を支給されるが、稲田家の旧家臣は士族ではなく卒族《そつぞく》に編入され、希望すれば郡付銃卒《ぐんつきじゅうそつ》にしてやるという不利な立場にたたされることになった。これが翌三年の徳島藩騒擾《そうじょう》事件（稲田騒動）の原因となったのである。

阿波《あわ》国一八万石の藩祖蜂須賀家政《いえまさ》が、元和元（一六一五）年の大坂夏の陣の活躍によって淡路《あわじ》国七万石が加増されて二五万石の領国《りょうごく》が確定したが、筆頭家老で淡路の洲本《すもと》城主でもある稲田家の知行地《ちぎょうち》は、美《み》馬《ま》郡と淡路に分給された。稲田家は美馬郡の猪尻《いのしり》村（美馬市）に屋敷・会所《かいしょ》をかまえ、家臣もこの地方の出身者が多く、猪尻侍《さむらい》とよばれることもあった。

ところが黒船《くろふね》が接近する幕末《ばくまつ》になって、稲田家は淡路の沿岸警備の任を命じられたことから、家臣は天保年間（一八三〇〜四三）の五〇〇人から約一三〇〇人に急増、さらに嘉永二（一八四九。嘉永六年にペリー来航）年には三〇〇〇人にふくれあがった。そして新規召抱《めしかか》え家臣の多くは猪尻侍であった。

こうして海防の任にあたるようになった稲田家臣たちが、幕末政局のなかで尊王攘夷《そんのうじょうい》運動に傾斜していったこともうなずけることであろう。本藩の徳島藩が慶応二（一八六六）年の第二次長州《ちょうしゅう》征討の出兵要請《ようせい》を無視し、公武合体《こうぶがったい》にこだわって倒幕側にふみきれないでいるとき、稲田家は戊辰《ぼしん》戦争の東征軍に加わり、洲本藩とか稲田藩ともよばれて、その活躍が認められたといわれる。

版籍奉還による士族編入に関して、稲田家旧家来三田昂馬《みたこうま》らが士族編入の要望書を知藩事に提出した。三田らの考えは、稲田家の倒幕運動における活躍が蜂須賀家の立場をささえたという自負《じふ》と、幕初以来の稲田家の特別な家柄《いえがら》であった。知藩事は政府の指示を得て、稲田家に士族・卒族別の名簿の提出を命じたが、明治三（一八七〇）年三月、稲田側は分別できないと回答したため、知藩事は全員の士族編入を通達した。これで稲田側でも当面の目的を達成したはずであったが、稲田側では直接岩倉具視《いわくらともみ》に稲田邦種を知藩事とする洲本藩の分藩独立を嘆願した。しかし中央集権をめざす政府が容認できるものではなかった。岩倉は使者を徳島に送り、稲田家旧家臣の士族編入を認めるかわりに北海道移住を命じた。四月、稲田側は北海道移住を拒否、さらに淡路分藩と特別賞典の下付を求めた。

蜂須賀茂韶

こうした洲本派の運動は、当然徳島本藩士族の強い反発を招いたし、同じ稲田家の猪尻派でも同調できるものではなかった。とくに徳島藩士は、洲本派の運動は知藩事に対する不忠、藩を分断する裏切りだとし、若い藩兵隊は知藩事に稲田討伐の決議書を提出した。五月、知藩事の抑止をふりきって藩兵隊有志は猪尻に進撃した。猪尻村の旧家臣三〇〇余人は高松藩内に退避したが、進撃した藩兵隊も途中、藩吏《はんり》の説得をうけて進撃を中止して解散し、阿波では悲劇は寸前で回避された。しかし淡路では藩兵有志と農兵隊が洲本城下の屋敷町を急襲、自殺者二人・死者一五人・負傷者二〇人、焼失家屋十数軒という惨事となった。八月に太政官《だじょうかん》からの知藩事に対する処分判決は、斬罪一〇人・終身刑二六人（八丈島流罪）、禁固《きんこ》刑多数というきびしいものであった。

稲田家旧家臣は士族籍を得たが、北海道移住を命じられ、稲田邦種も家臣を率いて参加した。移住は明治四（一八七一）年四月からはじまり、第一陣五〇〇余人は日高《ひだか》郡静内《しずない》町（新ひだか町）にはいり、未開の原野に立ちむかった。八月の後発隊二二三人は和歌山県沖で遭難、水死者八三人をだし、生存者は帰郷せざるをえないという惨事もあった。

この騒動は、翌年の明治四年に断行される廃藩置県《はいはんちけん》以降の徳島県の行く末にも、またその後の自由民権運動にも大きな関連をもつことになる。

さまよえる徳島県●

明治四（一八七一）年四月、廃藩置県によって徳島県が廃され、阿波と淡路南半の三原《みはら》郡（北部の津名《つな》郡、主に洲本稲田家の給地は兵庫県に編入）を管轄する徳島県が設置されたが、同年十一月には淡路中部も県域に編入されて名東《みょうどう》県と改称（古代の『延喜式《えんぎしき》』の名方《なかた》郡を東西に分けた郡名に由来）、旧藩時代と同じ阿波・

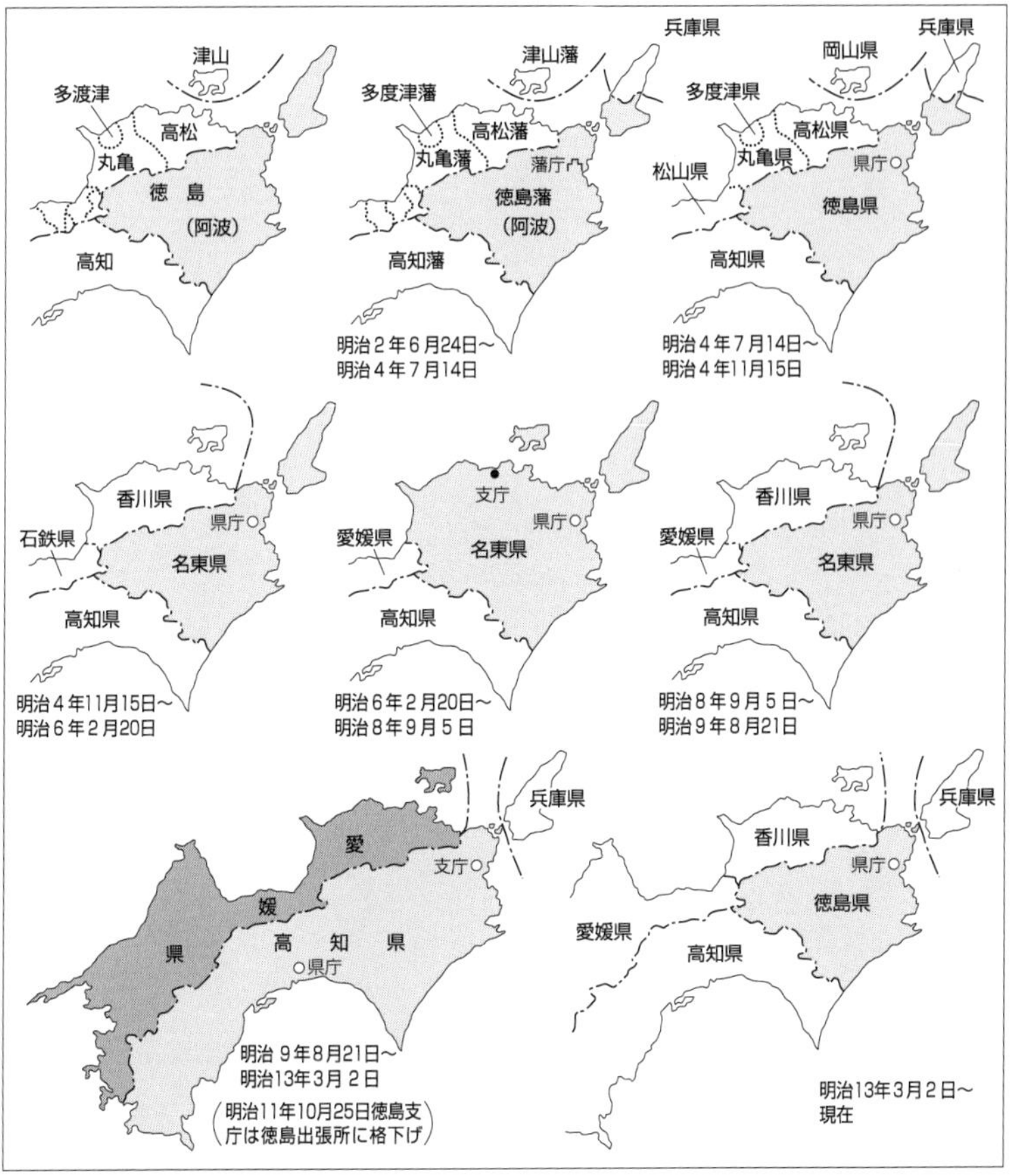

徳島県の行政区画の変遷　『土成町史』下巻による。

淡路両国を県域とすることになった。

県政は旧藩士から大参事《だいさんじ》に就任した井上高格《たかのり》のもとに発足したが、明治五（一八七二）年十一月、井上は遠州額田《ぬかた》県参事に転任を命じられた。明治六（一八七三）年、香川県を廃止して名東県管轄にし、二月に高知県士族林茂平《もへい》が名東県参事に任命された。明らかに降格人事に不満な井上は転任を辞退し、明治七（一八七四）年八月、自助社《じじょしゃ》を結成して社長となり、多くの旧藩士を集めて民権運動を展開することになった。退任した多くの旧藩士の官吏にかわって他県出身の官吏が占めるようになり、政府の県政指導もしやすい状況になったのは事実であるが、反面、香川県をあわせた徳島県は讃岐《さぬき》・阿波両国にまたがる河川の治水・土木事業や地租改正《ちそかいせい》事業がからんで県政が紛糾《ふんきゅう》し、その間に自助社の活動も進展した。明治八（一八七五）年九月、ふたたび名東県から讃岐が分離されて香川県が再置され、名東県はもとの阿波・淡路二国の管轄の県域にもどった。

ところが明治九（一八七六）年八月、太政官布告によって名東県が廃止されて高知県に併合され、淡路は兵庫県に移管された。淡路の移管は、明治三年の稲田騒動の最終的な決着と思われる。高知県編入は、阿波・淡路における自助社を中心とした民権運動を分断するという政治的な意図がみえかくれする。事実、名東県の廃止をさかいに自助社の活動は急速に衰退した。そしてさらに明治十三（一八八〇）年三月、阿波を高知県から分離して徳島県の再置が確定した。明治維新《いしん》の一〇年間、徳島県は実にめまぐるしい県名・県域の変動のなかにおかれ、そのなかで府県制の中央集権化が進められたのである。そして明治二十三（一八九〇）年四月からの市制・町村制実施に伴って、全国的な市町村合併が行われた。徳島県では一市・一〇郡・二町（撫養《むや》・脇）と一三七村に統廃合され、徳島市が誕生し、初代市長には井上高格が就任した。

自由民権の闘い●

自助社は明治七（一八七四）年八月、名東県令宛に結社届を提出した。社長井上高格ら七人が連署している。この年一月に板垣退助《いたがきたいすけ》らが政府左院に民撰議院設立建白書《みんせんぎいんせつりつけんぱくしょ》を提出しており、旧徳島藩士の小室信夫《こむろしのぶ》も連署している。四月には高知県に立志社《りっししゃ》が創立された。九月に作成された「自助社大意」では、時あたかも台湾出兵（明治七年五〜十月）に際会して愛国の士気を振起激励し、国家につとめることを強調している。徳島藩が幕末維新の時流に乗り遅れ、稲田騒動をおこしたことなどへの反省や名誉回復の思いが基底にあった。そこには国権意識と旧士族の失地回復の願いも色濃く感じられ、いわゆる自由民権の立場とはかなり異質のものが感じられる。それでも井上のよびかけに対して、県や政府に不満をもつ約二〇〇〇人の社員を迎えたが、ほとんどが旧徳島藩士であった。

自助社には井上の今一つの思いがあった。名東県大参事の井上が駿河《するが》の額田県参事に転出を命じられ、

井上高格

かわって高知県士族の林茂平が名東県権令《ごんれい》に任命されたとき、井上は転任を辞退したことである。二年後に自助社を設立したのだが、明治八（一八七五）年の名東県の八カ村破堤《はてい》事件は県当局を相手どった法廷事件になったもので、自助社の林県政に対する闘いであった。しかし成果をあげることなく、民衆の支持も得ることはできず、結局、明治八年大阪上等裁判所から大審院《だいしんいん》におよび、和解で決着することになった。

明治八年二月、政府首脳の大久保利通《としみち》と木戸孝允《たかよし》・板垣退助が大阪会議を開くと、民権側は同月大阪で民権勢力を結集するため愛国社《あいこくしゃ》創立大会を開催し、自助社からも二〇余人が参加した。政府は民権運動を鎮静化しようと、四月に立憲政体へ漸次移行する詔勅《しょうちょく》をだしたのである。自助社でも早速、この詔勅の注釈書として「通諭書《つうゆしょ》」を作成して県下に配布した。そこには「立憲政体とは君民共治」としながらも、政府は「国王の手代《てだい》、番頭《ばんとう》」にすぎないと記している。政府は「国体を憚《はばか》らず施政上の妨害《ぼうがい》に至るべき事を醸《かも》せし科《とが》」とし、国事犯として逮捕、起訴し、社長の井上の禁獄一年、以下、幹部の有罪判決がなされた。幹部を失った自助社の活動は停滞し、明治十一（一八七八）年九月解散を決議した。その日は、立志社を中心として大阪で愛国社再興第一回大会が開かれ、民権運動が再スタートした日からわずか四日後であった。

民権運動が本格的に全国的な展開をみるのは明治十年代からである。明治十二（一八七九）年ごろから徳島の市街で有信社《ゆうしんしゃ》など約一〇社、脇町（美馬市）にも脇町有信社などの政治結社が結成され、演説会を開いた。明治十四（一八八一）年末に東京から帰県してきた旧稲田家臣の前田兵治《ひょうじ》が、翌年二月自由党阿波支部（のち阿波自由党）を結成、美馬郡・麻植《おえ》郡の稲田家旧家臣を中心に五九人の党員を集め、国会開設要求の地道な運動を進めた。明治十五（一八八二）年からは立憲改進党《りっけんかいしんとう》の同調者が急増し、旧藩士の阿部興人《おきんど》を中心に徳島立憲改進党が結成された。改進党は災害対策など県民の生活問題に密着し、県会で多数派を占めて県政と激しく対立した。

明治二十三（一八九〇）年、第一回衆議院総選挙が行われ、徳島県の第一〜五区のうち、第一区（徳島市・名東郡・勝浦《かつうら》郡）は自由党の井上高格、第五区（美馬郡・三好《みよし》郡）では改進党の阿部興人など、自由党一・改進党三・無所属一であった。県会では、北方《きたがた》が自由党系の地盤、南方《みなみかた》が農村地主を基盤とする改進党系という二潮流であり、有権者も旧士族・地主・藍《あい》商などが多くを占めた。県会では吉野《よしの》川・那賀《なか》川などの治水、台風災害復旧や伊予別子《いよべっし》銅山鉱毒問題などをめぐって県政と激しく対決した。

近代化政策と文明開化●

明治政府は富国強兵《ふこくきょうへい》・殖産興業《しょくさんこうぎょう》と文明開化《ぶんめいかいか》をスローガンとして近代化を強力に推し進めた。明治四（一八七一）年の「身分解放令」、五年の学制、六年の徴兵令《ちょうへいれい》、地租改正条例などである。

徴兵告諭《こくゆ》に対する徴兵反対一揆（血税《けつぜい》一揆）は全国各地におこったが、名東郡でも明治六年六月に発生し、西讃《せいさん》騒動とよばれる。当時名東県に属していた讃岐の西部でおこった血税一揆が阿波へ波及した。三好郡山城谷《やましろだに》（三好《みよし》市）や三縄《みなわ》村（三好市）の村民数百人が鉄砲・竹槍・鎌をたずさえて結集したが、県吏・邏卒《らそつ》に鎮圧されて逮捕・連行されておわった。また同年の地租改正実施のとき、地券《ちけん》発行の手続きをめぐって農民一揆が発生した。名西《みょうざい》郡上山《かみやま》村（神山《かみやま》町）の古橋弥十郎《やじゅうろう》の田畑の年季売りの慣行をめぐる地券訴訟で、その後一揆して弥十郎騒動とよばれている。県庁に拘留後、帰村した弥十郎を中心に鉄砲・竹槍などを掲げ、近在の村民も加わって三〇〇人の一揆勢が気勢をあげた。結局、県吏・邏卒らの説諭に服して一揆はおわったが、弥十郎が懲役一〇年、以下、主な主導者は五年から三年の懲役刑、約四〇人の農民が罰金刑を科せられた。徴兵の犠牲を強《し》い、小農民の利益や農村慣行をないがしろにする国家利益優先の近代化が民衆にしわよせされたものといえよう。

藩政以来、きびしい部落差別は、明治四年八月にだされた太政官の布告で変化がみられただろうか。「自今以後穢《え》多《た》非《ひ》人《にん》の称を廃され候こと今より身分職業とも平民同様たるべき」という布告を県も同様にうけとめて、「小民に至るまで遺漏《いろう》なく触れ知らす」ことを通達している。しかし西日本では大きな部落襲撃事件などが多数発生しており、名東県でも例外ではなかった。県南の被差別部落では、「解放令」に反対する村民の部落襲撃が、大参事井上高格の令状で寸前に回避される事態もあった。

学制に基づく小学校設置では、設立に反対する一揆が各地でおきた。重い授業料や設立費の負担とか、農村では農繁期に子どもが強制的に学校に「とられる」という考えが根強かった。明治初年の藩政期には、藩立小学校などが徳島城内と寺島《てらしま》・助任《すけとう》・洲本などにおかれたが、明治六年の学制を契機に藩立小学校は廃止され共立小学校が開設され

助任小学校校舎(明治4年10月建設)

た。新設の小学校は明治六年に三一校から八年には四一六校に急増し、就学率は三〇%弱。校舎の大半が民家使用で、寺社も多く、新築はわずか三校のみであった。

2　大正デモクラシーと藍作の衰退

阿波藍の盛衰●

藩政時代から阿波では、北方は藍どころ、南方は米どころといわれ、吉野川の中・下流域の農村は藍一色の土地柄《がら》であった。そして、阿波藍が大坂・江戸に出荷されて全国の藍市場を支配する勢いは、明治初期まで続いた。さらに幕末の開港以来、インド綿の大量輸入に伴う綿織物業の発達は、染料の藍の需要を激増させた。廃藩によって藩政時代の藍統制の諸法も撤廃されたことが、自由に加工・販売にのりだす業者を増大させた。こうした背景のなかで阿波藍の好況は、明治十(一八七七)年の西南《せいなん》戦争のころまで続いた。

しかし藍の盛況から全国各地でも藍の栽培・加工が盛んになり、しかも外綿によって打撃をうけた綿作地帯が藍作にかわった。これらの安価な地藍が割高の阿波藍を圧迫することになり、統制がゆるんだことで品質が低下したことへの苦情も多くなった。ことに北海道産が関東に進出した脅威が大きかった。北海道藍は旧稲田家臣の移住によって伝播されたことは歴史の皮肉ともいえよう。それでも徳島藍会社が設立されて品質管理につとめるなど、明治三十年前後ごろまでは栽培・加工とも増産が維持され、全国的にも阿波藍の優位は保たれた。

ところが明治三十年代半ばごろ、インド藍に加えてドイツの化学染料（インディゴ・ピュア）の輸入が急増し、阿波藍に甚大な影響をあたえることになった。化学藍は石炭から析出した合成染料で安価であり、高度な技術も要せず大量の染色にも適している。外国藍に押されて、明治後半期、藍畑は水田や養蚕の桑園にかわっていき、阿波藍は衰退した。こうして阿波藍は伝統的な染色に固執《こしゅう》する業者だけに供給されるにすぎなくなったが、これには藍づくりをささえる伝統的な染色業者が阿波に少なかったことも指摘されている。

一方、一部の藍商が蓄積した資本が、藍商が経営の多角化（多様な商品販売・運送、酒造、金融）にきりかえて、徳島の経済の近代化に重要な役割を果たしたこともみおとしてはならないだろう。

藍にかわる農業として米作や養蚕業に活路が求められた。藍以外にも砂糖・煙草《たばこ》・塩や綿織物などがあるが、県外移出額の八〇％以上を藍と砂糖が占めていたのである。阿波北方の藍作は吉野川と切り離しては考えられない。治水がむずかしい吉野川ではあるが、その洪水による客土《きゃくど》が連作不可の藍作を可能にしてきたのである。しかし藍が不況になった今、それにかわる作物は米作のほかには考えられない。投機性が強く不安定な藍作より、小農経営には米作のほうが有利であることは自明のことであった。しかし安定した米作・水田化のためには吉野川の治水・灌漑が先行する条件である。吉野川の改修事業は明治中期からはじめられて昭和初期に完成をみるが、大略は、中流域の北側の阿波郡阿波町（阿波市）と南側の麻植郡山川町（吉野川市）を結ぶ線辺りから河口のあいだまでの水防施設の構築と遊水池《ゆうすいち》の造成、旧吉野川の流路をせきとめて別宮川《べっくがわ》を本流とすることである。明治末期には北岸・南岸それぞれに通水利組合が設立され、用水の完成に伴って水稲作付面積が激増し、残りの畑作地は桑園への転換が進んだ。ことに昭和初期の養蚕の好況を背景に、昭和四（一九二九）年には約一万二〇〇〇町歩のピークに達した。しかしこれも昭和恐慌の打撃から、蔬菜《そさい》栽培や畜産などへ転換、経営の多角化へと進んだ。

農業以外の諸産業をみてみよう。在来産業の砂糖・煙草・製塩・製材木工・窯《よう》業などのほかに、明治中期から紡績・染織業、昭和初期には製糸業などの近代的工場が設立された。明治二十九（一八九六）年に阿波紡績が設立され、徳島市を中心に多くの織物・染織工場が展開した。阿波紡績はその後、堺紡績に、さらに大正六（一九一七）年に福島紡績（福紡）に買収されて福島紡績徳島工場となり、県内最大の工場となった。製糸業では、藍作にかわる水田米作への転換が無理な扇状地《せんじょうち》・山間地などでは桑園・養蚕への転換が進み、明治四十年代に徳島市や美馬・三好郡などの町村に器械製糸工場が誕生した。小口組徳島製糸場（徳島市）・佐渡製糸場（吉野川市）・筒井製糸所（吉野川市）などがある。これらの繊維工業は第一次世界大戦の大戦景気にのってさらに躍進した。職工数・工場数の増加、生産額の伸びは著しい。たとえ

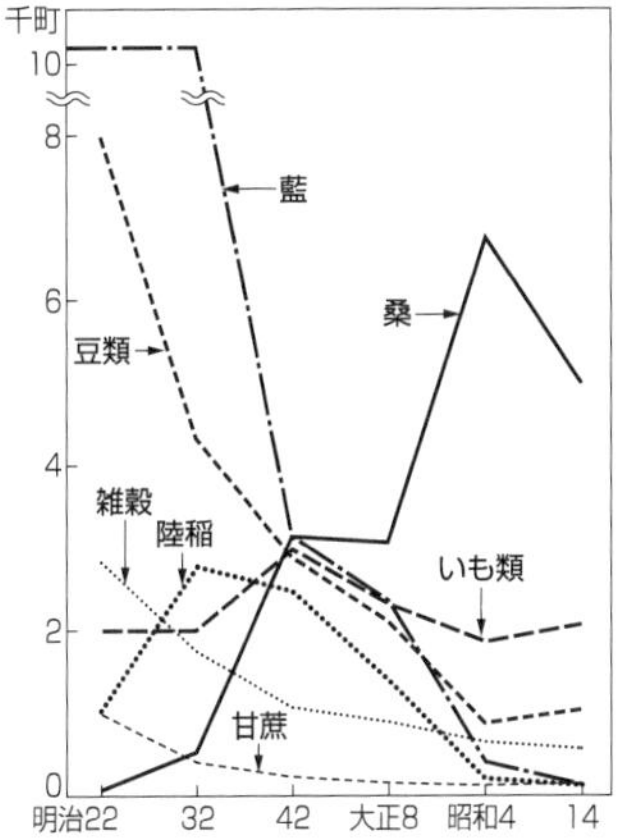

吉野川下流地域における畑作物の推移
三好昭一郎・松本博・佐藤正志『徳島県の百年』による。

名西郡浦庄村の養蚕戸数・家畜頭数の推移

年　次	養蚕戸数	馬	牛	鶏
	戸	頭	頭	頭
大正６年	142	98	134	2,974
11年	162	70	185	4,450
昭和６年	367	54	220	4,677
11年	293	51	398	5,007

上図に同じ。

名西郡浦庄村の地目変換

	用水開鑿前	用水開鑿後	増減
	町歩	町歩	町歩
田	26	255	229
畑	308	49	△259

上図に同じ。

ば福紡徳島工場の生産規模は約二・二倍の四万四八二〇錘《すい》へ、綿糸生産額も約一・四倍の約九五万貫へ増加した。

民衆の力と高等教育●

第一次世界大戦は大正三（一九一四）年から七（一九一八）年までの五年間にわたる。この間にいわゆる大正デモクラシーが進展したが、それを背景に市民運動や労働運動が活発になった。その発端が大正七年八月にはじまる米騒動《こめそうどう》である。大戦景気のなか、物価ことに米価の高騰《こうとう》に端を発した富山県魚津《うおづ》の女一揆ともいわれる米騒動は、約二カ月のあいだに一道三府三八県に広がり、約七〇万人以上が騒動に加わった。徳島県下でも、最初の事件は八月十日、名東郡新居《にい》村（徳島市）で数百人の村民が米穀商を打ちこわした。つづいて勝浦《かつうら》郡小松島《こまつしま》町（小松島市）、板野《いたの》郡撫養町（鳴門《なると》市）でも富豪・米穀商に施米《せまい》・寄付金を強要した。八月下旬には那賀郡見能林《みのばやし》村（阿南《あなん》市）で零細漁民・小作人が旧家・地主に米の供出を強要し、警察官・検察官が出動した。このような事態に対して県や徳島市でも米の放出勧告と暴利抑制、外米の発注と販売などの対策を講じた。

筒井製糸所内部(明治末ごろ)

米騒動はその後の組織的な労働運動や農民運動・小作争議などさまざまな社会運動の契機となった。福島紡績徳島工場では、米騒動の前の二月に、二割の賃金アップを要求するストライキをしているが、米騒動の翌年二月には白米廉売《れんばい》と賃金改訂をめぐって約三〇〇〇人の従業員がストライキを行った。米騒動と連係《れんけい》した労働争議のケースである。

有力な地場産業の木工業や塩業でも労働争議がおこった。大正八（一九一九）年に徳島市の指物《さしもの》・簞笥《たんす》職人が賃上げ要求のストライキをおこしている。大正十五（一九二六）年には徳島木工労働組合を結成、翌年に同組合が主体となって労働農民党徳島支部が発足した。塩業は板野・名東・那賀郡の塩田、現在の鳴門市・徳島市・阿南市海岸であるが、なかでも斉田浜《さいたはま》（鳴門市・撫養塩田）が徳島塩業の中核地であった。明治以降、塩は慢性的な生産過剰で価格の低落が続いていた。政府は明治三十八（一九〇五）年に専売制を実施して統制下におくとともに製塩地整理を実施したが、日本の植民地《しょくみんち》・租借地《そしゃくち》となった台湾や関東州《かんとうしゅう》（中国遼東《りょうとう》半島）からの外国塩輸入によってさらに過剰・低価格が続いた。塩田労働者側でも、明治四十五（一九一二）年に鳴門塩田労働組合、大正初年以降には撫養でも八組合が結成され、大正十（一九二一）年には撫養塩田労働連合会が発足した。

大正十五年十月におこった撫養塩田争議は、政府の生産一割削減の要請に対する反対運動であり、さらに翌昭和二（一九二七）年四月にも賃上げ闘争に立ちあがったが、この間、労資対立の泥沼化と連合会の左右分裂などにより、結局労働側の敗北に近い内容の調停が成立した。三カ月にわたった長期闘争は終り、その後は組合側の抵抗力も失われた。

米騒動以降、徳島県の小作争議も多発した。県全体の小作地率は、大正初期には約四五％台、小作料率も収穫高に対する実納小作料率は六〇%に達しかなり過重なものであった。徳島県で本格的な小作争議が発生したのは、米騒動の大正七年が最初であったが、大正十一（一九二二）年には六六件に達した。なかでも那賀郡の羽《は》ノ浦《うら》町から見能林村などの争議は組織的な運動を展開し、米小作料二〜三割の永久減免を要求した。調査委員会の斡旋の結果、平均一三%軽減で解決をみた。さらに大正十四（一九二五）年の羽ノ浦町大字岩脇《いわわき》の争議では日本農民組合（日農）の指導のもと組織的な争議を展開した。二月に日本農民

徳島県の小作争議件数・関係人員と係争面積

年次	争議件数	関係人員			係争面積	小作人組合数	協調組合数
		地主	小作人	合計			
	件	人	人	人	町歩		
大正9年	3	23	229	252	153	—	—
10年	26	401	2,962	3,363	1,298	18	—
11年	66	1,608	6,180	7,788	3,715	36	1
12年	26	332	1,839	2,171	1,097	54	2
13年	26	513	2,313	2,826	953	62	2
14年	56	1,239	2,871	4,110	1,716	92	5
15年	41	694	1,967	2,661	1,604	108	20
昭和2年	27	203	612	815	337	111	31
3年	32	321	566	887	504	50	47
4年	50	191	479	670	218	84	49
5年	44	642	2,263	2,905	735	102	49
6年	80	370	1,053	1,423	387	105	49
7年	127	252	688	940	198	96	50
8年	157	314	803	1,117	226	105	52
9年	197	829	2,916	3,745	969	105	53
10年	159	326	780	1,106	282	122	53
11年	189	404	612	1,016	249	47	55

『徳島県治概要』(昭和13年)より作成。

岩脇小作争議(大正14年)

組合岩脇支部が結成され、米小作料の永久減免と麦小作料の全廃を要求した。調停の結果、米小作料で平均一五〜二〇%、麦小作料六五%の減免で決着した。これらの成果に触発されて、南方の那賀・勝浦郡でも日農の組織化が進み、さらに吉野川流域の農村にも伸長していった。しかし昭和初期には、地主と官憲側の主導のもとに徳島県農事協会や自小作農との協調路線をめざして各地に協調会が組織され、争議や組織活動は停滞した。

大戦景気を背景に、原敬《たかし》内閣(一九一八〜二二)は高等教育機関の充実をはかり、各県に高等学校・専門学校の開設計画を進めた。徳島県では、大正十一(一九二二)年徳島高等工業学校が開設され、土木工学・機械工学・応用化学の三学科をもって発足した。ことに土木工学科は吉野川・那賀川などの治水に対する県民の期待にこたえるものであり、徳島市の助任川畔の師範学校と高等工業は、旧制中学生の人気を集めた。

板東俘虜収容所――鉄条網のなかの四年半●

大正三(一九一四)年八月にはじまった第一次世界大戦に参戦して、日本はドイツに宣戦布告した。九月二日、二万八〇〇〇人の日本軍はドイツの中国租借地青島《チンタオ》要塞を総攻撃し、十一月七日に要塞は陥落した。ドイツ軍将兵約四六〇〇人が俘虜《ふりょ》として、日本各地一二カ所の収容所に抑留されたが、そのうち約一〇〇〇人が四国の松山・丸亀《まるがめ》・徳島の三カ所に収容され、大正六(一九一七)年四月に板野郡板東《ばんどう》町(鳴門市)に新設された収容所に三カ所から統合収容することになった。

陸軍が用地として森林原野を開拓した一万二〇〇〇坪の敷地に鉄条網をめぐらし、木造バラック二〇棟を建てたものである。もっとも多いときには一〇〇〇余人の俘虜が抑留生活を送ったのである。俘虜の将兵には日本の同等階級と同額の俸給が政府から支給され、なかには母国からの送金がある者もあり、彼らの消費による地元への経済効果はかなり大きなものがみこまれたようで、収容所の誘致運動もあった。

だがそうしたことよりも、敵味方の恩讐を超えた日本とドイツ人の善意の交流をみなければならないだろう。ドイツのすぐれた文化への敬意は地元民とのさまざまな交流をうんだ。野菜栽培・畜産や工芸技術なども伝授され、彼らの作品の展覧会や販売も行われている。合唱団や演劇サークルの公演も行われた。大正八（一九一九）年十月には、徳島市新富座《しんとみざ》でエンゲル演奏団が公演、月々の演奏会ではベートーベン「第九」の日本初演奏も行われている。四年半におよんだ地域住民と俘虜との交流は板東の地だけではなく、ながく両国で語り伝えられることだろう。昭和四十七（一九七二）年、鳴門市に交流を記念した「ドイツ館」が建てられている。

鳴門に開店したパン屋ドイツ軒(大正期)

3　恐慌から戦争へ

恐慌と戦争と国民生活●

第一次世界大戦の戦後恐慌《きょうこう》から、昭和初期の金融恐慌・昭和恐慌のなかで、徳島県の産業経済の動向についで述べよう。昭和二（一九二七）年の金融恐慌の発生当時、徳島銀行・徳島貯蓄銀行が二月の取付け騒ぎで休業した。翌年五月にそれぞれ阿波商業銀行と阿波貯蓄銀行に営業権を譲渡して吸収合併された。この間の金融混乱と預金不振から立ちなおるまでには長い年月を要した。産業界でも、戦後恐慌から続いた停滞は昭和恐慌におよんだ。一九三〇年代、満州事変《まんしゅうじへん》を契機に準戦時体制に移行して昭和恐慌から抜けでた。金融界も金融恐慌の後遺症から脱却するのは昭和十（一九三五）年ごろまでかかった。

昭和五（一九三〇）年にはじまる昭和恐慌は、農業県である徳島県にも大きな打撃となった。ことに生糸の対米輸出の激減による繭価《まゆ》の暴落に加えて、米と農産物の下落が重なった。吉野川流域の桑園地帯、なかでも麻植郡西尾村《にしお》（吉野川市）の桑園小作人が桑園小作料の減免に立ちあがった。昭和五年、全国農民組合（全農）西尾支部を結成して組織的な運動を展開した。在村地主との調停交渉は昭和七（一九三二）年までかかって契約小作料の四割減を勝ちとったが、その後も西尾小作争議は全農を中心に昭和九（一九三四）年ごろまで粘り強く続けられた。

こうした農村の窮状に対して、政府は公共事業による農民・失業者の救済対策を講じた。昭和六（一九三一）年七月に着工された徳島・小松島に至る道路・橋梁架換工事（昭和七年三月竣工）など産業道路建設はその例である。さらに昭和七〜九年の斎藤実《まこと》内閣では、時局匡救《じきょくきょうきゅう》事業や農山漁村経済更生《こうせい》運動を展開した。那賀郡福井《ふくい》村（阿南市）など十数カ町村が更生計画樹立村に指定され、農会・産業組合を中心に生産・経営の組織づくり、生産品の改善や負債整理などにあたった。

昭和十二（一九三七）年七月、日中《にっちゅう》戦争から戦時体制はいっそう強化され、生活物資の統制から貯蓄の奨励、防空演習など、生活全般におよんできた。昭和十三（一九三八）年八月の阿波おどりも自粛中止となった。昭和十五（一九四〇）年二月には皇紀二千六百年祭が徳島市西の丸運動場で式典挙行され、県下各地でも奉祝行事にわきかえるなか、戦意昂揚がさけばれた。同年十月に東京で大政翼賛会《たいせいよくさんかい》が発足し、徳島県でも十二月に町内会・常会などが下部組織に編成され、戦時体制はいっそう色濃くなった。

昭和十六（一九四一）年十二月八日、米・英両国に宣戦を布告し、太平洋戦争がはじまった。昭和十八（一九四三）年から十九年にわたって、中等学校生徒の勤労動員、学徒出陣《がくとしゅつじん》、学徒動員令による軍需《ぐんじゅ》工場への通年動員など、教育は戦争と一体化していった。県内の繊維工場はつぎつぎと軍需工場に転換され、徳島紡績では防毒用具を製造することになった。

昭和十九（一九四四）年には全国の主要都市や軍事施設・工場の空襲が激化しはじめた。十二月十八日、

鳥居龍蔵

近代日本の人類学・考古学史上に多大な業績を残す鳥居龍蔵《とりいりゅうぞう》は、明治三（一八七〇）年に現在の徳島市東船場《ひがしせんば》町で生まれた。小学校を中途退学したあとは人類学に関心をもち、坪井正五郎《つぼいしょうごろう》に師事してその門下生になるとともに、坪井のはからいで東京帝国大学理科大学人類学教室標本整理係

❖コラム

の身分を得た。その後は東アジア各地を舞台とした人類学・考古学の調査研究に従事し、大正十（一九二一）年には文学博士の学位を授与され同大学の助教授となる。のちに上智《じょうち》大学・國學院《こくがくいん》大学・東方文化学院で研究員を歴任し、昭和十四（一九三九）年には中国の燕京《えんきょう》大学の客員教授となった。代表的著作としては『有史以前の日本』『人類学より見たる我が上代の文化』が知られているが、ほかにも多数の著作や調査報告書がある。

鳥居の業績において特筆されるのは、調査旅行の回数の多さ、対象地域の多彩さ、および家族全員を同行させるという調査スタイルの異色さであろう。主要な調査地とその渡航回数を列挙してみると、朝鮮半島には二〇回以上、中国東北部に一〇回以上、モンゴルに数回、台湾に四回といった具合である。各地の民族に取材して鳥居が撮影した膨大な乾板《かんぱん》写真資料を目の当りにすると、鳥居が東アジアにおける民族誌・文化人類学の偉大な開拓者であったことを納得させられる。

鳥居龍蔵

徳島駅前での出征兵士見送り風景

アメリカのB29がはじめて徳島市上陸を通過した。徳島県内では昭和二十（一九四五）年三月ごろから県内各地に小規模な投爆があり、六月にはいると徳島市への空襲もはじまった。六月末に政府の指令による徳島市の主要建造物周辺の強制立退きによる防空地帯設営命令が施行されることになったが、実施されるまでもなく、七月四日の徳島市大空襲となった。B29約一〇〇機が数十波で飛来、約二時間半にわたる空爆によって旧市域の約六割が壊滅し、死者九八四人・行方不明者一七人・重軽傷者約二〇〇〇人にのぼった。七・八月にかけてさらに徳島市や郡部、海上の漁船まで空爆・機銃掃射にさらされ、多くの犠牲者がでた。出征兵士も、ビルマ・フィリピン作戦に参加して多くの将兵が戦死するなか、八月十五日を迎えることになった。

昭和20年7月4日の空襲で焼野原となった徳島市街

4　戦争体制のなかで

教育の変遷●

昭和十六（一九四一）年三月、国民学校令《こくみんがっこうれい》が公布され、新年度から全国の小学校は国民学校と名前をかえた。改正の目的は、第一条の「国民学校ハ皇国《こうこく》ノ道ニ則リテ初等普通教育ヲ施シ国民ノ基礎的錬成ヲ成スヲ以テ目的トス」に端的にあらわされていた。具体的には、義務教育を六年から八年へ延長し（戦時措置で未実施）、「学校長ヲ補佐シ校務ヲ掌ル」ために、あらたに「教頭」をおき、従来の教科目を国民科・理数科・体練《たいれん》科・芸能科・実業科（高等科のみ）に再編した。また学校行事・儀式・団体訓練が重視され、朝の宮城遙拝《きゅうじょうようはい》・軍事訓練（女子は救護訓練など）など「学校の兵営《へいえい》化」（佐々木隆爾編『昭和史の事典』）がはかられた。徳島師範男子附属国民学校には同年、はじめて防空壕《ぼうくうごう》が築造された。すでに興亜《こうあ》教育の県内各小学校への普及に実績をあげていた同校では、公民《こうみん》教育から皇国《こうこく》民教育への再編を急ぐことになる。

県内の初等教育は、直接的には県庁の学務課が七地方事務所を統轄したが、実質的な教育研究や教育指導は徳島師範附属小学校が担当した。附属校の首席訓導《くんどう》は、たいていが学務課の県視学《しがく》経験者であり、訓導の多くは、県内各地の「中心校」の校長として転出していったので、「地方小学校と附属を結ぶ強い紐帯をなしていた」（徳島大学教育学部附属小学校編『百年のあゆみ』）。また研究会や研究発表会は附属出身教員のネットワークを教育内容から補完した。

大正期には自由主義教育が標榜され、附属校でも率先して取りいれられていた。「教員室と教生室の壁を打ち抜き、いわゆるデモクラシー的気分を出し、教生の机は学習式にまるく並べ、教卓を下ろすなど先ず形から這入り……翌年発表会を開催、県下にセンセーションを起こした」（同前）。「教授法より学習法」への転換は、生徒個人をみつめる教育観を広めるが、やがて善導の枠組みの必要性から大正十四（一九二五）年には「合境《がっきょう》に立つ教育」の研究発表会を行い、機関誌『合《ごう》の教育』を発刊する。「合」は教化主義的教育と児童中心主義教育を、また西洋近代に基づく学校教育のなかに日本精神を、さらに発掘してしまった個と国家を教育のなかで止揚する観念であった。

自由主義教育から公民教育への展開はこのうえに準備された。第一次世界大戦後の社会の変化は大衆国家に呼応する教育を必要とした。国民学校令など教育諸改革のもととなった教育審議会答申は教育における戦時体制の確立にこたえるものであったが、同時に大衆化する社会がもつ教育課題への対応でもあった。この意味で総力戦体制のなかの教育改革も戦後改革に連なる機会均等と平等主義を内包していた。その過程で市民的権利は公民的義務に書きかえら

徳島師範附属小学校での実習風景

れたが、それゆえにやがて急襲する戦後教育改革のなかでも、附属教員閥は指導的地位を保ちえたといえる。自治会の重要性も、教室を離れた学校行事も、郷土に学ぶ姿勢も、さらにはきびしい入学試験にたえる心身もすでに附属校の公民教育に盛りこまれていた。まさに公民教育は「偽瞞《ぎまん》的非民主化の装置」(堀尾輝久『天皇制国家と教育―近代日本教育思想史研究―』)でもあった。

このうえに「錬成《れんせい》」をもとに皇国民教育が上塗りされていった。錬成は教育にかわる語として使用され、軍隊の「練成」を背景にうまれた。場を学校だけに限定せず、知識獲得を超えた自己教育と同質化を問うことにつながる錬成の実践は、そのために大正自由教育の信奉者にも、また教員組合活動家にもうけいれやすかった。錬成を問い続けた教育学者たちが敗戦後、コア・カリキュラムや地域教育計画、生活指導論を展開し、また生活綴方《つづりかた》運動が再興することと、徳島において興亜教育、決戦教育の理念と具体的教育手法を研究発表した附属教員が、戦後いちはやく教育綱領を発表し、国民教育のための指導計画の精緻化をはかったことは酷似している。昭和二十四(一九四九)年、男女両附属校合併前、最後の女子附属校の名において出版された『新教育経営簿』は、新指導要領の実践的な冊子の先駆となったため「全国的に相当な反響を呼び」、北海道から九州まで実費頒布されたという。

教育の戦争動員●

小学校から国民学校への転換は単に名称の変化ではなく、旧来の小学校を地域・家庭との連関をもとに生活空間全体で再編しようとする試みであった。この再編があって教育の全面的な戦争動員が可能となった。昭和十九(一九四四)年二月には学徒戦時動員体制確立要綱が制定され、これに基づき徳島県でも中等学校高学年に相当する生徒が阪神《はんしん》地域を中心に動員されることになった。二五四・二五五頁の表は、その一

問　宣戦布告を聞いた時どんな気持ちがしましたか。

答　びっくりしました。大変なことになったと思いました。感銘しました。…〇点

問　覚悟を述べた場合　…一〇点

問　日本の兵隊さんがこんなに強いのはどうしてですか。

答　尽忠報国《じんちゅうほうこく》、大和魂《やまとだましい》、訓練、兵器、指揮者等。…一〇点

問　戦争が始まってから特に勤労奉仕《きんろうほうし》が喧しく言われるのはどうしてですか。

答　物：食糧増産・労力不足
心：勤労愛好・協同一致・銃後奉公《じゅうごほうこう》
…二つ以上答えたら三〇点、一つ答えれば一五点、誘導後の正解は〇点

女子竹槍挺身隊

撫養商業	川西航空(兵庫県) 三菱重工業(神戸市)	164			19年末工場被害人命損傷なし
板西農蚕					昭和17・18年それぞれ6月から10月まで食糧増産隊(10人ずつ)18年8月から10月まで北海道へ100人
那賀農林					付近町村へ増産奉仕作業に出動したのみ
徳島高女	川崎航空(徳島市) 八興被服(学校工場)	389	同　左	210	
撫養高女	川西航空甲南製作所(兵庫県本庄村)	168	同　左		昭和20年5月空襲被災人命損傷なし
小松島高女	松下無線(大阪府) 東洋紡績小松島工場	156 156	東洋紡績小松島工場	156	松下無線で空襲被災人命損傷なし。東洋紡績でも至近弾を受けたが無事故
富岡高女	川西航空甲南製作所	120	同　左	117	昭和20年5月空襲被災全校解散
海部高女	松下金属(大阪府)	107	同　左	98	
名西高女	川西航空(兵庫県) 日之出航空，光洋精工(徳島市) 日本油脂(北島村)	31 38			川西航空で敵機の銃射により生徒3人死亡
美馬高女	天辻鋼球(大阪府) 筒井航空(鴨島町)	130 150	同　左	126 145	生徒1人病死，1人精神異常
三好高女	川崎航空(明石市) 大阪製鎖(大阪市) 池田木工(学校工場)	150 109	同　左	125 109	昭和20年1月19日川崎航空で空襲被災，一時帰校。2月大阪製鎖へ動員，数回空襲被災。6月京都市延岡町に工場疎開，ただし人命損傷なし
板西実高女	軍需真綿製造加工作業(学校工場)	116	同　左	101	

これには食糧増産，軍用道路建設その他の緊急動員，奉仕作業などは含まれていない。また，このほかにも徳島師範，徳島市立工業などの通年動員が行われた。徳島県教育委員会編『徳島県公立高校のあゆみ』による。

中等学校高学年生徒戦時勤労動員(通年動員)状況

校名	昭和19年12月末状況		昭和20年4月末状況		備考
	出動先	人員	出動先	人員	
徳島中学	川崎航空徳島工場(徳島市)	人 200	川崎航空徳島工場 日之出航空(徳島市)	人 300	
渭城中学			川崎航空徳島工場	104	
撫養中学	大阪金属(大阪府堺市)	約100	中島航空(愛知県半田市)	約130	生徒1人右手三指切断
海部中学	三菱重工業神戸造船所(神戸市)	約130			生徒1人病死，2人爆撃により重傷(内1人死亡)，教員1人爆撃により重傷
富岡中学	川崎航空堺工場(堺市) 東京第二陸軍造兵廠香里製造所(大阪市)	282	同　左	167	空襲はしばしば受けたが事故なし
麻植中学	筒井航空工業(徳島県鴨島町)	304	同　左	192	生徒1名重傷，2人軽傷
阿波中学	日本国際航空工業(兵庫県)	122	筒井航空工業(徳島県)	84	生徒1人焼死
脇町中学	徳島工業(徳島市) 神武銀泉製造所(岸和田市)	130 68	 同　左	96 65	生徒2人負傷
池田中学	陸軍糧秣廠(高知市)	304	川崎航空(明石市) 中島航空(半田市)	385	
徳島工業	相原鉄工所，川崎航空，日之出航空，徳島造船(以上徳島市) 日鉄広畑製鉄所(兵庫県)	266 123	同　左	299 72	
徳島農業					増産挺身隊として北海道・満州へ出動(19年)
徳島商業	三菱造船所(神戸市)	337			20年3月宿舎罹災焼失のため動員解除
	徳島造船所(徳島市) 万代造船所(〃)	210	徳島造船所 万代造船所	100 110	

覧であるが、海部《かいふ》高等女学校の女子生徒は「こんな田舎の学校に動員命令がくだったことはこのうえもない名誉」とうけとり、校医による身体検査で残留を命じられた者は校長室に直訴したという。また、徳島女子師範学校は愛知県の中島《なかじま》航空機半田《はんだ》製作所に動員され、空襲により犠牲者までだしたが、工場疎開《そかい》のため富山県に移動し、そこで敗戦を迎えることになった（羽里昌『紅《くれない》燃ゆる―徳島学徒勤労動員の記―』）。

昭和二十（一九四五）年、徳島中学の入学試験は、その前日に空襲時の退避訓練を行うことからはじめられた。答案用紙を伏せ退避するあいだはカンニング防止のため絶対無言の注意がなされていた。また、同年の脇町中学での入学試験における徳性考査問題と得点基準は二五三頁のようなものであった。

9章

戦後の民主化と経済成長

戦後初の阿波おどり(昭和21年8月)

1　敗戦と復興

教育の戦後●

昭和二十（一九四五）年八月十五日、県知事岡田包義《おかだかねよし》は各郡市の国民学校《こくみんがっこう》・中等学校長代表者を知事室に招集し、赤穂浪士《あこうろうし》を例に「臥薪嘗胆《がしんしょうたん》、他日を期すべき」ことを説いたという（『徳島県史』第六巻）。占領軍は十月に徳島県にはいり、翌年二月に県庁内に軍政部を設置、さらに昭和二十二（一九四七）年三月には徳島県教育会館を接収し、軍政が終了する同二十四（一九四九）年十二月間際までここに本部をおいた。教育をつうじた地方支配を象徴する県知事の敗戦直後の行動と、各地方における教育統制の拠点ともなった教育会の建物を軍政部が拠点としたことは、対照的でもあるが、共に地方政治と教育の密接な関係を想起させる。

しかし、戦争の終結とあいつぐ占領政策は、「他日を期す」ことを期待された教員にも大きな変化を生じさせた。昭和二十年十一月にGHQにより教職追放が発表されると、十二月には県新教育懇談会は国民学校長の公選《こうせん》制を議論し、助任《すけとう》国民学校では合議による「自治性」を重視した新教育が注目された。また、郡市連合校長会では役人と同率のボーナス支給要求がだされ、県議会では教育民主化とならんで教員待遇問題が大きな議題となった。「教育復興」は、外的には戦災のダメージから、また内的には戦争に対する教育の動員の反省から共通の目標として掲げられたが、食糧不足と激しいインフレのなか、なによりも教員待遇は緊急の課題であった。

このなかで、徳島市内の国民学校が中心となった教員組合は、昭和二十一（一九四六）年十二月にようやく徳島県教職員組合連合会として発足をみるが、注目すべきはこれよりはやく教育会内に経済部がおかれていることである。教育会は、明治十四（一八八一）年、文部省通達により教育行政の諮詢機関として全国に設立されたが、「組織活動を通じて県教育行政に隠然たる力を持ち」（阿部彰『戦後教育制度成立過程の研究』）続け、近代をつうじて教育支配の象徴ともなった組織である。戦後、教員組合があいついで結成されるなかで多くの地域で廃止ないしは解散したが、徳島においてはこれを存続させた。それだけではなく、組合の原初形態が教育会内部にもおかれたといえるのである。こうして戦後の教育ははじまった。

農地改革と初の県知事選挙●

昭和二十二（一九四七）年四月にはじめての徳島県知事選挙が実施された。新憲法の精神に基づいて法律の制定や大幅な改正のなか、地方自治法が成立し、これまでの

徳島県教育会館（昭和40〜50年代）

官選《かんせん》とは異なり、都道府県知事が公選となったためである。占領政策のなかで、地方自治は「民主主義の学校」として重要な位置をもった。国家地方警察とともにおかれた自治体警察制度や、選挙に基づく教育委員会制度など、現在と異なる制度もこの現れである。

選挙結果は社会党の阿部五郎《あべ》が当選し、全国でも四例しかない社会党知事の誕生となった。阿部は労働運動を経験したのち弁護士となり、労働・農民運動とも深い関わりをもち、日本社会党徳島県連会長に就任していた。知事選挙の期間は、ちょうど農地改革《のうちかいかく》が進展している最中であった。阿部知事の誕生には、この農地改革によって急速に勢力をのばした日本農民組合の力が大きくかかわっていた。

農地改革は、昭和二十（一九四五）年十二月に帝国議会で農地調整法改正法が成立（第一次農地改革）し

第1回県知事選挙市郡別得票数(昭和22年4月5日)

	阿部五郎(社会党)	阿部邦一(無所属)	大神甚三郎(国協党)
	票	票	票
徳島市	11,819	11,471	7,059
鳴南市	6,970	5,056	3,397
勝浦郡	8,435	5,498	3,348
名東郡	4,720	5,190	2,215
名西郡	5,753	11,424	3,100
那賀郡	23,788	12,274	6,951
海部郡	8,634	8,146	5,106
板野郡	16,183	13,592	7,121
阿波郡	8,108	5,954	3,680
麻植郡	7,703	11,779	3,981
美馬郡	12,190	14,858	9,658
三好郡	10,383	9,305	12,352
合　計	124,470	114,690	68,041

『県選挙大観』の誤りにより，得票数と合計数は一致しない。

たことにはじまる。これは、小作料《こさく》の金納・固定化、また強制譲渡を根幹とした、地主《じぬし》的土地所有に直接介入する思いきった政策で、敗戦により従来の政治諸勢力が後退したため、農林官僚主導で改革を断行できた背景をもっていた。しかし、法の骨子は地主・小作関係を調整する昭和十二（一九三七）年の農地調整法の延長にあるもので、改革の最大の焦点である在村地主の保有地についても、農相案が一町五反歩であったのに対し、事務局案が三町歩、さらに閣議決定では五町歩と変遷した。このためGHQは、これを認めず改革を中断させ、対日理事会に方針を諮問し、在村地主の小作地保有面積を一町歩（北海道は四町歩）、自作農の土地所有限度を三町歩（北海道は一二町歩）、小作料の低額金納化、各自治体で改革の実行にあたる農地委員会の構成を地主三・自作二・小作五とする、より徹底した案が採用され、これをもとに昭和二十一（一九四六）年十月、自作農特別措置法と農地調整法改正が成立した（第二次農地改革）。

徳島県は、経営面積一町歩以下の所有者数が、全体の九割以上を占める典型的な小規模経営農業を特色としており、第一次農地改革が示した五町歩以上の農地を保有する地主はまれであった。このため小規模地主のなかには少ない農地をまもろうと、小作地の引上げや売逃げなど改革回避をはかる者が続出した。とくに第一次と第二次農地改革のあいだが一年近くあいたことがこの動きに拍車をかけた。これと対抗したのが、農地委員会選挙をテコに組織を拡大した日本農民組合であった。組合は戦前期に小作争議の高揚した那賀川《なかがわ》下流域で発達し、やがて吉野川《よしのがわ》中流域へと広がっていった。那賀川下流域は比較的大きな耕作規模の水田単作地帯で、小作料も高くはやくから小作争議が発生していた。ここでの改革は、運動の蓄積をもつ農民組合が主導した。一方、藩政《はんせい》期から藍《あい》作の中心となった吉野川中流域では畑作が多く、阪神《はんしん》市場と結びついた園芸農業などが発達していた。この地の地主はかつて藍商だった者も多く、古くから地域支配層を形成していたので、農民組合との対決はきわだった。改革に対する地主側からの訴訟は昭和二十四（一九四九）年末までに県内で二四件おこされたが、そのうち、阿波《あわ》麻植《おえ》地区が九件と最大で、板野《いたの》地区が六件と続き、これらの地域での攻防の激しさを物語る。また、さきの県知事選においても農民組合の組織が強固であった那賀川下流域では阿部五郎の得票がきわだっており、吉野川中流域と対照的なことも注目できる。県の農地委員会会長には当選した阿部知事みずからが就任したので、改革をつうじてさらに農民組合は勢力を拡大した。この間、全国的にも組合は急速に発展し、結成直後の昭和二十一年の組合員約一〇万人が、わずか二年後には約一七五万人になったといわれる。

改革は、農地委員会の選挙からはじまり、昭和二十二年三月より実際の買収が開始され、年内に予定の九〇％を終了した。さらに翌年内には売渡しの大半が終了し、短期間のうちに改革は進展した。これには、地主の利益を代表する農業会（県内においては国民共同党傘下）と小作人の立場に立つ農民組合（同じく社会党傘下）の対立を回避するために、県が仲介する形で昭和二十一年十二月に農地改革協議会を設けたことも影響した。協議会には農業会・農民組合の幹部が参加したが、実際は県当局が運営する形となり、改革が実行に移るまでの約半年でその実質的役割をおえた。政治的・階級的対抗の形をとった農地改革であったが、各地域においてこれを具体的に遂行したのは県当局、なかでも各地の農地委員会で実務を担当した書記たちであった。その意味において、これは行政主導の改革ともいえる。徳島においても地主側の組織的抵抗は少なく、改革の「被害」を最小限にとどめようとするにすぎなかった。

では、この改革でなにがどう変化したのか。全国では約一八〇万町歩、徳島県においても約一万一〇〇〇町歩が解放された。これに伴い大規模地主が消滅し、小作農が自作農に転化し寄生地主制は解体された。

また、わずかに残った小作についても耕作権が強化された。全国と徳島における自小作別農家比率を、敗戦をはさんだ前後四年間の変化をみたのが左表である。

　戦前に小作争議の経験のない村々でも、農地委員の選挙をつうじて、農民組合はつぎつぎと結成されていった。「大勢の中へ出て一応筋の通った話が出来、又その主張をある程度まで頑張ることの出来る者はほとんど委員となった」（徳島県農地部農地課『徳島県農地改革史』）状態がうまれた。しかし、組合の組織

自小作別農家戸数

		総数	1町歩以上(16年)・保有限度(24年)の貸付耕地所有農家	自作農	自作兼小作農	小作兼自作農	小作農	土地を耕作しない農家
徳島県	昭和16年	戸 77,493 (100.0)	戸 1,674 (2.2)	戸 28,218 (36.4)	戸 16,415 (21.2)	戸 14,968 (19.3)	戸 16,038 (20.7)	戸 180 (0.2)
	22年	77,869 (100.0)	—	34,012 (43.7)	15,922 (20.4)	12,837 (16.5)	15,092 (19.4)	6 (0.0)
	24年	83,276 (99.9)	1,276 (1.5)	52,902 (63.5)	19,384 (23.3)	4,617 (5.5)	5,083 (6.1)	14 (0.0)
総　数	昭和16年	5,411,661 (99.9)	165,484 (3.1)	1,490,357 (27.5)	1,122,763 (20.7)	1,092,770 (20.2)	1,516,471 (28.0)	23,816 (0.4)
	22年	5,909,227 (99.9)	—	2,153,611 (36.4)	1,183,408 (20.0)	996,986 (16.9)	1,573,836 (26.6)	1,386 (0.0)
	24年	6,246,913 (100.0)	129,428 (2.1)	3,434,690 (55.0)	1,735,045 (27.8)	457,810 (7.3)	489,277 (7.8)	663 (0.0)

農地改革記録委員会編『農地改革顛末概要』による。（　）内は比率を示す。

率とそれが村々の政治的・社会的関係のなかで果たす役割の大きさは一致しなかった。農地改革に託された「民主化」への期待は、やがて、農地の獲得に収束していった。そのため、活動の場が農地委員会に集約されるようになり、生活の場としての農村の民主化に結びつくとはかぎらなかった。改革の実務は昭和二十五（一九五〇）年まで続くが、実質的には開始からほぼ一年半で一定の成果をあげたため、「組合指導者が各種の議員、委員、首長として社会的地位を得るに従って急速にボス化し農民運動の本質を忘れてきたので組合は単に、選挙の時に札を集める機関に過ぎないものになってしま」（同上）い、赤河内《あかがわち》村のようにわずかな期間で組合自体が「自然消滅」する事例もみられた。農民組合は、急速で広汎な組織化に成功した。しかし、戦前に同じ村ぐるみの組織であった農業会の事実上の継承団体として農協が確立してくると、農地改革の達成感からも組合の分裂と衰退がはじまる。

農地改革は戦後改革のなかでも、戦前から日本の支配層によって用意されていた特異性をもつ。「皇国《こうこく》農民」育成のための自作農創設は、敗戦をはさんで「民主主義国家」建設のための「革命的農地政策」と読みかえられ、引き継がれた側面をもっていた。この実施は、やがて経済成長をささえる国内市場をうみだすが、なにより「封建的《ほうけんてき》な小作制度に縛りつけられていた農民大衆に対し、共産主義が蔓延するおそれは農地改革を経るなかで効率よく取り除」（昭和二十三〈一九四八〉年末マッカーサー談話）く成果をあげた。社会的安定性は戦争をはさんで双方の支配者に共有されたと考えられる。この「価値観の連続性」（石田雄「農地改革と農村における政治主導の変化」）こそ、徹底した改革を大きな抵抗もなく人びとにうけいれさせることができた原因ともいえる。選挙法改正による男女二〇歳の選挙権実現にしても内務省《ないむしょう》の政策主導がみられた。「生活改善運動」や戦争中の隣保組織の運営は女性の社会的進出を促し「政治と台所が直結」

する前提条件となった。この意味で女性の参政権付与は「普選《ふせん》体制の法的追認」(源川真希『近現代日本の地域政治構造』)でもあった。

こうしてみると、占領政策による「民主化」には大きな矛盾が存在したことがわかる。占領統治という「集権」型の管理をつうじて、「分権(民主化)」を推進するという矛盾である。このため、以前から支配を行ってきた日本政府と新しい支配者となったGHQとのあいだには、同じ集権的管理者として「分権」のありかたをめぐり多くの葛藤や摩擦が生じた。さきの地方自治制度に関しても内務省がうちだした第一次の地方制度改革がもととなり、GHQ民政局とのあいだで激しい攻防が行われたのであった。

昭和二十一年から二十六(一九五一)年まで文官として日本占領に参加し、「ただ一人の婦人問題担当官」として四国地方軍政部に赴任したカルメン＝ジョンソンはこの矛盾を実感していた。彼女は四国に赴任した早々から各地を精力的にまわり、講演や会合で女性の地位向上をつうじた民主化を訴えた。女性団体、社会教育組織について、単に大日本婦人会を蘇生したような組織の再結成をもって成果としようとする地域有力者に対し、彼女は組織の民主的運営の必要を説くが、当の女性にさえも理解されない壁に直面する。また昭和二十二年末での四国四県の婦人会の調査では、「戦時中の指導者がそのまま指導者として残っている。さらに多くの婦人組織の会長はまだ男性である」実態などがあきらかになり、のちには、厚生省児童局通知をもとに「村当局の男性」が婦人会に同じ会員をもって強制的に「母の会」を結成させる矛盾をみる。軍政部のなかで彼女はこれに反発し、これでは各地をまわり育成してきた女性組織の根幹がゆらいでしまうと、「現実的」な報告書を第八軍に提出するが、逆に占領政策に「否定的」だと反発を買ってしまう。

「民主主義は国民に押しつけうるものではない。……それは上から浸透すべきものでもない。一般民衆の理解と信念との裡にその源をもたねばならない」（地方制度改革案が議会を通過したさいのマッカーサーの談話）との言葉は、地方自治制度にしても「下」からの改革を不可能にしたいいわけにも聞こえる。民主的制度改革の実体化は個々の政策が実施される地方でこそためされることになったのである。

カルメン＝ジョンソンが徳島県に赴任した昭和二十二年は、徳島師範附属小学校では尊敬する人物の一位にマッカーサーがあげられ、鴨島高女では生徒が一カ月にもおよぶ同盟休校を決行する対立が生じていた。

教員の進出●

マッカーサーによる「五大改革指令」の一つとして労働組合結成の奨励方針がだされ、これをもとに昭和二十（一九四五）年十二月に労働組合法が公布され、第三条により教員もこの適用をうけることになると、全国で萌芽状態にあった教員組合結成の動きはいちだんと活発となった。これらは共産党系の全日本教員組合協議会と社会党系の教員組合全国連盟に結集し、やがて昭和二十二（一九四七）年六月、日本教職員組合（日教組）として糾合した。

徳島市が中心となって結成された教員組合も、郡部にも広がりをもつようになり、学校種別ごとに集まりをみせるようになるが、日教組の結成によって同年七月、徳島県教職員組合（県教組）として統合した。組合の取り組む課題は山積していた。教育部の予算は県費の六割をも占めていたが、それでも不足し、あらたにはじまった六三制は、六三建築ともよばれ、県は教育宝くじの実施を模索していた。また教員不足にもかかわらず、待遇改善は進まず、離職者があいついでいた。組合の最初の対県交渉は教員待遇問題に大半がさかれることになった。

知事選挙と同月に行われた戦後最初の県議会選挙は教員の活躍の場となった。定員四二人中、一一人の教員が当選、しかも一二選挙区中八人がトップ当選であった。また同時に行われた市町村議会選挙では六四人もの教員が当選している。敗戦によって旧支配層が一時的な麻痺状態にあったとき、組合組織をもとに教員が一気に政治的進出を果たしたことがわかる。このような社会的地位をめぐって組合内部では主導権争いが生じていた。

昭和二十六（一九五一）年、二回目の県知事選挙をめぐり、河野《こうの》正通《まさみち》初代教育長をはじめ教育委員会管理課長・県教組委員長・書記長・校長会幹部など多数の教育関係者が検挙される事件がおこった。選挙は阿部五郎知事の副知事であった蔭山茂人《かげやましげと》候補と、阿部邦一《くにかず》・原菊太郎《はらきくたろう》候補が争い、蔭山、阿部の決選投票の結果、阿部邦一が当選した。蔭山候補を推すことで副知事をねらった河野教育長は、告示前から県教組役員会・選挙対策協議会に参加、また各郡市校長会をつうじて蔭山候補応援を要請し、県下教員を総動員して選挙にあたろうとした。事件が表面化するなか、県教組板野支部青年部は、選挙協力を「校長権力で……押しつけられた」ことに反発し、「教育長、県教組の推薦する蔭山候補に反対。県教組幹部とその圧力に踊らされている郡内校長を相手に敢然と闘う」ことなどを決議する。

教員組合は、都市部中心の他の労働組合と異なり、山村や離島にまで組合員が地域に密着して存在する特徴をもつ。これが早期に統一体をもったことは、地域における民主的改革のリーダー役をになう可能性と、また同時に旧来の体制や秩序を丸抱えで存続させる可能性も示していた。各地の教員組合は、結成後まもなく教育会との一本化問題や二・一スト準備を経験し、このなかで若手の改革派が主導権をとる場合もあった。さらに地方教育委員会選挙において教員代表者を送り、組織力を強化する地域もみられた。各地で活躍する教員組合に対して危惧をいだいていた前出のカルメン＝ジョンソンは、これよりさきの昭和二十三（一九四八）年十月、はじめての教育委員選挙において、徳島県におけるパートナーでもあった社会教育課の串春栄《くしはるえ》氏が当選したことをよろこびながらも、「徳島をのぞいてほか（四国の三県）は教員組合が勝った」と不満をもらしている。河野教育長事件からみえるのは、戦後の支配機構の変化と旧支配層の後退から社会的地位を急浮上させた教員組合が、旧来の教員秩序を利用して政治的進出をはかろうとしたことであろう。板野支部の反発から、県教組幹部と教育長の意志が、組合・校長会をつうじて学校現場の教員を支配したことがうかがえる。

河野教育長事件がおこった昭和二十六年は、戦後日本の枠組みを大きく規定することになったサンフランシスコ講和会議が開かれた年でもあった。しかし、B・C級戦犯受刑者のなかで死刑をいいわたされた一二人の徳島県出身者の最後の一人が同年、パプアニューギニア、マヌス島で処刑された。また禁固刑三五人の約半数はまだ服役中であった。

教育をめぐる対立●

昭和三十一（一九五六）年十一月、愛媛県において教員の勤務評定実施が決定される（くわしくは『愛媛県の百年』『愛媛県の歴史』参照）。同県は前年、財政赤字の累積から地方財政再建促進特別法を申請し、県職員・教職員の三〇％を定期昇給からはずすことで人件費を抑制しようとしていた。しかし、実質的なねらいは、地域と密接に結びつき、衆院・参院選だけでなく知事選や県議会選においても、多数の革新候補を送りだす組織力をもった教員組合への攻撃にあった。この政策が組合攻撃に有効だとわかると政府自民党は全国実施にふみきった。昭和三十二（一九五七）年十二月、全国都道府県教育委員長協議会は「勤務評定試案」を了承、これに対し日教組は「非常事態宣言」を発表、以後二年間にわたる全国的な勤評闘争が繰り広げられることになる。

徳島県でも、財政は逼迫しており愛媛県を上まわる赤字をかかえていた。しかも昭和三十三（一九五八）年度予算では国庫補助率が約七〇％におよぶ全国一の赤字県となっていた。昭和三十三年三月、県教委は愛媛についで勤評実施を決定、これに対し四月にはいると各郡市校長会会長は勤評反対と教員組合支持を表明する。県教組は県内六カ所で大規模な集会を開き（中央会場では地区全教員の約七〇％におよぶ二八〇〇人が参集）、十二月に県教委が勤評実施を決定するまで一〇回の交渉を重ねる。この間、日教組が九月と十月に二回の全国統一行動をうちだしたが、県内で参加を決めたのは三好《みよし》支部だけで、それ以外の支部の対応は大きく分かれた。しかも、三好支部以外は、組合の支部委員会ではなく、各郡市の校長会で行動を決定していた。結局、県教組は有効な闘争を展開できず、昭和三十四（一九五九）年一月、全国でも唯一、提出期限前日に勤務評定を一〇〇％提出する。この間、時期を同じくして道徳教育実施に対しても日教組と文部省は対立していた。中四国地区での道徳教育講習会の会場となった徳島市では地区の各県教組の大規模な阻止行動が行われていたが、当地の徳島だけが阻止行動に不参加を決定しただけでなく、五人の支部長が講習会に参加する事態となった。

勤評に関しては、闘争が県教組本部で行われているときは、集会にも参加し反対もとなえるが、つぎの段階に移ると、日常的な地域での活動経験をもたなかったために一気に停滞した。「近くの学校に勤務し、その土地で平穏な生活を営んでいる教師にとって地方の教育長や校長を相手に闘争的反対行為をすること

教職員組合員数(昭和36年5月現在)

	県　名	組合員数		県　名	組合員数
		人			人
北	海道	28,700	近畿6	滋賀	4,634
東北6	青森	6,500		京都	9,770
	秋田	8,859		奈良	1,660
	岩手	9,508		和歌山	5,603
	山形	8,294		大阪	23,767
	宮城	11,342		兵庫	20,038
	福島	13,316	中国5	鳥取	4,281
関東10	栃木	8,600		岡山	9,231
	茨城	11,708		島根	5,878
	群馬	7,794		広島	11,599
	埼玉	13,560		山口	3,680
	千葉	13,897	四国4	香川	4,378
	東京	29,536		徳島	296
	神奈川	12,919		愛媛	2,905
	山梨	5,219		高知	6,280
	長野	12,538	九州7	福岡	21,883
	静岡	14,452		佐賀	4,315
北陸4	新潟	15,748		長崎	7,651
	富山	6,294		大分	7,512
	石川	6,148		熊本	11,052
	福井	5,227		宮崎	6,645
東海3	愛知	16,841		鹿児島	12,559
	岐阜	10,306	合	計	472,548
	三重	9,625			

「日教組大会準備資料」による。

は気の重いこと」(松崎彗『寒流の記憶』)だった。道徳教育に関しては、昭和二十二(一九四七)年から、旧師範附属校において「修身科のかわり」として「道義科」を設け、旧女子附属校であった助任小学校とともに道徳教育を全国にさきがけて実践してきた経緯があった。文部省はこの助任小学校を道徳教育のモデルとして全国に紹介し、県教委は附属校を中心に全県的に道徳教育を広めることに成功していた。

昭和三十四年七月、勤評提出後の最初の県教組大会は大きな波乱を迎えた。「日教組本部受売りスローガン」に対して反執行部派から修正案がだされ休会となったのである。さらに再開大会でも紛糾は続き、分裂必至とみた三好支部の全代議員が退場し、大会は流会となった。執行部が再開大会の調整をしていた九月、板野校長会が突然県教組脱退を決議、わずか二週間のうちに七支部が支部ごとの脱退を決める。この間、県教組委員長は辞表を提出、さらに分会（学校）ごとの脱退も進み、阿南《あなん》・那賀・名西《みょうざい》支部が中心となり十一月には第二組合である「徳島県教職員連盟」（徳教連、のちに「徳島県教職員団体連合会」と改称）を結成する。海《かい》部《ふ》とならび執行部の中心であった三好支部は十二月に支部脱退を決議、以後、脱退は急速に進む。しかし、昭和三十六（一九六一）年八月、徳教連に参加しなかった三好を中心に美馬《みま》・鳴門《なると》とともに中立組合である「徳島県教職員組合会議」（やがて「徳島県公立学校教職員組合」と改称）を結成、第三組合の結成にのりだすが、阿波・麻植・海部・小《こ》松島《まつしま》が徳教連に合流し、現在につながる三つの教員組合（高校は同二十五〈一九五〇〉年に分離独立）が並立する形となる。さらに徳教連はこの間、日教組脱退者によびかけ、上部団体である「全国教職団体連合会」を結成、三六都府県約四万六〇〇〇人を反日教組に結集させた。

　勤評闘争以前には山口県と奈良県が教員組合の組織的分裂を経験していたが、徳島県にくらべれば小規模であった。のちに「教育正常化」県とよばれる徳島・愛媛・香川・栃

第21回県教組定期大会を報じる新聞記事(『徳島新聞』昭和34年7月6日付〈左〉と『徳島教育新聞』同年9月1日付)

各郡市教育会・小中学校校長会会長名簿(昭和27～36年度)

郡　市	昭和27	昭和28	昭和29	昭和30	昭和31	昭和32	昭和33	昭和34	昭和35	昭和36	附属閥延人数	組合派閥	34年10月の脱退率
徳　島	1 ◎1 ◎8	2 ◎→ ◎→	1 ◎→ 9	→ ◎→ →	→ ◎→ 10	→ ◎→ 3	3 5 →	4 → →	5 → ◎→	6 7 ◎11	22人	○ (執行部派)	27％
鳴　門	12 12 15	13 16 →	14 → →	→ → →	15 17 →	→ → →	16 → →	→ 18 →	15 → 15	→ → →	0人	○	0％
小松島	19 20 19	→ 23 →	20 → →	→ → →	→ → →	19 24 →	→ → 26	→ → 27	21 25 19	22 → →	13人	○	0％
阿　南	(市政開始とともに昭和33年度より那賀支部より独立して設置)						28 ◎28 28	→ ◎→ →	→ ◎→ →	→ ◎→ →	12人	● (反執行部派)	84％
名　東	30 34 30	→ → →	→ 31 →	→ → →	31 → 32	32 35 →	33 33 →	→ → →	→ → →	32 36 →	0人	△ (中立派)	85％
勝　浦	37 38 37	38 → →	→ → 42	→ → →	→ → →	39 39 43	→ → 40	→ → →	→ → →	40 41 →	0人	△	77％
那　賀	◎44 44 45	45 ◎→ →	◎44 → →	45 46 →	→ → ◎→	46 → 48	47 47 →	→ → →	→ → →	→ → →	22人	●	81％

海　部	49 49 53	→ → →	→ 51 54	→ → →	→ → →	→ **52** 55	→ → 56	→ → →	〈不明〉 → →	50 → →	5 人	○	0 %
板　野	〈不明〉 **57** **58**	**57** → →	**58** → →	→ → →	→ → →	→ → →	→ → →	→ → →	→ → →	→ → →	29 人	●	88 %
名　西	**59** 61 **59**	→ → →	→ → →	→ 62 →	→ → →	→ → ◎→	→ → ◎→	→ → ◎→	〈不明〉 → 60	60 63 →	16 人	●	85 %
阿　波	64 65 66	65 → →	66 → 67	〈不明〉 → →	67 69 →	**68** → **68**	→ → →	→ → →	〈不明〉 → 70	69 → →	6 人	△	76 %
麻　植	〈欠員〉 71 77	71 → 78	72 75 →	→ → →	〈不明〉 → →	73 76 →	→ → →	→ → →	〈不明〉 → →	74 → →	0 人	○	0 %
美　馬	79 **80** 79	→ → →	→ → →	◎→ → →	◎→ → →	**80** → **81**	→ → →	→ → →	→ → →	→ → →	20 人	●	92 %
三　好	82 84 82	→ → →	→ → 84	83 → →	→ → →	→ 83 →	→ 85 →	→ → →	→ 83 →	→ → 85	0 人	○	0 %

上段＝教育会会長・県教組支部長，中段＝中学校校長会会長，下段＝小学校校長会会長，→は前年度と同じ，◎印は県の各会長，ゴチック体は付属出身者。『徳島県学事関係職員録』(徳島県教育会編・発行，昭和 27～36 年度)，『徳島新聞』昭和 34 年 10 月 18 日，『徳島大学教育学部同窓会名簿』，『八十年のあゆみ』(徳島大学教育学部附属小学校編・発行)より作成。

木はすべて勤評闘争が契機となって組合が分裂した。なかでも徳島は短期間でもっとも「スムーズ」に第二組合に移行した「モデルケース」といえよう（二七〇頁表参照。「日教組大会準備資料」昭和三十六年五月）。昭和三十五（一九六〇）年に自民党文教対策特別委員会が作成した「日教組破壊指針」は徳島の事例をもって構成されていることがうかがえるが、なによりこの委員会には前回の選挙で浜田《はまだ》新太郎《しんたろう》県教組委員長に辛勝した三木与吉郎《みきよきちろう》が含まれていた。分裂の最中、灘尾弘吉《なだおひろきち》文相が徳島に足を運んでいるのは、教育二法案や勤評政策にみられるように、この時代の政治対立が教育政策を一方の軸にしている緊張からでもあった。

組合分裂を成功させたのは、戦前から続く教員のヒエラルキーであった。戦前においては各地の教員養成は師範学校によってほぼ独占されていた。とくに師範学校が直接運営にあたった附属学校は各県の教育センターの役割を果たし、各地の中心校を結ぶネットワークを形成していた。前章でみたように「興亜教育」「決戦教育」にみられる「皇国民教育」は、具体的な実践目標から留意点まで附属学校で決められ、各学校に伝達された。校長資格である訓導《くんどう》は師範学校卒業生によって独占されたため、階層の多かった教員のなかでも師範閥が形成された。なかでも専攻科生を中心とする成績優秀者は附属学校に配属され、最エリートとして「附属閥」を形成し、彼らはのちに各地の中心校の校長につき、やがて視学官《しがくかん》として教育行政にたずさわり、人事権を掌握して附属校を中心としたネットワークをささえた。

二七二・二七三頁の表は、サンフランシスコ講和条約が発効された昭和二十七（一九五二）年から組合が分裂する同三十六年までの一〇年間の各郡市の教育会会長（＝県教組支部長、ただし同三十五、三十六年度は組合が分裂しているため支部長と一致しない）、小中学校校長会会長をみたものである。この有力ポストがきわめて少数の「ボス校長」によって長年独占されていること、さらに県の各会長が徳島市と那賀郡（昭和三十三年より独立した阿南市）で大半が占められていることがわかる。農地改革の項でみた那賀郡は、大規模な水田単作地帯であったゆえに小作争議が多発し農民組合が発達したが、教育では「本県教育界安定の中心となり、ことに終戦後の動揺期に極端な革新派にブレーキをかけて安全弁の役割を果たしてきた」（『徳島教育』昭和二十六年十月号）。県内最大の面積をもち学校数・教員数も徳島市についで多く、平地や沿岸の大規模校を中心とした学校の序列化が進んでいたため「ボス校長」をうみやすい背景をもっていた。役職に占める附属校経験者は県全体で三六％におよび、なかでも徳島・那賀（―阿南）・板野が突出している。組合最初の分裂が板野郡校長会からはじまり、徳島の附属閥校長による分会脱退が続き、那賀が支部脱退、第二組合結成と進んだ過程と一致する。最後まで県教組にとどまったり、第二組合に移行しなかった支部では附属閥が少ないこともみてとれ、執行部派・反執行部派・中立派、また昭和三十四年十月の脱退率と附属閥の数が比例することもわかる。先述した戦後初の県議会選挙で当選した八人の教員もうち六人が附属閥、全員が元視学官であった。

昭和二十一（一九四六）年三月、アメリカ教育使節団の報告書がマッカーサーに提出され、これをうけて日本の教育改革がはじまった。直接的には改革の方針は首相の諮問機関である教育刷新委員会で設定されたが、教育基本法も六三制も、さらには社会科やホームルーム・PTAもここから採用されている。この報告書のなかには「師範学校附属の実験学校」として附属校についての記述がみられる（臨時再教育計画）。「これら（附属校）の学校の教師を移動させ」、「教育内容を修正し」たうえで、「実験研修センター」として位置づけ、各地の「新しい方法を用いる能力を現場で発揮した教師」を採用し、研修後、各自治体に返すことを提案している。附属校はアメリカ教育使節団の目にも教育統制の象徴ととらえられていたが、それだけでなくあらたな教育センターとしての役割も期待されていたのである。

愛媛県ではじまった勤評政策は激しい摩擦をうんだが、ついで実施された徳島県はもっとも効率よくその政策目標を達成した。この年の教員人事異動は論功行賞が乱れ飛び「近年まれな大型人事」（『徳島新聞』）となっただけでなく、ここで活躍した人物が、続く香川県での勤評闘争とその後の組合分裂にも「指南役」を果たし、また全国の反日教組団体において指導的役割をもになうことになった。彼らの多くは前項で示した戦後最初の選挙において町村議会議員に当選した者たちでもあった。戦前の教育体制のなかで指導的な地位をもっていた彼らは、民主的な手続きによって政治的進出を果たし、戦後改革によって一時後退した旧支配層を補完した。また組合の役職を占めることで「頭の切替え」組織であることをおおいながら教育行政を掌握することに成功した。二・一ストやレッドパージ、教育二法案反対闘争などを経るなかで組合の主導権が移行しなかった地域では、勤評闘争においてこれらの矛盾が露呈し、かつて組合の中心的だった人物が分裂工作に活躍することにつながった。保守と革新の対立は、教育行政においては文部省と日教組の対立に投影されたが、地域においては組合のカウンターエリートとしての社会的地位を浮彫りにする側面ももっていた。徳島においても三好支部の動きはそれをあらわす。

ここまで教育をとおして、戦後のありかたの一断面をみてきた。戦後改革によって民主的な教育がスタートしたことは歴史的転換としてとらえられるが、教育の機会均等政策はすでに近衛文麿《このえふみまろ》内閣においても準備されており、それが戦前から続く社会体制をもとに進んだことも事実である。そう考えると大正期の「平等化」要求に基づく学校教育の拡大や、戦時体制下で進んだ社会の「平準化」を学校教育に求める動きを、より効率的に短期間に断行したのが戦後の教育改革とも考えられる。明治以来の学校教育制度はその骨格において根本的な変革を経ずに現在にいたっているともいえよう。ここでの教育をめぐる確執は、教育にかかる理念をもとにしていたが、そのなかで得られる利益を安定的に配分する構造は、地域社会のなかでも維持されており、運動や争論は再配分の要求に終始したとも映る。地方はともすれば中央政策の浸透地として、あるいはそれに対する抵抗地としての位置付けしかあたえられかねず、それぞれの運動もこの攻防のなかで理解されるが、政治的対抗を地域の実情からみつめなおす側面も必要となろう。

勤評闘争がおこった昭和三十三〜三十四年は、岩戸《いわと》景気とよばれる好景気を迎える時期にあたった。しかし、まだ引揚者《ひきあげしゃ》の帰国も続いていた。第十八次帰国船白山丸《はくさんまる》には多数の徳島県出身者が乗船しており、県内各地では引揚者住宅の建設が続いていた。

2 開発行政と経済成長

新産業都市建設と「進路指導」の登場●

経済の高度成長は、国際的な枠組みのなかで成立し、企業社会・大衆社会を形成したが、それは地域開発によって推進された。徳島県における開発計画は、次頁表のとおりである。那賀川の電力開発からはじめられた戦後の開発は、これによって流筏労働組合を解体したように、従来の地域の姿を大きくかえていった。農地改革が行われていた昭和二十三（一九四八）年では、人口一万人をこえる市町村は、徳島市・鳴門市・小松島町（小松島市）・牟岐《むぎ》町・山城谷《やましろたに》村（三好市）の五カ所であった。昭和二十八（一九五三）年

国の計画・法律	徳島県および本県関連の計画
25 国土総合開発法	26.12指定〔期間31～40〕 那賀川特定地域総合開発計画
	28.7 吉野川調査地域指定 → 30 吉野川総合開発計画
35 四国地方開発促進法	35.10決定，40.2改定 四国地方開発促進計画
36.10 全国総合開発計画	
37 新産業都市建設促進法	39.1.30区域指定 39.12.25基本計画承認〔目標年次　50〕 新産業都市徳島地区建設計画
	43.2策定〔目標年次　50〕 徳島県総合開発基本計画
44.5 新全国総合開発計画 〔新全総〕	47.3策定〔目標年次　60〕 徳島県新長期総合開発計画
52.11 第三次全国総合開発計画〔三全総〕	53.7策定 徳島県総合計画基本方針

（数字は昭和の年月を示す。）

国と徳島県の開発計画の推移　三好昭一郎・松本博・佐藤正志『徳島県の百年』による。

新産業都市指定徳島県躍進県民大会(昭和38年7月)

からはじまる大規模な町村合併をうける前であり、現在とは市町村域が異なるが、それぞれの町や村には人口がたくわえられていた（当時の人口は約八六万九〇〇〇人で平成十八〈二〇〇六〉年現在よりも四万人以上も多い）。このことからもその後の人口移動がいかに激しかったかが理解できよう。高度成長がもたらした全国的な大都市圏への人口集中は、県内だけをみても同様の現象をうみだしたのである。

「後進地域の開発促進」をうたう池田勇人《いけだはやと》内閣の「国民所得倍増計画の構想」によって、昭和三十六（一九六一）年の全国総合開発計画が策定され、これに基づいて新産業都市が指定されることになった。全国をまきこんだ誘致合戦が繰り広げられた結果、徳島東部地区はその指定をうけることになったが、この政策は「たんに中央政治のみならず政治全体を成長と開発に動員」（渡辺治編『高度成長と企業社会』）することとなった。経済成長のための人的開発要求から教育が動員され、労働政策や農業政策もこれに連なっていった。

新産業都市指定をうけた昭和三十九（一九六四）年は、高校入試において徳島市内への出願者が激増していた。県教育委員会は出願をしめきったあとになって徳島市内普通科四校と小松島高校の定員を増加することを決定した。この年、徳島市立高校では校務分掌にはじめて進学課が誕生する。すでに全国的に高校進学

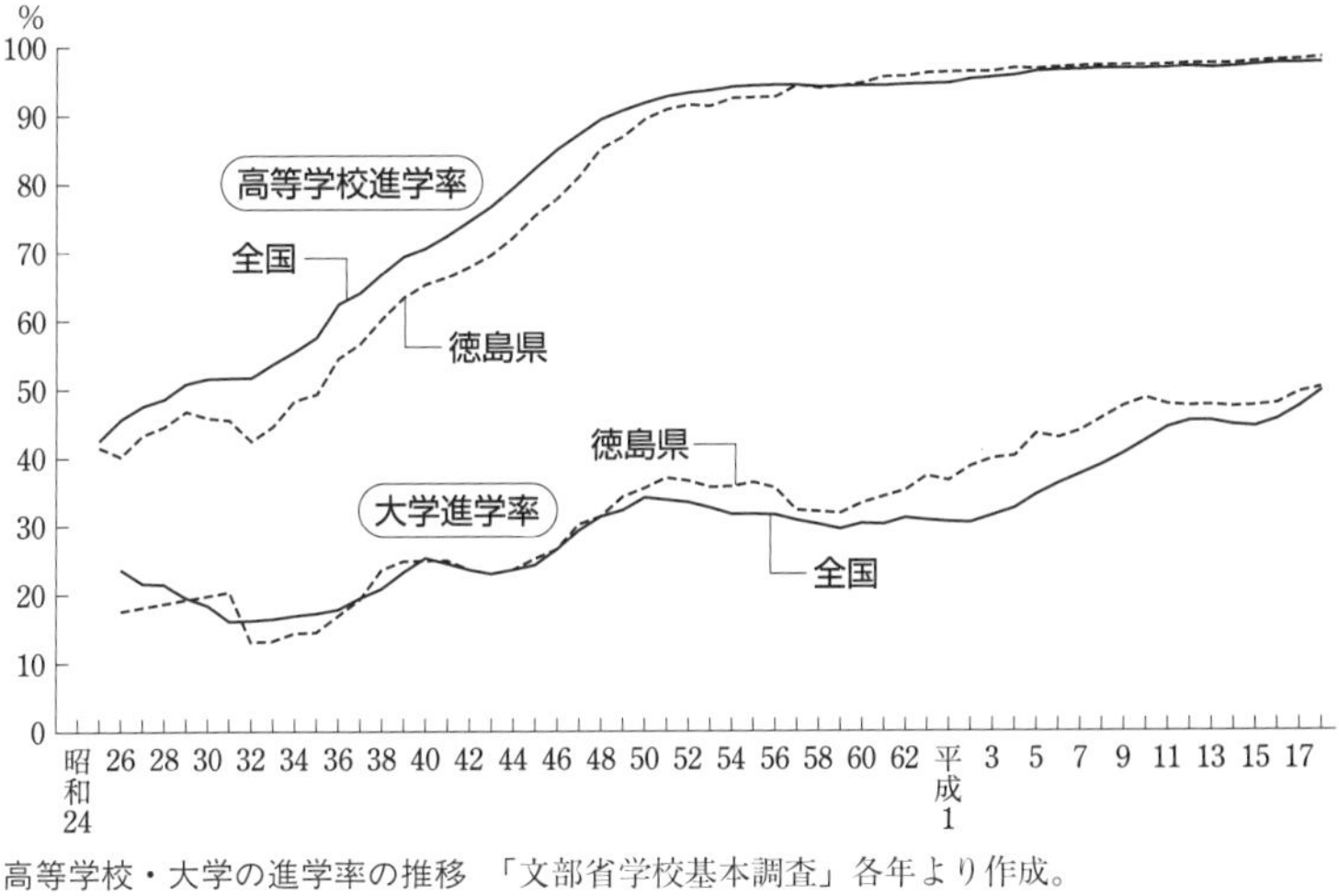

高等学校・大学の進学率の推移　「文部省学校基本調査」各年より作成。

率は急上昇しており、昭和二十九年には五〇%を超えていた（徳島県では同三十六年）が、一〇年後の三十九年には約七〇%（徳島県では同四十三年）に達し、さらに一〇年後の同四十九年には九〇%を超えている（新制高校発足以来、徳島県の高校進学率は全国平均を下まわっていたが、昭和五十七〈一九八二〉年からは逆に上まわるようになる）。

この過程で志願者の徳島市内集中と競争を緩和するために市内流入制限と総合選抜制が設けられた。さきの徳島市立高校は緩和策の一環として「新産業都市建設の中核」となる徳島市に「有為な青年」を育成するため（豊田《とよだ》幸太郎《こうたろう》市長）に昭和三十七（一九六二）年に開校されたのである。大学進学条件のよりよい高校への殺到は、高校の序列化と徳島市内への志願者集中をうんだが、加熱を冷却するための対応にみえたこれらの措置は、かえってより多くの高校をまきこんだ大学進学競争につながっていった。

この事態に対し小学区制による競争の緩和と大学区制による競争維持の主張が対抗したが、奇しくも前者は県教組によって、後者は脱退派支部の校長会によって主張されていた。組合の分裂は勤評の是非だけでなく、教育のありかたそのものにも根ざしていた。とくに入学希望者が殺到した徳島市内の校長会は自分たちの卒業生が市外の高校にはじきだされるとの深刻な問題をかかえていた。やがて総合選抜制が広い支持を集めるようになる。高校入試制度が広範な関心を集めたのには、進学率の急上昇が直接の原因であったが、そこには経済成長による階層移動を学歴に期待した背景があった。さらにその関心には、学校による人的資源の分配機能に期待する「能力」主義と、教育の空洞化を競争激化の弊害としてとらえる双論が対立していた。しかし、双方が人格の陶冶を中心とする学校教育が行われれば事態の悪化はふせげるという奇妙な同居をしていた。高校全入運動が「人的資本論」と矛盾なくうけいれられたのはその現れである。

このなかで工業・商業・農業などの「実業」科（課程）は、教育内容はその専門性に依拠しながらも、「普通」科に従属する価値観を定着させていった。やがて普通科が文字どおり「普通」の位置を獲得すると、つぎにそのなかに特別な進学コース（理数科）が用意されていった。中学校は不合格者をださないために、高校は大学への「振分け」のために「進路指導」を最終的な到達点とする教育が整備されていく。勤評ののち、導入された学力テストは、それ自体の序列性が企業社会の要請する能力的編成を意味していたが、毎年、新聞紙上で各教科の県内平均と全国平均の比較が大きく取りあげられるほど社会的関心をよんだ。受験競争はすでに戦前から激化しており、戦争体制のなかでも統制経済による社会の「平準化」は中等学校進学率を急上昇させ、文部省による学区制と総合選抜制導入が勧告されていたが、戦後のそれは異なる規模で地域のすみずみまで「学歴」の価値を浸透させていった。

すでに徳島県においては、昭和三十（一九五五）年に森永《もりなが》乳業徳島工場による砒素《ひそ》ミルク中毒事件が発生していた。さらに昭和四十年代にはいると、化学工場の集積する今切《いまぎれ》地区や阿南市において大気汚染や水質汚濁による公害が発生していた。

吉野川第十堰をめぐって●

平成五（一九九三）年九月、「吉野川の自然と第十堰《ぜき》の改築を考える」と題するシンポジウムが市民グループによって開催された。前年に建設省が新堰の建設を発表したことをうけたものであった。一六四・一六五頁のコラムにもあるとおり、第十堰は十八世紀なかば吉野川にきずかれた二筋の「湾曲斜め堰」である。高度成長期の砂利採取などにより河床低下をおこし、堰の一部がこわれ、コンクリートによる大規模な補修をうけていた。そのためすでに昭和五十七（一九八二）年に建設省の吉野川工事実施基本計画に改築が明記されていたが、平成四（一九九二）年の建設発表は長《なが》良川《らがわ》河口堰建設が問題化していたこともあり大きな反響をよんだ。

シンポジウムを主催した姫野《ひめの》雅義《まさよし》を中心とするこの市民グループは「最初に反対ありき」の姿勢はみせなかった。新堰建設に対し流域住民全体の関心を喚起することをめざす運動は、当初マスコミからも「反対派」ではなく「疑問派」とよばれ、吉野川の自然観察会やキャンプ大会など川そのものを知ってもらうイベントを開催し、アウトドアスポーツや幼児教育に関心をもつ人びとをはじめ、多様な人びとが社会的立場をこえたネットワークを形成していった。世論が喚起されるなか、建設省は新堰建設を審議会に諮問する形をとる。平成七（一九九五）年に設置された第十堰建設事業審議委員会は二年半後に結論をだすが、この間、市民運動は行政と対抗関係をもちながらも、建設省を市民グループのシンポジウム

「第十堰住民投票の会」街頭運動(平成11年12月)

に参加させるなど「徳島方式」とよばれる独自の運動形態を定着させていった。

平成十（一九九八）年七月、審議委員会が「可動堰建設が妥当」と発表すると、市民グループは「第十堰住民投票の会」を結成し、堰両岸の徳島市と板野郡藍住《あいずみ》町で住民投票条例制定の署名活動にはいる。両地とも規定数である有権者の五〇分の一以上をはるかにこえ、半数に近い署名を提出するものの条例案は共に議会で否決される。このため二カ月後の統一地方選挙ではこれが争点となり、徳島市議会では住民投票派が勝利し議会勢力を逆転させ、平成十一（一九九九）年六月、住民投票条例が制定された。翌年一月、国の公共事業をめぐる初の住民投票が実施され、投票率五五％のもと約九〇％が可動堰建設に反対する結果がでた。

以上の経緯はこれまでの政治形態に根本的な問いを投げかけた。徳島市議会をはじめ二市九町議会、さらに県議会もすでに可動堰建設促進を議決しており、従来の民主的手続きによる「民意」が成立していた。このため、建設反対とのもう一つの異なる「民意」がより直接的な手続きにより表明されようとしたとき本格的な投票ボイコット運動がおこされたのである。この事態は必ずしも可動堰建設反対でなかった住民にとっても規範形成から排除された意識をもつことにつながった（反対派のプラカードが「建設反対」ではなく「投票にいこう」であったことはこれを象徴する）。「民意」のずれは従来行われてきた開発政治、さらにはそれを推進する政治システムを直接日常に表出させただけでなく、間接民主主義のありかた自体を問うことにもなった。また「自分達で考え」「自分達で判断」（姫野）することを要求する住民運動は、アプリオリに一つの主張を達成しようとする従来型の反体制運動も、「（住民投票条例は）必ずしも必要ない」という小池正勝《こいけまさかつ》徳島市長の恣意と相似することをうつしだした。

平成十三（二〇〇一）年から三年間毎年繰り返された知事選挙はこの可動堰建設が最大の焦点となった。建設推進にあたった官僚出身の圓藤寿穂《えんどうとしお》知事から反対派の社民党前県議の太田正《おおただし》知事、さらには同じく官僚出身の飯泉嘉門《いいずみかもん》知事と「民意」をめぐる争いの勝者は変遷した。あらたな「民意」を形成しようとした市民グループは「勝手連《かってれん》」という独自の選挙スタイルを展開したが、従来の統治機構のもとでの政治的立場を確立してきた反体制派との妥協を必要とした。しかし、あらたな巨大な「民意」のもと体制派候補も可動堰建設をうちだすことはできなくなっていた。

住民投票条例制定運動のなかで、徳島市内を中心とする一〇校の高校生が、小中高校生や徳島市・藍住町以外の人たちを対象とする署名運動を繰り広げた。吉野川は両市町の有権者だけの問題ではなく、とくに子どもの未来とより密接にかかわっているとの主張である。十二月二十四日に県知事と徳島市長に署名簿をプレゼントするという。

彼ら彼女らがやがて徳島の歩みを振り返るとき、どのような歴史をみるだろうか。

あとがき

旧版『徳島県の歴史』（福井好行著）が刊行されてから、すでに三〇年を超える歳月が経過した。その間、地域社会は大きく変貌した。とくに、一九八五（昭和六十）年の大鳴門橋、ならびに九八（平成十）年の明石海峡大橋の開通によって、徳島県は京阪神地域といっそう強く結びつけられ、その結果、産業構造や県民生活の面でも大きな変化がみられるようになった。一方、徳島県は、四国山地周辺の中山間地域を抱えており、これらの地域では少子高齢化の波をもろにかぶり、やがては地域共同体としての機能を維持できなくなると予想される、いわゆる「限界集落」が数多く存在している。いま、土地に刻みこまれた人びとの暮らしそのものが消え去ろうとしている地域も少なくない。

こうしたきびしい現実のなかで、自分たちの住む地域社会やその歴史的歩みをいま一度、見つめ直してみようとする動きが各地で起こりつつあるようだ。徳島の風土のなかで人びとがどのような歴史を生き、日々の暮らしのなかでどのような生活文化を育んできたのか——徳島県の過去から現在に至る歴史を正しく理解したいと願う人たちは少なくないと思われる。本書に求められる課題の一つも、それが成功したかどうかは別にして、徳島県の先人たちが、どのような歴史的試練をたどって現在に至ったのかを説得的に描き出すことにあるのだと考えている。

本書は、石躍胤央を中心に執筆者一同が集まり、内容を検討して議論を重ね、構成案を作成した。旧版『徳島県の歴史』刊行以来、個別研究や自治体史編纂を中心にして徳島県の地域史研究は質量ともにかなりの蓄積がみられるようになった。本書では、できるだけそうした新しい研究成果を盛りこむように努めた。執筆に際して、参考文献欄に掲げたものをはじめ、多くの自治体史・著書・論文・史料などを参考にさせていただいた。ただ、一般読者を対象とする本書の性格上、一部をのぞいて出典を明示していない。この点、なにとぞご寛恕を賜りたい。

本書の執筆は、「風土と人間」を石躍胤央、原始・古代および各章のコラムを北條芳隆、中世を大石雅章、近世を高橋啓、そして近現代を生駒佳也がそれぞれ担当した。付録は、年表、沿革表、祭礼・行事および参考文献（辞典・通史・県史・市町村史）を森本幾子氏にお願いし、時代ごとの参考文献は各自が作成し、持ち寄った。

本書を刊行するにあたって、徳島県立文書館・徳島県立博物館・徳島県立埋蔵文化財総合センター・徳島市立徳島城博物館など、多くの方々のご支援とご協力をいただいた。あらためて深甚の謝意を表したい。最後になったが、本書はいくつかの理由によって遅延に遅延を重ねてしまい、山川出版社をはじめ関係各位に多大なご迷惑をかけてしまったことを、心よりお詫び申し上げる。

二〇〇七年四月

執筆者一同

この地図の作成に当たっては、国土地理院長の承認を得て、同院発行の50万分の1地方図を使用したものである。(平18総使、第78−3055号)

徳島県《とくしまけん》の歴史《れきし》　　　県史　36

2007年 6 月15日　第 1 版第 1 刷発行　　2017年11月15日　第 2 版第 2 刷発行

著　者　石躍胤央《いしおどりたねひろ》・北條芳隆《ほうじょうよしたか》・大石雅章《おおいしまさあき》・高橋啓《たかはしはじめ》・生駒佳也《いこまよしや》

発行者　野澤伸平

発行所　株式会社　山川出版社　〒101-0047　東京都千代田区内神田 1-13-13

電話　03(3293)8131(営業)　03(3293)8135(編集)

https://www.yamakawa.co.jp/　振替　00120-9-43993

印刷所　図書印刷株式会社　製本所　株式会社　ブロケード

装　幀　菊地信義

ISBN 978-4-634-32361-2

石躍　胤央　いしおどりたねひろ

1932年，京都府に生まれる
1962年，京都大学大学院文学研究科博士課程単位取得退学
元徳島大学教授
主要著書　『徳島県史』（共著，徳島県，1964年），『藩制成立期の研究』（石躍胤央先生退官記念実行委員会，1998年）

北條　芳隆　ほうじょうよしたか

1960年，長野県に生まれる
1991年，大阪大学大学院文学研究科博士課程単位取得満期退学
現在　東海大学文学部教授
主要著書・論文　「讃岐型前方後円墳の提唱」（大阪大学文学部考古学研究室10周年記念論文集，1999年），『古墳時代像を見なおす』（共著，青木書店，2000年）

大石　雅章　おおいしまさあき

1953年，大阪府に生まれる
1982年，大阪大学大学院文学研究科後期課程単位取得退学
現在　鳴門教育大学学校教育学部教授
主要著書・論文　「寺院と中世社会」（『岩波講座日本通史』第８巻，岩波書店，1994年），『日本中世社会と寺院』（清文堂出版，2004年）

高橋　啓　たかはしはじめ

1938年，徳島県に生まれる
1963年，広島大学大学院文学研究科修士課程修了
現在　鳴門教育大学名誉教授
主要著書　『部落の歴史　西日本篇』（共著，部落問題研究所，1983年），『近世藩領社会の展開』（渓水社，2000年）

生駒　佳也　いこまよしや

1959年，徳島県に生まれる
1989年，東京都立大学大学院人文科学研究科修士課程修了
2008年，京都大学大学院教育学研究科修士課程修了
現在　徳島市立高校教諭
主要著書　『生涯学習概論』（共著，ミネルヴァ書房，2014年），『戦後日本の開発と民主主義―地域にみる相剋―』（共著，昭和堂，2017年）

付　録

■ 索　　引

● あ 行

● か　行

● さ　行

● た　行

●ま　行

●や　行

●ら・わ　行

■ 年　　表

年　代	時　代	事　　項
3万〜 1万2000年前	旧石器時代	年代比定の基準となる姶良・丹沢火山灰(A.T.)が県域に降下する。ナイフ形石器の使用がはじまる(阿南市廿枝遺跡)。細石刃の使用がはじまる。
B.C.1万2000年	縄文草創期	細石器・有舌尖頭器がつくられる。
B.C.7000	早期	岩陰遺跡が出現する(那賀町古屋岩陰遺跡・東みよし町加茂谷川岩陰遺跡群)。
B.C.5000	前期	爪形文土器が出現する(加茂谷川岩陰遺跡群)。
B.C.3000	中期	貝塚が形成される(鳴門市森崎貝塚)。
	後期	岩陰・洞窟で貝塚が形成される(徳島市城山貝塚・矢野遺跡)。
B.C.1000	晩期	沖積平野の低地で貝塚が形成される(徳島市三谷遺跡)。
B.C.200	弥生前期	環濠集落が出現する(徳島市庄遺跡)。
B.C.100	中期	吉野川・鮎喰川流域の沖積平野で大規模な集落がいとなまれる(東みよし町大柿遺跡・徳島市南庄遺跡・庄遺跡・名東遺跡・矢野遺跡)。銅鐸による祭祀がはじまる。
100ころ	後期	大規模な高地性集落が出現する(三好市大谷尻遺跡・鳴門市檜はちまき遺跡・カネガ谷遺跡)。水銀朱の採掘がはじまる(阿南市若杉山遺跡)。
	終末期	吉野川下流域に積石墓が出現する(鳴門市萩原墳墓群)。吉野川下流域に東阿波型土器が出現する。
300ころ	古墳発生期	前方後円墳の築造がはじまる(讃岐型前方後円墳)。
	前期	積石塚の古墳がつくられる。
400ころ	中期	大型前方後円墳(徳島市渋野丸山古墳)が築造されたのを最後に，前方後円墳づくりはとだえる。吉野川・鮎喰川・園瀬川などに箱式石棺が採用される。塩づくりが行われる(鳴門市日出遺跡)。
500ころ	後期	横穴式石室が採用される。須恵器の生産がはじまる。
600ころ	終末期	寺院の造営がはじまる(美馬市郡里廃寺)。

西暦	年　号	事　　項
646	大化　2	この年，阿波国が設置される。
713	和銅　6	***5**-2*『風土記』編纂が命じられる。
741	天平　13	この年，国分寺・国分尼寺建立される。
752	天平勝宝 4	***10**-25* 板野郡高野郷50戸，美馬郡御津郷50戸東大寺封戸となる。
859	貞観　1	***1**-27* 板野郡の大麻比古神に従五位上の神位階があたえられる。
902	延喜　2	***5**-37* 板野郡田上郷の戸籍が作成される。
935	承平　5	***1**-29* 紀貫之が土佐から都への帰途に土佐泊に立ちよる。
1017	寛仁　1	この年，那賀郡櫛淵荘が石清水八幡宮社領となる。
1177	治承　1	***6**-* 鹿ケ谷の陰謀が発覚し，藤原師光(西光)がとらえられる。

1180	治承　4	この年，阿波国住人阿波民部大夫重能が平家による南都攻めの先鋒をつとめる。
1183	寿永　2	この年，阿波民部大夫重能が讃岐国屋島に御所を造営し，安徳天皇を奉ずる平家軍を迎える。
1185	文治　1	***2-18*** 源義経が阿波勝浦に上陸する。
1186	2	***7-22*** 平康頼，麻植保司となる。
1200	正治　2	***7-*** 佐々木経高，阿波・淡路・土佐の守護職を免ぜられる。
1201	建仁　1	***2-*** 佐々木経高，阿波・淡路・土佐の守護職に復帰する。
1221	承久　3	***5-14*** 承久の乱おこる。佐々木経高・高重父子院方に参じる。***6-15*** 佐々木経高自殺，佐々木高重戦死する。閏 ***10-10*** 鎌倉幕府は，土御門上皇を土佐へ配流。
1223	貞応　2	***5-*** 鎌倉幕府，土御門上皇を阿波へ移す。
1227	安貞　1	***2-13*** 鎌倉幕府，阿波守護小笠原長経に土御門上皇の御所を造営させる。
1231	寛喜　3	***10-11*** 土御門上皇が崩御する。
1289	正応　2	この年，一遍上人が阿波へくる。
1304	嘉元　2	このころ，海部氏吉が海部郡笹無谷で刀剣を鋳造しはじめる。
1321	元亨　1	***11-19*** 麻植山内三木村番頭，百姓らの訴えに対して，代官沙弥願仏下知状が発給された。
1327	嘉暦　2	***3-12*** 三木名番頭職に，沙弥真達が補任される。
1336	建武　3 （延元 1）	***2-11*** 足利尊氏，播磨室津から細川和氏らを四国へつかわす。このころ，細川和氏ら，阿波秋月荘にくる。***2-15*** 細川和氏・顕氏，富吉荘西方地頭漆原兼有に勝浦荘公文職をあてがう。***5-15*** 細川和氏・顕氏，武藤三郎入道の遺族に坂野新荘中方地頭職をあてがう。
1339	暦応　2 （　4）	***8-*** 細川和氏，秋月荘に補陀寺を建立し，夢窓疎石を開山とする。
1340	3 （興国 1）	***6-15*** 足利尊氏，那賀山荘を天龍寺造営料として寄進する。このころ，細川頼春，阿波・讃岐・淡路の軍を率いて川之江城をおとす。***9-3*** 細川頼春，世田城に大館氏明を滅ぼす。
1350	観応　1 （正平 5）	***6-3*** 足利義詮，安宅一族に対して，淡路沼島の海賊退治を命じる。***7-22*** 南朝菅生左兵衛尉に祖山郷菅生名を安堵する。
1352	文和　1 （　7）	閏 ***2-20*** 阿波守護細川頼春，京都四条大宮にて戦死する。***12-22*** 足利義詮，萱島荘地頭職を安宅王杉丸にあたえる。
1367	貞治　6 （　22）	***9-*** 守護細川頼之，将軍足利義詮にこわれて上洛する。***11-25*** 細川頼之，管領に就任。
1385	至徳　2 （元中 2）	***7-*** 細川頼之，秋月に宝冠寺を建立し，絶海中津を開山とする。
1387	4 （　4）	この年から1389（康応元）年にかけて，名西郡・名東郡・麻植郡の寺院のネットワークにより，勧善寺蔵大般若経が作成される。
1391	明徳　2 （　8）	***4-*** 細川頼之，上洛する。***4-8*** 細川頼元，管領に就任する。
1392	3 （　9）	***3-2*** 細川頼之没。
1400	応永　7	***8-24*** 細川頼長，阿波高落御荘・種野山・穴吹荘・符里・麻植荘・

			秋月荘・板西下荘地頭・別宮嶋院主職などを安堵される。
1441	嘉吉	1	***6**-24* 嘉吉の変おこる。阿波守護細川持常，赤松満祐討伐軍の大将となる。
1449	宝徳	1	***12**-17* 細川持常没。
1466	文正	1	この年，細川成之，丈六寺を創建し，金岡用兼を開山とする。
1485	文明	17	***8**-9* 三好之長が京都で，土一揆の張本として追捕の対象となる。このころ，三好之長，祖谷山へこもる。***10**-12* 阿波国内乱れ，細川成之・政之が京より阿波にくだる。
1503	文亀	3	***5**-20* 管領細川政元，薬師寺元一を阿波につかわし，細川成之の孫澄元を養子とする。
1506	永正	3	***2**-19* 三好之長が上洛する。***4**-21* 細川澄元が上洛する。
1511		8	***7**-13* 細川澄元・三好之長，阿波から兵を率いて上洛する。***8**-24* 京都舟岡山合戦で，細川澄賢戦死し，澄元阿波へ帰る。
1520		17	***6**-10* 細川澄元，阿波勝瑞城で没。
1534	天文	3	この年，細川持隆，足利義維(義冬)を阿波平島に迎える。
1539		8	***1**-14* 三好長慶，上洛する。
1552		21	***8**-19* 三好義賢，主君細川持賢を滅ぼす。***11**-7* 吉野川流域の念行者(山伏)19カ寺によって，「阿波国念行者修験道法度」が定められる。
1558	永禄	1	***2**-* 三好長慶烏帽子親となり，細川晴元の子が元服して昭元と称す。
1561		4	***5**-* 細川晴元，普門寺にはいり，三好長慶富田荘を贈る。
1564		7	***7**-4* 三好長慶没す。
1568		11	***9**-1* 足利義栄，阿波へ下向し撫養で没す。
1578	天正	6	***6**-* 三好存保，長宗我部元親に重清で敗北する。
1581		9	***7**-* 三好存保，勝瑞城へ帰り，一宮城を攻撃する。
1582		10	***8**-28* 長宗我部元親，中富川で三好存保を敗北させる。
1585		13	***6**-22* 蜂須賀家政，豊臣秀吉から阿波国を拝領される。***6**-* 家政，名東郡富田荘猪山に城地を定める。渭津を改めて徳島と称する。***9**-* 祖谷山・大粟山・仁宇谷などの山間土豪，蜂須賀氏の入国に反対して一揆をおこす。
1587		15	***3**-* 家政，秀吉の九州平定に参陣する。
1592	文禄	1	***3**-12* 家政，秀吉の朝鮮侵略(文禄の役)に兵を率いて参陣する。
1597	慶長	2	***2**-* 家政，秀吉の第二次朝鮮侵略(慶長の役)に参陣して渡海する。このころ，篠原五郎左衛門が撫養高島塩田を開く。
1598		3	***6**-* 家政，領内 7 カ寺を駅路寺に制定する。
1600		5	***1**-* 家政の嫡子至鎮，徳川家康の養女(氏姫)を娶る。***9**-15* 至鎮，家康から阿波国を拝領する。
1603		8	この年，至鎮，板野郡内の赤松則房の旧領・置塩領および毛利兵橘の旧領・兵橘領を夫人化粧領として拝領する。ここに阿波国一円支配がなる。
1604		9	この年，阿波国13郡「郷村検地帳」なる。
1614		19	***11**-18* 大坂冬の陣に至鎮，兵を率いて出陣する。***12**-24* 家康より有功の士 7 人に対して感状があたえられる。
1615	元和	1	***5**-* 至鎮，大坂夏の陣に参陣する。***5**-21* 至鎮，淡路国を加増される。
1617		3	***11**-* 祖谷山・名本(土豪)所有の刀脇差の提出を命じる。

1618	元和	4	***1-1***「御壁書」23カ条を制定し，以後徳島藩の祖法となる。
1620		6	***2-26*** 至鎮没する。このころ，名東郡南斎田塩田を開く。
1625	寛永	2	***7-*** 城下寺島に藍方役所をおく。
1626		3	この年，幕府から阿波・淡路・讃岐国人数調査が通達される。
1627		4	***7-2*** 蓬庵より御国法7カ条(「裏書」)がだされる。この年，淡路において棟付改め実施される。
1631		8	***6-27*** 稲田修理亮，淡路城代となり洲本に移る。***8-15*** 幕府から阿波・淡路・讃岐国人数調査のため，「定書」12カ条がだされる。讃岐松平藩と走人の相互交換協定を結ぶ。
1633		10	***2-25*** 益田豊後，失政の罪を問われ，知行地没収，名西郡大粟山に幽閉される。
1634		11	***7-5*** 切支丹宗門禁制の高札が掲示される。***12-27*** 土佐藩と走人の交換協定を結ぶ。この年，幕府へ阿淡両国郷村帳を提出する。阿波において棟付改め実施される。
1636		13	***11-20*** 那賀郡長浜・答島塩田が開作される。
1638		15	***12-30*** 蓬庵没する。この年，幕府の一国一城令により徳島・須本2城となる。
1640		17	***12-*** 阿波国13郡に1人ずつ郡奉行をおく。***12-2*** 郡奉行へ「覚」13カ条を制定。***12-27*** 阿波・淡路両国と土佐国との走人の相互送還協定を結ぶ。
1641		18	***7-*** 公儀御用につき国絵図・御山下(城下)絵図を提出する。
1644	正保	1	このころ，撫養塩方12カ村(斎田・黒崎・大桑島・小桑島・南浜・北浜・立岩・弁財天・高島・三ツ石・明神・小島田)が成立する。
1645		2	この年，加賀国浪人阿彦左馬之丞，益田豊後事件で藩主忠英を幕府に讒訴する。塩方代官所を設置する。
1646		3	この年，幕命により阿淡両国絵図・城下絵図・郷村帳・家中分限帳を提出する。
1650	慶安	3	この年，蜂須賀家の菩提寺福聚寺を興源寺と改称する。細川・三好らの浪士に阿波郡・板野郡内の未墾の土地をあたえ，原士と称させる。このころ，板野郡中喜来浦で検地反対の騒動おこる。
1653	承応	2	***9-23*** 阿淡両国への他国酒の移入を禁止する。
1655	明暦	1	***1-*** 勘定奉行3人をおく。
1657		3	この年，阿淡両国村々に棟付改めが実施される。
1659	万治	2	***2-11*** 国奉行が廃止され，郡奉行3人が任命される。この年，安井算哲が阿波にきて，経緯度を測定する。
1661	寛文	1	***11-19*** 阿波国市中在々へ他国米の入荷を厳禁する。
1664		4	***5-13*** 幕府の指導により，阿波国13郡を10郡に定める。***6-16*** 稲田勘解由，不届きにつき閉門，洲本仕置職に林大学を任命する。
1666		6	この年，稲田九郎兵衛，洲本城代に復帰する。
1674	延宝	2	***7-9*** 盆踊り期間を7月14・15・16日の3日間とする。
1680		8	この年，城下の魚屋・寺沢を座元として銀札を発行する。
1684	貞享	1	***4-9*** 幕府へ阿淡両国郷村高辻帳を提出する。
1688	元禄	1	***11-13*** 仕置家老山田織部が不届の義につき閉門。
1689		2	***4-8*** 幕府へ阿淡両国切支丹宗門類族改帳を提出する。

1694	元禄	7	***9**-10* 徳島城西の丸において市郷の者，相撲観覧を許可される。
1696		9	***8**-1* 賀島和泉，家老職を拝命する。
1700		13	***8**-2* 国奉行を廃止して従来どおり郡奉行3人をおく。
1702		15	***5**-* 関東売り藍玉は問屋着とし，直売・振売を禁止する。
1707	宝永	4	この年，幕府の藩札禁止令によって藩札発行を中止する。
1711	正徳	1	この年，美馬郡一宇山の農民，年貢減免を要求し騒動をおこす。谷貞之丞，家老賀島氏に直訴する(翌年2月刑死)。
1721	享保	6	***10**-* 塩の密造・抜荷その他不正を禁止する制札を立てる。
1730		15	***6**-26* 賀島主水，勤方不届きにつき家老職を召し上げられる。この年，藩札解禁によって，藩札を再発行し銀札場を4カ所におく。
1731		16	***3**-2* 国絵図が作成される。
1732		17	この年，大飢饉。
1733		18	***6**-* 藍方御用場を設置する。葉藍専売仕法を実施する。
1735		20	***12**-* 藍玉抜荷為改役・葉藍為改役をおき，阿波藍の生産・販売統制強化。
1736	元文	1	この年，『消水聞見録』なる。
1737		2	***4**-4* 他国米制道の通達がだされる。この年，祖谷山の阿佐・釣井・落合・大枝名で検地反対騒動がおこる。
1740		5	このころ，藍作は北方7郡237カ村に広がる。
1743	寛保	3	この年，美馬郡祖谷山・釣井名で政所の年貢取立不当に対して騒動おこる。
1751	宝暦	1	このころ，多数の人形座が淡路でうまれる。
1753		3	この年，第十の運河により，吉野川旧河川の水が減少したため，第十に堰をつくる。
1754		4	***7**-12* 藩主至央没する(在職60日)。***8**-25* 佐竹壱岐守義道四男重喜襲封する。この年，玉師株を指定し，藍師の人数を制限する。
1755		5	この年，儒者柴野栗山を聘する。
1756		6	***10**-* 麻植・名西・名東・板野郡の藍作地帯で藍専売反対一揆おこる(五社宮騒動)。この年，仁宇谷地方で，年貢減免などを要求して騒動おこる(織部騒動)。
1757		7	***3**-25* 五社宮騒動の首謀者京右衛門ら，鮎喰川原で処刑される。
1758		8	この年，葉藍取引税・玉師株が廃止される。美馬郡重清村のお秀，庄屋の不正を村人にかわり越訴(重清騒動)。
1760		10	***8**-7* 藍方役所を廃止する。この年，玉師株を廃止する。
1762		12	この年，集堂安左衛門，藩校設立を建白する。
1765	明和	2	***12**-15* 家老長谷川越前，仕置御用を免じ，食禄召し上げ，閉門を命じられる。この年，阿波の地誌『阿陽記』なる。
1766		3	***2**-* 名西郡高畑村組頭庄屋小川八十左衛門が，藍方仕法について藩に建議書を提出する。***7**-* 藍方役所を再興する。
1767		4	***2**-1* 城下藍場町において藍大市がはじまる。閏***9**-* 藍方役所を藍方代官所と改める。***11**-* 大坂藍問屋15人を指定する。この年，『阿淡夢物語』なる。
1769		6	***10**-30* 重喜，隠居を命じられる。嫡子の治昭，襲封する。
1772	安永	1	***12**-* 小川八十左衛門，藍砂採取に関する意見書を提出する。

1787	天明	7	このころ，天明の大飢饉。阿波国内も凶作が続く。
1788		8	*1-16* 柴野栗山の子碧海を藩儒に召しかかえる。
1791	寛政	3	*4-* 寺島学問所創設。
1792		4	このころ，板野郡引野村の丸山徳弥が，九州日向から製糖法を学び帰国する。
1800		12	このころ，藍作付6500町歩，藍玉生産高17万9000俵に達する。
1803	享和	3	*8-* 江戸売藍商36人が江戸十組問屋に加盟する。
1804	文化	1	*12-11* 幕府の囲米令に対し，幕府通達の7割の囲米実施する。この年，徳島市中に藍問屋4軒を指定して，藍大市を管轄させる。
1808		5	*1-* 伊能忠敬が撫養にきて，阿波国の測量をはじめる。また，佐藤信淵を招き，海防策を諮問する。*11-* 海部郡日和佐浦沖に異国船が漂着する。
1811		8	この年，『阿波名所図会』刊行される。
1813		10	この年，藩は，国産藍を蔵物扱いとする。
1814		11	*11-10* 幕府，阿波藍を大坂で蔵物扱いにすることを許可する。
1815		12	この年，藤原之憲，阿波国の地誌『阿波志』を編纂する。
1819	文政	2	*5-* 那賀郡仁宇谷地方の農民が組頭庄屋の不正を追及して強訴し，仁宇谷騒動がはじまる。
1821		4	*9-* 首謀者4人が処刑され，仁宇谷騒動がしずまる。
1829		12	*12-20* 海部郡牟岐浦の出羽島沖にイギリス船が来航。海部郡日和佐浦・牟岐浦沖合にイギリス船があらわれ，水・食糧を要求する。
1830	天保	1	この年，全国各地で伊勢神宮への「お蔭参り」が流行する。この年以降，全国的に藍の売場株を設定し，運上・冥加金を上納させる。
1831		2	この年，「阿波国御絵図」が完成する。
1837		8	*2-* 大塩平八郎の乱。幕府より，「布達」と人相書がでる。この年，米麦諸物価騰貴。
1841		12	*12-* 荒浜起返し・新浜よりできた塩については直捌きにする。*12-* 三好郡山城谷農民が年貢減免などを要求して，今治領上山村に越境逃散する。
1842		13	*1-4* 上郡騒動が発生する。*3-* 御国中江戸廻船によりすべての御手捌塩を積みいれる。
1845	弘化	2	この年，江戸の元取問屋，広屋吉右衛門・清水茂兵衛・長岡六平・岡本又十郎・伊坂藤兵衛に御手捌塩を引きうけさせる。為替金を拝借しない船もすべて御手捌とする。中山茂純，『阿淡年表秘録』を完成させる。
1846		3	この年，郷学校を藩内各地に設ける。
1847		4	この年，自・他国船ともに，積塩については，江戸の元取問屋着とする。白砂糖・蜜・焚込が藩の蔵物として大坂に移出されるようになる。
1852	嘉永	5	*6-* 撫養の塩問屋・直師より勢尾両州船の塩積入方停止願がだされ，許可される。8月より臨時休浜実施される。
1853		6	*3-27* 勢尾両州船のうち，御法遵守の新船についての塩積入方許可願がだされる。*4-* 勢尾両州船のうち，元取問屋へ着船する船についての塩積入方許可願がだされる。*9-* 直師より為替御拝借付廻船の塩の浦賀商許可願がだされる。この年，黒船来航により，藩は，佃島一

		帯の警備を命じられる。
1854	安政 1	***4***-*9* 黒船来航により，藩は，羽田・大森一帯の警備を命じられる。
1855	2	この年，為替御拝借付廻船の塩の浦賀商が許可される。***10***-*2* 江戸地震おこる。
1860	万延 1	***5***- 神奈川御開港交易許可につき，斎田塩の売事開放願が武州神奈川宿青木町茅木屋次郎左衛門ほかから阿州塩方御役所へだされる。
1861	文久 1	***3***- 神奈川宿廻船問屋からの塩の開港交易願が許可される。
1863	3	***1***-*24* 小杉榲邨が投獄される。***10***- このころ，御手捌塩江戸元取問屋減少にて，江戸表塩問屋2人を元取にすることの願が撫養の問屋天羽・泉・山西からだされる。
1864	元治 1	***8***-*13* 第1次長州戦争にあたり，幕府から「四国の先鋒」を命じられる。
1867	慶応 3	***2***-*29* 塩の江戸御手捌御取行が廃止される。***3***-*4* 御軍用筋入用のため，久次米兵次郎ら市郷へ調達金を申しつける。この年，「ええじゃないか」が阿波一円に広がる。
1868	明治 1	***1***-*3* 徳島藩兵が，鳥羽・伏見の戦いに参加する。
1869	2	***6***-*24* 版籍奉還により，徳島藩が成立する。蜂須賀茂韶を知藩事に任命。
1870	3	***5***-*13* 庚午事変(稲田騒動)おこる。***6***- 藍問屋株・藍製造株などの諸株を開放する。***11***-*16* 稲田九郎兵衛と家臣が北海道に移住するよう命じられる。
1871	4	***7***-*14* 徳島藩を廃止し，徳島県を設置する。***11***-*15* 徳島県を名東県と改称する。
1873	6	***2***-*20* 香川県が廃止され，名東県の管轄となる。***3***- 県，藍商社を設立する。***6***- 名西郡上分上山村で地租改正反対一揆おこる。
1874	7	***1***-*17* 民撰議院設立建白書に旧徳島藩士小室信夫が連署する。***8***-*3* 自助社が設立され，士族民権運動を行う。***8***-*14* 鷲の門を残し，徳島城を取りこわす。
1875	8	***9***-*5* 香川県が再置され，讃岐が分離する。
1876	9	***6***- 徳島藍会社が創立される。***8***-*21* 名東県が廃止され，阿波は高知県，淡路は兵庫県に合併する。
1877	10	***12***-*15* 徳島電信分局が設置される。新町橋・丸亀間に電信が開通する。
1878	11	***3***- 第三十四国立銀行徳島支店開設。***9***-*15* 自助社が解散の決議をする。
1879	12	***1***- 郡区町村編制法が施行され，大区小区制を廃止。郡制の実施。***5***-*20* 第八十九国立銀行開業する。***11***-*24* 久次米銀行の設立が許可される。
1880	13	***3***-*2* 徳島県再置される。***8***-*15* 阿波商法会議所の設立が許可される。
1881	14	***10***- 徳島立憲改進党が結成される。
1882	15	***2***-*24* 自由党阿波部が結成される。***3***-*14* 徳島銀行の設立が許可される。
1884	17	***5***- 大阪商船会社徳島支店が設立される。***7***-*4* ヨハネス＝デ＝レーケが吉野川改修のため，現地調査をはじめる。
1885	18	***2***-*24* 徳島警察署が設置される。***2***- 吉野川改修工事に着手する。
1886	19	***4***-*19* 古川橋が開通する。***7***-*20* 酒井明が県知事に就任する。

1887	明治	20	***9-14*** 阿波国共同汽船が創立する。
1889		22	***10-1*** 市制・町村制が施行される。
1890		23	***1-*** 阿波農工銀行が創立される。***5-*** 阿波国教育会が発足する。***7-1*** 第1回衆議院議員総選挙で，井上高格・守野為五郎・川真田徳三郎・橋本久太郎・曽我部道夫が当選する。
1891		24	***4-1*** 郡制施行。10郡に郡役所が設置される。***5-30*** 久次米銀行が臨時休業する。
1893		26	***6-5*** 農商務省農事試験場徳島支場が，名東郡加茂名村に設置される。
1895		28	***1-9*** 徳島電燈株式会社が送電を開始する。
1896		29	***1-*** 徳島鉄道株式会社が設立される。***6-*** 合名会社阿波銀行，阿波商業銀行が設立される。***7-11*** 阿波紡績株式会社が設立される。
1897		30	***1-22*** 阿波商業会議所の設立が認可される。
1898		31	***3-20*** 阿波紡績株式会社が操業を開始する。***6-15***『徳島毎日新聞』が創刊される。
1899		32	***2-16*** 徳島鉄道，徳島・鴨島間の営業が開始される。***6-*** 小松島・和歌山間の定期航路が開通する。
1900		33	***8-17*** 阿波農工銀行が開業する。***11-*** 立憲政友会徳島支部が結成される。
1901		34	***3-8*** 阿波染織同業組合が結成される。***12-*** 水産試験場が設置される。
1902		35	***8-*** 阿波藍製造販売同業組合が，染色試験所・精藍模範場を設置する。
1903		36	***4-1*** 県農事試験場が開設される。
1904		37	***4-*** 県立農業学校・県立工業学校が設立される。***5-25***『徳島日日新報』が創刊される。阿波国教育会，徳島県教育会と改称する。
1905		38	***4-*** 撫養塩務局が設置される。***9-26*** 日露戦勝記念「徳島公園」が造営。***10-28*** 合資会社久次米銀行が破産宣告をうける。***12-*** 池田煙草製造所が設置される。
1906		39	***5-17*** 板野郡立農蚕学校が創立。***12-20*** 堺紡績が阿波紡績を買収する。
1907		40	***9-1*** 徳島鉄道が国有となる。
1908		41	***1-1*** 徳島水力電気株式会社が設立される。***5-1*** 麻名用水が通水。***5-25*** 板名用水が通水。
1909		42	***3-*** 第八十九銀行解散。***10-18*** 喜田貞吉が文学博士になる。
1910		43	***10-*** 徳島水力電気が那賀郡宮浜村に桜谷発電所を設置する。
1911		44	***12-*** 徳島水力電気，徳島電燈と合併する。
1912		45	***6-*** 鳴門塩田労働組合が結成される。
1913	大正	2	***4-20*** 阿波国共同汽船会社敷設の軽便鉄道開通する(徳島・小松島間)。***7-4*** ポルトガル人文豪モラエスが徳島市伊賀町に定住する。
1914		3	***3-25*** 徳島線が池田まで延長される。***11-8*** 第一次世界大戦青島陥落祝賀の阿波おどりが行われる。***12-18*** ドイツ人俘虜が徳島俘虜収容所に到着する。
1916		5	***4-10***『御大典記念阿波藩民政資料』が出版される。
1917		6	***4-6*** ドイツ人俘虜が，徳島収容所から板野郡板東町へ移る。***9-1*** 阿波国共同鉄道が国に買収される。
1918		7	***8-*** 名東郡新居村・小松島町・撫養町・那賀郡能林村で米騒動がおこ

			る。
1919	大正	8	***12**-10* ドイツ人俘虜がエンゲル楽団を結成する。
1920		9	***9**-2* 徳島軽便自動車商会が徳島市内でバスを運行する。***10**-3* 賀川豊彦,『死線を越えて』(改造社)を刊行。
1921		10	***1**-* 撫養塩田労働組合連合会が結成される。***9**-* 大塚製薬工業部が創立される。***12**-* 阿波貯蓄銀行が創業する。
1922		11	***4**-3* 鳥居龍蔵が徳島公園城山で貝塚を発見する。***6**-1* 徳島デパートが開店する。***11**-12* 堺・小松島(横須海岸)間に定期航空路が開設される。
1923		12	***2**-15* 阿波軌道の池谷・鍛冶屋原間が開通する。***4**-8* 徳島高等工業学校が開校する。
1924		13	***11**-* 那賀郡見能林村で小作争議おこる。***12**-24* 徳島水平社が結成される。
1925		14	***2**-23* 日本農民組合岩脇支部結成。***5**-3* 日本農民組合阿南連合会発足。
1926		15	***5**-1* 富岡町と徳島市で県内初のメーデーはじまる。***5**-8* 吉野川改修工事竣工式行われる。
1927	昭和	2	***2**-23* 徳島銀行・徳島貯蓄銀行が臨時休業する。***4**-17* 撫養高島塩田争議おこる。***8**-23* 民政党徳島支部が発足する。
1928		3	***5**-15* 徳島銀行が阿波商業銀行に営業権を譲渡する。***5**-* 徳島貯蓄銀行,阿波貯蓄銀行と合併。***12**-18* 吉野川橋が開通する。
1929		4	***3**-31* 徳島市営バスが開業する。
1930		5	***4**-13* 徳島紡績株式会社が設立される。***8**-17* 矯風会婦人ホームが徳島市北出来島町に完成する。
1931		6	***4**-1* 徳島県盲聾唖学校が開校される。
1932		7	***3**-18* 秋田清が参議院議長に就任する。
1933		8	***7**-23* 徳島放送局がラジオ放送を開始する。
1934		9	***3**-24* 新町百貨店が東新町に開店する。***5**-22* 小松島築港工事が竣工される。
1935		10	***3**-20* 高徳線が開通する。
1936		11	***3**-27* 四国循環鉄道阿土海岸線,羽ノ浦・桑野間で開通する。***10**-4* 日本航空輸送株式会社が大阪・徳島・高知間の航路を開設する。
1937		12	***6**-27* 阿土海岸線鉄道の桑野・阿波福井間が開通する。***9**-27* 国民精神総動員運動実行委員会が開催される。
1938		13	***8**-* 阿波おどりが自粛中止される。
1939		14	***5**-9* 眉山山頂に防空監視所が設置される。***11**-* 合同製塩工場の操業が開始される。***12**-14* 阿土海岸線鉄道の阿波福井・日和佐間が開通する。
1940		15	***3**-15* 小松島臨港鉄道が開通する。***12**-10* 大政翼賛会徳島県支部が発足する。
1941		16	***10**-27* 徳島バス統合株式会社が設立される。***12**-15* 株式会社徳島新聞社が開業する。
1942		17	***4**-1* 板野郡松茂村に,徳島海軍航空隊が開設される。***7**-1* 牟岐線が全通する。羽ノ浦・牟岐間が開通する。
1943		18	***4**-* 官立徳島師範学校が設立される。***6**-1* 県立徳島医学専門学校が

			開校する。
1944	昭和	19	***9***- 大阪市の集団疎開児童をうけいれる。***12***- B29がはじめて県上空を通過する。
1945		20	***7***-*3* 徳島市大空襲。***7***-*28* 板野・那賀・海部・三好各郡，機銃掃射をうける。
1946		21	***2***- 県庁内に徳島軍政部が設置される。***12***-*21* 南海大地震が発生する。
1947		22	***7***-*5* 徳島県教職員組合が結成される。この年，農地改革。
1948		23	***4***-*1* 旧制中学校が新制高等学校へ移行する。
1949		24	***5***-*31* 国立徳島大学が設置される。
1950		25	***5***-*18* 鳴門が瀬戸内海国立公園に指定される。
1951		26	***4***-*29* 徳島駅舎が竣工される。***5***-*1* 四国電力株式会社が発足する。
1952		27	***7***-*1* 四国放送が四国最初の民間ラジオ放送を開始する。
1953		28	***1***-*4* 鳥居龍蔵が没する。***11***-*3* 徳島県立図書館が開館する。
1954		29	***4***-*12* 鳴門港・福良港間にフェリーボートが就航する。***12***-*11* 徳島市児童文化公園が開園される。
1955		30	この年，森永乳業徳島工場で砒素ミルク中毒事件がおこる。
1956		31	***5***-*6* 南海観光汽船の小松島・和歌山間が開通する。
1957		32	***12***-*1* 眉山ロープウェイが開通する。
1958		33	***3***-*16* 海上自衛隊徳島航空隊が松茂海軍航空隊跡に開隊する。
1959		34	***3***-*15* 徳島放送局が総合テレビを開局する。***4***-*1* 四国放送がテレビ放送を開始する。***11***-*27* 日米安保改定反対の職場大会や街頭デモが行われる。***12***-*10* 徳島県博物館・物産斡旋所が開館する。
1961		36	***4***-*1* 徳島女子短期大学・四国女子短期大学が開校される。***7***-*30* 小鳴門橋が開通する。
1962		37	***11***-*1* 県立養護学校が開校される。
1963		38	***4***-*14* 徳島市文化センターが開館される。
1964		39	***1***- 徳島地区が新産業都市の指定を受ける。***8***-*1* 東京・徳島・高知間に国産旅客機ＹＳ11が就航する。***10***-*1* 阿波商業銀行が阿波銀行と改称する。***12***-*25* 南海汽船フェリーボートが小松島・和歌山間に就航する。
1965		40	***4***-*1* 徳島大学教養部が設立される。
1966		41	***4***-*1* 四国女子大学・徳島女子大学が開設される。
1967		42	***1***-*15* 徳島空港ターミナルビルが完成する。
1968		43	***2***- ＮＨＫ徳島放送局，教育テレビ放送を開始する。
1969		44	***10***-*16* 阿南市が公害防止条例を設置する。
1970		45	***2***-*11* 原子力発電所設置反対の海部郡民会議が結成される。
1971		46	***5***-*22* 県営鳴門総合運動公園が開場する。***9***-*12* 県郷土文化会館が開館する。
1972		47	***1***-*15* 国鉄鍛冶屋原線が廃止される。***1***-*25* 鳴門市の全塩田が廃止される。***7***-*1* 吉野川大橋の開通式が行われる。
1973		48	***11***-*10* 早明浦ダムの完工式が行われる。
1974		49	***10***-*9* 三木武夫が内閣総理大臣に就任する。
1975		50	***6***-*18* 住友重機の橘湾立地を断念する。

1976	昭和	51	*7-2* 大鳴門橋の鍬入れ起工式が行われる。
1977		52	*8-27・28* 鳴門市北灘沖に赤潮が異常発生する。
1978		53	***11**-2* 第１回「阿波の狸まつり」が開催される。
1979		54	***3**-30* 刻み煙草製造所の専売公社池田工場が生産を打ち切る。
1980		55	***10**-18* 国道11号吉野川バイパス，55号バイパスの一部供用される。
1981		56	***10**-1* 鳴門教育大学が開学する。
1982		57	***8**-20* 池田高校，第64回全国高等学校野球大会で優勝する。***11**-7* 中曽根内閣が発足し，後藤田正晴が官房長官に就任する。
1983		58	***4**-5* 池田高校，全国選抜高等学校野球大会で優勝する。***10**-1* 徳島駅前再開発ビルが完成する。アミコ・徳島そごうが開店する。***11**-18* 徳島・東京間にジェット機が就航する。
1984		59	*7-2* 後藤田正晴が初代総務庁長官に登用される。
1985		60	***3**-13* 国鉄小松島線が廃止される。***6**-8* 大鳴門橋が開通する。***7**-23* 剣山スーパー林道が開通する。***12**-27* 明石海峡大橋の着工が決定する。
1986		61	***4**-22* 徳島大学教育学部が改組し，総合科学部が発足する。***7**-24* 吉野川北岸農業用水が完成する。***12**-4* 新吉野川大橋が開通する。
1987		62	***6**-25* 徳島空港から初の国際便が香港へ出発する。***11**-6* 四国縦貫自動車道路の起工式が脇町で行われる。
1988		63	***4**-10* 特急うずしおが，徳島・岡山間で運行を開始する。***4**-30* A300型ジェット機が，徳島・東京間に就航する。***11**-15* 三木武夫元首相死去。
1989	平成	1	***4**-26* 徳島空港の新旅客ターミナルビルが完成する。
1990		2	***1**-* 徳島市が計画中の海洋パーク計画を白紙に撤回する。***8**-6* 一番札所霊山寺に「原爆の火」がともる。***11**-3* 文化の森総合公園がオープンする。
1991		3	***4**-20* 美馬郡貞光劇場で，山田洋次映画祭が開かれる。***6**-18* 東四国国体の会期が，日本体育協会国体委員会で正式に決定する。***10**-5* 阿佐東線のレール締結式が開かれる。
1992		4	***3**-15* 板野郡吉野町西条の産業廃棄物中間処理施設建設の反対住民が建設反対同盟を結成する。***9**-15* ＪＲ徳島が，徳島ターミナルビルで新装開業する。***10**-1* 徳島市中央公園内に徳島城博物館が開館する。
1993		5	***9**-5* 第48回国民体育大会東四国国体夏季大会が開催される。***10**-19* 産業観光施設アスティとくしまが開館する。***10**-24* 鳴門総合運動公園陸上競技場において東四国国体秋季大会の開会式が行われる。
1994		6	***3**-17* 四国縦貫自動車道路の藍住町・脇町間が開通する。***6**-1* 沖洲マリンターミナルの完工式が行われる。***9**-4* 関西国際空港と沖洲マリンターミナルを結ぶ高速船が就航する。***10**-1* ＪＡＣによる空路，徳島・福岡線が就航する。
1995		7	***1**-17* 淡路島沖を震源とする阪神・淡路大震災おこる。***3**-4* 橘湾石炭火力発電所の起工式が行われる。***3**-21* 丸新百貨店が60年の幕を閉じ，閉店する。***9**-* 吉野川第十堰建設事業審議委員会を設置する。
1996		8	*7-4* 病原菌大腸菌「O157」を県内ではじめて検出する。***7**-19* 日

		本エアシステムの徳島・札幌便が就航する。***9-18*** 明石海峡大橋で補剛桁の閉合式が行われる。
1997	平成　9	***4-1*** ＪＡＣの徳島・鹿児島線が就航する。***8-20*** 徳島阪神フェリー全廃が決定する。***10-21*** 文化功労賞に，徳島市出身の作家，瀬戸内寂聴が選ばれる。***12-3*** 徳島自動車道，脇町・美馬間が開通する。***12-28*** 徳島市立動物園が40年の歴史に幕を閉じる。
1998	10	***3-20*** 世界初の陶板美術館「大塚国際美術館」が鳴門市に開館する。***4-5*** 明石海峡大橋が開通する。***4-29***「とくしま動物園」が開園する。***7-13*** 第十堰建設事業審議委員会が堰改築計画について，実施することが妥当との結論をだす。***12-22*** 徳島市選挙管理委員会は「第十堰住民投票の会」から提出されていた住民投票条例制定を求める署名数を，有効10万1215人，無効１万7748人と決定。
1999	11	***3-*** 徳島自動車道の美馬・井川池田間が開通する。***6-*** 徳島市議会が第十堰可動堰化計画の賛否を問う住民投票条例案を賛成多数で可決する。***7-***「阿波おどり会館」が開館する。***12-*** 第十堰可動堰化の推進派グループが30万人をこす署名簿と早期着工を求める要望書を中山建設相に提出する。
2000	12	***1-23*** 吉野川の第十堰可動堰化の是非を問う徳島市の住民投票が実施される。***2-*** 徳島・大阪間航路が閉幕する。***3-31*** 徳島自動車道が全通する。***5-19*** 鳴門市鳴門町「根上がり松」が枯死のため国天然記念物の指定を解除される。***8-28*** 文学館・書道美術館の起工式が行われる。
2001	13	***1-29*** 板野郡藍住町の勝瑞城館跡が国史跡となる。***3-6*** 徳島市国府町観音寺遺跡から奈良時代の木簡が出土する。***4-28*** 池田高校元野球部監督の蔦文也が死去。***7-1*** 板野郡板野町那東の体験型公園「あすたむらんど徳島」がオープンする。***8-5*** 徳島空港の拡張・周辺整備事業工事がはじまる。***9-16*** 県知事選が投開票され，無所属で現職の圓藤寿穂が無所属新人の太田正との接戦を制し，３選を果たす。
2002	14	***1-7*** 開設40年余の空路，徳島・大阪線が廃止される。***1-31*** 徳島・和歌山を結ぶ高速船「南海シャトルライン」が，18年間の航路を終える。***4-14*** 阿波人形浄瑠璃の人形師・天狗久(1858-1943年)の工房跡・天狗屋を改修した徳島市天狗久資料館が開館。***4-28*** 汚職事件で逮捕・起訴された圓藤寿穂前徳島県知事の辞職に伴う出直し知事選が行われ，太田正が初当選する。***6-21*** 徳島市内の興源寺と石年山にある蜂須賀家墓所が国史跡となる。***10-26*** 徳島ゆかりの作家・書家の作品を収集した県立文学書道館が開館。
2003	15	***4-25*** 徳島・東京間にスカイマークエアラインズが就航。***5-18*** 県議会から不信任された前知事の失職に伴う徳島県知事選挙が投開票され，無所属新人の飯泉嘉門が初当選する。***10-18*** ねんりんピック徳島2003が開幕し，大会には全国から60歳以上の選手団約8300人が参加。***12-6*** 吉野川河口に建設される東環状大橋の起工式が行われる。
2004	16	***6-6*** 白人神社境内にある上那賀町拝宮の拝宮農村舞台で，半世紀ぶりに人形浄瑠璃公演が復活する。***10-1*** 平成の大合併により，吉野川市が誕生する。***10-24*** 全国育樹祭の本県開催。***12-6***「徳島ヴォル

		ティス」Jリーグ2部(J2)入りを果たす。
2005	平成　17	***2-11*** 三野・池田・山城・井川・東祖谷山・西祖谷山6町村による新自治体「三好市」の設置議案が6町村議会の臨時会で可決される。***3-1*** 脇町・美馬町・穴吹町・木屋平村が合併し，美馬市となる。貞光町・半田町・一宇村が合併し，つるぎ町となる。鷲敷町・相生町・上那賀町・木沢村・木頭村が合併し，那賀町となる。***4-1*** 阿波町・市場町・土成町・吉野町が合併し，阿波市となる。***10-28*** 東祖谷山村落合の村落集落が，国の「重要伝統的建造物群保存地区」(重伝建)に選定されることが決定する。***11-18***「徳島城跡」が国史跡に指定されることが決定する。
2006	18	***2-28*** 07年1月1日から住所表示に，吉野・土成・市場・阿波の旧町名や旧市場町の一部の旧大字名を掲載することが無記名投票による採決の結果，賛成多数で可決される。***3-*** 三野町・池田町・井川町・山城町・東祖谷山村・西祖谷山村が合併し三好市が発足。三好町・三加茂町が合併し東みよし町が発足（1日)。那賀川町・羽ノ浦町が阿南市に合併（20日)。由岐町・日和佐町が合併し美波町が発足。海南町・海部町・宍喰町が合併し海陽町が発足。これにより旧合併特例法に基づく合併は終了し，県内は50市町村から24市町村に再編される(31日)。***3-29*** 徳島市国府町観音寺遺跡から「勘籍(かんじゃく)」を記した8世紀半ばの木簡が出土。***11-3*** 徳島市出身の作家・瀬戸内寂聴が文化勲章受章。

■ 沿　革　表

1．国・郡沿革表

（2014年 8 月 1 日現在）

国名	延喜式	吾妻鏡その他	郡名考・天保郷帳	郡区編成	現在 郡	現在 市
阿波	阿《あ》　波《は》	阿　波	阿《あ》　波《は》	阿　波		阿波市
	板《いた》　野《の》	板東 板西　板野	板《いた》　野《の》	板　野	板野郡	鳴門市
	名《な》　東《ひむかし》	名　東	名《めう》　東《どう》	名　東	名東《みょうどう》郡	徳島市
	名《な》　西《にし》	名　西	名《めう》　西《ざい》	名　西	名西《みょうざい》郡	
	勝《かつ》　浦《ら》	勝　浦	勝《かつ》　浦《ら》	勝　浦	勝浦《かつうら》郡	小松島市
	那《な》　賀《か》	那賀　那東 那西	那《な》　賀《か》	那　賀	那賀郡	阿南市
		海　部	海《かい》　部《ふ》	海　部	海部《かいふ》郡	
	麻《を》　殖《え》	麻　殖 麻　植	麻《を》　埴《え》 麻　植	麻　殖		吉野川市
	美《み》　馬《ま》	美　馬	美《み》　馬《ま》	美　馬	美馬郡	美馬市
	三《み》　好《よし》	三　好	三《み》　好《よし》	三　好	三好郡	三好市

2．市・郡沿革表

（2014年 8 月 1 日現在）

徳《とく》　島《しま》　市

明治22年10月 1 日　市制施行
大正15年 4 月 1 日　名東《みょうどう》郡斎津村《さいつそん》を編入，名東郡沖洲《おきのす》村を編入
昭和 3 年10月 1 日　板野《いたの》郡川内村《かわうちそん》のうち，金沢《かなざわ》・別宮浦《べっくうら》・向別宮《むこうべっく》を編入
昭和12年 4 月 1 日　名東郡八万村《はちまんそん》・加茂名《かもな》町（大正 4 年11月10日，町制施行）編入
昭和12年10月 1 日　名東郡加茂《かも》町（昭和 8 年 4 月 1 日，町制施行）編入
昭和26年 4 月 1 日　勝浦《かつうら》郡多家良村《たからそん》・勝占《かつうら》村編入
昭和30年 1 月 1 日　名東郡新居《にい》町（昭和27年 1 月 1 日，町制施行）・名西《みょうざい》郡入田《にゅうた》村（矢野《やの》地区を除く）編入
昭和30年 2 月11日　名東郡上八万村《かみはちまんそん》を編入

昭和30年３月31日　板野郡川内村を編入
昭和41年10月１日　板野郡応神村《おうじんそん》を編入
昭和42年１月１日　名東郡国府《こくふ》町(明治41年，町制施行。昭和30年１月１日入田村の一部，同年２月北井上《きたいのうえ》村・南《みなみ》井上村を合併，合併各村の旧大字のうち入田村矢野を西矢野と改称，計14字を加える)を編入。昭和58年２月28日，国府町竜王の一部を編入

鳴《なる》門《と》市

明治22年10月１日　町制施行，撫養《むや》町となる
昭和22年３月15日　撫養町・里浦《さとうら》村・鳴門町(昭和15年４月１日，町制施行)・瀬戸《せと》町(昭和３年11月１日，町制施行)合併，市制施行，鳴南《めいなん》市となる
昭和22年５月15日　鳴門市と改称
昭和30年２月11日　板野郡大津村《おおつそん》を編入
昭和31年９月30日　板野郡北灘村《きたなだそん》を編入
昭和42年１月１日　板野郡大麻《おおあさ》町(堀江《ほりえ》町と板東《ばんどう》町が合併し，昭和34年４月１日，町制施行)を編入

小《こ》松《まつ》島《しま》市

明治40年11月１日　小松島町制施行
昭和26年４月１日　那賀《なか》郡立江《たつえ》町と合併
昭和26年６月１日　市制施行
昭和31年９月30日　那賀郡坂野《さかの》町(昭和15年４月１日，町制施行)を編入

阿《あ》南《なん》市

昭和29年３月31日　中野島《なかのしま》村・富岡《とみおか》町(昭和38年10月10日，町制施行)・宝田《たからだ》村・長生《ながいけ》村・大野《おおの》村合併，富岡町となる
昭和30年１月１日　那賀郡加茂谷村《かもだにそん》を編入
昭和30年３月16日　那賀郡見能林村《みのばやしそん》を編入
昭和30年４月15日　那賀郡桑野《くわの》町(昭和15年２月11日，町制施行)を編入
昭和33年５月１日　富岡町・橘《たちばな》町(昭和30年，新野《あらたの》町・椿《つばき》町・福井《ふくい》村を合併し，大字なしの旧橘町域のほか合併各町村の旧大字を継承した７大字と椿泊《つばきどまり》から独立した伊島《いしま》を加え，８大字を編成)合併，市制施行，阿南市となる
平成18年３月20日　那賀川《なかがわ》町(昭和31年９月30日，今津《いまづ》村・平島《ひらじま》村合併，町制施行)・羽ノ《はの》浦《うら》町(昭和29年３月31日，大野《おおの》村下《しも》大野字明見《みょうけん》を編入，町制施行)を編入

吉《よし》野《の》川《がわ》市

平成16年10月１日　麻植《おえ》郡鴨島《かもじま》町(昭和29年３月20日，板野郡一条《いちじょう》町先須賀《さきすが》・四ツ屋《よつや》を牛《うし》島《じま》村へ編入。昭和29年３月31日，牛島村・森山《もりやま》村・西尾《にしお》村・鴨島町〈明治41年７月20日，町制施行〉合併，鴨島町を称す。昭和30年１月１日，東山《ひがしやま》村大字樋山地《ひやまじ》を編入。昭和32年３月31日，阿波《あわ》郡柿島村《かきしまそん》字知恵島《ちえじま》を編入，町制施行)・麻植郡川島《かわしま》町(昭和30年２月11日，川島町〈明治40年10月１日，町制施行〉・学島《がくしま》村合併，

町制施行)・麻植郡山川町《やまかわ》(昭和30年1月1日，山瀬町《やませ》〈大正15年5月5日，町制施行〉・川田町《かわた》〈昭和3年11月10日，町制施行〉・三山村《みやま》の一部を除く区域合併，町制施行)・麻植郡美郷村《みさとそん》(昭和30年1月1日，東山村《ひがしやま》・中枝村《なかえだ》〈大字中村山《なかむらやま》の一部を除く〉・三山村の一部合併，村制施行)合併，吉野川市となる

美《み》馬《ま》市

平成17年3月1日　美馬郡脇町《わき》(昭和33年3月31日，脇町・江原町《えはら》〈昭和3年11月3日，町制施行〉・岩倉町《いわくら》〈昭和26年11月3日，町制施行〉合併，町制施行)・美馬郡美馬町《みま》(昭和32年3月31日，郡里町《こうざと》〈昭和15年12月10日，町制施行〉・重清村《しげきよ》合併，町制施行)・美馬郡穴吹町《あなぶき》(昭和30年3月31日，穴吹町〈大正13年1月26日，町制施行〉・口山村《くちやま》・古宮村《ふるみや》〈昭和2年6月1日，村制施行〉・三島村《みしま》合併，町制施行)・美馬郡木屋平村《こやだいらそん》(明治22年4月1日，川井《かわい》・三ツ木《みつぎ》・木屋平3カ村が合併して麻植郡木屋平村となる。昭和30年1月1日，麻植郡中枝村大字中村山字二戸《にのへ》・南《みなみ》二戸・今丸《いままる》・東野々脇《ひがしののわき》・西《にし》野々脇・木中《きなか》を編入。昭和48年7月1日，麻植郡をはなれ，美馬郡へ編入，村制施行)合併，美馬市となる

阿《あ》波《わ》市

平成17年4月1日　板野郡吉野町《よしの》(昭和32年3月31日，一条町〈大正12年2月9日，町制施行。昭和29年3月20日，大字西条《さいじょう》字先須賀・四ツ屋を分離，麻植郡牛島村へ編入〉・阿波郡柿島村〈大字知恵島を除く〉合併，町制施行)・板野郡土成町《どなり》(昭和30年3月31日，板野郡御所村《ごしょ》・阿波郡土成村《どなりそん》合併，板野郡に編入，町制施行)・阿波郡市場町《いちば》(昭和30年3月31日，市場町〈明治40年11月1日，町制施行〉・大俣《おおまた》村・八幡町《やわた》〈明治41年7月20日，町制施行〉合併，町制施行)・阿波郡阿波町《あわ》(昭和30年3月31日，久勝町《ひさかつ》〈昭和26年11月3日，町制施行〉・伊沢村《いさわ》・林町《はやし》〈昭和3年11月10日，町制施行〉合併，町制施行)合併，阿波市となる

三《み》好《よし》市

平成18年3月1日　三野町《みの》(大正13年1月26日，町制施行)・池田町《いけだ》(昭和31年9月30日，箸蔵村《はしくら》編入。昭和34年3月31日，池田町〈明治38年10月1日，町制施行〉・三縄《みなわ》村・佐馬地村《さまち》合併)・山城町《やましろ》(昭和31年9月30日，山城谷村《やましろだに》・三名村《さんみょう》合併，町制施行)・井川町《いかわ》(昭和34年4月1日，辻町《つじ》〈明治40年11月1日，町制施行〉・井内谷《いうちだに》村合併)・東祖谷山村《ひがしいややまそん》(明治22年4月1日，村制施行。昭和25年1月1日，美馬郡をはなれ，三好郡へ編入)・西《にし》祖谷山村(明治22年4月1日，村制施行。昭和25年1月1日，美馬郡をはなれ，三好郡へ編入)合併，三好市となる

勝《かつ》浦《うら》郡

勝浦町《かつうらちょう》　昭和30年3月31日　生比奈村《いくひな》・横瀬町《よこせ》合併，勝浦町となる
上勝町《かみかつちょう》　昭和30年7月20日　高鉾村《たかほこ》・福原村《ふくはら》合併，上勝町となる
多家良村《たからそん》　昭和26年4月1日　徳島市へ編入
勝占村《かつうらそん》　昭和26年4月1日　徳島市へ編入

名《みょう》東《どう》郡

佐那河内村《さなごうちそん》　明治22年　上《かみ》佐那河内村・下《しも》佐那河内村合併

斎《さい》津《つ》村《そん》　大正15年4月1日　徳島市へ編入

沖洲《おきのす》村《そん》　大正15年4月1日　徳島市へ編入

八《はち》万《まん》村《そん》　昭和12年4月1日　徳島市へ編入

加茂名町《かもみょうちょう》　昭和12年4月1日　徳島市へ編入

加《か》茂《も》町《ちょう》　昭和12年10月1日　徳島市へ編入

新《に》居《い》町《ちょう》　昭和30年1月1日　徳島市へ編入

上八万村《かみはちまんそん》　昭和30年2月11日　徳島市へ編入

国《こく》府《ふ》町《ちょう》　昭和42年1月1日　徳島市へ編入

名《みょう》西《ざい》郡

石《いし》井《い》町《ちょう》　昭和30年3月31日　石井町(明治40年11月1日，町制施行)・浦庄《うらしょう》村・高原《たかはら》村・高川原《たかがわら》村・藍畑《あいはた》村合併，石井町となる

神《かみ》山《やま》町《ちょう》　昭和30年3月31日　阿野《あの》村・鬼籠野《おろの》村・神領《じんりょう》村・下分上山《しもぶんかみやま》村・上《かみ》分上山村合併，神山町となる

那《な》賀《か》郡

那賀川町《なかがわちょう》　平成18年3月20日　阿南市へ編入

羽ノ浦町《はのうらちょう》　平成18年3月20日　阿南市へ編入

加茂谷村《かもだにそん》　昭和30年1月1日　阿南市へ編入

見能林村《みのばやしそん》　昭和30年3月16日　阿南市へ編入

桑《くわ》野《の》町《ちょう》　昭和30年4月15日　阿南市へ編入

中木頭村《なかきとうそん》　昭和26年1月1日　平谷《ひらだに》村に変更，那賀郡へ編入。平成17年3月1日，那賀町と合併

立《たつ》江《え》町《ちょう》　昭和26年4月1日　小松島町と合併

坂《さか》野《の》町《ちょう》　昭和31年9月30日　小松島市へ編入

那《な》賀《か》町《ちょう》　平成17年3月1日　鷲敷《わじき》町(明治40年7月20日，町制施行)・相生《あいおい》町(昭和31年9月30日，日野谷《ひのたに》村・延野《のぶの》村・相生《あいおい》村合併，町制施行)・上那賀《かみなか》町(昭和26年1月1日，海部《かいふ》郡中木頭《なかきとう》村を平谷村に変更，那賀郡に編入。昭和31年9月30日，宮浜《みやはま》村・平谷村合併，上那賀村となる。昭和32年1月1日，上《かみ》木頭村大字海川《かいかわ》を編入，町制施行)・木沢《きさわ》村(昭和30年4月10日，坂州《さかしゅう》村〈昭和18年11月1日，村制施行〉・沢谷《さわだに》村合併，村制施行)・木頭《きとう》村(昭和32年1月1日，木頭村〈昭和8年1月1日，村制施行〉・上木頭村〈大字海川を除く〉合併，村制施行)合併，那賀町となる

海《かい》部《ふ》郡

美《み》波《なみ》町《ちょう》　平成18年3月31日　由岐《ゆき》町(昭和30年2月11日，阿部《あぶ》村を三岐田《みきた》町へ編入，町制施行)・日和佐《ひわさ》町(昭和23年6月1日，赤河内《あかがわち》村大字北《きた》河内字田井《たい》の境界変更。昭和31年9月30日，赤河内村を合併編入，町制施行)合併，美波町となる

牟《む》岐《ぎ》町《ちょう》　大正４年11月10日　町制施行
海《かい》陽《よう》町《ちょう》　平成18年３月31日　海南町《かいなん》(昭和30年３月31日，浅川村《あさかわ》・川東村《かわひがし》・川上村《かわかみ》合併，町制施行)・海部町《かいふ》(昭和30年３月31日，鞆奥町《ともおく》〈大正12年１月１日，町制施行〉・川西村《かわにし》合併，町制施行)・宍喰町《ししくい》(大正13年８月10日，町制施行)合併，海陽町となる

板《いた》野《の》郡

松《まつ》茂《しげ》町《ちょう》　昭和36年８月１日　町制施行
北《きた》島《じま》町《ちょう》　昭和15年２月11日　町制施行
藍《あい》住《ずみ》町《ちょう》　昭和30年４月29日　藍園村《あいぞの》(昭和23年４月１日，名東郡北井上村東《ひがし》黒《くろ》田《だ》字小《こ》塚《つか》・祖《う》母《ば》ヶ《が》島《じま》を編入)・住吉村《すみよし》合併
板《いた》野《の》町《ちょう》　昭和30年２月11日　板西町《ばんざい》(明治41年７月29日，町制施行)・松坂村《まつさか》・栄《さかえ》村合併
上《かみ》板《いた》町《ちょう》　昭和30年３月31日　松島町《まつしま》(昭和22年11月３日，町制施行)・大山村《おおやま》・名西郡高《たか》志《し》村合併
吉《よし》野《の》町《ちょう》　平成17年４月１日　合併し，阿波市となる
土《ど》成《なり》町《ちょう》　平成17年４月１日　合併し，阿波市となる
大《おお》津《つ》村《そん》　昭和30年２月11日　鳴門市へ編入
北《きた》灘《なだ》村《そん》　昭和31年９月30日　鳴門市へ編入
大《おお》麻《あさ》町《ちょう》　昭和42年１月１日　鳴門市へ編入
応《おう》神《じん》村《そん》　昭和41年10月１日　徳島市へ編入
川《かわ》内《うち》村《そん》　昭和３年10月１日　一部徳島市へ編入
　　　　昭和30年３月31日　徳島市へ編入

阿《あ》波《わ》郡

市《いち》場《ば》町《ちょう》　平成17年４月１日　合併し，阿波市となる
阿《あ》波《わ》町《ちょう》　平成17年４月１日　合併し，阿波市となる
柿《かき》島《しま》村《そん》　昭和32年３月31日　大字知恵島を除く一部・一条町合併，吉野町となる。平成17年４月１日合併し，阿波市となる。大字知恵島は麻植郡鴨島町へ編入，平成16年10月１日合併し，吉野川市となる
土《ど》成《なり》村《そん》　平成17年４月１日　合併し，阿波市となる

麻《お》植《え》郡

鴨《かも》島《じま》町《ちょう》　平成16年10月１日　合併し，吉野川市となる
川《かわ》島《しま》町《ちょう》　平成16年10月１日　合併し，吉野川市となる
山《やま》川《かわ》町《ちょう》　平成16年10月１日　合併し，吉野川市となる
美《み》郷《さと》村《そん》　平成16年10月１日　合併し，吉野川市となる

美《み》馬《ま》郡

脇《わき》町《ちょう》　平成17年３月１日　合併し，美馬市となる
美《み》馬《ま》町《ちょう》　平成17年３月１日　合併し，美馬市となる

穴《あな》吹《ぶき》町《ちょう》　平成17年３月１日　合併し，美馬市となる
木屋平村《こやだいらそん》　平成17年３月１日　合併し，美馬市となる
つるぎ町《ちょう》　平成17年３月１日　半田《はんだ》町(昭和31年９月30日，半田町〈大正15年11月３日，町制施行〉・八千代《やちよ》村〈大正６年７月４日，村制施行〉合併，町制施行)・貞光《さだみつ》町(昭和31年９月30日，貞光町〈明治40年11月１日，町制施行〉・端山《はばやま》村合併，町制施行)・一宇《いちう》村(明治22年４月１日，村制施行)合併，つるぎ町となる

三《み》好《よし》郡
三《み》野《の》町《ちょう》　平成18年３月１日　合併し，三好市となる
池《いけ》田《だ》町《ちょう》　平成18年３月１日　合併し，三好市となる
山《やま》城《しろ》町《ちょう》　平成18年３月１日　合併し，三好市となる
井《い》川《かわ》町《ちょう》　平成18年３月１日　合併し，三好市となる
東祖谷山村《ひがしいややまそん》　平成18年３月１日　合併し，三好市となる
西祖谷山村《にしいややまそん》　平成18年３月１日　合併し，三好市となる
東《ひがし》みよし町《ちょう》　平成18年３月１日　三好《みよし》町(昭和30年３月21日，昼間《ひるま》町〈大正14年10月１日，町制施行〉・足代《あしろ》村合併)・三加茂《みかも》町(昭和34年３月31日，加茂《かも》町〈昭和26年11月３日，町制施行〉・三庄《さんしょう》村合併)合併，東みよし町となる

■ 祭礼・行事

(2014年8月1日現在)

〔1月〕

1　**天《あま》の岩戸神楽《いわとかぐら》**　➔美馬《みま》郡つるぎ町・松尾神社《まつおじんじゃ》(JR徳島線貞光《さだみつ》駅下車)

除夜《じょや》の鐘《かね》とともに，神々に扮《ふん》した若者が，剣《つるぎ》や榊《さかき》をもって神楽を舞い，岩戸のなかにかくれた天照大神《あまてらすおおみかみ》を外にさそいだす岩戸開きの舞いでおわる。神々の踊りに参拝人は，賽銭《さいせん》を投げいれる。

9～11　**えびす祭**　➔徳島市通《とおり》町・事代主《ことしろぬし》神社(JR徳島駅下車)

9日が宵《よい》えびす，10日が本《ほん》えびす，11日が残りえびすである。通称〝おいべっさん〟とよばれ，毎年，商売繁盛を祈願する人びとで賑《にぎ》わう。福あめなどの屋台店《やたいみせ》や植木市《うえきいち》も開かれる。

15　**左義長《さぎちょう》**　➔海部《かいふ》郡内一帯(JR牟岐《むぎ》線各駅下車)

正月にかざった門松《かどまつ》・注連縄《しめなわ》などをまとめて焼く，送り正月の行事。海部郡一円，とくに牟岐町・海陽《かいよう》町の海辺で盛大に行われている。1年の豊漁《ほうりょう》や無病息災《むびょうそくさい》を願う。この残り火で餅《もち》を焼いて食べると健康になるという。

第三日曜　**大山寺《だいさんじ》の力餅**　➔板野《いたの》郡上板《かみいた》町大山畑《おおやまはたけ》・大山寺(JR高徳《こうとく》線板野駅下車，車で30～40分)

大山寺は，阿波西国《あわさいごく》三十三カ所の第25番札所《ふだしょ》。「力餅」は，寺の信者《しんじゃ》からもちまわりで寄進《きしん》されたものである。寺の初会式法要《はつえしきほうよう》にそなえる紅白の大鏡《おおかがみ》餅《もち》を三方《さんぽう》ごとかかえて歩き，その距離をきそう。戦国《せんごく》時代にはじまったとされる。

〔2月〕

3　**神火大祭《しんかたいさい》**　➔鳴門《なると》市大麻《おおあさ》町・大麻比古《ひこ》神社(JR高徳線板東《ばんどう》駅下車)

阿波一宮《いちのみや》大麻比古神社での節分《せつぶん》行事。本殿《ほんでん》で切火《きりび》した浄火《じょうか》で土竈《つちかまど》のたき木に火がかけられると，神官が祈禱木《きとうぎ》を神火のなかに投げこむ。神火の前では，久米舞《くめまい》や宇豆売《うずめ》舞が奉納される。参拝人は，1年間の無病息災を祈る。

11・12　**薬王寺《やくおうじ》初会式**　➔海部郡美波《みなみ》町・薬王寺(JR牟岐線日和佐駅下車)

本尊薬師如来《やくしにょらい》の縁日《えんにち》，2月11・12日の初会式は，女33歳，男42歳の厄年《やくどし》を迎えた人びとが厄流《やくなが》しのために集まる。境内《けいだい》の護摩堂《ごまどう》では，12日に大般若《だいはん》経《にゃきょう》転読《てんどく》と大護摩《おおごま》法要が行われる。

〔3月〕

春分の日　**砂灸《すなきゅう》**　➔徳島市上八万《かみはちまん》町田中・勝野《かつの》家(JR徳島駅より徳島市営バス一宮《いちのみや》または入田《にゅうた》行き田中下車)

砂のうえに足跡をつけ，お灸《きゅう》をすえてもらうと万病《まんびょう》にきくとされる行事が勝野家で行われる。当日は，無病息災を願う老若男女で賑わう。弘法大師《こうぼうだいし》の門弟《もんてい》に一夜の宿を提供したお礼に伝授されたことからはじまるといわれている。秋分の日にも行われている。

3月～4月　**紀州接待講《きしゅうせったいこう》**　➔海部郡美波町・薬王寺(JR牟岐線日和佐駅下車)

四国霊場《れいじょう》第23番，薬王寺では，天明《てんめい》5 (1785)年，紀州藩主の命により物資を薬王寺に送り，開祖《かいそ》弘法大師の霊前《れいぜん》で遍路《へんろ》の労をねぎらう接待がはじめられた。3月下旬になると信者たちが和歌山からやってきて接待にあたる。

〔4月〕

3日　**毘沙門天大祭**《びしゃもんてん》　➔美馬《みま》市脇町《わきまち》大字猪尻《いのしり》字西上野・最明寺《さいみょうじ》(JR徳島線穴吹《あなぶき》駅より町営バスまたは徳島西部交通バス八幡《はちまん》神社下下車)

真言宗《しんごん》大覚寺《だいかくじ》派準別格本山《じゅんべっかくほんざん》の最明寺で，国指定重要文化財毘沙門天立像《りゅうぞう》の御開帳《ごかいちょう》と力餅競技などが行われる。

最初の大安　**漁《りょう》祭り**　➔小松島《こまつしま》市和田島《わだじま》町(JR牟岐線赤石《あかいし》駅より小松島市営バス和田島行和田島駅下車)

1年の豊漁と海上安全を祈願する祭り。人形遣《にんぎょうづか》いが恵比須《えびす》・庄屋《しょうや》など5体の人形をもち，太鼓《たいこ》を打ちながら海へいき，浜や港をまわり，海にむけて恵比須舞《まい》を披露《ひろう》する。

第4日曜　**大滝寺《おおたきじ》柴灯護摩《さいとうごま》**　➔美馬市脇町大滝山(JR徳島線穴吹駅よりJRバス脇町下車，車で約30分)

別格霊場第20番(結願寺《けちがんじ》)大滝寺で，聖宝尊師《しょうぼうそんし》が厄除《やくよ》け流《なが》しの大護摩を修して以来，今日に伝わる。

〔5月〕

3～5　**やねこじき**　➔阿波市町筋(JR徳島線学《がく》駅下車，車で20分)

慶長《けいちょう》9 (1604)年，市場町に立ちよった藩主を歓迎するために，村人たちがワラでつくった人形を家の屋根にかざったことが起源とされ，400年の歴史をもつ。3日には，蜂須賀侯巡行《はちすかこうじゅんこう》を擬した大名行列《だいみょうぎょうれつ》が行われる。

〔6月〕

旧暦25　**神代踊り**《じんだいおど》　➔三好《みよし》市西祖谷山村善徳天満宮《にしいややまそんぜんとくてんまんぐう》(JR土讃線大歩危《おおぼけ》駅より路線バスかずら橋下車)

仁和《にんな》4 (888)年に讃岐守《さぬきのかみ》在任中の菅原道真《すがわらのみちざね》が，讃岐滝《たき》の宮《みや》で雨乞《あまご》い祈願したのが祖谷に伝わったものといわれている。バヤという長いムチで大太鼓《おおだいこ》を打ちながら，花踊り・韮《にら》踊りなどの歌をうたい，天満神社に奉納する。国指定重要民俗文化財。

最終土曜日　**五九郎《ごくろう》まつり**　➔吉野川《よしのがわ》市鴨島《かもじま》町JR鴨島駅前中央通り(JR徳島線鴨島駅下車)

麻植《おえ》郡鴨島町上下島《じょうげじま》出身で，明治～昭和の喜劇俳優，曽我廼家《そがのや》五九郎(本名・武智故平《たけちこへい》)をしのんで行われる祭り。五九郎出演の映画にちなんだ〝ノンキナトウサン〟に扮して五九郎音頭《おんど》踊りが踊られる。

〔7月〕

上旬　**天神祭**《てんじんさい》　➔徳島市新町橋《しんまちばし》・天神社(JR徳島駅下車)

新町川《しんまちがわ》では，神輿船《みこしぶね》や神楽船・本部《ほんぶ》船・やぐら船・舞踊《ぶよう》船・芸妓《げいぎ》船・供養《くよう》船などの船団による川渡御《かわとぎょ》が行われている。

15・16　**剣山《つるぎさん》の夏祭り**　➔美馬市木屋平《こやだいら》(JR徳島線貞光駅より四国交通バス一《いち》

宇八千代《うやちよ》線つづろお堂下車，車で約30分）

剣山は，西日本第二の高峰《こうほう》で修験《しゅげん》の聖山《せいざん》として知られる。15日は，竜光寺《りゅうこうじ》本坊《ほんぼう》前にて，ほら貝の音を合図に，柴灯大護摩が行われる。16日には，神楽神事が行われる。竜光寺のほかに，剣山本宮《ほんぐう》と剣神社が17日，円福寺《えんぷくじ》が旧暦6月15日に行われる。

16・17　**祇園《ぎおん》まつり**　➔海部郡海陽町・八坂《やさか》神社周辺(阿佐《あさ》海岸鉄道宍喰駅下車)

地元では，日本三大祇園の一つといわれている。16日の宵宮《よいみや》で山鉾《やまほこ》・ダンジリ・関船《せきぶね》を曳《ひ》きだし，飾りつけをし，17日の本祭りにて，「御浜出《おはまだし》」を行う。白粉《しろこ》と頬紅《ほおべに》を塗り，女性の着物を着た若者たちが綱《つな》を引く。

〔8月〕

12～15　**阿波《あわ》おどり**　➔徳島市(JR徳島駅下車)

藩政《はんせい》時代から踊りつがれてきたもので，約400年の伝統をもつ。築城《ちくじょう》起源説・風流《ふりゅう》踊り起源説・盆《ぼん》踊り起源説などの説がある。毎夏200以上の連《れん》と踊り子が県下ばかりか全国から集まり，市街地一円に乱舞絵巻《らんぶえまき》を展開する。

12～16　**牟岐の慰霊《いれい》踊り**　➔海部郡牟岐町(JR牟岐線牟岐駅下車)

拍子木《ひょうしぎ》と三味線《しゃみせん》と牟岐音頭にあわせて踊る慰霊踊り。踊る姿が幽霊《ゆうれい》に似ているので，幽霊踊り・辻《つじ》踊りともよばれる。現在は，満徳寺《まんとくじ》境内・東浦・清水・内妻《うちづま》などで行われている。

中旬　**鉦《かね》踊り**　➔三好市山城《やましろ》町(JR土讃線阿波川口駅下車)

小念仏《しょうねんぶつ》をとなえながら太鼓を打ちならし，輪《わ》になって踊る。粟山《あわやま》の大西《おおにし》神社(15日)・寺野《てらの》の阿弥陀堂《あみだどう》(16日)・信正《のぶまさ》の阿弥陀堂・大師堂《だいしどう》(16日・23日)・茂地《もじ》の御崎《みさき》神社(最後の日曜)でそれぞれ，神仏への報恩《ほうおん》・五穀豊穣《ごこくほうじょう》などを祈願する。県無形民俗文化財。

21　**曽我氏神社《そがうじがみしゃ》の神《かみ》踊り**　➔名西《みょうざい》郡石井《いしい》町城之内《じょうのうち》・曽我氏神社(JR徳島線石井駅下車)

曽我氏神社には，日本三代仇討《あだうち》で有名な曽我兄弟にまつわる伝説があり，寛永《かんえい》3(1626)年7月21日(旧暦)創建以来，毎年神踊りを奉納。音頭にあわせて子どもたちが小太鼓を打ち鳴らしながら足並みをそろえて踊る。

〔9月〕

14～16　**西由岐《にしゆき》本祭り**　➔海部郡美波町・西由岐八幡《はちまん》神社(JR牟岐線由岐駅下車)

13日，秋祭りの精進入《じょうじり》の夜「御派家《おはけ》」とよばれる神事《しんじ》がある。14日の宵宮には，明治28(1895)年につくられた関船が神社からお旅所《たびしょ》まで引きだされる。15日には，氏子《うじこ》の家を訪ねる神輿《みこし》が神社を出発し，16日夕方に戻る。

〔10月〕

13　**お御供《ごく》**　➔鳴門市撫養《むや》町・宇佐八幡《うさはちまん》神社(JR鳴門線鳴門駅下車)

13日の精進入の夜に行われる男子禁制の神事。女性たちは，神殿《しんでん》に鏡餅と白むしの米をそなえ，拝殿《はいでん》で待つ男性よりもさきに拝殿をでる。元禄《げんろく》2(1689)年からはじめられたといわれる。県無形民俗文化財。

15　**神送《かみおく》り神事**　➔三好郡東みよし町加茂・鴨《かも》神社(ＪＲ徳島線阿波加茂駅下車)
神社に伝わる秘歌を神主が古式にのっとり3本の割り箸でかわらけをたたきながらうたう。京都の上賀茂《かみがも》神社とこの神社のみに伝えられる神事という。翌朝，当家の主人はかわらけの一つを屋根裏に差しこみ，火除《ひよ》けとする。

第三土曜・日曜　**天王社稚児三番叟《てんのうしゃちごさんばそう》**　➔小松島市田浦《たうら》町天王社(JR牟岐線中田《ちゅうでん》駅または南小松島駅下車)
室町《むろまち》時代末期から伝わる式《しき》三番叟は，3〜6歳の幼児3人によって舞われるため稚児三番叟という。謡曲《ようきょく》「翁《おきな》」を原形とし，天下泰平《てんかたいへい》・国土安穏《こくどあんのん》・五穀豊穣などを願う。県指定無形民俗文化財。

第三日曜　**牟岐八幡《はちまん》神社の秋祭り**　➔海部郡海陽町大里《おおざと》・八幡神社(JR牟岐線阿波海南駅下車)
例祭は，10月1日が宵宮，10月2日が本祭となっており，関船や太鼓台の巡行のほか，舎人《とねり》による「ハナアゲ式」「曲がりの神供《じんく》」などの神事が行われる。

第三日曜　**たたら音頭**　➔小松島市田浦町日吉《ひよし》神社(JR牟岐線南小松島駅より小松島市営バス田浦行田浦下車)
江戸時代，神社の釣鐘《つりがね》や神馬《しんめ》などを奉納するとき，鋳造《ちゅうぞう》のために銅をとかす大きなふいごをふむのにあわせて歌や踊りを踊ったのが始まり。県指定無形民俗文化財。

〔11月〕

3　**阿波人形浄瑠璃《にんぎょうじょうるり》(犬飼《いぬがい》の農村舞台《のうそんぶたい》)**　➔徳島市八多《はた》町・五王《ごおう》神社(JR徳島駅より徳島市営バス五滝行終点下車)
五穀豊穣・家内安全を祈願して，「傾城《けいせい》阿波の鳴門」「絵本太功記《えほんたいこうき》」などの人形浄瑠璃が上演される。県指定有形民俗文化財。この農村舞台は，明治6(1873)年の棟札《むなふだ》をもっており，国指定重要有形民俗文化財になっている。

5　**葛城《かつらぎ》神社秋祭り**　➔鳴門市北灘《きたなだ》町粟田《あわた》・葛城神社(JR鳴門線鳴門駅より鳴門市市営バス折野《おりの》または引田《ひけた》行葛城口下車)
祭りのよび物は，奴《やっこ》行列の「お練《ね》り」である。構成は，天狗《てんぐ》1・毛槍《けやり》4・長柄傘《ながえがさ》4・挟《はさ》み箱4・しんねり2・鳥毛《とりげ》2・拍子木2。本殿前では，青年による獅子舞《ししまい》が披露される。「お練り」は，約350年の伝統をもつといわれる。

第二日曜　**轟《とどろき》神社の秋祭り**　➔海部郡海陽町平井《ひらい》・轟神社(JR牟岐線阿波海南駅よりバス轟行轟神社下車)
轟神社の御神体《ごしんたい》は轟の滝で，通称王余魚《かれい》滝とよばれる。轟の滝は，九十九《つくも》滝ともよばれ，無数にある滝の総称のこと。参籠潔斎《さんろうけっさい》した若者たちは，かわるがわる滝壺《つぼ》にはいり，夜の水行《みずぎょう》を行う。神輿が140段の石段を走りおり，滝壺に飛びこむことで，神と人が一体となるお滝入りが行われる。夏祭りは旧暦6月13日。

22〜24　**投《な》げ銭供養《せんくよう》**　➔海部郡上灘《かみなだ》地方　真言宗11カ寺(JR牟岐線由岐駅または日和佐駅下車)

各寺の住職が高野山奥《こうやさんおく》の院《いん》から運ばれた灯明《とうみょう》にむかって過去帳《かこちょう》を読みあげ，檀家《だんか》の人びとが，賽銭箱に一円硬貨を投げつける。あたる音が大きいほど供養になるといわれている。この先祖供養は，570年あまり前からはじめられたとされている。

〔12月〕

旧21　**大飯盛《おおめしもり》**　➔名西郡石井町・曽我氏神社(JR徳島線石井駅下車)

一升飯のはいる大樽《おおだる》に米飯を山盛りにもり，壮者《そうじゃ》が大勢集まって食器の前で食べ比べをする行事。昭和45(1970)年くらいから漸次変化して，現在は食器に飯をもり，神にそなえるだけのものになったという。

28　**三味線もちつき**　➔美馬市脇町(JR徳島線穴吹駅より町営バス脇町駅下車)

御用納めの28日，役場の前庭で，着物姿の女性3人の三味線と笛・小太鼓がかなでるお囃子《はやし》でもちつきがはじまる。起源については，天文《てんぶん》2(1533)年三好長慶《みよしながよし》による脇城《わきじょう》築城時と，天正《てんしょう》12(1584)年蜂須賀家筆頭家老稲田植元《いなだたねもと》が城代《じょうだい》として脇城へ入城したときの2説がある。

■ 参考文献

【辞典・通史・県史】
徳島県高等学校教育研究会編『徳島県郷土事典』 地歴学会事務局 1974
徳島県高等学校教育研究会地歴学会編『徳島県郷土事典 補遺』 地歴学会事務局 1976
徳島新聞社調査事業局編『徳島県百科事典』 徳島新聞社 1981
竹内理三編『角川日本地名大辞典 徳島県』 角川書店 1986
部落解放研究所編『部落問題辞典』 解放出版社 1986
徳島新聞社編『徳島県人名事典』 徳島新聞社 1994
福井好行『徳島県の歴史』 山川出版社 1973
三好昭一郎・高橋啓編『図説 徳島県の歴史』 河出書房新社 1994
徳島県教育委員会編『徳島県教育八十年史』 徳島県教育委員会 1955
徳島県教育委員会編『徳島県教育沿革史続編』 徳島県教育委員会 1959
岩村武勇編著『徳島県歴史写真集』(私家版) 1968
金沢治先生喜寿記念論集刊行会編『阿波・歴史と風土』 教育出版センター 1976
徳島県教育委員会編『徳島県部落史関係史料集』第1-3集 徳島県教育委員会 1976-78
新編阿波叢書編集委員会編『新編阿波叢書』上巻 歴史図書社 1976
新編阿波叢書編集委員会編『新編阿波叢書』下巻 歴史図書社 1977
一宮松次編『郷土阿波』上巻・下巻 井上書房 1977
多田伝三先生古稀記念論集刊行会編『阿波文化論集』 教育出版センター 1978
徳島県神社庁編『徳島県神社誌』 徳島県神社庁 1981
徳島県教育委員会編『徳島の文化財』 徳島県教育委員会 1992
阿波研究叢書刊行会編『阿波国徴古雑抄』続編 阿波研究叢書刊行会 1958
小杉榲邨編『阿波国徴古雑抄』 臨川書店(日本歴史地理学会刊の複製) 1974
徳島県立図書館編『続阿波国徴古雑抄』一 徳島県 1973
徳島県立図書館編『続阿波国徴古雑抄』二 井上鋹晴 1974
徳島県史編さん委員会編『徳島県史料年表』近世・中世 徳島県史編さん委員会 1961
徳島県史編さん委員会編『徳島県史』普及版 徳島県 1963
徳島県史編さん委員会編『徳島県史』第1巻 徳島県 1964
徳島県史編さん委員会編『徳島県史』第2巻 徳島県 1966
徳島県史編さん委員会編『徳島県史』第3巻 徳島県 1965
徳島県史編さん委員会編『徳島県史』第4巻 徳島県 1965
徳島県史編さん委員会編『徳島県史』第5巻 徳島県 1966
徳島県史編さん委員会編『徳島県史』第6巻 徳島県 1967
徳島県史編さん委員会編『徳島県史料』第1巻 徳島県 1964

徳島県史編さん委員会編『徳島県史料』第2巻　徳島県　1967

【市町村史】

逢坂左馬之助『半田町史』 半田町史出版委員会　1950
田村左源太『佐馬地村史』 佐馬地村教育会　1951
土成村史編纂委員会編『土成村史』 土成村役場　1951
小松島市役所編『小松島市史ー旧小松島町の巻ー』 小松島市　1952
住吉中学校編『住吉村誌稿』 住吉中学校　1952
久勝町史編纂委員会編『久勝町史』 久勝町役場　1952
谷孝平編『横瀬町史』 朝桐猪平　1952
阿佐宇治郎編『井内谷村誌』 井内谷村役場　1953
森本安市編『渭東風土記』 福島小学校創立八十周年記念協賛会　1953
笠井藍水『桑野新野福井郷土読本』(私家版)　1953
佐古小学校郷土史研究同人会編『佐古郷土誌』 佐古小学校郷土史研究同人会　1954
中野島村史編集委員会編『中野島村史』 中野島公民館　1954
加茂谷村郷土史研究会編『加茂谷村誌』 加茂谷村公民館　1954
舟越利夫編『合併記念多家良村六十二年行政誌』全（私家版）　1954
林町誌編集委員会編『林町誌』 林町役場　1955
礒田進編『村落構造の研究ー徳島県木屋平村ー』 東京大学出版会　1955
講和記念市場町史続編編纂委員会編『講和記念　市場町史』続編　市場町役場　1955
八幡町史編纂委員会編『八幡町史』 八幡町役場　1955
久米惣七ほか編『祖谷ー阿波の平家部落ー』 祖谷刊行会　1956
高原村史編纂委員会編『高原村史』 高原村史編纂委員会　1956
原田一二編『福井村誌』(私家版)　1956
大俣村誌編纂委員会編『大俣村誌』 大俣村役場　1956
笠井藍水編『日和佐郷土誌』 日和佐町公民館　1957
郡里町史編集委員会編『郡里町史』 郡里町史編集委員会　1957
笠井藍水編『新編　美馬郡郷土誌』 美馬郡教育会　1957
高橋丹兵衛編『阿野村誌』 河内義計　1958
秦春一編『応神村郷土誌』 吉成俊二　1958
川島町教職員会編『川島町誌』 川島町教育委員会　1958
徳島市教育研究所編『徳島市誌』 徳島市教育研究所　1958
笠井藍水編『赤河内村郷土誌』 日和佐町赤河内村郷土誌編集委員会　1959
高川原村史編纂委員会編『高川原村史』 高川原村史編纂委員会　1959
西祖谷山村編『西祖谷山村史』 西祖谷山村役場　1959
三好町誌編集委員会編『三好町誌』 三好町誌編集委員会　1959
山川町史刊行会編『山川町史』 山川町史刊行会　1959
趣味の郷土羽ノ浦町編纂委員会編『趣味の郷土　羽ノ浦町』 羽ノ浦町役場　1959

沖野舜二『新野町民史』 新野町史編集委員会　1960
神領村誌編集委員会編『神領村誌』 神領村誌編集委員会　1960
三縄村史編集委員会編『三縄村史』 三縄村史編集委員会　1960
近藤辰郎編『山城谷村史』 山城町役場　1960
柿島村誌編集委員会編『かきしま』 柿島村誌刊行会　1961
徳島県史編さん委員会編『石塚村誌』 徳島県史編さん委員会　1961
安岡茂樹ほか『木頭村誌』 木頭村　1961
脇町誌編集委員会編『脇町誌』 脇町誌編集委員会　1961
下分上山村誌編集委員会編『下分上山村誌』第 3 編　下分上山村誌編集委員会　1961
天羽五百枝編『池田町誌』上・下巻　池田町役場　1962
児島忠平『泉谷郷土誌』(私家版)　1963
鴨島町教育委員会編『鴨島町誌』 鴨島町教育委員会　1964
藍住町史編集委員会編『藍住町史』 藍住町役場　1965
貞光町史編纂委員会編『貞光町史』 貞光町　1965
浦庄村史編纂委員会編『浦庄村史』 浦庄村史出版委員会　1965
海南町教育委員会編『海南町史』 海南町教育委員会　1966
阿南市史編集委員会編『阿南市史』 阿南市　1967
佐那河内村史編集委員会編『佐那河内村史』 佐那河内村　1967
児島忠平編『松島町誌』(私家版)　1967
田村正編『三名村史』 山城町役場　1968
西崎憲志編『桑野村郷土誌』(私家版)　1968
徳島市市史編さん室編『写真でみる徳島市百年』 徳島市　1969
美郷村史編纂委員会編『美郷村史』 美郷村　1969
海部町教育委員会編『海部町史』 海部町教育委員会　1971
小松島市史編纂委員会編『小松島市史資料』第 2 集　小松島市教育委員会　1971
三木寛人編『木屋平村史』 木屋平村役場　1971
鳴門市史編纂委員会編『鳴門市史』別巻　鳴門市　1971
名東郡史続編編集委員会編『名東郡史』続編　名東郡自治協会　1971
板野町史編集委員会編『板野町史』 板野町役場　1972
一宇村史編纂委員会編『一宇村史』 一宇村　1972
板野郡教育会編『板野郡志』上巻・下巻　名著出版　1972
三好郡役所編『三好郡志』 名著出版　1972
勝浦郡教育会編『勝浦郡志』全　名著出版　1972
相生町誌編纂委員会編『相生町誌』 相生町　1973
近藤有地蔵編『阿波郡誌』 臨川書店　1973
徳島市市史編さん室編『徳島市史』第 1 巻　総説編　徳島市　1973
三加茂町誌編集委員会編『三加茂町史』 三加茂町　1973
名西郡役所編『名西郡志』 臨川書店　1973

小松島市史編纂会編『小松島市史』上巻　小松島市史編纂会　1974
三野町誌編集委員会編『三野町誌』　三野町　1974
上勝町誌編纂委員会編『上勝町部落小史』　上勝町教育委員会　1975
北島町史編纂委員会編『北島町史』　北島町　1975
土成町史編纂委員会編『土成町史』上巻・下巻・別冊　土成町史編纂室　1975
松茂町誌編纂委員会編『松茂町誌』上巻　松茂町誌編纂室　1975
松茂町誌編纂委員会編『松茂町誌』中巻・下巻　松茂町誌編纂室　1976
徳島市市史編さん室編『徳島市史』第 2 巻　行政編・財政編　徳島市　1976
鳴門市史編纂委員会編『鳴門市史』上巻　鳴門市　1976
木沢村誌編纂委員会編『木沢村誌』　徳島県那賀郡木沢村　1976
牟岐町史編集委員会編『牟岐町史』　牟岐町　1976
勝浦町史編集委員会編『勝浦町前史』　勝浦町　1977
小松島市史編纂委員会編『小松島市史　風土記』　小松島市　1977
吉野町史編纂委員会編『吉野町史』上巻　吉野町史編纂事務局　1977
池田町史編纂委員会編『阿波国三好郡村誌』　池田町史編纂委員会　1977
徳島市市史編さん室編『徳島市史』別巻　徳島市　1978
吉野町史編纂委員会編『吉野町史』別冊　吉野町史編纂委員会　1978
半田町誌出版委員会編『半田町誌』別巻　半田町誌出版委員会事務局　1978
吉野町史編纂委員会編『吉野町史』下巻　吉野町史編纂事務局　1978
上分上山村誌編集委員会編『上分上山村誌』　上分上山村誌編集委員会　1978
東祖谷山村誌編集委員会編『東祖谷山村誌』　東祖谷山村誌編集委員会　1978
池田町史編纂委員会編『池田町史資料集成』　池田町史編纂委員会　1979
阿波町史編纂委員会編『阿波町史』　阿波町　1979
上勝町誌編纂委員会編『上勝町誌』　上勝町誌編纂委員会　1979
川島町史編集委員会編『川島町史』上巻　川島町　1979
山城町二十年史編集委員会編『山城町二十年史』　山城町　1979
半田町誌出版委員会編『半田町誌』上巻　半田町誌出版委員会事務局　1980
半田町誌出版委員会編『半田町誌』下巻　半田町誌出版委員会事務局　1981
勝浦町史編集委員会編『勝浦町後史』　勝浦町　1981
上板町史編纂委員会編『上板町史』史料編　上板町史編纂事務局　1981
小松島市史編纂委員会編『小松島市史』中巻　小松島市　1981
鷲敷町町史編纂委員会編『鷲敷町史』　鷲敷町　1981
阿南市史編さん委員会編『阿波国那賀郡村誌』(複刻)　1982
林森一美編『與川内区百年史』　勝浦町大字三渓與川内区　1982
大塚唯士編『粟嶋史』(私家版)　1982
西井治夫編『井川町誌』　井川町役場　1982
上那賀町誌編纂委員会編『上那賀町誌』　上那賀町　1982
森本種八ほか編『名西郡下分上山村史』全　1982
川島町史編集委員会編『川島町史』下巻　川島町　1982

美馬町友会編『徳島県美馬郡重清村誌』 美馬町友会　1982
徳島市教育研究所編『徳島市誌』 大和学芸図書　1982
鳴門市史編纂委員会編『鳴門市史』中巻　鳴門市　1982
池田町史編纂委員会編『池田町史』上巻・中巻・下巻　池田町　1983
上板町史編纂委員会編『上板町史』上巻　上板町史編纂委員会事務局　1983
徳島市市史編さん委員会編『徳島市史』第3巻　産業経済編・交通通信編　徳島市教育委員会　1983
由岐町史編纂委員会編『近現代史年表　稿本』 由岐町教育委員会　1983
西方村誌編集委員会編『西方村誌』 西方村誌編集委員会　1983
日和佐町史編纂委員会編『日和佐町史』 日和佐町　1984
上板町史編纂委員会編『上板町史』下巻　上板町史編纂委員会事務局　1985
西祖谷山村史編纂委員会編『西祖谷山村史』 西祖谷山村　1985
武田伴太郎編『村史平島』 那賀川町役場　1985
由岐町史編纂委員会編『由岐町史』上巻　由岐町教育委員会　1985
宍喰町教育委員会編『宍喰町誌』上巻・下巻　宍喰町教育委員会　1986
笠井藍水編『脇町誌』 脇町教育委員会　1986
穴吹町誌編さん委員会編『穴吹町誌』 穴吹町　1987
阿南市史編さん委員会編『阿南市史』第1巻　阿南市教育委員会事務局　1987
藍住町史編集委員会編『増補　藍住町史』 臨川書店　1987
松茂町誌編さん委員会編『松茂町誌』続編　松茂町誌編さん室　1987
山川町史編集委員会編『改訂　山川町史』 改訂山川町史刊行会　1987
小松島市史編纂委員会編『小松島市史』上巻　小松島市役所　1988
小松島市史編纂委員会編『小松島市史』下巻　小松島市役所　1988
佐那河内村史続編編集委員会編『佐那河内村史』続編　佐那河内村　1988
鳴門市史編纂委員会編『鳴門市史』下巻　鳴門市　1988
鳴門市史編纂委員会編『鳴門市史』下巻別冊　鳴門辺集　鳴門市　1988
阿南市史編さん委員会編『阿南市史』史料編(近世)　阿南市教育委員会事務局　1989
美馬町史編集委員会編『美馬町史』 美馬町　1989
櫛渕町史編集委員会編『櫛渕町史』 櫛渕公民館　1990
石井町史編纂会編『石井町史』上巻・下巻　石井町　1991
加茂郷土誌編集委員会編『徳島市加茂郷土誌』 加茂郷土誌刊行委員会　1992
徳島市市史編さん室編『徳島市史』第4巻　教育編・文化編　徳島市教育委員会　1993
間宮嘉太郎編『阿波国名東郡村誌』中ノ巻・下ノ巻　徳島県立図書館　1993
羽ノ浦町誌編さん委員会編『羽ノ浦町誌』地域編　羽ノ浦町　1994
由岐町史編纂委員会編『由岐町史』下巻　由岐町教育委員会　1994
脇町史編集委員会編『脇町史』別巻　脇町　1994
海南町史編さん委員会編『海南町史』上巻・下巻　徳島県海部郡海南町　1995
羽ノ浦町誌編さん委員会編『羽ノ浦町誌』民俗編　羽ノ浦町　1995

阿南市史編さん委員会編『阿南市史』第2巻　阿南市教育委員会事務局　1995
鬼籠野村誌編集委員会編『鬼籠野村誌』 鬼籠野村誌編集委員会　1995
森江勝久『日野谷村の歴史』(私家版)　1995
羽ノ浦町誌編さん委員会編『羽ノ浦町誌』自然環境編　羽ノ浦町　1996
三好町史編集委員会編『三好町史』地域誌編・民俗編　徳島県三好郡三好町　1996
市場町史編纂委員会編『市場町史　町政四十周年記念出版』 市場町　1996
市場町史編纂委員会編『市場町史史料集』 市場町　1996
木屋平村史編集委員会編『改訂　木屋平村史』 木屋平村　1996
三好町史編集委員会編『三好町史』歴史編　徳島県三好郡三好町　1997
羽ノ浦町誌編さん委員会編『羽ノ浦町誌』歴史編　第1巻　羽ノ浦町　1998
山城谷村役場編『山城谷村史』全一　徳島県立図書館　1998
山城谷村役場編『山城谷村史』全二　徳島県立図書館　1998
阿南市史編さん室編『阿南市史料目録』 阿南市史編さん室　1998
鳴門市史編纂委員会編『鳴門市史』現代編1　鳴門市　1999
脇町史編集委員会編『脇町史』上巻　脇町　1999
山城町編『続山城町史』 町長西徹　1999
阿南市史編さん委員会編『阿南市史』第3巻(近代編)　阿南市教育委員会事務局　2001
松茂町誌編さん委員会編『松茂町誌』続編　第2巻　松茂町誌編さん室　2001
小松島市新風土記編纂委員会編『小松島市新風土記』 小松島市　2001
那賀川町史編さん委員会編『那賀川町史』上巻・下巻　徳島県那賀川町　2002
徳島市市史編さん室編『徳島市史』第5巻　民生編・保健衛生編　徳島市教育委員会　2003
貞光町史編纂室編『貞光町史　二十年のあゆみ・地域誌』 徳島県貞光町　2004
相生町誌編纂委員会編『相生町誌』続編　相生町役場　2005
上那賀町誌編纂委員会編『上那賀町誌』続編　上那賀町　2005
脇町史編集委員会編『脇町史』下巻　脇町　2005
神山町史編集委員会編『神山町史』上巻・下巻　神山町　2005
神山町史編集委員会編『神山町史』史料編　神山町　2005
土成町史編さん委員会編『土成町史』続編　2005
木沢村誌編纂委員会編『木沢村誌』後編　徳島県那賀郡木沢村　2005
勝浦町誌編集委員会編『勝浦町誌』 徳島県勝浦郡勝浦町　2005
新編三野町史編纂委員会編『新編三野町史』 三野町　2005
三加茂町史編集委員会編『三加茂町史』復刻版　三加茂町　2006
三加茂町史編集委員会編『三加茂町史』続　三加茂町　2006
木頭村誌編纂委員会編『木頭村誌』続編　徳島県那賀郡那賀町　2006
上勝町編『上勝町誌』続編　上勝町　2006
井川町史編集委員会編『井川町史』 井川町役場　2006
上板町編『続上板町史』 上板町　2006

【原始・古代】
東潮ほか『川と人間―吉野川流域史―』 渓水社 1988
天羽利夫「徳島県下における横穴式石室の一様相」『徳島県博物館紀要』4 徳島県博物館 1973
天羽利夫「徳島県下における横穴式石室の一様相(その2)」『徳島県博物館紀要』8 徳島県博物館 1977
天羽利夫「阿波忌部の考古学的研究」『徳島県博物館紀要』8 徳島県博物館 1978
天羽利夫・岡山真知子ほか『忌部山古墳群』 徳島県博物館 1983
天羽利夫・岡山真知子『徳島市民双書19 徳島の遺跡散歩』 徳島市立図書館 1985
天羽利夫「四国地方・前方後円墳の出現」『図説 発掘が語る日本史』第5巻 中四国編 人物往来社 1986
天羽利夫編『論集 徳島の考古学』 徳島考古学論集刊行会 2002
一山典「最古のハンターの世界」『図説 徳島の歴史』 河出書房新社 1994
一山典「縄文人の暮らしと文化」『図説 徳島の歴史』 河出書房新社 1994
一山典「稲作農耕の時代」『図説 徳島の歴史』 河出書房新社 1994
氏家敏之「先土器時代(旧石器時代)―成果と展望―」『論集 徳島の考古学』 徳島考古学論集刊行会 2002
木原克司「吉野川下流域の条里施行期と阿波国府の構造」『論集 徳島の考古学』 徳島考古学論集刊行会 2002
栗林誠治「阿波における前方後円墳の廃絶」『論集 徳島の考古学』 徳島考古学論集刊行会 2002
栗林誠治「阿波式石棺再考」『論集 徳島の考古学』 徳島考古学論集刊行会 2002
古代学協会四国支部第14回大会『前方後円墳を考える―研究発表要旨集―』 2000
近藤義郎『前方後円墳の時代』 岩波書店 1983
菅原康夫『日本の古代遺跡37 徳島』 保育社 1988
菅原康夫「弥生時代―成果と展望―」『論集 徳島の考古学』 徳島考古学論集刊行会 2002
都出比呂志『日本農耕社会の成立過程』 岩波書店 1989
寺沢薫『日本の歴史02 王権誕生』 講談社 2000
中村豊「縄文から弥生へ」『論集 徳島の考古学』 徳島考古学論集刊行会 2002
広瀬和雄「弥生都市の成立」『考古学研究』第45巻第3号 1998
藤川智之「古代―成果と展望―」『論集 徳島の考古学』 徳島考古学論集刊行会 2002
北條ゆうこ「しめなわ文茶碗再考」『論集 徳島の考古学』 徳島考古学論集刊行会 2002
北條芳隆「神仙思想と朱と倭人」『考古学ジャーナル』第438号 1998
北條芳隆「讃岐型前方後円墳の提唱」『大阪大学考古学研究室10周年記念論文集 国家形成期の考古学』 大阪大学文学部考古学研究室 1999

北條芳隆・溝口孝司・村上恭通『古墳時代像を見なおす』 青木書店 2000
松本直子「縄文・弥生変革とエスニシティ」『考古学研究』第49巻第2号 2002
丸山幸彦「瀬戸内型の庄園」『新版・古代の日本4 中国・四国』 角川書店 1992
丸山幸彦「都に上った地方豪族の娘」『図説 徳島の歴史』 河出書房新社 1994
丸山幸彦『古代東大寺庄園の研究』 渓水社 2001
湯浅利彦「縄文時代—成果と展望—」『論集 徳島の考古学』 徳島考古学論集刊行会 2002

【中 世】

天野忠幸「三好氏の権力基盤と阿波国人」『年報中世史研究』第31号 2006
「阿波一宮城」編集委員会編『阿波一宮城』 徳島市立図書館 1993
今谷明『室町幕府解体過程の研究』 岩波書店 1985
今谷明『戦国三好一族』 新人物往来社 1985
大山喬平『博物館の古文書』第3輯・細川頼之と西山地蔵院文書 思文閣出版 1988
小川信『人物叢書・細川頼之』 吉川弘文館 1972
小川信『中世足利一門守護発展史の研究』 吉川弘文館 1980
沖野舜二『阿波国庄園考』 小宮山書店 1962
黒田俊雄『日本中世の国家と宗教』 岩波書店 1975
黒田俊雄『寺社勢力』(岩波新書) 岩波書店 1988
五味文彦『院政期社会の研究』 山川出版社 1984
末柄豊「細川氏の同族連合体制の解体と畿内領国化」石井進編『中世の法と政治』 吉川弘文館 1992
高橋昌明『武士の成立武士像の創出』 東京大学出版会 1999
角田文衛『平家後抄』(朝日選書)上 朝日新聞社 1981
徳島県教育委員会編『阿波の中世文書』 徳島県教育委員会 1982
徳島県教育委員会編『中島田遺跡・南島田遺跡』 徳島県教育委員会 1989
長江正一『人物叢書・三好長慶』 吉川弘文館 1968
新見明生「勝瑞騒動以後の阿波三好氏権力について」『鳴門史学』第20集 2006
長谷川賢二「修験道本山派形成の動向と四国地方の山伏」『四国中世史研究』第2号 1992
長谷川賢二「中世阿波の山伏集団に関する問題」『四国中世史研究』第3号 1995
長谷川賢二「中世後期における山伏集団の地域的展開」大阪大学文学部日本史研究室編『古代中世の社会と国家』 清文堂出版 1998
福家清司「中世農民の一存在形態」『史窓』第9号 1979
福家清司「阿波国富田荘の成立と変遷」『史窓』第21号 1990
福家清司「阿波中世水運史考」三好昭一郎先生還暦記念論集刊行会編『歴史と文化・阿波からの視点』 1989
福家清司「阿波国中世研究ノート」『四国中世史研究』創刊号 1990

福家清司「院政期における阿波国一宮とその成立事情」徳島地方史研究会編『阿波・歴史と民衆』II　1990
福家清司「『阿波山岳武士論』再考」徳島地方史研究会編『阿波・歴史と民衆』III　2000
福家清司「中世阿波における『山』所領とその展開」瀬戸内海地域史研究会編『瀬戸内海地域史研究』第８輯　文献出版　2000
文化庁編『発掘された日本列島』　朝日新聞社　2003
本田昇「細川氏初期守護所秋月城について」徳島地方史研究会編『阿波・歴史と民衆』II　1990
山下知之「中世阿波国における広域所領の展開」徳島地方史研究会編『阿波・歴史と民衆』II　1990
山下知之「細川氏同族連合体制についての一考察」『鳴門史学』第14集　2000
山下知之「阿波国守護細川氏の動向と守護勢力」『四国中世史研究』第６号　2001
若松和三郎『篠原長房』　原田印刷出版　1989
若松和三郎『中世阿波細川氏考』　原田印刷出版　2000

【近　世】

石躍胤央『藩制成立期の研究』　徳島県教育印刷　1998
『御大典記念阿波藩民政資料』　徳島県　1916
『御大典記念阿波藩民政資料』下巻　徳島県　1916
岡田鴂里編『和訳蜂須賀家記』　阿波郷土会　1943
笠谷和比古『士の思想』　日本経済新聞社　1993
神河庚蔵『阿波国最近文明史料』　一新印刷　1915
久米惣七『阿波の人形師』　徳島市中央公民館　1973
相良英輔「徳島藩における塩業政策の展開」石躍胤央・高橋啓編『徳島の研究』第５巻　清文堂出版　1983
佐野之憲編・笠井藍水訳『阿波誌』　歴史図書社　1976
高田豊輝『阿波近世用語辞典』　徳島県教育印刷　2001
高橋啓『近世藩領社会の展開』　渓水社　2000
武田明『巡礼の民俗』　岩崎美術社　1969
棚橋久美子編『阿波国上田美寿日記』　清文堂出版　2001
徳島県教育委員会編『平成15年版　徳島県の歴史読本』　徳島県教育委員会　2003
徳島県史編さん委員会編『阿淡年表秘録』(徳島県史料第１巻)　徳島県　1964
『徳島県文化財調査報告』第６集・阿波和三盆糖　徳島県教育委員会　1983
西野嘉右衛門編『阿波藍沿革史』(復刻版)　思文閣出版　1970
『蜂須賀蓬庵』　徳島県　1914
林鼓浪ほか『阿波の年中行事と習俗の研究』　五読会　1969
藩法研究会編『藩法集３　徳島藩』　創文社　1962
部落問題研究所編『部落の歴史　西日本篇』　部落問題研究所　1983

真野俊和編『講座　日本の巡礼』第２巻　雄山閣出版　1996
水林彪『封建制の再編と日本的社会の成立』 山川出版社　1987
三好昭一郎・猪井達雄編『阿波の歴史』 講談社　1975
三好昭一郎・大和武生編『徳島県の教育史』 思文閣出版　1983
渡邊世祐『蜂須賀小六正勝』 雄山閣出版　1929

【近代・現代】

阿部彰『戦後教育制度成立過程の研究』 風間書房　1983
天野郁夫『日本の教育システム』 東京大学出版会　1996
石躍胤央・高橋啓編『徳島の研究』４・５　清文堂出版　1982・83
石戸谷哲夫・門脇厚司編『日本教員社会史研究』 亜紀書房　1981
愛媛民主教育研究所編『愛媛の民主教育―戦後三〇年の歩み―』 愛媛民主教育研究所　1976
太田堯編著『戦後日本教育史』 岩波書店　1978
荻原克男『戦後日本の教育行政構造』 勁草書房　1996
魁生政五『徳島県在外同胞引揚史』 徳島県外地引揚者連盟　1959
カルメン＝ジョンソン『占領日記』 ドメス出版　1986
国立教育研究所編『日本近代教育百年史』全10巻　国立教育研究所　1973-74
佐々木隆爾『世界史の中のアジアと日本』 御茶の水書房　1988
佐々木隆爾編『昭和史の事典』 東京堂出版　1995
城南高校百年史編纂委員会編『徳島中学校城南高校百年史』 城南高校百年史編纂委員会　1975
新町小学校百年編集部編『新町小学校百年』 新町小学校　1977
助任小学校創立百周年記念事業協賛会編『助任小学校の百年』 助任小学校　1971
周郷博編『アメリカ教育使節団報告書要解』 国民図書刊行会　1950
辻本雅史・沖田行司編『新体系日本史16　教育社会史』 山川出版社　2002
寺崎昌男・戦時下教育研究会編『総力戦体制と教育―皇国民『錬成』の理念と実践―』 東京大学出版会　1987
東京大学社会科学研究所編『戦後改革　6』 東京大学出版会　1975
徳島県教育委員会編『徳島県公立高校のあゆみ』 徳島県教育委員会　1972
徳島県教育委員会編『徳島県教育委員会二十年史』 徳島県教育委員会　1968
徳島県教育会編『徳島県教育沿革史』続編　徳島県教育会　1959
徳島県教育会編『徳島県教育会史』第２巻下　徳島県教育会　1976
徳島県高等学校教職員組合編『徳島高教組の歩み』 徳島県高等学校教職員組合　1964
徳島県師範学校附属小学校編『興亜精神に基く小学校教育』 徳島県師範学校附属小学校　1939
徳島県農地部農地課編『農地改革史』 徳島県農地部農地課　1951
徳島市立高等学校編『葦芽』(年次刊行)　徳島市立高等学校　1962-

徳島市立高等学校史編集委員会編『徳島市立高等学校史』 徳島市立高等学校 1982
徳島大学教育学部附属小学校編『百年のあゆみ』 徳島大学教育学部附属小学校 1975
日本教職員組合編『日教組十年史』 日本教職員組合 1958
日本教職員組合編『日教組20年史』 労働旬報社 1967
農地改革記録委員会編『農地改革顚末概要』 農地調査会 1951
羽里昌『紅燃ゆる－徳島学徒勤労動員の記―』上・下 徳島新聞社 1997
坂野潤治ほか編『シリーズ日本近現代史4 戦後改革と現代社会の形成』 岩波書店 1994
広田照幸『教育言説の歴史社会学』 名古屋大学出版会 2001
星野安三郎ほか編『資料戦後教育労働運動史』全2巻 労働教育センター 1979
堀尾輝久『天皇制国家と教育―近代日本教育思想史研究―』 青木書店 1987
松崎彗『寒流の記憶』(私家版) 1971
源川真希『近現代日本の地域政治構造』 日本経済評論社 2001
三好昭一郎・松本博・佐藤正志『徳島県の百年』 山川出版社 1992
文部省編『学制百年史』 帝国地方行政学会 1972
徳島県立脇町高等学校創立百周年記念事業期成同盟会百年史編集委員会編『脇町高校百年史』 脇町高等学校創立百周年記念事業期成同盟会 1996
渡辺治編『高度成長と企業社会』 吉川弘文館 2004

■ 図版所蔵・提供者一覧

カバー　徳島県郷土文化会館
見返し表　財団法人徳島県観光協会
裏上　徳島県立博物館
下　徳島県立埋蔵文化財総合センター
口絵1上　徳島市教育委員会
中・下　徳島県立博物館
2・3　宮内庁正倉院事務所
4上　丈六寺・徳島県教育委員会
下　丈六寺・徳島市教育委員会
5上　撮影 岡山真知子
下　藍住町教育委員会
6上　徳島県立博物館
6・7下　原田弘也・徳島市立徳島城博物館
7上　徳島県立文書館
8右　徳島県立文書館
下　鳴門市商工観光課
p. 3　財団法人徳島県同和対策推進会
p. 9　徳島市教育委員会
p.11　徳島県立埋蔵文化財総合センター
p.16　徳島県立埋蔵文化財総合センター・徳島県立博物館
p.19右　徳島市教育委員会・徳島県立博物館
左　徳島県立埋蔵文化財総合センター
p.21　徳島大学埋蔵文化財調査室
p.24　徳島市教育委員会・徳島県立博物館
p.26　徳島県立埋蔵文化財総合センター
p.30　徳島県立埋蔵文化財総合センター
p.32　徳島県立埋蔵文化財総合センター
p.33　徳島県立埋蔵文化財総合センター・徳島県立博物館
p.35　徳島県立博物館
p.38　徳島県立埋蔵文化財総合センター
p.42　徳島市教育委員会
p.49　徳島市教育委員会
p.54　徳島県立埋蔵文化財総合センター
p.55　中王子神社・石井町教育委員会
p.65　丈六寺・撮影 西田茂雄，徳島市教育委員会
p.75　佐伯真一
p.77　東大寺
p.78　東大寺図書館
p.81　石清水八幡宮
p.83　徳島県立博物館
p.86　京都市歴史資料館
p.89　妙国寺・堺市博物館
p.92　徳島県立博物館
p.100　勧善寺・徳島県教育委員会
p.105　見性寺・藍住町教育委員会
p.107　聚光院・便利堂
p.111　藍住町教育委員会
p.115　秦神社・高知県立歴史民俗資料館
p.117　徳島市立徳島城博物館
p.122　岩村武勇編著『徳島県歴史写真集』
p.123　森孝純・徳島市立徳島城博物館
p.124　人間文化研究機構 国文学研究資料館・撮影 藤森武
p.135　徳島市立徳島城博物館
p.145　西野金陵株式会社 代表取締役 西野武明・徳島県立博物館
p.148　岩村武勇編著『徳島県歴史写真集』
p.149　社団法人三木文庫
p.150　社団法人三木文庫
p.151　社団法人三木文庫
p.153　岩村武勇編著『徳島県歴史写真集』
p.159　岩村武勇編著『徳島県歴史写真集』
p.160　脇町史編さん室
p.161　蓮花寺・徳島市立徳島城博物館
p.165　暮石洋
p.166　岩村武勇編著『徳島県歴史写真集』
p.171　岩村武勇編著『徳島県歴史写真集』

p.176　徳島市立徳島城博物館
p.181　撮影 西田茂雄
p.184　撮影 福本博・徳島県立博物館編「人形芝居がやってきた」
p.187　徳島県立文書館
p.190　岩村武勇編著『徳島県歴史写真集』
p.193　岡専二・徳島市立徳島城博物館
p.199　西野嘉右衛門編『阿波藍沿革史』
p.201　徳島市立徳島城博物館
p.202　森孝純・徳島市立徳島城博物館
p.209　暮石洋
p.220　粟飯原一
p.224　山口吉一『阿波えゝじゃないか』
p.227　『東宮殿下行啓記念』
p.229　岩村武勇編著『徳島県歴史写真集』
p.233　岩村武勇編著『徳島県歴史写真集』
p.236　岩村武勇編著『徳島県歴史写真集』
p.240　徳島新聞社編『写真集徳島100年』
p.242　岩村武勇編著『徳島県歴史写真集』
p.244　徳島県立文書観
p.247　岩村武勇編著『徳島県歴史写真集』
p.248上　徳島県立文書館
p.248下・249　撮影 立木写真舘
p.251　徳島県立文書館
p.253　徳島県立文書館
p.257　徳島県立文書館
p.259　社団法人徳島県教育会
p.278　徳島県立文書館
p.282　TOEC幼児フリースクール

敬称は略させていただきました。

紙面構成の都合で個々に記載せず，巻末に一括しました。所蔵者不明の図版は，転載書名を掲載しました。万一，記載漏れなどがありましたら，お手数でも編集部までお申し出下さい。